I0307630

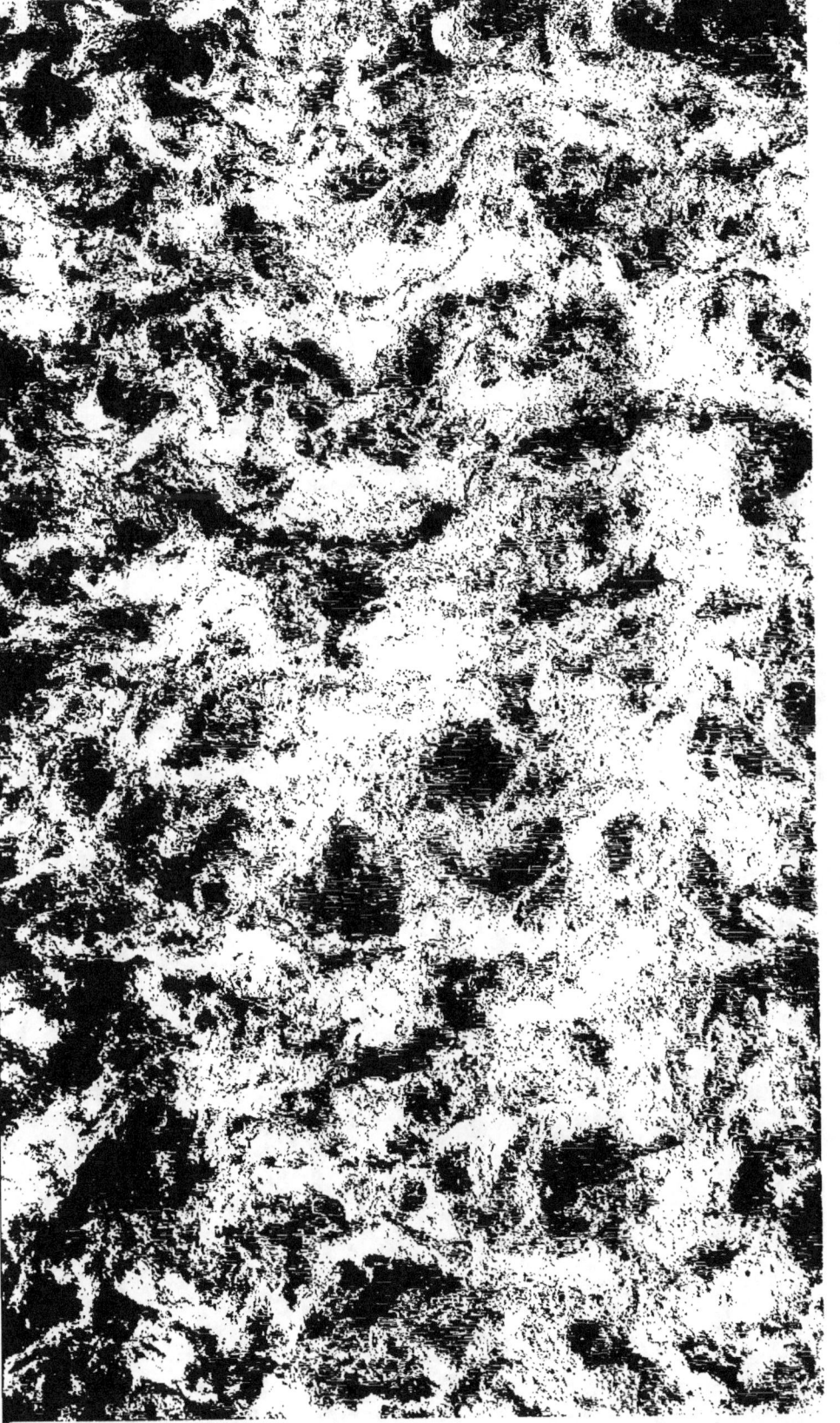

LE PORTEFEUILLE

DE

MADAME DUPIN

MALZIER DEON

LE PORTEFEUILLE

DE

MADAME DUPIN

DAME DE CHENONCEAUX

LETTRES ET ŒUVRES INÉDITES DE
MADAME DUPIN
L'ABBÉ DE SAINT-PIERRE — VOLTAIRE — JEAN-JACQUES ROUSSEAU
MONTESQUIEU — MABLY — MAIRAN
MARQUIS DE SAINTE-AULAIRE — COMTE DE TRESSAN
MADAME DE TENCIN — L'ABBÉ D'OLIVET — D'ARGENSON
LE MARÉCHAL DUC DE RICHELIEU, ETC., ETC.

ORNÉ D'UN MAGNIFIQUE PORTRAIT DE MADAME DUPIN
D'APRÈS NATTIER
Et de fac-similes d'autographes
DE MADAME DUPIN, L'ABBÉ DE SAINT-PIERRE ET J.-J. ROUSSEAU

PUBLIÉ PAR LE COMTE

GASTON DE VILLENEUVE-GUIBERT

ARRIÈRE-PETIT-NEVEU DE MADAME DUPIN

PARIS
CALMANN LÉVY, ÉDITEUR
ANCIENNE MAISON MICHEL LÉVY FRÈRES
3, RUE AUBER, 3

1884

DÉDICACE

A M. CAMILLE ROUSSET

de l'Académie française.

Monsieur et bien cher ami,

Si le ciel vous avait fait naître contemporain de Fontenelle, de Mairan, de Voltaire, de Montesquieu, de Mably, de l'abbé de Saint-Pierre et de tant d'autres, comme eux, vous n'eussiez pas manqué d'être un des fidèles, et, sans doute aussi, un des admirateurs de madame Dupin. Dans cette vraisemblable hypothèse, permettez à son arrière-petit-neveu de venir vous offrir la dédicace d'un ouvrage spécialement destiné à célébrer la mémoire et à remettre en lumière la physionomie de cette femme aimable autant qu'intelligente, et de vous affirmer qu'il se sent heureux de pouvoir placer sous votre bienveillant patronage la publication de lettres et d'œuvres inédites, dues à la plume des plus brillants écrivains du xviiie siècle, vos illustres prédécesseurs et confrères d'alors.

Vous savez comment je possède ces lettres et ces œuvres inédites ; vous avez vu entre mes mains ce portefeuille de madame Dupin, en maroquin rouge du temps, tout frappé de fins ornements dorés et scellé par un charmant fermoir d'argent ciselé. Il m'a été laissé par testament, avec son précieux contenu, par mon père, qui le tenait lui-même de mon grand-père, le comte René de Villeneuve, beau petit-fils et petit-neveu de madame Dupin. Depuis près d'un siècle, personne ne l'a pour ainsi dire ouvert, et rien encore n'en est sorti.

La collection d'autographes eût été bien autrement riche et volumineuse si, lors de la Révolution, le curé de Chenonceaux, M. l'abbé Lecomte, n'avait fait main basse sur tous les papiers de madame Dupin et ne les eût brûlés en même temps qu'un bon nombre de tableaux et de souvenirs historiques, dans la crainte qu'ils ne fussent un danger pour elle et pour ses amis ; car Chenonceaux, qui était alors l'objet de la convoitise républicaine, se trouvait à chaque instant soumis à des visites domiciliaires et à des perquisitions.

Le zèle de M. Lecomte nous semble, aujourd'hui, sensiblement regrettable...

J'espère néanmoins que le contenu du portefeuille rouge qui n'a compromis personne et qui a eu la bonne chance d'échapper à la destruction, aura encore, tel qu'il est, celle de mériter votre attention et la bienveillance du public.

Comte GASTON DE VILLENEUVE-GUIBERT.

BEAULIEU, 20 janvier 1884.

LE PORTEFEUILLE

DE

MADAME DUPIN

DAME DE CHENONCEAUX

MADAME DUPIN

NOTICE SUR MADAME DUPIN

Tout le monde connaît, au moins de nom, madame Dupin : il est sans cesse question d'elle dans les mémoires de Fontenelle, de madame du Deffand, de Duclos, de Barbier et de J.-J. Rousseau; enfin George Sand et plusieurs autres écrivains contemporains en ont également parlé. On sait qu'elle était une femme très séduisante, qu'elle avait beaucoup de charme dans l'esprit, qu'elle tenait un salon où se rencontraient toutes les célébrités de son temps, qu'elle était liée avec les philosophes, qu'on faisait bonne chère à sa table, qu'elle menait grand train à Chenonceaux et à Paris, et que, se plaisant dans la compagnie des gens de lettres, elle était elle-même un écrivain spirituel, sérieux et instruit; mais à part quelques lettres d'elle, que les érudits sont seuls à connaître, on ne sait rien de ses écrits. Les manuscrits entièrement inédits que nous publions aujourd'hui feront apprécier madame Dupin à sa juste valeur, et ils aideront à comprendre l'attrait que, par la justesse et la droiture de son esprit, elle exerçait sur tous ceux qui l'approchaient.

Nous avons jugé intéressant de joindre à ses propres écrits : plusieurs lettres à elle adressées par les plus célèbres écrivains de l'époque; un *Traité sur l'éducation* par J.-J. Rousseau, ainsi que l'*Idée de la méthode dans la composition d'un livre*, du même auteur; enfin, trois opuscules de l'abbé de Saint-Pierre. Le premier, intitulé *Plotine*, n'est autre que le portrait de madame Dupin; peinture très curieuse de son caractère, de son intelligence, de ses qualités, et qui nous la représente ornée de ses vertus favorites, la justice, l'indulgence, la patience, la politesse et la générosité; le second est une dissertation sur les ouvrages d'imagination; le troisième, une étude sur les femmes illustres. Ces différents ouvrages sont également publiés ici pour la première fois.

Nous commencerons par résumer, aussi brièvement que possible, l'histoire de la vie de madame Dupin.

Sous le règne du grand roi, en l'année 1702, mademoiselle Marie-Anne Carton Dancourt avait

épousé M. Louis-Guillaume de Fontaine, commis-
saire général de la marine et des galères à Dun-
kerque.

De cette union naquirent un fils et quatre filles ;
celles-ci devinrent la marquise de Barbançois (Marie-
Thérèse), madame Dupin (Louise-Marie-Madeleine),
madame d'Arty (Marie-Louise), et madame Vallet de
la Touche (Françoise-Thérèse).

Louise-Marie-Madeleine, la seconde fille de madame de Fontaine, est celle dont nous avons à nous
occuper. Elle naquit en 1707. Ses parents, qui pos-
sédaient une fortune considérable, ne négligèrent
rien pour développer les heureuses dispositions et
les qualités naturelles dont elle était douée. Aux
charmes les plus séduisants de la figure elle
joignait un esprit vif, un caractère élevé, une
intelligence précoce et une grande mémoire ; elle
plaisait autant par sa douceur que par la grâce et
la distinction de sa personne.

Sa mère la mit au couvent ; elle aussitôt devint
l'idole de la communauté : élèves et maîtresses
étaient ravies de sa gaieté, de ses talents, de ses
saillies ; la supérieure la citait comme une petite
merveille que tout le monde gâtait et dont on était
enchanté.

Cette petite merveille ne devait cependant pas
tarder à sortir du couvent : le monde parisien lui
réservait une place importante où ses brillantes
facultés allaient pouvoir se développer et jeter
un éclat que la calomnie n'a pu ternir.

Vers les derniers jours du mois de septembre de l'année 1722, madame de Fontaine revenant des eaux de Bourbonne-les-Bains avec l'aînée de ses filles, la marquise de Barbançois, atteinte d'une maladie de langueur, se vit obligée, par suite de l'extrème faiblesse de la jeune femme, de s'arrêter à Château- roux et de s'y installer à l'hôtel Sainte-Catherine.

Ce séjour forcé dans une auberge de petite ville ne manqua pas de paraître lugubre et désolant à madame de Fontaine. Il était néanmoins providen- tiel en quelque sorte.

L'arrivée des voyageuses et le triste motif qui les contraignait à s'arrêter firent du bruit dans Châteauroux. Heureusement pour elles, un habitant de la ville fit mieux que de les plaindre : il accourut obligeamment à leur secours, et mettant sa demeure à leur disposition, il sollicita avec tant d'empresse- ment et de bonne grâce l'honneur de les recevoir chez lui et le plaisir de leur être utile, que madame de Fontaine, touchée d'un si aimable procédé, ac- cepta l'offre dans l'intérêt de sa fille, et vint s'éta- blir dans la maison de l'excellent homme avec toute sa suite.

Ce gracieux habitant de la bonne ville de Château- roux s'appelait M. Claude Dupin ; son père avait été receveur des tailles, et il venait de lui succéder dans cette charge, après avoir servi dans les armées du roi comme capitaine d'infanterie au régiment de Noailles : c'était un homme de haute distinction, fort instruit, et qui s'était même fait recevoir avocat au Parlement, après de sérieuses études sur les lois.

La maladie de madame de Barbançois fut longue, mais enfin, grâce aux bons soins, aux délicates prévenances et au calme bienfaisant dont on l'entoura chez M. Dupin, elle recouvra la santé, et l'on put songer au départ.

En retournant à Paris, madame de Fontaine emporta de son hôte la promesse qu'il y viendrait continuer des relations si bien commencées. M. Dupin ne tarda pas à tenir parole : il reçut un accueil chaleureux chez madame de Fontaine qui le présenta à sa famille et à ses amis ; il devint bien vite un des habitués les plus assidus de son salon, il se plut dans cet affable intérieur où il était fort apprécié, et il y joua le rôle d'un héros de roman.

M. Dupin, alors âgé de quarante-deux ans, était veuf d'une demoiselle Bouilhat de Laleuf et père d'un grand fils de quinze ans[1] ; néanmoins il

1. Ce jeune homme fut M. Dupin de Francueil, dont la liaison avec madame d'Épinay est bien connue. Il épousa, en 1737, mademoiselle Suzanne Bollioud de Saint-Julien, qui mourut le 1er septembre 1754 ; elle lui laissait une fille, Suzanne-Madeleine, qui se maria le 9 février 1768, avec son cousin Armand Vallet de Villeneuve, fils de madame Vallet de la Touche, la plus jeune sœur de madame Dupin. A l'âge de soixante-deux ans, M. Dupin de Francueil épousa en secondes noces Aurore de Saxe, veuve du comte de Horn, fille du maréchal de Saxe et de mademoiselle Verrières, légitimée par arrêt du Parlement. Madame de Horn était âgée de trente ans. De ce second mariage naquit un fils, Maurice Dupin, qui fut le père d'Aurore, baronne du Devant (madame George Sand).

était de si bonne mine et avait de si belles manières qu'il attira l'attention de mademoiselle Louise de Fontaine, qui sortait du couvent. Louise avait alors seize ans, elle était jolie à ravir et pétillante d'esprit.

M. Dupin, qui n'avait pas non plus été indifférent à sa vue, demanda sa main, et malgré la disproportion d'âge qui existait entre eux, la famille, convaincue qu'elle assurait le bonheur de son enfant, rendit une réponse favorable en mettant pour condition au mariage qu'il ne serait célébré que l'année suivante, c'est-à-dire en 1724. Ainsi fut-il fait : M. Dupin, qui venait d'être promu à la charge de receveur général des finances des Trois Évêchés et de l'Alsace, avait alors quarante-trois ans, mademoiselle de Fontaine en avait dix-sept.

Deux années après, le premier octobre 1726, le ministre du roi, M. Lepeletier-DesForts, sur la recommandation du puissant et fastueux financier Samuel Bernard, remit à M. Dupin le brevet de fermier général ainsi que sa nomination de secrétaire du roi. Samuel Bernard lui portait beaucoup d'amitié, il appréciait fort son esprit pratique, son intelligence des affaires et la droiture de son caractère; il le voyait souvent chez madame de Fontaine, dont Bernard passait, d'après les chroniques du temps, pour être l'amant.

M. Dupin monta somptueusement sa maison, acheta l'hôtel Lambert en l'île Saint-Louis, et y installa sa jeune femme. Ils ouvrirent leur salon, qui devint rapidement le rendez-vous de la meilleure compagnie et des beaux esprits de l'époque; les savants, les philosophes, les étrangers illustres s'empressèrent de s'y faire présenter; et c'était vraiment un merveilleux spectacle de voir madame Dupin, éclatante de jeunesse et de beauté, trônant au milieu de ces hommes qui s'appelaient Fontenelle, Voltaire, Buffon, Montesquieu, Pont-de-Veyle, Mairan, Bernis, Sainte-Aulaire, Tressan, les charmant tous par son tact, son esprit, sa grâce inimitable, sachant les faire valoir, les écouter et leur répondre.

Son guide et son conseil, celui qui possédait toute sa confiance, était un vieillard, l'abbé de Saint-Pierre; ce bon abbé, fier d'une telle amitié, lui donnait tout son temps, et il lui conserva jusqu'à sa mort l'affection la plus vive. « Madame Dupin était une des trois ou quatre jolies femmes de Paris dont le vieux abbé de Saint-Pierre avait été l'enfant gâté, » dit J.-J. Rousseau dans ses *Confessions*. Les lettres de cet homme excellent, qui avait la passion du juste et du meilleur en toutes choses, feront mieux connaître madame Dupin que tout que ce que nous pourrions dire.

Ce qui prouve beaucoup en faveur des heureuses qualités de madame Dupin, c'est que, je ne dirai pas à cause, mais malgré ses succès d'esprit et de beauté, elle pouvait compter sur le sincère attachement d'un grand nombre de femmes jolies, jeunes ou vieilles : la comtesse de Tencin, la princesse de Rohan, la duchesse de Mirepoix, la comtesse de Choiseuil, lady Sandwich, milady Hervey, madame de Brignole, l'admiraient et l'aimaient; elles lui avaient même donné un nom d'amitié, elles l'appelaient : « Mon cœur. »

Jamais femme n'a été plus adulée, plus enviée : tout lui souriait, elle vivait dans une atmosphère d'hommages et de plaisirs, mais tout cet encens ne lui fit jamais tourner la tête; en inspirant l'amour elle a toujours su imposer le respect.

Elle eut beaucoup d'amis, elle n'eut jamais d'amant : sa sagesse venait de la droiture de son esprit, de la saine bonté de son cœur; elle reportait à son mari tout le bonheur et toutes les jouissances dont il l'entourait avec un soin si délicat et si parfait; elle fut une mère tendre et dévouée, et l'éducation de son fils fut sa plus vive préoccupation.

« J'ai pris des engagements avec la raison » avait-elle écrit à l'abbé de Saint-Pierre, et à ce pacte elle resta toujours fidèle.

Nous avons trouvé dans les papiers de madame Dupin une page curieuse, qui donne une grande idée de la justesse de ses sentiments, et qui nous la présente sous l'aspect d'une philosophe vertueuse et chrétienne. On nous saura gré de la reproduire ici :

MANIÈRE DONT LES DEVOIRS DE LA VIE SE SONT ARRANGÉS DANS MON ESPRIT

« 1º L'adoration de Dieu, de l'auteur de la nature.

» 2º Un respect infini pour ses père et mère et

tous les témoignages d'affection possibles à leur donner.

» 3° Pour les maris et femmes, tous les bons procédés qui peuvent soutenir l'amitié quand elle y est, qui possiblement pourroient la faire naître quand elle n'y est pas, mais sur toutes choses, et en tous cas, que les procédés soient remplis d'une bienséance continuelle dans l'absence comme dans la présence.

» 4° Un amour de préférence et des soins infinis pour nos enfants, parce qu'ils ont réellement besoin de nous.

» 5° Pour les objets de notre amour ou de notre amitié, ce que ces sentiments peuvent mettre dans notre cœur; les premiers devoirs préalablement observés.

» 6° Une bienveillance et une politesse générales pour tous les hommes, tant inférieurs que supérieurs.

» 7° Ne jamais proférer le nom de ceux qui peuvent nous avoir fait du mal ou que nous n'aimons point, pour ne pas même donner à la haine le pouvoir de parler; obtenir de nous, si l'on nous parle de ces gens et qu'on nous force à répondre, d'en parler modérément; et si les occasions se trouvent où nous puissions leur faire du bien, le faire non pour eux, mais pour nous, à qui nous devons essentiellement de préférer le bien au mal.

» 8° Après avoir rempli une partie de ce que nous nous devons, qui se trouve mêlé dans nos devoirs pour les autres, revenir au reste de ce que nous nous devons, qui est la multiplication de nos idées par quelques études et quelques remarques pour notre propre amusement; il y en a de beaucoup de sortes dans l'exercice de l'esprit. Il faut s'en servir ainsi que de ses jambes, sans quoi l'on est à la merci des premiers porteurs. »

Telles étaient les maximes que mettait en pratique madame Dupin : aussi a-t-elle vécu, bonne et compatissante pour tous les maux, indulgente pour les faiblesses humaines, et donnant l'exemple de toutes les vertus.

Rousseau, dans un accès de lyrisme, lui adressa un jour ce quatrain (que l'on trouvera dans ses lettres :

> Raison ne sois point éperdue.
> Près d'elle tu gagnes toujours ;
> Le sage te perd à sa vue.
> Et te retrouve en ses discours.

De la part de Jean-Jacques l'éloge n'est pas suspect.

M. Dupin avait acheté avant son mariage, en 1725, de M. le duc de Bourbon, la terre et le château historique de Chenonceaux.

Ce château féerique, bâti sur la rivière du Cher, en Touraine, et qui avait successivement été possédé et embelli par François Ier, Henry II, Diane de Poitiers, Catherine de Médicis, la reine Louise de

Vaudemont, veuve de Henry III, les ducs de Vendôme
et le duc de Bourbon, ne pouvait tomber en de
meilleures mains. L'abbé de Saint-Pierre félicitant
madame Dupin d'habiter Chenonceaux lui écrivit.
parlant de son mari : « J'ai toujours des remerciements à faire à celui qui a si bien logé les grâces
dans l'ancien palais de nos rois¹. »

Désireux de nous occuper spécialement de madame
Dupin, nous passerons rapidement sur le récit des
réceptions et des fêtes qu'elle donna dans ce beau
domaine où venaient la visiter ses nombreux amis.
L'esprit et les arts jouaient un grand rôle et avaient
une large part dans toutes ces réunions. M. Dupin
de Francueil², son beau-fils, étant grand amateur
de musique, entretenait un corps de trente musiciens qui exécutaient des concerts et jouaient des
opéras sur un théâtre machiné que son père avait

---

1. Après la mort de madame Dupin (année 1799), Chenonceaux devint par héritage la propriété de M. le comte René
de Villeneuve, son beau-petit-fils et son petit-neveu tout à
la fois. M. de Villeneuve l'habita avec sa nombreuse famille.
jusqu'à la fin de sa vie (1863). Ayant un culte profond pour
tous les souvenirs historiques de son château, il les respectait pieusement et ne songeait qu'à continuer les traditions
intelligentes et hospitalières qu'il tenait de son aïeule. En
1864, Chenonceaux fut vendu. En changeant de propriétaire,
il a changé de destinée ; il a perdu le cachet du vieux temps.
Son présent n'a plus de prestige et son avenir est aussi
incertain que la triste époque où nous vivons.

2. Le nom de Francueil vient des domaines et du bourg
de Francueil, dont le propriétaire de Chenonceaux était seigneur.

fait construire avec luxe dans une aile du château[1]. Madame Dupin fit souvent venir de Paris tout le corps de l'Opéra pour y danser des ballets : monseigneur le duc d'Orléans, fils du Régent [2], avait beaucoup d'amitié pour elle, et chaque visite de lui à Chenonceaux était un prétexte à réjouissances fastueuses. M. le duc de Penthièvre [3], qui possédait

1. Ce théâtre a été détruit par les propriétaires actuels. Madame Dupin avait aussi fait organiser un théâtre très complet de grandes marionnettes par des spécialistes italiens alors fort en vogue, afin d'amuser son fils, M. de Chenonceaux. Ces marionnettes étaient en bois, très finement sculptées et articulées, elles se mouvaient avec des fils de fer, et avaient beaucoup de costumes. Elles nous ont aussi amusé dans notre enfance, et nous nous souvenons, entre autres, d'un marquis, d'une marquise, d'un juge et d'un nègre dont les airs étaient des plus bouffons.

2. Louis, duc de Chartres, puis duc d'Orléans, fils du Régent, naquit à Versailles en 1703 ; il fut colonel général de l'infanterie. La mort de sa femme, qui était une princesse de Bade, survenue en 1726, le plongea dans une grande tristesse ; il ne s'occupa plus, dès lors, que de religion et de bonnes œuvres ; il mourut à Paris, le 4 février 1752. Son fils, Louis-Philippe, duc d'Orléans, né en 1725, mort en 1785, avait épousé une princesse de Bourbon-Conti, et secrètement, en secondes noces, madame de Montesson. Il fut le père du duc d'Orléans mort en 1793 sur l'échafaud, et par conséquent le grand-père du roi Louis-Philippe.

3. Louis-Jean-Marie de Bourbon, duc de Penthièvre, était le fils du comte de Toulouse et le dernier descendant des enfants légitimes de Louis XIV. Grand amiral en 1734, il fit les campagnes de Flandre (1745 et 46). Il avait épousé une princesse de la maison d'Este, qu'il vit mourir en 1754. Il perdit son fils, le prince de Lamballe, en 1768. Sa belle-fille fut massacrée à la prison de la Force, le 3 septembre 1792. Lui-même, enfin, mourut le 4 mars 1793. Sa fille, Louise-

le château d'Amboise, honorait aussi madame Dupin de ses visites, et comme il était grand amiral de France, on tirait le canon à son arrivée, et la rivière était couverte de bateaux pavoisés.

Parmi les châtelains du voisinage que madame Dupin affectionnait, je ne citerai que le duc et la duchesse de Choiseul qui, lors de leur exil à Chanteloup, venaient fréquemment à Chenonceaux pour y oublier les vicissitudes de la politique ; et la musique, les lectures, les assauts d'esprit dans les longues causeries, leur faisaient passer des heures délicieuses, dont le souvenir nous a été conservé dans les mémoires et dans les traditions de la famille.

Quelques années après l'acquisition de Chenonceaux, M. Dupin fit, en 1738, celle du marquisat du Blanc, propriété de madame de Parabère, l'amie du Régent. Le Blanc est une petite ville du Berry ; le château qui la dominait était très grand, et entouré de dépendances très étendues composées des vastes domaines de Cors, de Roches, de Rochefort, etc., etc. ; il n'était distant de Chenonceaux que d'une quinzaine de lieues.

Marie-Adélaïde, épousa le duc d'Orléans et fut la mère du roi Louis-Philippe. Cent ans plus tard, sous le règne de ce roi, l'arrière-petit-fils de madame Dupin, le comte René de Villeneuve, eut l'honneur de recevoir à différentes fois LL. AA. RR. le duc et la duchesse d'Orléans, le duc de Nemours, le duc de Montpensier, arrière-petits-fils des ducs d'Orléans et de Penthièvre, hôtes de madame Dupin, et de les promener dans ce même Chenonceaux où chacun de leurs pas évoquait un souvenir de leurs ancêtres.

Madame Dupin préférait les riantes tourelles de Chenonceaux aux massifs pavillons du Blanc : elle y allait rarement, et d'ailleurs on y arrivait très difficilement en suivant des routes presque impraticables. Le pays était d'aspect sévère : des landes sauvages et des forêts giboyeuses ; on ne pouvait songer à y amener de la société sinon pour de grandes chasses, mais madame Dupin n'était pas chasseresse, et elle se contentait de faire manger à ses hôtes le gibier que lui expédiaient ses gardes.

Au milieu de toutes les splendeurs qui l'entouraient sans l'enivrer, la jeune châtelaine de Chenonceaux ne se sentit vraiment heureuse que lorsqu'elle devint mère.

Six années après son mariage, dans le mois de février 1730, elle donna le jour à un fils qui reçut les noms de Jacques-Armand Dupin de Chenonceaux. Ce fils, objet de sa tendresse la plus vive, devait un jour lui causer de grands chagrins.

La seconde passion de madame Dupin fut celle des lettres ; elle avait le goût de l'étude poussé au plus haut degré. M. Dupin, lui aussi, était un écrivain distingué. Tous les deux, ensemble ou séparément, travaillaient à divers ouvrages, et leur salon était, comme une petite académie, le centre habituel des littérateurs les plus en renom de l'époque.

C'est à Paris que J.-J. Rousseau lui fut présenté par son beau-fils, M. Dupin de Francueil, sur la recommandation du P. Castel. Rousseau donne les détails de cette première visite ; nous n'en recommencerons donc pas le récit. Son air humble et doux ne déplut pas à madame Dupin; avec l'assentiment de son mari, elle se l'attacha sous le titre de secrétaire.

Dans un voyage qu'elle fit à Chenonceaux, Rousseau l'accompagna avec M. de Francueil qui avait du goût pour lui, parce qu'ils faisaient ensemble de la musique. Francueil était un violon très distingué et Rousseau avait la prétention d'être un grand musicien; il composa alors beaucoup de morceaux, ainsi que plusieurs comédies qui furent jouées sous sa direction sur le théâtre du château, entre autres : *l'Engagement téméraire* et l'opéra pastoral *le Devin du Village*. C'est sur ce théâtre que fut chantée pour la première fois cette fameuse romance qui fit alors pâmer tout Paris :

> O ma tendre musette,
> Musette, mes amours !

Rousseau écrivit aussi à ce moment quelques pièces de vers, notamment celle connue sous le nom de *l'Allée de Sylvie*, dans laquelle il célèbre une allée charmante qui longeait mystérieusement la rivière sous les grands arbres de la futaie, et qui était la promenade favorite de madame Dupin.

Consacrant tous ses loisirs à l'étude, madame Dupin chargea Rousseau de rechercher les écrits qui lui étaient nécessaires.

Elle avait conçu le projet de défendre et de venger son sexe dans un ouvrage sur les femmes.

En conséquence, elle avait rassemblé quantité de documents, fouillé dans beaucoup de bibliothèques, consulté tous les livres traitant des femmes célèbres; plus encore : elle compulsa les lois et les ordonnances qui ont réglé les droits de la femme[1] depuis les temps les plus reculés. Toutes ces notes existent dans les manuscrits que nous possédons; beaucoup sont écrites de la main de Jean-Jacques, et surchargées d'adjonctions et de corrections de l'écriture de madame Dupin. Elle mettait une grande ardeur à ce gigantesque travail, pour lequel Rousseau l'aidait utilement.

Madame Dupin aurait désiré que l'éducation des femmes fût moins superficielle, que leurs études devinssent plus sérieuses, et que les hommes rendissent plus de justice à leurs qualités, à leur esprit, à leur raison et même à leur bravoure. Elle s'attachait à prouver qu'elles pouvaient avoir une influence utile dans le gouvernement, prendre part aux affaires, être employées aux négociations, aux travaux diplomatiques, exercer même le pouvoir suprême. Qu'aurait dit madame Dupin si, vivant sous le beau régime du suffrage universel, elle avait vu ses semblables exclues du droit de voter?

Il est difficile d'embrasser des idées de ce genre et de soutenir une thèse pareille sans y apporter un peu d'exagération. En tout cas, la portion la

---

1. On trouvera plus loin un opuscule adressé, sur ce sujet, à madame Dupin, par l'abbé de Saint-Pierre.

FRAGMENTS

DE L'OUVRAGE DE MADAME DUPIN, SUR LES FEMMES.

(Écrits par J.-J. Rousseau et corrigés par madame Dupin.)

Si l'on veut jeter les yeux sur toutes les relations des Indes ou la coquetterie doit être encore bien grossière en plusieurs lieux non cd & + naturelle par rapport à nos idées on verra les h peints, non seulement de rouge mais de toutes couleurs. On leur verra les oreilles le nés, les levres percés pour y passer des pierres, de petites écailles d'animaux brillans et le front taillé en lancéres pour y attaches des aigrettes de plumes; je crois qu'en je rappellent ces exemples, on ne pourra se dis penser de convenir

il y a qq pays ou c'est une beauté d'avoir les dents noires, les h. et les ff employent on appele de fond qui leur donne cette couleur cl d. en bon aussi curieux les uns q les autres

la beauté n'est point si particulier au sexe des le rouge q le peuple appelle fond af si quin avoit aux yeux les ff oregynal a été longtemps l'ostage com plus h

Chez les Romains, l'habillement romains des h étoit composé de plusieurs pieces dont il y en avoit beaucoup d'inutiles et qui ne servoient qu'à la magnificence la les h poudre d'or dont les ff se servoient pour leurs cheveux; l'affectation qu'ils mettoient dans leur arrangement, étoient pour le moins égale à la parure toilette des ff à la parure des ff ce ne fut même qu'à leur exemple les qu'elles portérent un certain vétement superflu qui formoit une nouvelle parure.

les anciens éthiopiens pointe p allés au combat se blanchissoient la moitié du corps et se rougissoient l'autre les georgiens se peignoit tout le corps les rois des medes et des assyriens avoient coutume de se farder
les athenie on mettoit du rouge aux joues de jupiter dans les jours de festes on luy peignoit aussy qqs fois tout le corps ainsy qu'a + hons autres divinités chez les romains le triumphateur étoit fardé et avoit du rouge le jour de son triomphe cet visage étoit tres onli puis q le dictateur Camille avoit été fardé en triumphant

plus intéressante du genre humain ne pourrait lui
en savoir mauvais gré.

Nous n'avons de cet ouvrage que des lambeaux
sans suite, sans ordre, et trop décousus pour que
nous puissions, en les réunissant, faire connaître
autre chose que le résultat des recherches et le plan
général du travail.

Ce dont on ne peut douter, c'est que les femmes
ne pouvaient trouver un plus digne interprète de
leurs droits, un plus sympathique avocat pour
plaider leur cause.

Dans un siècle où le philosophisme ébranlait déjà
les vérités les plus nécessaires, où toute croyance
religieuse était attaquée, madame Dupin sut se
préserver de la contagion. Bien que vivant dans
l'intimité des philosophes, elle composa de petits
ouvrages faciles sur plusieurs sujets de morale, où
l'on sent la pureté et l'élévation de son âme: nous
les publions dans ce volume avec un vif empressement.

Son fils grandissant, elle porta tous ses soins à
son éducation, qu'elle voulait parfaite. Cet enfant,
très bien doué du côté de l'esprit et de la figure,
avait un caractère léger qui lui suscitait quelques
inquiétudes. Hélas! elles n'étaient que trop fondées, ainsi que nous le verrons par la suite.

Madame Dupin avait inspiré une vive passion
à son secrétaire Rousseau, d'ailleurs très prompt à
s'enflammer. Sans y prêter la moindre attention, elle
continuait à lui dicter ses lettres et à lui faire faire

des copies. Un beau jour, s'enhardissant, il ébaucha une déclaration; elle feignit de n'avoir pas entendu ni compris, et le congédia froidement. Rousseau se sentit perdu auprès de M. et de madame Dupin ; il leur écrivit aussitôt des lettres profondément humbles et repentantes (on les lira dans sa correspondance), et leur adressa de grandes protestations de respect et de dévouement.

Les femmes pardonnent volontiers une pareille faute : madame Dupin était bonne et se sentait forte, M. Dupin se laissa fléchir également, et Rousseau recouvra leur confiance. Il en fut parfaitement reconnaissant, et depuis ce moment il ne cessa jamais de leur témoigner l'attachement dont son âme, toujours inquiète et farouche, était susceptible.

Madame Dupin suivait avec une vive et bien naturelle sollicitude les études que le jeune Chenonceaux faisait à Paris où il était en pension, rue de Seine, chez M. Dalibard, savant professeur d'histoire et de sciences, ami de Buffon, habile naturaliste et physicien, et à qui l'on doit en partie l'établissement des paratonnerres.

Elle entretenait une correspondance journalière avec le maître et l'élève : à celui-là, elle donnait des avis, des instructions; à celui-ci, elle prodiguait ses conseils, ses recommandations. Le bon abbé de Saint-Pierre exerçait une surveillance active sur l'un et sur l'autre.

On trouvera dans une lettre de l'abbé de Saint-

Pierre adressée à madame Dupin ce jugement porté sur l'enfant :

« Monsieur votre fils, à dix ans, montre un esprit qui me fait juger que ce ne sera pas un sujet médiocre. Il vous causera ou beaucoup de peine, s'il est injuste, ou beaucoup de joie s'il est juste et bienfaisant. »

La première partie de cette prophétie est la seule, malheureusement, qui devait s'accomplir.

Tous ces soins ne furent pas perdus, car en 1744, c'est-à-dire à l'âge de quatorze ans, Armand soutint brillamment une thèse de bachelier.

Ensuite, le rappelant près d'elle, sa mère pensa qu'en le confiant à Jean-Jacques, dont elle appréciait la valeur, il achèverait sous ses yeux le perfectionnement de son éducation.

C'est alors que M. Dupin demanda à Rousseau de lui présenter un plan d'éducation. Celui-ci avait, dans sa jeunesse, été précepteur de M. de Sainte-Marie, frère de l'abbé de Condillac, et en cette qualité il avait rédigé un projet pour ce jeune homme. L'ayant conservé, il le présenta de nouveau à M. Dupin : c'est ce curieux document que nous publions avec les lettres de Rousseau.

En acceptant la difficile mission dont on le chargeait et dont il parle assez légèrement au livre VIII de ses *Confessions*, Rousseau remarqua que M. de Chenonceaux avait un goût prononcé pour les mathématiques et les sciences. Alors il lui installa, dans un des pavillons du petit château des pages, à Che-

nonceaux, un cabinet d'histoire naturelle et un la-
boratoire de chimie, très luxueux et très complets,
où l'élève et le professeur, aidés de M. de Francueil,
se livrèrent à toutes sortes d'expériences. Nous possédons un portrait en pied qui représente M. de Chenonceaux, tenant un compas d'une main et de l'autre
une feuille de papier sur laquelle sont tracées des
figures de géométrie.

Rousseau ne tarda pas à trouver que son élève
était beaucoup trop indiscipliné et qu'il profitait
beaucoup plus de toutes les distractions qui l'entouraient que des leçons variées qu'on essayait de lui
donner. Armand venait d'atteindre sa vingtième
année, il était plein de jeunesse et de santé. Sa mère,
voyant sa fougue et son ardeur pour le plaisir, n'eut
plus qu'une pensée, qu'un seul désir : celui de le
marier.

Son choix se fixa sur une charmante personne,
du même âge que lui, mademoiselle Marie-Alexan-
drine-Sophie, fille unique du vicomte de Roche-
chouart-Pontville : sa dot et sa fortune étaient modestes, mais le jeune homme était assez riche pour
deux.

Le mariage se fit à Paris en 1751, à la grande
joie de madame Dupin, remplie de l'espoir que cette
union aurait sur son fils la plus salutaire influence.
Afin de garder les jeunes mariés avec elle, elle mit
à leur disposition une partie de l'hôtel Lambert, et
leur laissa la liberté de passer la belle saison dans
ses châteaux de Chenonceaux, du Blanc ou de Ro-

chefort, suivant leur fantaisie. De plus, M. Dupin
obtint pour son fils l'autorisation de se l'adjoindre
comme suppléant, avec sa survivance, pour le titre
d'écuyer et pour la charge de secrétaire du cabinet et
de la chambre du roi.

L'année suivante, madame de Chenonceaux ac-
coucha d'un fils, qui reçut les noms de Claude-
Sophie Dupin de Rochefort [1].

Jean-Jacques parle avec beaucoup d'éloges de
madame de Chenonceaux, et dit dans ses lettres
« écrites de la Montagne » que c'est à sa prière
qu'il entreprit d'écrire l'*Émile*, cet ouvrage philan-
thropique, où il rappelle aux mères que leur devoir
est de nourrir leurs enfants. Dans ce temps-là on
avait la dangereuse habitude de mettre les petits
enfants en sevrage chez des nourrices de campagne.
Rousseau réussit dans ses conseils, et l'*Émile* eût un
grand succès près de toutes les femmes de l'époque.

1. M. de Rochefort se maria très jeune avec mademoiselle de
Saint-Roman, et il mourut sans laisser d'enfant. Sa veuve
épousa ensuite M. Pasquier, qui fut créé duc et fait grand
chancelier de France sous le règne du roi Louis-Philippe.
Le château de Rochefort a été démoli par madame Dupin,
après avoir été rendu inhabitable par un incendie qui avait
ravagé tout l'intérieur de l'édifice ; les domaines qui l'entouraient ont été vendus. Ils faisaient partie de la terre du
Blanc. Mais cette belle propriété a eu la bonne fortune de ne
pas sortir de la famille. Lors de la mort de madame Dupin,
son neveu le baron Auguste de Villeneuve, frère cadet du
comte René, en hérita ; son petit-fils, le baron Paul de Villeneuve, la possède aujourd'hui et il y demeure dans son château de Roches, situé à une lieue de celui du Blanc que la
ville a acheté en 1840 pour y établir la sous-préfecture.

M. de Chenonceaux, avec une ingratitude et une légèreté véritablement impardonnables, ne se contenta pas de jouir tranquillement de tous les dons qu'il tenait du ciel et de ses parents, il se laissa séduire par les mirages de folles entreprises. De misérables intrigants exploitèrent sa bourse d'abord, sa bonne foi ensuite, et l'engagèrent dans des spéculations ruineuses, en France, en Hollande, en Amérique. Il se mit à jouer pour combler ses déficits : la mauvaise fortune le poursuivait toujours et partout ; il perdit des sommes énormes.

Dans l'*Histoire de ma vie* où elle parle beaucoup de madame Dupin, madame Sand retrace à peu près en ces termes une conversation qu'elle eut sur ce sujet avec son cousin le comte René de Villeneuve (en 1846) :

« En une nuit M. de Chenonceaux perdit au jeu sept cent mille livres ; le lendemain, il fallut payer cette dette d'honneur. L'hôtel Lambert, vrai palais, habité par notre famille, fut engagé, d'autres biens vendus. » Et M. de Villeneuve ajoutait : « M. de Chenonceaux, mon grand-oncle, et mon grand-père, M. de Francueil, ont mangé sept à huit millions d'alors. »

Aujourd'hui cela en vaudrait vingt.

Nous ne suivrons pas M. de Chenonceaux dans tous ses égarements ; nous ne dirons pas toutes les perplexités et tous les chagrins où il plongea ses parents, qui ne cessaient de faire des démarches et des sacrifices pour le tirer d'embarras et sauver l'honneur de ce fils égaré. Après maintes aventures pour échapper à la poursuite de ses créanciers, fuyant les lettres de cachet, il se réfugia en Hollande; mais sur un ordre royal il fut reconduit à la frontière et renfermé au château de Pierre-Encise, espèce de prison d'État située sur la Saône, près de Lyon. Il y resta jusqu'à la solution d'un procès dont le jugement lui fut d'ailleurs complètement favorable.

Dans la crainte de nouvelles folies, son père prit la résolution de le faire voyager, et, le 26 octobre 1765, M. de Chenonceaux s'embarqua à Lorient sur le *Comte d'Artois*, vaisseau de la Compagnie des Indes, faisant voile pour l'Ile-de-France.

Dix-huit mois après, le 9 mars 1767, le gouverneur de l'île annonça à madame Dupin que son fils, devenu sage et tranquille, allait reprendre la mer pour retourner en France.

A peine avait-elle reçu cette bonne nouvelle qu'elle en recevait une autre inattendue, terrible: celle de la mort de M. de Chenonceaux, causée par un accès foudroyant de fièvre jaune, le 3 mai 1767.

Après cette diversion, revenons à madame Dupin et à ses travaux littéraires.

Elle désirait beaucoup que Rousseau se fît l'éditeur des ouvrages qu'avait laissés en mourant l'abbé de Saint-Pierre, dont la mémoire lui était particulièrement chère; mais Rousseau ne put ou ne voulut achever que son extrait du *Projet de paix perpétuelle*. Il en explique les raisons dans ses *Confes-*

sions, partie II, livre XVII. Cet écrit existe en manuscrit dans les papiers de madame Dupin, tel qu'on le trouve dans l'édition des œuvres du citoyen de Genève, ainsi que l'extrait de la *Polysinodie, ou Pluralité des conseils.*

Rousseau, parlant de madame Dupin, dit, dans une lettre datée de Genève, 20 juillet 1754, qu' « il gardera précieusement au fond de son cœur l'éternel et constant souvenir des bontés et des bienfaits de cette dame ». Il est naturel d'en conclure que Rousseau ne fut jamais ingrat envers sa bienfaitrice. Avec une bonté et une bienveillance extrêmes, elle l'aida efficacement quand il voulut se retirer et s'établir avec Thérèse Levasseur ; plus tard elle combla de bienfaits la mère et la fille Levasseur. Dans toute sa correspondance avec madame Dupin, Jean-Jacques Rousseau ne cesse de lui parler de sa reconnaissance et de son profond attachement. Il continue à fréquenter sa maison qui, moins brillante que pendant ce temps qu'il appelle « les beaux jours de madame Dupin », ne laissait pas d'être encore « par le mérite des maîtres et le choix des gens qui s'y rassemblaient, une des meilleures maisons de Paris ». « Comme je ne leur avais préféré personne, ajoute-t-il, je ne les avais quittés que pour vivre libre, et ils n'avaient pas cessé de me voir avec amitié, et j'étais sûr d'être en tout temps bien reçu de madame Dupin. Je la pouvais même, en quelque sorte, compter pour une de mes voisines de campagne depuis qu'elle s'était formé un établisse-

ment à Clichy où j'allais quelquefois passer un jour
ou deux [1]. »

Madame Dupin connut aussi particulièrement
Voltaire, qui avait été frappé et impressionné de
ses qualités aimables et solides et de ce tact si fin,
si sûr, qui la distinguait éminemment.

Elle avait un neveu, l'abbé d'Arty, qui devait prononcer le panégyrique de saint Louis dans la chapelle du Louvre, en présence de l'Académie. Le jeune
orateur traça rapidement le canevas de l'ouvrage
dont il avait à s'occuper, et madame Dupin le soumit
à Voltaire, qui indiqua à l'instant les défauts essen-
tiels de cette ébauche; mais, soit par intérêt pour
l'abbé d'Arty, soit qu'il lui parût piquant de faire
prêcher dans une chaire chrétienne le sermon d'un
philosophe, Voltaire envoya peu de jours après un
autre panégyrique, et c'est celui-là que l'abbé d'Arty
prononça.

« Voilà, disait Voltaire, l'esquisse d'une main
profane ; une main sacerdotale l'achèvera. »

L'abbé d'Arty ne put y intercaler que ces mots :
Ave Maria.

Cet ouvrage se trouve dans les œuvres du philosophe de Ferney.

Le même abbé d'Arty devait aussi prononcer
l'oraison funèbre du duc d'Orléans, fils du Régent,
grand admirateur et ami de madame Dupin,
mort en 1752. Elle fut composée par J.-J. Rousseau

1. *Confessions*, P. II, liv. x.

à la prière de madame d'Arty, sœur de madame Dupin.

Ce morceau, qu'on a jugé médiocre, fut envoyé par le véritable auteur à M. Moultou, de Genève, en 1762. C'est ainsi qu'il a été conservé.

Il n'en est pas moins original que les deux hommes les plus remarquables, les deux écrivains les plus célèbres du xviii° siècle, aient prêté leur plume éloquente à l'abbé d'Arty.

Après la vente de l'hôtel Lambert, madame Dupin s'était installée rue Plâtrière, près Saint-Eustache, et elle partageait son temps entre Paris pendant l'hiver, une maison à Clichy, au printemps, et Chenonceaux, où elle venait passer les mois de l'été.

Tous les vendredis elle réunissait à sa table les beaux esprits, et sa vie studieuse s'écoulait paisiblement. Ses malheurs l'avaient encore rendue plus chère aux véritables amis qui cherchaient à les lui adoucir, sinon à les lui faire oublier.

Mais la mort impitoyable lui enlevait successivement ceux et celles qu'elle aimait le mieux, tels que Fontenelle, Mairan, Sainte-Aulaire, Tressan, la princesse de Rohan-Chabot, la duchesse de Luxembourg, la duchesse de Mirepoix, la marquise de Boufflers, etc., etc.

M. Dupin, dont la robuste constitution avait été bien ébranlée par l'inconduite et la mort de son fils, ne survécut que dix-huit mois à M. de Chenonceaux : le 25 février 1769, il s'éteignait à Paris, à l'âge de quatre-vingt-trois ans, dans son hôtel de la rue Plâtrière; il fut enseveli dans les caveaux de l'église Saint-Eustache, sa paroisse.

M. Dupin était un homme de valeur, un économiste habile, toujours consulté dans les commissions sur les questions financières où son jugement faisait loi. Ses écrits dénotent une grande connaissance des affaires et des hommes, une volonté énergique traduite dans un langage vigoureux. Les brillants esprits de son temps s'honoraient fort de son amitié et avaient souvent recours à ses conseils.

Lorsque Montesquieu fit paraître avec tant d'éclat son livre *De l'Esprit des lois*, M. Dupin s'aperçut que le chapitre viii, qui traite des finances, était rempli d'erreurs, et, quoique très intime ami de l'auteur, il entreprit la réfutation de cette partie de l'ouvrage ainsi que de plusieurs assertions qui le choquèrent profondément, comme portant atteinte à la justice et à la vérité.

Il y mit toute la mesure et la convenance possibles, et écrivit un traité estimé des légistes, qui fut imprimé sous ce titre : *Observations sur un livre intitulé* De l'Esprit des lois, *divisées en trois parties.*

L'avertissement qui sert de préface au premier des trois volumes est l'œuvre de madame Dupin. Nous tenons ce renseignement de notre grand-père, le comte René de Villeneuve, neveu et beau-petit-fils de madame Dupin.

Cet avertissement est remarquablement écrit et pensé.

Montesquieu, se voyant si habilement réfuté et si sévèrement critiqué, s'alarma et obtint de sa protectrice, madame de Pompadour, la suppression du travail de M. Dupin, de ce travail que Voltaire trouvait « sage et bien fait », et à propos duquel il remercia fort madame Dupin de lui en avoir envoyé un exemplaire, en lui promettant « de garder le secret de la faveur qu'on lui avait faite en lui donnant ce livre ». (On verra dans les lettres de Voltaire à madame Dupin qu'il lui en parle assez longuement.)

M. d'Argenson, ministre du roi, refusa de rendre celui qu'il possédait.

Un ouvrage prohibé prenait l'attrait du fruit défendu, et, alors comme aujourd'hui, c'était à qui se le procurerait ; toutefois il n'en resta qu'un très petit nombre d'exemplaires dans la circulation, et encore demeurèrent-ils soigneusement cachés ; ceux qui ont échappé à la destruction sont rares.

Nous en possédons le manuscrit original ainsi que plusieurs exemplaires, dont un relié en maroquin rouge et revêtu des armes de M. Dupin ; il y en avait un à la bibliothèque du Louvre, qui a été brûlée lors des incendies de la Commune, en mai 1871.

M. Dupin était mieux qu'un écrivain amateur ; ses ouvrages mériteraient d'être connus. Voici la liste de ceux qu'il a publiés :

1° *Les Œconomiques*, à Carlsruhe, 1745, 3 vol. in-4°.

Cet ouvrage traite d'un plan général de réformes s'étendant à toutes les branches du commerce, des droits douaniers, du crédit public, des domaines de l'État, des rentes, etc., etc.

Tiré à un petit nombre d'exemplaires, sans nom d'auteur, et distribué par M. Dupin à ses amis, il est devenu des plus rares et presque introuvable.

2° *Mémoire sur les bleds*, avec un projet d'édit pour maintenir en tout temps la valeur des grains à un prix convenable pour le vendeur et pour l'acheteur. Paris, sans nom d'imprimeur, 1748, in-4°. Tiré à un petit nombre d'exemplaires ; extrêmement rare.

3° *Réflexions sur quelques parties d'un livre intitulé* De l'esprit des lois. Paris, Benjamin Serpentin, 1749, 2 vol, in-8, papier de Hollande.

C'était une première critique du livre de Montesquieu qui parut en 1748. Tiré à une dizaine d'exemplaires, cet ouvrage est aussi des plus rares ; il fut traqué par la censure, et M. Dupin fit détruire presque toute l'édition.

4° *Observations sur un livre intitulé* De l'esprit des lois, *divisées en trois parties*, sans lieu, sans date, sans nom d'auteur ni d'imprimeur, 3 vol. in-8° ; l'année d'apparition doit être 1750. C'est cet ouvrage dont Montesquieu s'alarma et dont il obtint la suppression.

5° Un petit opuscule de vingt-trois pages, intitulé : *Manière de perfectionner les voitures*. Cet ouvrage est signalé par Barbier dans son *Dictionnaire des anonymes* et il l'attribue à M. Dupin de Chenonceaux, mais il se trompe peut-être, et il a pu confondre le père avec le fils ; nous n'avons, quant à nous, jamais vu cet opuscule, et nous n'en pouvons par conséquent dire davantage.

La rareté de ces livres tient à deux raisons : plusieurs ont été supprimés; les autres, publiés sans nom d'auteur, ont échappé à l'attention, et d'ailleurs, pour des raisons de haute prudence, M. Dupin ne les avait jamais fait imprimer qu'à un très petit nombre d'exemplaires. Il n'était pas aisé, dans ce temps-là, d'échapper à des rigueurs quand on voulait parler de réformes!

M. Dupin avait une grande affection pour sa femme et mettait beaucoup d'empressement à satisfaire ses goûts et ses désirs. De nombreuses preuves nous ont été conservées dans les souvenirs de la famille, et, parmi elles, nous croyons le trait suivant digne d'être rapporté, parce qu'il intéresse l'histoire de Chenonceaux.

Un jour, dans les premiers temps de leur mariage, madame Dupin se promenait seule le long du Cher dans l'allée qu'elle aimait, cette allée de Sylvie chantée par Jean-Jacques, lorsqu'un Capucin mendiant, qui avait pénétré dans le parc, sortant tout à coup d'un taillis, vint insolemment lui demander la charité. Elle prit sa course, rentra tout effrayée au château, et déclara à M. Dupin qu'elle ne remettrait plus le pied dehors et qu'elle voulait même quitter Chenonceaux sur-le-champ.

M. Dupin aussitôt accéda à son désir, mais, en partant, il donna l'ordre à son intendant de faire entourer les deux parcs de Chisseaux et de Civray de douves

infranchissables pour protéger les promenades de
sa femme et assurer la sécurité de l'habitation.

De sorte que, l'année suivante, ce grand travail
accompli, madame Dupin put revenir à Chenonceaux et recommencer sans danger ses rêveries sur
les bords du Cher.

M. Dupin laissait en mourant, à sa veuve, une fortune considérable et de vastes propriétés en Touraine, en Berry, en Poitou et à Paris.

Elle prit aussitôt la direction de ses affaires : son
intelligence active et son esprit précis y trouvèrent
un grand aliment. La lecture de ses lettres, à ses
régisseurs, aux curés, aux gens de loi, aux agents
de l'administration, nous la fait voir toujours uniquement préoccupée de faire régner la justice et la
raison dans tous ses actes.

Elle exige la rectitude et la ponctualité, elle s'informe des besoins de chacun, elle désire que tout
le monde, chez elle et autour d'elle, soit heureux et
content.

Aux curés, pour leurs églises, pour les malades,
pour les pauvres, elle donne largement, mais, ne
voulant jamais refuser à personne ni se dérober
à aucune requête, elle veut toujours le faire avec
connaissance de cause et parfaitement renseignée.

Elle a des procès et défend elle-même ses intérêts
avec l'habileté d'un avocat consommé.

Sur tout cela nous serons sobres de détails, malgré la quantité des documents que nous avons entre
les mains.

Nous ne voulons pas décerner à madame Dupin des éloges exagérés sur son intelligence, sur sa charité, sur ses vertus : il est naturel qu'avec sa grande fortune elle ait pu donner beaucoup, il est encore très naturel qu'elle fût en active correspondance avec les gens qui administraient ses domaines; mais ce qui mérite, chez elle, d'être particulièrement remarqué, c'est l'entente, la bonne grâce, le charme qu'elle mettait à toutes ses actions.

C'était la femme aimable, délicate, intelligente par excellence, faisant autant de frais pour les petits que pour les grands, sachant donner tout en paraissant l'obligée, n'humiliant jamais personne et réconfortant les malheureux d'un mot, d'un sourire autant que d'une aumône.

Enfin on comprend qu'elle ait inspiré à son ami, le bon abbé de Saint-Pierre, ce mot charmant qu'elle justifiait si bien la « bienfaisance ». *Paradis aux bienfaisants*, signait-il ses lettres ; et certainement cette devise peut s'appliquer à madame Dupin.

Il était dans la destinée de cette femme distinguée d'assister aux bouleversements politiques qui allaient engloutir la société et lancer le pays dans des voies inconnues, menaçantes et fatales.

La Révolution s'annonçait sous les couleurs les plus sinistres : en prévision de ses affreuses conséquences, la panique s'était emparée de tous les esprits, l'affolement était général; à la vue du danger chacun voulait mettre à l'abri sa fortune et sa personne.

On fuyait à l'étranger; madame Dupin résista à l'entraînement de ses amis qui lui conseillaient d'émigrer, et, ne voulant pas abandonner les siens, elle quitta Paris et se retira à Chenonceaux avec la belle comtesse de Forcalquier, la fidèle compagne de ses beaux jours, sa chère et inséparable amie. Là, vivant au milieu de serviteurs dévoués, protégée par une population respectueuse et reconnaissante de tous les bienfaits dont elle n'avait jamais cessé de la combler, elle passa ces terribles années de la Convention et de la Terreur dans une tranquillité relative, mais douce encore, puisque la folie et la tempête qui brisaient, autour d'elle, les existences et les monuments, ont respecté sa vie et sa royale demeure.

Au milieu de la tourmente, elle eut même la consolation d'assister au mariage de son petit-neveu, René de Villeneuve, avec mademoiselle Apolline de Guibert, fille unique du général comte de Guibert, auteur de *la Tactique militaire* et membre de l'Académie française; puis, quelques années après, de faire baptiser dans la chapelle de Chenonceaux les deux enfants issus de cette union, Emma, devenue à vingt ans comtesse de la Roche-Aymon, et Septime, comte de Villeneuve-Guibert, père de l'auteur de cette notice.

A l'âge de quatre-vingt-treize ans, au déclin de la dernière année du siècle, le 20 novembre 1799, Louise de Fontaine-Dupin s'éteignit chrétiennement, sans souffrances et sans la moindre infirmité, dans le grand salon de Catherine de Médicis à Chenonceaux.

Madame Dupin avait conservé une étonnante jeunesse de tournure et de visage, et surtout une mémoire extraordinaire : il lui suffisait de réciter deux ou trois fois un morceau de poésie pour qu'elle le retint toujours, et sa manière de dire les vers ajoutait au mérite qu'ils pouvaient avoir par eux-mêmes. Elle savait très bien le latin, on le voit dans ses écrits où elle cite sans cesse les anciens auteurs, et elle possédait à fond la langue italienne : Pétrarque était son écrivain favori, elle en a traduit les sonnets avec agrément, en leur conservant, autant que le français le permet, les tours et les traits.

Elle avait trop d'esprit pour faire sentir sa supériorité ; semblant ignorer ses mérites, elle mettait même une sorte d'habileté et d'affectation à s'effacer, pour faire valoir ceux des autres. Mais, par exemple, elle ne craignait pas d'afficher son goût pour le beau, le juste et le raisonnable ; aussi, nous le répétons, jamais femme ne fut plus recherchée, plus entourée ni plus aimée.

Seule, madame du Deffand fit exception. Mais c'était une femme qui possédait beaucoup plus d'esprit que de cœur. Le mauvais estomac dont elle était affligée avait aigri son caractère ; la cataracte avait éteint son regard, comme le scepticisme philosophique avait détruit en elle toute espèce de croyance. Madame du Deffand ne professa jamais que le culte du sarcasme et de la médisance. Elle n'hésita pas à donner la preuve la plus révoltante de sécheresse et d'égoïsme, en se rendant, le soir même de la mort de son ami intime de cinquante ans, Pont-de-Veyle, à un grand souper chez madame de Marchais ; et comme elle s'aperçut qu'on s'étonnait de sa présence : « Vous ne me verriez pas, osa-t-elle dire, s'il n'était pas mort. »

Les deux petit-neveux de madame Dupin, René et Auguste de Villeneuve, respectant sa volonté dernière, lui élevèrent un monument funèbre dans un des parcs de Chenonceaux, appelé le parc de Francueil, près la fontaine de Henri IV, où ses cendres reposent encore.

Il est à regretter que, par l'effet d'une prudence fatale, mais que la Révolution rendait alors nécessaire, une grande partie des papiers et correspondances de cette aimable femme aient été brûlés, car elle était en relations régulières non seulement avec les savants et les littérateurs, mais aussi avec les hommes politiques français et étrangers, entre autres le prince de Kaunitz, dont les lettres, remplies d'anecdotes sur les affaires du temps, offriraient aujourd'hui un vif intérêt.

Ce qui nous reste de ces diverses correspondances a échappé comme par miracle à la destruction ; il nous a semblé que la publication que nous faisons dans ce volume ne pouvait qu'ajouter aux mérites connus de ses divers auteurs, et qu'elle devait présenter un intérêt réel, au moins en raison des souvenirs de ce xviiie siècle, si littéraire et si sérieux sous son apparente frivolité.

Avant de terminer cette notice sur madame Dupin.
il est nécessaire que nous disions quelques mots de
l'orthographe en usage de son temps.

Au siècle dernier, il n'y avait aucune règle d'orthographe pour la langue française : chacun écrivait un peu à sa guise ; on supprimait ou on doublait
les consonnes suivant son caprice ; souvent dans la
même ligne le même mot était écrit différemment :
on employait fort les abréviations, on négligeait les
accents et la ponctuation, on poussait la fantaisie et
la négligence jusqu'au grotesque et à l'impossible.

L'orthographe des noms propres n'était pas mieux
fixée ; on les écrivait à peu près comme on les
prononçait, tantôt d'une manière. tantôt d'une
autre, peu important.

Rousseau et Voltaire sont peut-être les seuls auteurs à peu près corrects, et cependant on n'est pas
sans trouver dans leurs manuscrits ce que nous
appelons aujourd'hui des fautes d'orthographe :
toutefois c'est à eux que l'on doit les principales
règles de la langue ou plutôt de l'orthographe de
la langue française.

L'abbé de Saint-Pierre écrivait systématique-
ment le français d'une manière à part : il avait
composé une grammaire spéciale, et la bizarrerie
de son orthographe était voulue.

L'orthographe de madame Dupin était très fan-
taisiste. Quant à son nom on l'écrivait tantôt d'un
seul mot (Dupin), tantôt en deux mots (du Pin), mais
plus généralement en un seul. Dans les actes. dans

les lettres signées par M. et madame Dupin, le nom est écrit en un seul mot, et dans la généalogie que M. Dupin a fait faire de sa famille et que nous possédons, le nom est également Dupin; c'est en nous appuyant sur toutes ces preuves que nous l'écrivons ainsi.

IDÉES SUR LE BONHEUR [1]

L'idée du bonheur, mes chers enfants [2], n'est point une chimère : n'écoutez point là-dessus les gens mélancoliques, sombres, crieurs. On croit, quand on est inexpérimenté, ce qu'on entend, et si on se le persuade, on peut aller jusqu'à le sentir : nous sommes donc bien intéressés à méditer sur notre propre état, et à faire une provision d'idées justes, raisonnables et claires.

1. Il n'y a pas de date sur le manuscrit ; la lettre de l'abbé de Saint-Pierre que l'on trouvera plus loin, et dans laquelle il remercie madame Dupin et la complimente sur cet ouvrage, n'est également pas datée : cependant elle doit être de 1733.

2. Les enfants de madame Dupin étaient : M. Dupin de Francueil, son beau-fils, et M. de Chenonceaux, son fils, bien plus jeune que M. de Francueil. Elle s'adresse également à ses deux neveux, les jeunes d'Arty et Armand Vallet de Villeneuve, fils de ses sœurs mesdames d'Arty et Vallet de la Touche, qu'elle aimait comme ses propres enfants.

Platon conclut, contre l'opinion de quelques philosophes, que l'homme peut être heureux dès ce
monde ; autrement, le plus naturel et le plus sincère de tous ses désirs seroit le plus faux et le plus
inutile.

Ce qui s'appelle « bonheur » est commun à tous les
hommes : ils ont tous les mêmes droits au plaisir,
dans toutes les différentes conditions ils peuvent
trouver la félicité. Les gens contents et mécontents
qu'on trouve dans chaque état en sont une preuve
sans réplique. Si l'on employoit à travailler à son
bonheur le même temps et la même vivacité qu'on
met à des recherches inutiles, on viendroit à bout
d'être heureux, malgré ce qu'on appelle les traverses de la vie.

Il est vrai que cet ouvrage ne peut être fait que
par quelqu'un qui ait de l'esprit, parce qu'il faudroit écarter les préjugés, pour revenir aux idées
primitives et claires et faire exactement connoissance avec tous les objets qui nous environnent
dans la vie.

Mais cet ouvrage bien fait, d'autres gens moins
habiles ne laisseroient pas de pouvoir en profiter.
Ce n'est pas moi qui me flatte de le bien faire, mais
je crois que je ne serai pas contredite disant que
celui qui a le plus d'opinions justes doit être le

plus heureux, et celui qui possède le plus d'erreurs le moins heureux.

J'appelle bonheur une situation d'esprit douce et tranquille qui nous tient à portée de jouir librement et vivement de tout ce qui se présente à nous, comme j'appelle santé une situation de notre corps qui est la disposition à trouver bons tous les objets de notre appétit.

Le corps influe sur l'esprit, l'esprit influe sur le corps, cela me paroît vrai : le moral tient au physique, je le crois ; le physique tient aussi au moral ; mais pour se tenir et se toucher, ils ne sont pas toujours aussi dépendants l'un de l'autre comme quelques gens le veulent, je pourrai le prouver, il suffit pour cela de l'avoir senti.

Nos idées influent sur nos sentiments, cela me paroît vrai ; nos sentiments influent sur nos idées, cela peut être en quelques occasions, mais, dans beaucoup d'autres, il me semble que le sentiment n'est que l'adoption de l'idée : c'est pour cela, mes chers enfants, que je vous recommande de rendre les vôtres justes et claires.

Si les hommes connoissoient les vrais biens, les biens imaginaires causeroient des guerres moins animées entre eux.

Les esprits faux, les âmes vulgaires sont incessamment le jouet de toutes les erreurs de la vie, des amours insensées, des chagrins frivoles, des emportements inutiles et des terreurs paniques; ces gens ne sauroient donc être heureux.

Encore une fois ce sont nos erreurs qui font nos malheurs, et je ne sais si, excepté la douleur, nous avons d'autres causes pour souffrir que notre ignorance et nos méprises.

Nul bonheur en ce moment ne sauroit être permanent, nous sommes environnés de vicissitudes dont il faut apprendre à nous accommoder, et cela est peut-être fort aisé, les hommes qui n'en sont point assez persuadés trouvent du mécompte dans l'idée qu'ils ont du bonheur, et de là, des peines qu'une idée plus juste et plus vraie leur auroit épargnées.

Une erreur des plus communes c'est de ne pas reconnoître que le plaisir que nous sentons dépend d'avantage de la disposition dans laquelle nous sommes, que de la plupart des objets auxquels nous l'attribuons : si on étoit assez persuadé, on apprendroit à maintenir cette disposition.

Une autre méprise assez fréquente, c'est d'acheter trop cher un plaisir, par les inconvenients qui le suivent, ou quelquefois n'avoir pas la résolution de le payer assez cher, faute d'en connoître la véritable valeur.

Encore une chose assez opposée au bonheur des hommes, c'est leur inconséquence, car personne n'ignore totalement de certains bons principes qui pourroient suffire pour être passablement heureux; mais les suit-on? s'y tient-on attaché? on s'en souvient, quelquefois à propos de la conduite des autres, rarement sur la sienne, et voilà l'inconséquence. Car ces mêmes principes devroient entrer dans toutes nos délibérations, toutes nos actions devroient en être des suites, ce qui arriveroit infailliblement si nous savions tirer de ces principes les nombreuses conséquences qui en dérivent, et dont la moindre est essentielle à notre bonheur.

L'étude de ces bons principes, propres à éclairer l'esprit et à rendre le cœur juste, doit avoir sans doute une grande utilité pour rendre heureux, la méditation de ces principes rend plus calme, plus fort, plus indépendant, et il en résulte une certaine sûreté dans ce qu'on pense et dans ce qu'on fait qui nous donne une tranquillité estimable et précieuse qui est la base du bonheur.

En un mot la vraie habileté pour être heureux dans toutes les conditions, se trouve principalement dans la pratique de la justice et de la bienfaisance ; cette grande, belle et bonne vérité se trouve reproduite dans tous les écrits de M. l'abbé

de Saint-Pierre, il en a habillé Socrate, en lui faisant abandonner la physique et l'éloquence pour la
morale.

C'est ce qu'il a fait lui-même et ce qu'il dit dans
ses ouvrages, où l'on sent partout qu'il ne s'est jamais écarté du but de l'utilité, dans le dessein de
contribuer au bonheur des hommes.

Le plus ou le moins d'élévation dans les conditions, le plus ou le moins de fortune, ne font pas
la mesure du bonheur, c'est le plus ou le moins de
vertu, le plus ou le moins de raison, le plus ou le
moins de lumières.

Socrate prétendoit que de condition à condition
il n'y avoit rien à gagner, qu'on ne sentoit que le
plaisir du passage, ce qui ne valoit pas la peine et
les soins nécessaires pour arriver à ce changement.
Il me semble qu'un peu d'attention démontre assez
cette vérité, pour mettre la modération dans les
désirs, et je crois que la société se trouveroit bien
de cette modération. Les désirs immodérés nous
éloignent souvent du but auquel ils tendent, du bonheur dont ils nous flattent, et ils font du désordre
dans la société.

Je la vois souvent troublée parce que les hommes
veulent se mettre à la place les uns des autres, soit
dans l'ambition, soit dans la gloire, soit dans le

plaisir : ils ne savent pas qu'il n'est point nécessaire qu'ils prennent sur tout cela la part d'un autre pour que la leur soit bonne ; il semble qu'ils ne savent pas qu'il y a sur la terre de la place pour tout le monde.

Les hommes devroient, ce me semble, pour tous les objets de la vie, faire comme ceux qui jouent au but : la fureur et l'inimitié ne tombent point sur celui qui gagne, ni sur ceux qui en ont le plus approché ; chacun convient de la place où le hasard a jeté son palet ; si on applaudit sur un peu d'adresse et de bonheur, c'est sans tyrannie, et ceux qui ont été le plus loin du but, une autre fois s'en trouvent le plus près sans avoir été humiliés du désavantage du jeu, ni être devenus insolents de leur prospérité.

Toutes les places du monde sont bonnes, toutes sont peut-être égales, puisque la douleur du corps et de l'esprit, les plaisirs de l'un et de l'autre, sont des maux et des biens communs, sans contredit le reste est bien peu de choses pour faire de l'inégalité.

Ce qui est nécessaire à la nature est facile à acquérir, et si quelque chose est difficile à acquérir il n'est pas nécessaire. De quelque espèce que ce soit, et malgré les idées fausses dans lesquelles nous vivons, nous retrouvons cette vérité en nous. Elle est importante à notre bonheur aussi bien que de savoir séparer ce qui est en notre pouvoir d'avec ce qui n'y est pas, en réglant l'un et se soumettant à l'autre.

Celui qui aura réfléchi sur la nature et qui aura séparé ce qui dépend de lui d'avec ce qui n'en dépend pas saura ou fera vraiment le bonheur ; il saura qu'il n'est point dans les richesses ni dans les honneurs ni dans les démonstrations trompeuses que les hommes témoignent à ceux qui les possèdent, il saura que la santé du corps et de l'esprit sont les plus grands biens, et les usages raisonnables que nous pouvons faire de l'un et de l'autre, les vraies ressources de notre vie et les premières sur lesquelles nous devions compter.

Cette vérité est encore importante à connoître, il faut autant qu'on peut la chercher en tout, notre raison n'est bien qu'avec elle.

Je trouve bien mal avisés ceux qui ont nommé la vérité triste, et qui disent qu'on ne peut l'envisager; je crois plus vrai et j'aime bien mieux le propos d'un sage qui a dit qu'on ne peut être heureux que vis-à-vis d'elle.

Assez souvent notre bonheur est troublé de ce que nous comptons trop sur les hommes ou de ce que nous n'y comptons pas assez.

La nature n'a confié aux autres qu'une partie de

notre bonheur, l'autre est entre nos mains; il ne s'agit que de les employer toutes deux ensemble ou séparément selon le cas.

Par exemple si l'on pouvait faire contempler à un homme la vanité de jugements qu'on fait de lui, les pensées et les mouvements qu'il excite dans les autres, pour un petit nombre de jugements qui seroient de son goût, il en verroit peut-être beaucoup qui lui déplairoient; chacun nous devrions nous y attendre.

Ce qui nous paroît bizarrerie ou méchanceté dans autrui ne devroit pas nous troubler, parce que nous y devrions compter et compter aussi sur le peu de pouvoir que nous avons pour empêcher telle ou telle chose qui nous déplait; nos peines devroient se diminuer de cette réflexion.

Si quelques manières des autres hommes ne nous conviennent pas, il faut dire comme Socrate : « Pourquoi se fâcher de ce que cet homme n'est pas si poli que moi? »

C'est un dessein très ridicule, que d'établir sa paix sur la réformation des autres; si les gens en usent mal, il faut les dispenser d'agir mieux.

Apprendre que ceux avec qui l'on a commerce relèvent vos faiblesses, augmentent vos torts; être blâmé par celui qui vient de vous applaudir : choses

ordinaires dans la vie. Bien des gens s'en forma-
lisent et même s'en affligent : les sages ne s'en
offensent ni ne s'en fâchent, et ordinairement ils
n'en fréquentent guère moins les mêmes personnes ;
ils connoissent et souffrent le monde tel qu'il est : le
moyen de mettre ordre à de semblables trahisons ?

C'est un usage !

Voilà quelques traits qu'il faut connoître, mes
enfans, non pour les pratiquer mais pour en être
moins étonné et moins fâché quand on les voit et
qu'on les éprouve. Car notre bonheur est fort troublé par l'impression de ces choses qui se rencontrent assez souvent.

Il est vrai que les objets ne s'offrent pas toujours
simplement à notre esprit comme des spectacles
dont il n'ait qu'à juger. Ces objets mettent le cœur
en mouvement par les biens qu'ils promettent ou
par les maux dont ils menacent ; c'est par les difficultés de penser et de sentir que la nature a
ouvert les portes de la douleur et du plaisir.

Mais comme je l'ai déjà dit, nous avons des pensées et des sentiments simples et nous en avons de
composés. La plupart des gens ne connoissent que
ceux-là ; or avec eux nous sommes rarement à
nous ; la crainte, le désir, l'espérance, nous
élancent vers l'avenir et nous dérobent le sen-

timent de la réalité, le sentiment actuel de ce qui est, pour nous amuser à ce qui sera, ou ne sera peut-être pas.

C'est là je crois qu'il faut appeler à son secours les idées claires : elles nous remettent entre les mains de la raison, qui est très nécessaire à notre bonheur.

La plupart des gens du monde décrient la raison parce qu'elle les condamne; ils en parlent quelquefois comme d'une ennemie, mais il faut bien dire à l'avantage de la raison que ce n'est pas elle qui hait; elle est prête à bien vivre avec ceux qui l'aiment le moins, à leur répondre dès qu'ils lui parlent, et à revenir entièrement sur les moindres avances : la raison doit savoir que les biens et les maux sont mêlés, on pourroit même dire attachés les uns aux autres.

La même raison a le secret sur beaucoup de choses de séparer les épines des plaisirs, mais il faut qu'elle connoisse la nécessité qui leur tient les peines unies, et par là même elle est encore un remède à ce qu'elle n'a pas guéri d'abord.

En même temps que la raison veut que nous nous passions de ce que les hommes nous refusent, elle veut que nous jouissions de ce qu'ils nous accordent.

La réputation entre dans le bonheur : on ne la fait bonne qu'avec de bonnes qualités et encore avec des attentions.

Il ne faut presque rien pour être cru incivil, fier, méprisant, désobligeant : il faut quelquefois encore moins pour être estimé le contraire : ne négligez donc pas les petites choses : tout est important sur cette matière.

Plaire en général est un bonheur ; plaire à quelques dignes amis un plus grand bonheur, et un des plus sûrs moyens de plaire et d'être trouvé aimable, c'est, sur un caractère de probité, un certain air de contentement et de gaieté, parce que, par une certaine disposition organique qui est entre les hommes, les peines et les plaisirs sont sympathiques, et les hommes prennent pour ainsi dire l'unisson les uns des autres ; or quand vous ne donnez que de tristes unissons, à la longue vous ne sauriez être trouvé aimable.

La politesse apprend bien qu'il ne faut pas toujours montrer ses peines, mais je crois qu'on ne sait point assez combien on est intéressé à les cacher : j'y vois la différence de plaire à déplaire, la cessation de la peine pour le temps qu'on se contraindroit à la cacher ; car, comme on ne sent et on ne pense qu'une chose à la fois, on ne sentiroit point sa peine en sentant qu'on voudroit la dérober aux autres, puisque ce sentiment seroit d'un autre aspect que la peine. Il arriveroit même que peu à peu cette peine s'anéantiroit, car les douleurs de l'esprit ont cela de commode, qu'elles se diminuent de réflexions raisonnables et qu'elles s'effaceroient même sans réflexion : si bien, qu'il faut de la volonté pour se souvenir de certaines peines au bout de quelque temps ; mais les sottes gens sur cela sont infatigables et déplairoient sûrement par cela seul qui fait leur propre malheur. Car on peut faire cette comparaison qu'une petite blessure, une égratignure, à force d'y toucher s'augmente et s'envenime. Les sujets de mécontentement à force d'y penser, d'en parler, s'augmentent aussi et aiguillonnent l'esprit et le rendent malade.

Chacun est souverain de soi-même, et son intérieur est ses états où il règle sa politique au dedans et au dehors ; les autres hommes sont pour lui des nations voisines qui ont des intérêts à démêler avec lui et se rencontrent tous pour le commerce général des intérêts généraux. La vie et la société sont un commerce où chacun a ses intérêts et trafique ses talents, ses agréments, ses qualités ; ainsi il est nécessaire de savoir la valeur de ses effets.

Nos actions se ressentent de la politique bonne ou

mauvaise : si elles sont belles et aimables, elles nous
attirent l'estime et la bienveillance ; si non, nos voisins profitent quelquefois de nos fautes, au moins
en font-ils un sujet de rire et de se moquer de nous.
Nos paroles et nos manières sont les effets de notre
commerce, ou si vous voulez la monnoie : si les
effets sont de mauvaises, vilaines marchandises,
votre monotonie, du billon et du plomb, qui voudra
commercer avec vous ? qui voudra vous apporter sa
joie, sa sérénité, sa gaieté pour votre tristesse et
pour votre mélancolie et pour votre mauvaise humeur ?

Voudroit-on paroître en public avec une grande
négligence pour sa figure ? Je vois qu'à quelqu'âge
qu'on soit, on ne néglige point une sorte de parure,
et je vois qu'on néglige presque toujours son esprit et son humeur ; notre esprit est pourtant la première parure de notre figure, je voudrois donc lui
donner aussi sa parure qui est la sérénité et la douceur, parce qu'il n'y a qu'un pas d'elles à la gaieté.
Et surtout ne pas faire comme ces malhabiles gens
qui ne mettent leur belle humeur que le jour qu'ils
mettent leur bel habit : le bonheur domestique est
le premier bonheur. Il ne faut pas remettre la
gaieté à une autre fois, car elle se perd en se réservant ; elle n'est pas comme l'habit qui se fane et

s'use ; au contraire, plus on s'en sert, plus on la cultive, et plus elle fleurit, plus elle est vive, grande et naturelle, et même elle n'est fort aimable que quand elle est d'habitude.

La politesse veut qu'on la proportionne aux circonstances de la vie, mais chacun sent ses cas mieux qu'on ne pourroit les dire, et je parle du courant de la vie, dans lequel on ne sauroit mettre trop de douceur et de gaieté pour plaire et pour être heureux.

Un de nos bons esprits a dit quelque part qu'on pourroit trouver des règles aussi sûres pour plaire, que celles de la géométrie le sont pour opérer ; il dit aussi, modestement, que cette science, personnellement, lui paroîtroit impossible, mais qu'il connoît des personnes capables de cet art, qui en ont des idées claires et d'abondantes lumières.

Le fondement de cet art consiste peut-être à faire cas du bonheur et du plaisir des autres. Je crois que si tous les hommes disoient ce qu'ils pensent, ils diroient comme les Juifs disoient à Moyse : « Ditesnous des choses agréables et nous vous écouterons. »

Le plaisir est le premier ressort des actions humaines ; les moralistes qui s'en étonnent et le condamnent n'ont pas assez examiné la nature.

J'aimerois mieux en convenir, l'admirer et m'en servir pour les autres ainsi que pour moi.

Or, notre bonheur est fort intéressé à leur être agréable; les gens à qui vous plaisez ont sûrement envie de vous plaire, et vous gagnez tout ce (que) cette envie de leur part peut produire d'agréable pour vous.

Vous y trouvez une sorte de gloire qui flatte tous les âges, tous les sexes, toutes les situations, tous les caractères; sans le secours des autres ce sentiment n'existeroit pas, nous avons donc besoin d'eux, et ceux même qui osent dire qu'ils ne s'en soucient pas ne sont pas vrais alors et n'ont en vue, en parlant ainsi, que les gens dont l'estime leur est échappée, ainsi que le renard des raisins.

Si on fixoit dans son esprit de certains principes, l'âme seroit dans une situation plus agréable, le désir de plaire seroit en nous plus constant, mais de petites inquiétudes nous rendroient distraits, car c'est communément une situation inquiète de l'esprit qui nous rend tels, et tels nous ne sommes point aimables ni pour nous ni pour les autres.

Les vues qui partagent l'attention transportent les personnes distraites partout où elles ne sont point : comment les gens avec qui vous êtes peuvent-ils vous savoir gré de vous séparer ainsi d'eux?

L'envie de plaire, excessive et sans choix, pourroit produire de mauvais effets : en supposant que les objets qui nous inspireroient ce désir eussent de grands défauts, nous pourrions les contracter et adopter une partie de leurs travers pour parvenir à leur plaire ; mais le sage, celui qui se sera instruit de la valeur des choses, ne voudra plaire que par les qualités vraiment estimables, ne cherchera que l'estime et l'amitié des hommes qui les accordent à ces qualités, et il méprisera l'estime et l'amitié qu'il ne pourroit obtenir que par des qualités contraires aux vertus.

L'âme dans une situation calme nous laisse jouir des objets présents et nous donne un caractère égal et facile; il est enjoué ou sérieux selon son propre fonds, mais quand nous sommes calmes, l'humeur n'est ni triste ni chagrine et elle se conforme aux objets et aux conjonctures.

Ne pourroit-on pas dire que la vie heureuse consiste à sentir et à imaginer agréablement ? On peut en venir à bout en accordant ses désirs et ses desseins avec son état et sa fortune. Il y a des gens qui disent qu'on n'est pas le maître de ses désirs, mais j'ai vu, dans toutes les occasions, qu'ils n'étoient fort violents que quand on les avoit autorisés.

Si vous êtes gouverné, cédez au joug et faites en sorte de jouer dans votre mors. Si vous gouvernez, ayez la main légère : avec cela seul vous éviterez bien des peines dont la plupart des gens se plaignent sans penser qu'elles dépendent d'eux.

Le temps qu'on se rend ennuyeux par son chagrin ou par celui qu'on veut faire aux autres ne nous est pas moins compté que le plus doux de la vie ; son impression va même encore se reporter sur d'autres temps ; ces heures tristes, que nous voudrions passer avec précipitation, contribuent autant à remplir le nombre de nos jours, que celles qui nous échappent à regret. Souvent ce qui nous fâche n'est rien et nous paroît tel le lendemain ; c'est grand dommage de vouloir embarrasser son esprit de si peu de chose ! et de quelque chose de pénible !

Ne nous amusons point à nous plaindre de notre condition ; songeons plutôt à jouir de ce qu'elle a de douceur et à adoucir ce qu'elle a de rude.

L'idée du plus grand bonheur comprend celui de cette vie et celui d'une autre vie ; cette idée est infiniment utile au bonheur des sociétés générales et délicieuse pour chacun en particulier.

Ce bonheur de la vie que nous attendons peut nous être donné par un décret encore plus favorable que celui qui nous fait vivre ; ici l'agitation et l'espoir continuel de notre âme semblent être dirigés vers un but.

On peut avoir l'idée d'un bonheur plus parfait

après cette vie, mais cela ne nuit point à celui de
celle-ci, au contraire cela peut même en faire une
partie.

Les philosophes ont disputé du bonheur, comme
d'autres choses, et, en tant que disputeurs, ils
n'étoient point assez philosophes ni assez raisonnables : l'un a attaché le bonheur à une chose, l'autre
à une autre ; pour moi il me semble qu'il est partout
et dans tout, et qu'il ne s'agit que d'être sage et
connoisseur, pour le trouver.

Le bonheur, comme nous l'avons dit, ne sauroit
être un état fixe, mais le bonheur se compose d'une
suite de différents plaisirs, d'idées douces, de sentiments agréables et des diverses connoissances qui
amusent l'esprit ; il se forme de tout cela un état
dans lequel on est bien.

J'appelle bien la notion du bien la plus générale
parmi les hommes, comme j'appelle mal la même
notion du mal, et je laisse là toutes les différentes
définitions ; je crois la tranquillité un bien, la joie un
plus grand bien, et un certain sentiment vif et touchant le dernier degré du bien que nous pouvons
connoître en ce monde : je crois parler sincèrement
et véritablement en mettant, comme la nature, au
rang des maux, tout ce qui la blesse, et au rang des
biens, tout ce qui lui est agréable.

Le plaisir et la douleur sont les principes et la règle que la nature m'a donnés pour fuir et pour chercher. Ce sont les balances toujours tenues en nous par une main invisible, lorsqu'il s'agit de faire une chose ou de ne la faire pas.

Nous avons en surplus la raison, pour joindre le passé et l'avenir au présent et faire entrer dans la balance ce que nous en connoissons. Mais les connoissances de cette raison ne nous viennent qu'avec le temps, et, dès en naissant, nous avons le plaisir et la douleur. Ceux même que la raison quitte avant la vie ne sont pas abandonnés de la douleur et du plaisir.

Puisque la nature les a rendus plus assidus auprès de nous, il faut croire qu'ils nous sont plus utiles, et, de là, faire ce qu'elle enseigne, fuir l'une et chercher l'autre.

Je réduis à cela mes idées sur le bien et sur le mal, n'ayant rien compris à tout ce qui s'en dit hors cela.

Je ne prétends pas, par ce que je viens de dire, diminuer le prix de la raison, c'est un grand présent du ciel, mais je voudrois rendre au plaisir ce qui lui appartient ; nous le tenons de la même main que notre raison et l'un et l'autre nous sont nécessaires.

Épicure n'a été voluptueux qu'à demi, en ce qu'il

n'a point assez senti le prix et l'étendue des plaisirs de l'esprit.

On se trouve quelquefois dans la vie sous de certaines dominations dures, qui semblent vous priver de tout ce qu'il y a de plaisir dans la vie, c'est alors qu'il faut trouver des ressources en soi.

L'âme raisonnable peut quitter toutes les occasions de chagrin et d'inquiétude : rompre ses liens dépend d'elle, et, à la manière d'un oiseau libre et intelligent, elle peut parcourir le monde entier sans la crainte des tyrans. Il n'y a ni prisons ni chaînes qui puissent lier l'esprit quand il veut être libre.

Anaxagore composa dans sa prison un livre de la quadrature du cercle ;

Socrate philosopha et fit des vers dans sa prison ;

Boëce a écrit dans les fers.

Et il y a bien d'autres exemples de la liberté et de la volupté de la sagesse. Quand l'âme devient pure et dépouillée de tout vice, elle se connoît elle-même et se sent être unie avec la divine intelligence, ce qui lui cause une joie sur laquelle nulle contrainte n'a de pouvoir, la méditation nous découvre bien des vérités et notre esprit nous rend de grands services.

Les différentes choses qu'on apprend, les faits dont on s'instruit sont une jouissance pour nous ; notre vie commence à proprement parler au temps dont nous apprenons l'histoire. Toutes les choses qu'on sait font en nous le même effet que si nous les eussions vues, et nous font encore jouir de l'avenir en nous apprenant à le prévoir, car les seules circonstances changent, et les noms, mais la suite universelle des choses va toujours le même train et représente les mêmes objets.

Avec les plaisirs de l'esprit, nous avons la sensibilité du cœur. Il y a des objets touchants dont l'impression remue en nous ce qu'il y a de sensible; il y en a qui, par un charme secret, tiennent l'âme dans une espèce d'enchantement, il y en a de piquants, dont elle reçoit une atteinte qui plaît.

Admettons tout, jouissons de tout, ne fuyons que le mal; arrêtons, si nous pouvons, le plaisir que nous sentons, mettons notre art à le fixer, ne laissons pas périr les présents de la nature, n'en négligeons aucun.

Soyons avares sur nos plaisirs, comme les laboureurs sont avares, c'est-à-dire soigneux.

En un mot, je voudrois me faire un crible qui ne laisse passer que la joie et le plaisir : cela seroit peut-être plus aisé qu'on ne croit, car il semble que chaque personne ait son crible effectivement, puisqu'on voit que dans certaines gens il n'y a que de certaines choses qui pénètrent et qui passent.

Un homme dont le champ rapportoit plus que celui de son voisin fut accusé par lui de sortilège : il porta en justice tous ses instruments de labourage, et dit en les montrant : « Voilà mon pacte et mes sorts. »

On diroit peut-être de quelqu'un plus heureux que les autres que le diable s'en mêleroit ; il faudroit porter le crible et dire : « J'ai cultivé la raison, c'est là mon sortilège ; mes accusateurs peuvent en faire autant. »

Heureux certainement sont ceux qui ont pris par une ferme résolution l'habitude de passer toute leur vie dans un état dans lequel les autres se tiennent heureux de passer de temps en temps quelques moments.

Car tout le monde convient qu'il y a de certains moments agréables : qu'il y a-t-il donc de mieux à faire que de les multiplier ? Et je dis que cela dépend de nous. Je sais bien que le contraire a été cent fois décidé, mais je ne suis pas obligée de me rendre à ces décisions. Je ne reconnois d'autorité pour croire que celle de Dieu même ; pour obéir je reconnois celles à quoi je suis soumise ; mais dans les choses d'opinion je choisirai toujours celles qui me conviendront le mieux.

Je sais bien que les objets où nos passions nous intéressent s'emparent de nos esprits avec autorité

quand nous les laissons faire, mais on peut obtenir
de son esprit de l'occuper d'idées à son choix, et de
porter ses pensées d'un sujet à un autre. Je donne-
rois bien des preuves de ce que je dis dans la sainte
fermeté des martyrs, car apparemment qui peut le
plus peut le moins; si l'on me répond qu'il y avoit
dans ces gens-là plus de grâce surnaturelle que de
raison, je vous renverrai aux martyrs des Indes, et à
ces sauvages qui se laissent déchiqueter la peau en
protestant qu'ils ne s'en soucient point. Les uns et les
autres très certainement ont leur esprit ailleurs
qu'à ce qui paroît devoir entièrement occuper leur
idée et leur sentiment.

Mais sans suivre des preuves que chacun se donnera quand il voudra, meilleures que celles que je
pourrois donner, je dis que si chacun dans son état
vouloit être heureux, il ne lui resteroit pas de
temps pour songer à cent petits chagrins qui font
ce qu'on appelle le malheur de la vie.

Il y a des gens désoccupés, mais ces gens-là sont
les maîtres de se choisir une occupation; ils n'ont
qu'à exercer leur esprit. Quand il sera une fois
occupé dans quelque méditation, même dans de
simples exercices, quelque étude, il n'en descendra
pas pour aller ramasser de petites peines, qui
deviennent grandes parce que l'imagination les

caresse, et qui empêchent la vie d'être heureuse.

On a dit qu'il n'y avoit pas de gens plus malheureux que ceux qui n'avoient éprouvé aucun malheur,
parce qu'on est insupportable dans la bonne fortune, quand on n'a point éprouvé la mauvaise ; je
serois bien fâchée que cela fût vrai et que notre
bonheur dépendît de notre mal, mais je ne le crois
pas pour ceux qui sont élevés à connoître que notre
bonheur a besoin de celui des autres.

Ne peut-on pas savoir qu'il y a des précipices
sans y être tombé, ne peut-on pas savoir l'effet des
poisons sans avoir été empoisonné et connoître que
le feu brûle sans s'être brûlé ? Ma tendre amitié
pour vous voudroit vous mettre en état de bien
choisir, voudroit vous épargner toutes les peines et
rendre vos sorts heureux ; si mes soins peuvent
réussir au moins en partie, ils contribueront à mon
bonheur en même temps qu'au vôtre.

L'un de vous est encore dans l'enfance[1] et n'a pas
eu le temps de rencontrer des malheurs ; je n'ai pas
vu que celui qui est sorti de l'enfance en ait encore
trouvé dans son chemin ; et je crois très sincèrement
qu'on peut les éviter en se rendant sage, car les fols
ne sauroient être heureux, ils ne savent ni goûter

1. Madame Dupin veut parler de son fils le jeune Chenonceaux qui, né en 1730, n'avait alors que cinq ans.

les biens assez délicatement, ni supporter les maux ou les mépriser avec assez de patience.

Chacun sentira bien que les maux auxquels on défend d'être sensible sont ceux qu'on n'aura pas mérités par ses torts ou par ses fautes, comme on sentira que les plaisirs qui sont recommandés ne sont que ceux que de bonnes mœurs permettent, admettent et qui se recherchent et se trouvent dans des choses justes, simples, sensées et honnêtes, et non ce qui y seroit contraire.

Et celui qui fera consister son bonheur dans la vertu et dans les choses spirituelles et raisonnables, indépendamment de l'avantage de son choix, aura encore celui du partage de ce même bonheur ; au lieu que celui qui croit son bonheur dans l'injustice, dans la folie et les sottises, l'y cherche sans l'y trouver, et ce qu'il poursuit et ce qu'il désire, quand il l'obtient, est toujours de nature à ne pouvoir être partagé sans perdre de son prix.

L'abbé de Saint-Pierre, après avoir lu les *Idées sur le bonheur*, écrivit à madame Dupin une lettre que l'on trouvera dans sa correspondance, et dont voici un extrait :

« Que je vous suis obligé de m'avoir montré

combien vous pensez sagement sur les meilleurs moyens de rendre cette première vie heureuse! Vous pensez si sagement qu'il est impossible que vous ne communiquiez pas votre sagesse à vos chers enfants, et qu'ils ne vous sachent pas gré dans la suite du bonheur qu'ils en ressentiront. »

IDÉES SUR L'AMITIÉ[1]

AVANT-PROPOS

Plusieurs gens de bon esprit, dans tous les siècles, n'ont fait qu'un nom de l'amour et de l'amitié, parce que ces noms ne leur donnoient qu'une idée.

Ils font en moi le même effet malgré l'usage d'aujourd'hui; je prie seulement ceux qui me liront de se souvenir de la distinction que j'en ai faite. Ce n'est pas sans raison qu'on a fait l'amitié sœur de l'amour: ces sentiments ont une proximité, une ressemblance, une conformité, qui les tiendra toujours unis, quand ils seront vrais, l'un à l'autre, et

---

1. Le manuscrit des *Idées sur l'Amitié* est de l'écriture de J.-J. Rousseau; il écrivait sous la dictée de madame Dupin, qui l'a ensuite corrigé et raturé en beaucoup d'endroits. Nous avons tenu compte des ratures et des corrections.

cette vérité subsistera parmi les vérités primitives, malgré les mélanges et les distinctions bizarres que les hommes font de leurs sentiments et de leurs idées.

L'amour et l'amitié, ou seul désir près d'une seule chose, me paroissent sortir de la même source, l'amour. Ces tropes sont tous compris dans ce qu'il manque souvent d'amitié et qu'il peut exister sans elle. A la vérité ce n'est pas pour long-temps, mais elle n'est pas de son essence autant que l'amour est de celle de l'amitié, sauf l'unique point qui les distingue ; car je ne compte point la jalousie pour un attribut particulier de l'amour : il y a une sorte de jalousie tendre et délicate, que l'amitié connoît aussi bien que lui, et l'autre jalousie est une mode d'Europe, dont beaucoup d'autres peuples n'ont pas l'idée, au lieu que partout on retrouve de l'amour et de l'amitié, sous différentes formes. Je crois, comme je viens de le dire, que l'amitié tendre va communément jusqu'à l'amour, puisqu'elle peut remplir le cœur et lui faire pro-duire tous les actes d'affection imaginables, et que rarement l'amour s'élève jusqu'à l'amitié, puisque je le vois souvent enfermé dans son propre intérêt ; et cela me paroit devoir décider la préférence entre eux en faveur de l'amitié. Mais je voudrois qu'on eût

donné un autre nom à ce qu'on appelle vulgaire-
ment amour, et qu'on eût laissé celui-là de plus à
l'amitié. Il semble au contraire, qu'ayant trouvé
l'amour plus indispensable que l'amitié, et voyant la
rareté des amis, on ait essayé d'attacher l'amitié à
l'amour ; mais comme ce dernier sentiment tel que
les hommes l'entendent n'est pas infiniment respectable pour eux, ils manquent à la fois à l'amour
et à l'amitié en changeant de fantaisie, et confondent
ainsi leur sentiment avec leur caprice.

Il ne faut pourtant pas être grand calculateur
pour trouver que l'amour ne sauroit tenir dans la
vie autant de place que l'amitié : autre raison de
préférence pour elle quand il faudra opter.

Il me semble que, dans tous les sentiments et les
opinions des hommes, il y a tout au moins deux
partis opposés, sans parler de ceux qui sont différents.

Cela existe sur l'amour et l'amitié, comme sur
autre chose.

Il y a des gens qui prétendent qu'il n'y a dans
le monde que de l'amour et de l'amitié, considérant alors l'amour précisément dans le point
de différence qui le distingue de l'amitié.

Ne seroit-il pas plus juste de dire qu'il n'y a
dans le monde que de l'amitié et des désirs ?

Ne pas confondre les louanges que je donne à
mon idée, avec l'Idée[1].

L'AMITIÉ[2]

Puisse ce discours sur l'amitié avoir un sort pareil au discours de Socrate sur l'amour : dans un
festin de Xénophon ce discours fit faire vœu, à tous
ceux qui n'étoient point mariés, de se marier, et il
fit partir sur l'heure les gens mariés, pour aller
trouver leurs femmes.

L'amour ou l'amitié (car j'ai besoin de confondre
ces noms, et de n'en faire qu'un, pour me faire entendre), est une chose subsistante dans la nature,
et qui n'a pas besoin de notre consentement ni de
notre estime pour subsister ; mais je ne vois rien à
quoi nous devions mieux consentir, et rien qui mérite que nous en fassions un plus grand cas.

Cicéron, qui a écrit sur l'amitié, a cité un habile
homme d'Agrigente qui a chanté dans ses vers que
tout ce qui est dans la nature se conserve par l'amour
et se détruit par la haine.

1. Cet avant-propos, est en entier de l'écriture de madame
Dupin.
2. Écriture de J.-J. Rousseau.

Cette vérité est physique aussi bien que morale : tout ce qui s'appelle impulsion, attraction, végétation, pourroit s'appeler amour, si on vouloit ; et c'est ainsi que plusieurs philosophes ont nommé tous les mouvements de la nature. Mais venons à ce qui nous regarde plus particulièrement.

Si l'amitié étoit bannie de la société humaine, celle-ci pourroit-elle subsister? Sans amitié que deviendroient les familles, les villes, les États?

Pour sentir encore mieux les effets et le bonheur de l'amitié, il n'y a qu'à songer à ceux de la haine, et aux malheurs qui les suivent.

Il est vraisemblable que ce sont les besoins mutuels des hommes, qui les ont assemblés; mais, parmi ces mêmes besoins, on doit compter celui de l'amitié.

L'amour ou l'amitié est la première de toutes les unions, et par conséquent le modèle de toute société.

Le seul intérêt ne seroit pas venu à bout de les former; il y a entre les hommes un lien plus fort, plus nécessaire et plus général, que les hommes ne connoissent peut-être pas suffisamment.

Nous sentons tous, si nous le voulons observer, qu'il y a entre nous une communauté de bonheur, aussi bien que de nature : il y a par conséquent un

certain bien commun. Chacun le cherche en particulier, et la diversité des erreurs humaines fait la
diversité des routes que chacun tient pour y arriver ;
pour moi, je crois dans la charité et dans l'amitié.

« L'amitié ne seroit-elle pas et le chemin et le
but du bonheur? »

Qu'on se représente ce que seroit le monde, si les
hommes concouroient tous, encore plus qu'ils ne le
font, au bien général et commun, et si chacun sup-
pléoit de son bien, de son pouvoir, ou de ses lumières,
à ce qui pourroit manquer aux autres.

Des gens qui ont les mêmes idées, les mêmes
goûts, les mêmes besoins, doivent s'aimer nécessairement, la totalité des hommes devroit ne former
qu'une âme.

Les nations sont sur la terre comme les gens de
différents pays sont dans un vaisseau ; ne devroit-on
pas se dire : « Nous courons tous le même risque,
notre espérance est la même : unissons-nous sincèrement, et lions nos intérêts pour les faire réussir. »

Toute puissance est faible, à moins que d'être unie.

Un homme seul, quelque grand qu'il soit, ne
sauroit rien faire d'aussi grand lui seul, qu'avec le
secours d'autres hommes, et si la simple société
augmente nos forces, l'amitié nous les rend bien

plus propres, puis qu'elle fait de nos amis d'autres
nous-mêmes. C'est à la seule imitation de l'amitié
qu'on doit la charité et la politesse.

Saint Augustin a dit que toutes les vertus sont
enfermées dans l'amour de Dieu, que l'amour seul
produit tout ce qui est bien, et que ce même amour,
en prenant différentes formes, reçoit différents noms
selon la différence des objets sur quoi il s'exerce.

Aimer la vertu, par exemple, aimer l'ordre, aimer
à faire le bien, tout cela est aimer ; on dit communément qu'il faut connoître avant que d'aimer, mais
il y a des choses qu'il faut aimer pour les connoître :
cela est vrai pour les vertus, et c'est en les aimant
que les gens vertueux s'aiment. Ces amitiés sont
stables, sont constantes en eux, parce que les intérêts n'en sauroient être différents ; c'est un bien
commun à tous, sans en être moindre pour chacun.

Cette sorte d'amitié n'est autre chose que la charité chrétienne, à laquelle on ajoute de la bienveillance, et la bienveillance est essentielle pour établir
entre les hommes ce commerce de dons, de grâces
et de talents dont saint Paul fait une si belle peinture dans plusieurs de ses Épîtres.

La plupart des gens n'ont point, de l'amour et de
l'amitié, des idées si délicates et si sublimes. L'amitié ne leur paroît qu'un sentiment froid, et l'amour

une folie des sens qu'ils accusent ordinairement des
défauts de leur caractère.

Ils disent, en général, qu'on n'aime que par amour-
propre, et ils le disent, comme si ce motif avilissoit
nos sentiments.

L'amour-propre est une chose nécessaire, c'est
une des grandes grâces que la nature ait faites à ses
enfants.

Aimez votre prochain comme vous-même. Cette
règle si belle qui comprend en deux mots tous les
devoirs de la société, pourroit-elle nous servir si
nous n'avions point d'amour-propre? et la sagesse
même nous auroit-elle recommandé un vice pour
principe de conduite? On ne peut mépriser l'amour-
propre que dans les gens méprisables: et, parmi les
autres, qui pourra trouver mauvais d'être aimé de
l'amour-propre de ses amis? Quand les hommes
regardent l'amour-propre comme principe de leurs
défauts, ne pourroit-on pas leur dire : « Montrez-
nous le principe de vos vertus? »

Quand les hommes appellent l'amour une passion dangereuse, extravagante, cruelle, etc., etc.,
l'amour ne pourroit-il point dire : « Vous m'ou-
tragez, vous m'accusez de vos peines ; votre injustice oublie mes bienfaits, vous m'accablez d'injures ;
cependant je sers bien les hommes? »

Il diroit bien vrai ; et, si plus généralement ils asservissent l'amour à leur caractère, que de chercher à prendre le sien, ce n'est pas sa faute.

L'amour ou l'amitié est une vertu qui pourroit bien n'être pas assez connue. Ce qu'on connoît ne suffit pas, et ce qu'on ignore paroît une chimère, car cela arrive dans les vertus comme dans les sciences. Mais, en tout genre, ce qui paroît tel au commun des hommes, n'en est pas moins réel. Ceux qui savent se mettre au-dessus des impressions populaires le reconnoissent souvent.

Il y a une perfection dans chaque vertu, dont il n'y a que les gens très sages et éclairés qui puissent avoir l'idée. Il y a une pratique plus simple qui est à la portée de tout le monde, et dont personne ne peut se dispenser.

Dans les qualités morales, c'est là ce qui fait la probité commune et les amitiés vulgaires. Je ne prétends pas en dire de mal : la première suffit pour les commerces ordinaires, la seconde a son prix et ses agréments. Mais une probité plus délicate me paroît fort supérieure, et l'amitié à un plus haut degré me paroît d'un tout autre prix.

Comme on voit dans nos arts de certaines expressions fines, que peu d'artistes savent donner, et dont peu de gens savent juger, la Poésie, la Peinture, ont

des beautés que nous ne devons qu'aux grands maîtres et qui ne sont d'abord que pour les connoisseurs; mais où les autres néanmoins se rendent
dès qu'on les leur découvre, et quelques-uns vont
jusqu'à les imiter.

Il en est peut-être de même de nos vertus : tous
les hommes en ont reçu la même notion, tous n'en
ont pas les mêmes développements ; mais il arrive que ces mêmes développements bien faits,
sont avoués par les autres, et quelquefois admis.

Je n'espère pas que mon écrit soit une preuve de
ce que je dis ; mais plusieurs bons écrits sur différentes matières me l'ont prouvé plus d'une fois,
et ceci pourra servir à ceux qui le liront, soit en leur
présentant une critique juste à faire, soit en leur
faisant naître de meilleures idées, en partant du
même point.

Je crois qu'il entre plus de choses en nous par le
cœur que par l'esprit, quelque peu sensibles que
nous soyons.

Il me semble que ceux qui ne conviennent pas de
leur sensibilité, c'est qu'ils l'ignorent : ils ne savent
pas combien de certains objets leur sont chers; la
perte de ces mêmes objets, ou de certaines occasions,
le leur apprennent, et ils en sont presque surpris.

L'indifférence la plus philosophique n'a-t-elle pas

encore ses endroits sensibles ? Je l'ai vu assez souvent. Je crois que dans toutes les délibérations des actions humaines, si c'est l'esprit qui délibère, c'est le cœur qui conclut, et peut-être fait-il l'un et l'autre ; car nos indécisions et nos décisions se prennent moins par les vues de notre entendement, que par un mouvement du sentiment.

Ce certain premier sentiment, sur toute chose, qui n'est point raisonné, je l'ai vu ordinairement être plus juste que les raisonnements. C'est lui qui saisit les grâces : je n'entends pas celles qui sont assignées aux agréments de la jeunesse et de la beauté ; je veux parler de ces filles de Jupiter qu'il a laissées sur la terre, qui peuvent être compagnes des hommes, et se montrer dans toutes leurs actions. Nos raisonnements les laissent danser toutes seules, nos sentiments les appellent à nous. En un mot, le cœur me paroît un guide plus sûr pour notre conduite, et qui nous égare moins que l'esprit.

Ce n'est point là l'idée la plus généralement admise.

En le supposant, si la partie sensible de notre âme a tant de pouvoir sur nous, pourquoi ne la pas reconnoître, pourquoi faire semblant de ne la pas voir, pourquoi ne pas chercher à l'épurer, à la perfectionner pour son propre intérêt ?

Je voudrois, comme dit Saint-Évremond [1], voir tous les hommes sacrifier à la sensibilité et aux grâces. L'inclination pour des choses aimables adoucit les mœurs et prépare à la vertu, laquelle, ainsi que l'amour, ne peut se trouver que dans un naturel sensible et tendre. Ceux qui ont le plus de cette sensibilité n'osent presqu'en convenir, vis à vis du peu de cas qu'on en fait. Je suis persuadée qu'au fond c'est la même raison qui empêche un homme d'oser dire aux autres qu'il est plus vertueux, plus riche, plus habile qu'eux.

On dit communément que ce que disent les poètes ne se passe pas dans leur cœur comme dans leurs ouvrages; mais je crois que c'est un trait de l'envie de ceux qui n'ont ni la douceur de leurs sentiments, ni l'agrément de leurs idées. Car, pourquoi une chose pleine d'amour et de tendresse ne seroit-elle pas vraie? Qu'elle ne soit pas toujours vraie, quand on le dit, j'en conviendrai avec quiconque le

---

1. Charles Marguelet, seigneur de Saint-Évremond, naquit à Saint-Denis-du-Guast près Coutances, en 1613. Il se distingua comme militaire, à Rocroy, à Fribourg et à Nordlingen. Causeur brillant mais esprit frondeur, il irrita Colbert, qui lança un ordre d'arrêt contre lui. Prévenu à temps, Saint-Évremond se sauva en Hollande, puis en Angleterre, où il écrivit, sur les Grecs et les Romains, des ouvrages que l'on n'ouvre plus aujourd'hui, mais où Montesquieu a beaucoup puisé. Saint-Évremond mourut à Londres en 1703.

voudra ; mais c'est une autre affaire, et cela ne prend rien sur la vérité de la chose en elle-même.

La philosophie austère ne veut pourtant pas re-connoître le pouvoir de l'amour et des affections à certain point : quand on la force dans ses retran-chements, elle convient des effets, mais c'est à con-dition d'en nommer le principe foiblesse ; pour moi, c'est l'indifférence qui me paroit une foiblesse.

On a dit de quelqu'un qui avoit une petite dose de cette austère philosophie, qu'il avoit un morceau de cervelle à la place du cœur. Que diroit-on de quelqu'un qui seroit tout austérité ? j'avoue que je douterois non seulement de son cœur, mais de sa cervelle.

Un philosophe de nos jours a totalement opposé la sensibilité à la raison ; mais ce même philo-sophe, dans tout son ouvrage, a fait un tel mélange de l'une et de l'autre, en voulant les séparer, qu'il prouve tout au moins qu'elles se tiennent de fort près.

D'ailleurs ceux qui connoissent ce philosophe sentent combien sa raison et ses raisonnements em-pruntent non seulement de sa propre sensibilité, mais de celle de ses lecteurs, à laquelle on voit assez qu'il adresse presque tout ce qu'il dit. Et ce n'est pas ce qui a le moins servi au succès de son livre.

« Toutes ses idées sur la possibilité et l'avantage de l'insensibilité ne me paroissent qu'un faste philosophique. C'est un plaisant objet qu'un philosophe pour supposer qu'il va résister aux ordres de la nature, et il est bien comique de le voir mettre de la force et de la grandeur à cette entreprise, dont le succès pourroit bien être un grand malheur, car que peut-on se figurer d'un être qui ne seroit que purement raisonnable sans aucun mélange de sentiment; mais heureusement les hommes ne peuvent point altérer leur propre fonds. »

La sensibilité, la communication de cette sensibilité, est établie en nous des mains de la nature. Heureux qui connoît son prix, qui conçoit celui de ses sentiments et de leur communication.

Les âmes se connoissent, se voient et s'unissent par des liens plus forts et plus réels que ceux qui sont les plus visibles.

« L'amitié seule peut inspirer la confiance d'une manière indubitable. »

Je tiens plus à un homme, je crois le mieux connoître par de certains mouvements qui s'échappent de son âme, que par tout ce qu'on me dit de lui et par ce qu'il pourroit m'en dire lui-même. Le sentiment me paroit une vérité exacte, tandis que le raisonnement n'est qu'une probabilité : la communication de l'un est bien plus sûre et plus prompte que celle de l'autre.

L'imitation même du sentiment nous pénètre et nous plaît ; elle nous charme dans un acteur excellent, et, dès avant qu'il parle, son âme s'est fait entendre à la nôtre, de façon qu'en l'écoutant nous sommes au fait de ce qu'il va dire, et que son discours sert plutôt à prolonger l'idée qu'il nous a donnée qu'à nous l'apprendre.

Dans le simple usage du monde, on connoît à la seule inspection la principale disposition des gens qu'on voit, et on la partage. Cette douce et divine communication, que la plupart des hommes ne connoisssent point, et qui n'est point assez connue de ceux mêmes qui la connoissent, a lieu dans presque toutes les actions de la vie ; je la trouve complètement dans l'amitié.

Elle n'est, pour ainsi dire, évidemment reconnue que dans l'amour, et c'est pour cela que cette passion est si générale, si vantée, si chantée, et si digne de l'être. J'entends l'amour honnête et légitime ; chacun sentira bien que cet applaudissement ne sauroit appartenir à la débauche, à l'escroquerie, à la tromperie, avec lesquelles on se communique plus de maux que de biens, plus de peines que de

plaisirs, et un dégoût réciproque, ordinairement.
Platon vouloit, dans sa République, que nulle loi ni
nul préjugé n'empêchât les femmes et les hommes
de céder au premier désir qu'ils sentiroient les uns
pour les autres ; il exigeoit plus d'examen pour donner son cœur et sa confiance, ce qui fait bien voir
qu'il n'entendoit pas le mot d'amour comme nous
l'entendons. Il vouloit parler, comme dit madame de
Lambert [1], de cet amour qui, chez les honnêtes personnes, fait le commerce des cœurs, qui est la source
de tous les plaisirs qui perfectionnent les âmes bien
nées, enfin cet entrepreneur de grandes choses.
Tout cela peut exister sans ce qu'on nomme amour,
aujourd'hui, et ce qui porte précisément ce nom

---

1. Anne-Thérèse de Marguenat de Courcelles, marquise de
Lambert, naquit à Paris en 1647. Elle perdit son père à l'âge
de trois ans ; sa mère épousa en secondes noces Bachaumont,
chansonnier célèbre, auteur du *Voyage*. Fontenelle, qui a écrit
la vie de madame de Lambert, nous dit qu'elle aimait l'étude.
M. de Lambert était gouverneur de Luxembourg ; il mourut
dans la vingtième année de leur union, lui laissant un fils,
une fille et une fortune très embarrassée. Elle soutint et
gagna des procès, sauva une partie de sa fortune et vint
s'établir à Paris, où elle tint un salon célèbre, que fréquen-
taient Fontenelle, Sainte-Aulaire, Sacy, Lamotte, l'abbé de
Saint-Pierre, Fénelon, etc., etc., et tous avaient pour elle
beaucoup d'estime. Elle écrivit, sur quelques sujets de morale, des ouvrages remarquables par la pureté du style et
des pensées. Elle mourut en 1733 dans sa quatre-vingt-
sixième année.

est bien rarement accompagné des sentiments dont
nous parlons.

Ce Leontius qu'on tourmentoit sur son attachement pour la jeune Eustolia, se fit mettre en état, par
un parti violent, de ne pas quitter cette amie, sans
qu'on pût l'accuser de ce qu'on lui défendoit.

« Est-ce là de l'amour ou de la politesse? Ne
seroit-ce pas plutôt de l'amitié? »

Saint Athanase cite ce fait, qui seroit une preuve,
si on vouloit, de ce que je viens de dire. On trouveroit plus d'un exemple approchant de cette espèce, et il y en a mille de la différence qui est entre
ce qu'on nomme amour et le sentiment à qui ce
nom appartient, puisqu'on voit très souvent subsister l'un sans l'autre.

Je ne prétends pas dire que ces choses sont in-
compatibles : je sais qu'elles peuvent se rencontrer.
Il seroit trop malheureux qu'on ne pût avoir d'a-
mour ni d'amitié pour les gens avec qui l'on seroit
dans cette liaison : je veux dire seulement qu'elle
n'est pas toujours le principe ni le but des sentiments du cœur. Je conviens que quand on s'aime,
c'est une preuve de plus ; mais une preuve que tous
les amis ne sont pas dans le cas de se donner, et
encore une fois une preuve non nécessaire au sentiment, puisqu'il se prouve assez lui-même.

6

Ne voit-on pas dans les âges où l'on est sûr que l'amour ne peut être que dans les sentiments, des traits d'amour très forts : je parle de l'enfance et de la vieillesse ; on voit en eux des préférences, un désir continuel de se voir, des soins assidus, la douleur des séparations, des regrets continués, quand on est séparé, la joie de se retrouver, etc., etc...

Il s'est offert à moi, dans les vieillards et dans les enfants, trente traits de cette espèce, à la ville et au village : et parmi les gens qui ne sont ni vieux ni enfants, je connois des liaisons de cette nature.

L'amour paternel et maternel, l'amour des enfants pour leurs père et mère, l'amour de la patrie, ne sont-ils pas très puissants, très agissants? sont-ils ailleurs que dans le cœur? Pourquoi donc prendre les sentiments pour des êtres de raison, et pourquoi ne pas exciter davantage les hommes à les avoir, puisqu'ils ne pourroient être qu'avantageux à la société? car une cité d'amis seroit plus éclairée sur ses devoirs, plus fidèle à les remplir, plus aisée à gouverner, plus inattaquable que des citoyens ordinaires.

Il me semble que j'ai toujours vu ceux qui sont sensibles, et qui ont mis leur sensibilité en bon lieu et en bonnes mains, être plus heureux que les autres. Ils aiment et s'en applaudissent ; tous les plaisirs des sens (dont je ne veux point dire du mal), n'approchent pas de celui-là ; il faut qu'il y ait dans le cœur un sens particulier et supérieur à tous les autres : les plus libertins qui ont été sensibles un moment, en sont tous convenus.

Je ne sais quel philosophe disoit : « Je n'associe mon âme au plaisir de mes sens, que quand je me trouve très bien d'eux. » Cela me plaît, sans être de l'avis des quiétistes, et ce philosophe ne l'était pas : il vouloit dire seulement qu'il ne prodiguoit pas son amour, et qu'il chérissoit de le sentir. Il avoit raison, car où l'amour a su régner une fois, il n'y a plus d'autres passions qui subsistent d'elles-mêmes ; tout s'y rapporte, tout y devient relatif, en un mot, c'est par lui qu'on agit, et quel plus agréable motif pour toutes nos actions ?

Cette peinture, quoique vive, n'est pourtant que la simple image de ce que l'amitié fait faire tous les jours de la vie.

Dans la société, on préfère quelques personnes à toutes les autres, les lieux où elles sont sont ceux où on se porte le plus volontiers. Dans ces mêmes lieux on s'accommode des choses qui nous incommoderoient ailleurs. La réverbération de l'amitié adoucit tout, et même donne un prix à ce qui n'en auroit point par soi-même pour nous, sans notre amitié.

Cette épreuve, que tout le monde fait à tout moment, n'empêche pas que parmi ceux qui la font, il n'y ait des gens qui traitent la sympathie et le sentiment, de folie ; mais ce je ne sais quoi, si peu de chose, que tant de gens nient, qu'on ne sauroit leur montrer, qu'on ne sauroit même définir, ce je ne sais quoi fait tout le mouvement de la nature, et tout ce qu'on en peut dire, c'est que c'est un sentiment du cœur humain, et un sentiment toujours agissant. Car les plus simples préférences sont des degrés d'amitié, et si les hommes ne préféroient pas une chose à une autre, ils n'agiroient point, le mouvement seroit arrêté.

Parlons maintenant de l'amitié plus particulièrement. « O mes amis, il n'y a point d'amis ! » disoit plaisamment un philosophe dont je ne sais point le nom ; mais je sais bien que cela ne vouloit pas dire qu'il n'y eût point d'amitié au monde ; il vouloit se plaindre sans doute de la façon dont on la pratiquoit, et l'on pourroit s'en plaindre encore aujourd'hui.

Il faudroit peut-être commencer un traité de l'amitié par un traité de morale, puisque effectivement ce sont les mœurs douces et raisonnables qui font naître et durer l'amitié.

Mais aussi, l'amitié elle-même polit les mœurs et

les suppose sages et bonnes : supposons-le donc
aussi, et n'examinons que les petits torts et les
petites négligences qui nuisent à l'amitié, sans parler
des fautes graves que la simple morale doit elle-
même blâmer et corriger.

Si la morale étoit plus exactement suivie, tous les
hommes sans doute s'estimeroient et s'aimeroient.
Nul ne pourroit se refuser cette bienveillance générale qu'elle ordonne. Mais avec tout cela tous les
hommes ne seroient pas amis, parce que l'amitié
demande un commerce plus particulier et plus
intime. Ainsi ceux qui s'en tiendroient à la morale
obtiendroient seulement quelque bienveillance de
tout le monde, mais ils pourroient n'être dignes
de l'attachement de personne. Car qui ne distingue
rien n'aime rien, puisque l'amitié n'est qu'une distinction qu'on fait de ceux qu'on aime d'avec ceux
pour qui l'on n'a point ce sentiment.

On doit donc à la morale une bénévolence générale pour tous les hommes, et on devroit aussi à
l'amitié plus d'examen dans le choix des amis. On
en fait trop facilement, trop légèrement. Cela même
est une preuve du besoin que les hommes ont d'aimer et de la pente naturelle qui les y mène, mais
cette même facilité produit souvent l'erreur de s'attacher à des gens qui ne nous conviennent point

assez pour nous convenir longtemps : alors nous sommes exposés au dégoût et à des ruptures, dont la plus nécessaire et la plus juste est toujours fort désagréable et fort embarrassante.

Il est si aisé et si dangereux de se tromper sur cet article, qu'on auroit bonne grâce à être difficile dans ses choix. C'est par eux qu'on décide de notre caractère, et on décide à coup sûr. Car on ne voit guère le bon s'allier avec le mauvais, ni pour les qualités de l'âme, ni pour celles de l'esprit.

La plupart des amitiés sont sujettes à mille accidents par la bizarrerie et la légèreté des hommes ; il faut du soin et de l'industrie pour ne point s'engager dans ces commerces.

Hélas ! il en faut même pour soutenir les amitiés les mieux fondées et les mieux établies, quand ce ne seroit que contre les traverses étrangères que le hasard présente.

Les sentiments humains tiennent de la nature de ce qui leur sert d'objet, c'est-à-dire sont changeants ; la seule vertu peut les fixer, mais ce n'est qu'en se vouant à elle sans réserve, en la pratiquant scrupuleusement et en la cherchant dans les objets que nous aimons.

Il faudroit au moins, en prenant un ami, être sûr de sa propre sympathie pour pouvoir dire, comme

Montaigne, à la rencontre de la Boëtie : « Ce fut un jour de fête que je le vis pour la première fois, nous nous trouvâmes tout d'un coup si liés, si unis, si obligés, si connus que rien ne nous fut plus cher l'un à l'autre. » Mais la plupart du temps on ne consulte guère plus son goût que sa raison, et on s'embarque par hasard.

Si une fois on a choisi ses amis, qu'on ait pu leur confirmer ce nom après quelques expériences et sur leur caractère et sur notre propre sentiment, ne faudroit-il pas fermer l'oreille à ceux qui voudroient nous les rendre suspects? C'est, alors, ce qu'on dit contre eux qui doit l'être.

Quand on écoute ce que la malice ou l'indifférence peuvent dire de nos amis, on se trouve obligé de convenir de ce qui est incontestable et connu, et l'on arrive bientôt à ce qui est plus secret et moins sûr, et tel a commencé par prêter seulement son attention à la censure, qui finit insensiblement par être accusateur. Avec quel soin ne doit-on pas éviter un embarquement qui doit nous mener à être mécontents de nous-mêmes, et à nous refroidir sur nos amis.

Sur leurs petits défauts, sur quelques petits torts qu'ils peuvent avoir avec nous, il faut être entièrement discret, même avec d'autres amis. Cette conduite bienséante seroit aussi avantageuse pour nous que nécessaire pour eux[1]. Car un profond silence a guéri plus de peines que toutes les plaintes imaginables.

Dès qu'on se permet de parler des défauts de son ami, les douces illusions de l'amitié s'évanouissent, ses préventions, si nécessaires pour la soutenir, se dissipent.

Connoissez les défauts de votre ami ; vous devez même travailler à les lui ôter, et si vous employez des précautions sages, vous pourrez en venir à bout : mais n'en parlez jamais à d'autres, et n'en convenez jamais avec ceux qui vous en parleront.

La complaisance indulgente doit cacher et supporter les défauts d'un ami, dans l'humeur, dans les manières, et même dans l'esprit.

Ceux du cœur sont les seuls qui ne méritent pas de grâce, j'entends par là qu'ils méritent que nous les séparions de ceux dans qui nous les trouvons, et non de les punir, ou de les publier : car nous n'avons droit de correction que sur nous-mêmes, et nous devons notre respect même à l'ombre de l'amitié.

Dans son commerce on ne sauroit avoir trop d'indulgence : N'en avons-nous pas besoin pour

1. « Ce qui est vrai pour tout le monde est encore plus nécessaire entre les amis. »

nous, comme il nous est nécessaire d'en donner? On n'aimeroit personne, si on ne vouloit aimer que des gens parfaits, et comme on ne doit pas croire l'être, il est ridicule de prétendre que les autres le soient.

Il faut savoir se prendre, plus à la condition humaine qu'à notre ami, de ses défauts et de ses torts. Il est foible et malade aujourd'hui, peut-être que nous le serons demain.

Quelques connoissances générales de la nature sont d'un grand usage dans le cours de la vie; elles nous sauvent des surprises et des chagrins que nous nous croyons particuliers, quand nous ignorons ce qui appartient à l'ordre universel, et s'il nous importe de le connoître et de connoître les hommes en général, il nous importe encore davantage de connoître nos amis et le détail de leur caractère. Mais il faut que nous l'apprenions par une étude discrète.

Quelquefois on se promet trop de certains amis. Toutes les fleurs ne sont pas des roses; il faut estimer d'autres couleurs et d'autres parfums, quoique celui-là soit le plus précieux, et que les autres couleurs soient moins belles.

L'amitié la plus contente, la plus satisfaite de tout point, demande aussi du mystère. Tout ce que notre amitié rend intéressant pour nous n'a pas le droit d'intéresser ceux à qui nous en parlerions, et pourroit être pris par eux comme un effet de vanité, aussitôt que pour une tendre affection.

« Il faut savoir être heureux avec discrétion et modestie. » Quelquefois on est assez malhabile pour vouloir triompher d'être aimé : n'est-ce pas là chercher le bonheur de l'amitié hors d'elle-même ?

En général, n'est-on pas aussi trop rigoureux à exiger dans l'amitié, et trop peu attentif avec les amis acquis. Ce qui est exigé ne se donne pas toujours, et quand il se donne, c'est moins volontiers que si on avoit laissé agir notre propre mouvement.

Quand on paroît négliger un ami acquis, sous le prétexte qu'il doit savoir à quoi s'en tenir, qu'on porte ses attentions aux connoissances nouvelles, n'est-ce pas quitter le certain pour l'incertain ?

L'amitié se conserve par les choses qui l'ont fait naître : et si l'on change quelque chose à la politesse de ses manières, quand elles prennent plus de familiarité, il faut en même temps redoubler de vrais égards, sans quoi la condition de ceux qu'on traite avec des compliments deviendroit la meilleure.

Je dirai ici avec M. de Sacy, que je n'approuve point les gens qui traitent les petits soins de bagatelles, que le vrai ami agit fortement dans les conjonctures de conséquence, et qu'il agit tendrement dans les autres.

Les amis se doivent une vive et réciproque attention sur tout ce qui peut leur plaire; l'amitié ne s'arrête pas seulement aux occasions importantes, elle s'étend aux moins considérables, et c'est là particulièrement où son charme se fait sentir.

On ne doute pas que l'amitié demande de la confiance : c'est une offense pour elle d'apprendre d'ailleurs ce que l'amitié auroit dû lui dire ; on sait assez que la confiance doit être bornée aux secrets qui nous appartiennent, et que sur ce point, comme sur tout autre, nous ne pouvons pas disposer de ce qui n'est point à nous.

Il y a aussi deux façons de recevoir la confiance dans l'amitié, qui toutes deux la blessent : l'une c'est d'entrer aveuglément dans ce que nous disent nos amis, quand ils sont passionnés; l'autre c'est de recevoir leurs confidences trop froidement.

Si l'amitié vous confie des peines reçues par quelqu'un, vous ne devez pas charger celui dont on vous parle, ce seroit charger le chagrin de votre ami, et quoiqu'il vous parût qu'il désirât pour le moment présent que vous entrassiez tout entier dans ce qu'il vous diroit, soyez sûr que, quelque temps après, il vous saura bon gré de la réserve que vous lui aurez témoignée, et d'avoir un peu diminué son ressentiment et sa haine, ou quelqu'autre enthousiasme qui l'emportoit trop loin dans quelque passion, et qu'il perdroit infailliblement de sa confiance en vous s'il n'y trouvoit nul secours.

Il y a des peines d'une autre espèce qu'il faut traiter de même. Dès que quelqu'un vous parle de ce qui le blesse, il faut lui répondre de façon à ne pas envenimer la blessure, et, après avoir laissé finir la plainte de celui qui souffre, il faudroit tâcher de représenter à son esprit d'autres objets : cet art est, je crois, fort innocent, et seroit fort doux, employé par l'amitié. L'autre espèce de façon de recevoir mal la confiance, c'est de n'y point entrer du tout, et tandis que quelqu'un vous montre son âme qui est vive sur les sujets dont il est occupé, s'il aperçoit la vôtre entièrement froide et tranquille, votre esprit distrait et peu occupé de ce qu'il vous dit, le mieux qu'il puisse faire est de renfermer bien vite tout ce qu'il vous découvroit, et de juger que vous n'êtes point aimable pour ce moment.

La confiance qu'on nous donne, nous engage, et si les hommes connoissoient tous ses engagements, ils seroient moins curieux. L'homme est plein de besoins ; il n'aime que ceux qui peuvent les remplir.

Il faudroit non seulement être occupé d'écouter

ce que nous disent nos amis, mais il faudroit que leur confidence prît une place dans notre esprit, proportionnée à celle qu'elle tenoit dans le leur ; de façon que, s'ils nous reparlent de cette chose, nous pussions partir d'un point convenable pour leur répondre, au lieu que nous nous trouvons quelquefois comme s'ils ne nous avoient rien dit.

Il faut que la situation de nos amis agisse sur notre propre situation, et qu'ils ne puissent jamais croire que leur gaieté n'adoucit point notre chagrin, ou que leur tristesse ne prenne rien sur notre joie ; et il faut sur cela que notre maintien réponde de notre intérieur, il faut s'intéresser dans tout ce qui les intéresse. Si nous sommes avec nos amis dans le cas de faire quelques reproches, il faut que ce soit avec la plus grande modération, les plus grands ménagements. Quelqu'un qui a tort est assez puni s'il le sent : il faut ménager son état. Si nous avons à essuyer ces mêmes reproches, il faut convenir de bonne foi de son tort, se dire sans hésiter tout ce que l'indulgence de notre ami nous épargne, et demander son pardon.

Avec toute autre conduite nous méritons qu'ils doutent de notre amitié, ou tout au moins de son agrément, et, quand l'amitié cesse d'être agréable, elle cesse bientôt d'être chère.

Comme j'ai pris les amis dont je veux parler des mains de la meilleure morale, je n'ai point de vices à censurer, ni de vertus particulières à acquérir; je n'ai que des négligences à reprendre, et des attentions à conseiller. Mais les unes sont si nécessaires à éviter, et les autres si nécessaires à pratiquer, que sans cela il n'y a point d'amitié. L'amitié voit les hommes de plus près que la morale; il faut que les vertus soient plus délicates, plus fines : elles ont en particulier une certaine fleur précieuse à conserver, que peu de chose ternit.

Les amis doivent avoir entre eux, sur tout ce qui peut leur déplaire, cette pudeur si estimable en ce qu'elle épargne la honte, puisqu'elle la précède et l'évite.

Un peu d'aigreur, d'amertume, de froideur, tout cela, quelque peu que ce soit, donne atteinte à l'amitié.

Si ces petites considérations paroissent épineuses à observer, je n'ai qu'une chose à répondre : Considérez la grandeur du prix qui est au bout de la carrière ; vous serez aimé de vos amis, vous ne pouvez l'être autrement, car le cœur est libre, et il se prend et se tient librement.

On doit aux grands de la terre ses respects, on doit à ses parents ses respects et ses services, on doit à ses inférieurs de la bonté : son amitié, on ne la doit qu'à ses amis ; le cœur ne doit que ce qu'il sent, il ne sent que ce qu'on lui inspire ; si c'est du dégoût ou du déplaisir, ce ne sera pas de l'amitié. « Le plaisir ne fait jamais d'ingrats, les bienfaits en font tous les jours : c'est que les hommes peuvent se passer de bienfaits et ne peuvent se passer de plaisir. »

Il s'agit, pour être aimé continuellement, de plaire continuellement. Il est plaisant que les hommes assez souvent se témoignent moins d'attention, quand ils sont amis, qu'avant de l'être. Vous estimez donc moins votre ami que vous ne le faisiez avant qu'il le fût ?

Hélas, bon Dieu ! si les hommes connoissoient assez le prix de l'amitié, ils chercheroient à la mériter, à la sentir par des moyens bien plus difficiles que ceux qu'on leur propose.

S'il étoit possible de dire : « On ne trouve des amis que dans un pays presque inaccessible ; pour y arriver, il faut surmonter les difficultés les plus périlleuses et les plus pénibles que l'humanité puisse supporter ; au bout de ce terme on trouve les gens qu'on peut aimer, on ne les trouve que là : » le sentiment de l'amitié nous appelle et nous attire de façon qu'on entreprendroit le voyage.

Cependant, avec de beaucoup moindres difficultés,

on ne se livre pas tout entier à ce qui pourroit nous procurer et nous conserver des amis.

Je crois que je viens de toucher les causes les plus ordinaires qui altèrent et viennent, peu à peu, à détruire l'amitié. On pourroit les réduire à une : *N'éviter pas assez soigneusement de déplaire.* Car les hommes ont mille moyens pour servir ou pour nuire ; ils n'en ont qu'un pour se faire aimer, qui est de plaire. On le veut bien ; la nature a voulu qu'on eût cette intention ; mais on néglige les moyens par où on peut la remplir.

Il y a peut-être des règles sûres pour plaire. Qui les sauroit connoître et pratiquer, auroit un grand avantage.

Pascal a eu cette idée ; il a écrit quelque part qu'il connoissoit des gens capables de cet art, qui en avoient des idées claires et d'abondantes lumières à ce sujet.

M. de Vanhelmont avoit fait un livre où il démontroit la possibilité de se faire entendre aux sourds et muets, et de leur apprendre à répondre. Ce dernier ouvrage me répondroit du premier ; car il est vrai qu'il y a des gens qui paroissent presque aussi privés de sentiment, qu'un muet l'est de la parole.

Mais quand le livre de M. Pascal seroit fait, c'est bien plus sur ce chapitre que sur tout autre qu'il est impossible de tout dire, et qu'il y a des choses qu'il faut s'expliquer soi-même par l'attention de son esprit et les recherches qu'on peut faire dans son cœur.

Je suis bien loin de penser que les Rois et les Princes jouissent moins de l'amitié que les autres hommes : ils en jouissent plus ou moins, relative-ment à leur caractère, sans que leur rang pour cela leur serve ni leur nuise.

La nature reprend ses droits partout, sur le trône comme ailleurs : ceux qui y sont élevés, placés, ont reçu d'elle un cœur qui peut aimer comme les autres hommes.

Il est évident que l'ouvrage n'est pas terminé, mais, tel qu'il est, il intéresse ; nombre de pensées sont charmantes, bien finement dites, et dénotent une grande connaissance du monde et du cœur humain. La pensée suivante, que je relève parmi tant d'autres excellentes, n'est-elle pas, et ne sera-t-elle pas toujours vraie et juste? « On n'aimerait personne, si on ne voulait aimer que des gens par-faits, et comme on ne doit pas croire l'être, il est ridicule de prétendre que les autres le soient. » Le cœur, chez madame Dupin, est à la hauteur de l'es-prit; quand elle a une idée, elle la saisit, la tourne, l'examine sous toutes ses faces, et l'on s'étonne du nombre d'étincelles qu'elle sait en faire jaillir.

7

IDÉES SUR L'ÉDUCATION [1]

Il semble que notre éducation n'ait point profité des progrès de notre raison ni de l'adoucissement de nos mœurs; on peut s'étonner que la politique ait pu négliger cette importante partie de son gouvernement. Rien cependant n'est plus intéressant. Les enfants sont les dépositaires de la félicité publique; un jour viendra qu'ils influeront, et sur le siècle subsistant et sur celui qui devra le suivre.

J'accuse hardiment l'éducation de tous les torts des hommes et de toutes leurs erreurs, parce qu'on a toujours vu les nations prendre le génie que leur gouvernement a voulu leur donner.

Effectivement, de quoi n'est pas capable une rai-

1. Sans date.

son bien instruite et bien enseignée après avoir lié
de ses nœuds les sociétés des hommes?

Ne peut-on pas regarder les vertus et les vices,
mélanges sans doute nécessaires, comme graines
que la nature a jetées parmi les hommes? Il les
ont ramassées noires et blanches, comme elles sont
tombées, et les semences de bien et de mal, données
aux enfants par leurs pères ou ceux qui les élèvent
de main en main et de siècles en siècles, sont arrivées jusqu'à nous.

— Les personnes qui élèvent les enfants ont l'office
le plus noble et le plus utile de la société.

En entrant dans le monde, si l'on veut être vertueux, on a peu de modèles à choisir. Si l'on veut
être fou, on a cent modèles à suivre : voilà pourquoi
le bon et le bien restent en petite quantité, et pourquoi le mauvais et le ridicule se multiplient. C'est
que chaque siècle laisse un peu plus d'une graine
que d'une autre, apparemment parce que les réfor-
mateurs travaillent peu ou mal.

Il me semble en un mot que l'éducation cultive
nos défauts comme par préférence, et qu'elle plante
en nous le bien sans racines. On n'établit point assez
dans les éducations les idées distinctes de la justice
et de l'injustice, on ne fait envisager aux enfants que
les avantages ou désavantages extérieurs qu'elles

procurent. On n'a jamais fait assez bien comprendre que l'une est la furie la plus cruelle, et l'autre la compagne la plus aimable, à laquelle on puisse donner retraite en soi.

Parmi les belles choses qu'a dites Jésus-Christ, il a marqué beaucoup de tendresse pour cette précieuse portion des hommes, qui est l'enfance et la jeunesse. Nous avons négligé ses préceptes là-dessus comme sur bien d'autres choses, car on élève communément les enfants avec rudesse : on leur reproche de s'aimer eux-mêmes, c'est une des première choses dont on étonne l'enfance que de lui reprocher l'amour-propre.

Et en supposant qu'il soit condamnable dans un autre âge, il est si innocent dans celui-là, qu'on devroit le laisser en paix.

On devroit même le flatter et s'en servir, parce qu'il peut être le principe de toutes les bonnes choses, et en vérité ceux qui élèvent les hommes ne devroient pas ignorer que c'est un des principes nécessaires de notre existence et un sentiment qu'on se doit.

Il faut apprendre aux enfants ce qu'ils se doivent à eux-mêmes, pour les mener à ce qu'ils doivent aux autres. Il faudroit leur faire sentir, dans toutes leurs actions, la justice et l'injustice, et les diffé-

rentes convenances et bienséances : on leur donneroit, avec cela, et plus de vertus et plus d'esprit.

Il faudroit dès l'enfance ne souffrir jamais ni témérité ni négligence dans la moindre de leurs actions;
cela seul peut leur donner l'idée juste de ce qui s'appelle devoir. Il faudroit observer avec eux qu'il y
a premièrement un devoir commun à tous les
hommes, et puis un particulier à chaque homme,
qui consiste dans ce qui convient à ses qualités per-
sonnelles et à sa situation. Il faut élever les enfants
des particuliers avec autant de soins que s'ils
devoient tous être rois, étant persuadé que toutes
les vertus sont nécessaires à tous les hommes, et de
plus, chacun dans un temps, n'est-il pas roi dans sa
propre famille?

Tout le monde connoit que les principes de morale
sont à la fois estimés et négligés; c'est une suite de
l'éducation.

Un gouverneur, ou tel autre qui conduit un enfant, lui débite froidement des principes de morale;
principes qui ne portent sur rien de sa connoissance, principes qui ne se posent sur rien ou sur
des cas où l'enfant ne se trouvera jamais, comme
de délivrer des prisonniers, de prendre dans son
vaisseau des misérables qui se trouvent sur le bord

de la mer..., etc..., etc... Il y a longtemps que ce défaut est senti sans qu'on l'ait corrigé.

Pétrone a reproché aux docteurs de représenter aux enfants dans leurs compositions : des pirates sur un rivage préparant des chaines, des tyrans faisant des ordonnances cruelles, des réponses d'oracles consultés dans les temps de peste, qui ordonnent qu'on immole un nombre de belles filles..., etc..., etc... ; au lieu de leur présenter des actions familières de la vie. On leur dit communément surtout des choses qui ne se lient à rien dans leur mémoire et ne peuvent être rapprochées d'aucun sentiment connu d'eux ; et, à peine celui qui nous a dicté toutes les belles choses que nous venons de rapporter a-t-il cessé de parler, qu'il se met sur-le-champ en fureur contre un valet de la maison pour un sujet très léger, ou qu'il se met à parler d'abondance de cœur, avec colère, contre quelqu'un qui lui déplait.

Il faudroit ne dire aux enfants que des choses à leur portée de toutes façons, des exemples qui se trouvassent dans leurs pratiques journalières : cela les accoutumeroit à lier leurs idées et leurs actions et à les faire dépendre les uns des autres, au lieu que nous voyons la plupart des gens dans un contraste perpétuel de bons sentiments et de mauvaises actions.

En remontant aux principes de l'éducation, il n'est pas étonnant de voir qu'on sache et qu'on connoisse des traits de morale et de vertu, et de voir une conduite au niveau du commun des hommes. Car ce n'est pas assez de bien penser, il faut bien faire ; accoutumez-y donc, car il arrive dans les mœurs ce qui arrive si visiblement dans le langage : on prend l'accent. La malignité est plus vive, elle est plus à son aise, quand elle a un prétexte honnête pour triompher. Ne pourroit-on pas, pour faire sentir cette faute, présenter à un enfant les excuses qu'on pourroit trouver à l'action qu'il blâme si volontiers ? Il faut attendre de la maturité de l'âge et de l'expérience, certaines connoissances fines qu'il est difficile d'obtenir dans la jeunesse ; mais on doit dès la plus tendre enfance diriger ses pas vers la vertu et rendre ses mœurs douces et bienfaisantes.

C'est un tort de notre éducation et de notre politique, de ne pas honorer les vertus de quelques marques extérieures de récompenses. Ni dans les collèges, ni dans le monde, l'on n'apprend guère à estimer autre chose que les dignités et les richesses : cela ne porte pas à l'ambition vertueuse, cela fait placer nos premiers désirs sur les distinctions des rangs et des emplois, et empêche qu'on soit délicat sur le choix des moyens qui y mènent.

On nous peint la supériorité sur les autres d'une façon qui nous rend capable de tout entreprendre pour l'obtenir; on nous peint l'autorité qu'elle donne comme une chose qui dépend de notre fantaisie et qui n'est point assujettie aux lois de la raison.

Pour qu'un homme devienne un grand sujet, il faut qu'une seconde éducation corrige la première, et qu'il puisse s'élever, de ses propres forces, beaucoup au-dessus des préjugés de l'enfance et des opinions vulgaires.

Quand les bonnes habitudes ne sont pas prises dans l'enfance avec un bon esprit, on peut en revenir; mais quelle différence, de vaincre par application, des choses dont l'habitude ne nous eût rien coûté à acquérir! Et des gens d'un certain âge, fixés dans leur train de vie, ont peu de temps à prendre pour se contraindre et se corriger. Je dis que l'esprit des enfants étant sans connoissance et indifférent à toutes sortes d'opinions, reçoit les impressions qu'on veut lui donner; semblable à du papier blanc sur lequel on écrit tel caractère il plaît.

Donner à chaque mot son idée étend l'esprit et le rend juste. L'intelligence des termes et le secret de les employer à propos pour porter précisément dans l'esprit de ceux à qui vous parlez une idée nette, cela ne peut se donner que difficilement avec notre éducation ordinaire. Quelqu'âge qu'on ait, l'esprit ne sauroit être forcé de croire ce qu'il sait être faux, ni avoir la volonté d'aimer ce qui le rend malheureux. Il y a dès l'enfance quelque chose de libre en nous, et ce même quelque chose s'aperçoit des différents torts qu'on a avec lui. Un enfant qui voit que ses parents ont négligé un tant soit peu son éducation, ne pourra presque jamais le leur pardonner.

Le précepteur d'Aureng-Zeb fut fort maltraité de lui, pour les torts qu'il avoit eus dans son enfance.

On s'éloigne trop de la nature, elle est bonne, familière et commune. Pourquoi guinder l'esprit? les manières pénibles et affectées effarouchent les uns et donnent aux autres une sotte présomption. Je crois qu'une des raisons qui éloignent des belles sciences, c'est la fausse idée que les belles et bonnes choses sont inaccessibles ; on leur donne le nom de grandes, hautes, élevées, sublimes : cela perd tout ; je les voudrois nommer simples, communes, familières, ces noms-là leur conviennent mieux. Les autres me paroissent, ou une malice des habiles gens pour avoir moins de pareils, ou une politesse de leur part pour consoler les ignorants par l'opinion que ce qu'ils ne savent pas est infiniment difficile.

Il faudroit se faire aimer des enfants sans ce mélange de crainte que les parents veulent inspirer.

La sévérité est presque toujours de trop; ses inutiles lois exposent l'autorité au mépris. Ce n'est pas à force de leçons dures qu'on fait entrer la persuasion dans l'âme de ceux qui nous écoutent ; on en chasse par-là le plaisir, et on effarouche la raison. L'éducation doit viser au bonheur des hommes : y pense-t-elle seulement? Ceux qui ont écrit sur cette matière ont tous fait entrer, dans l'image d'une vie heureuse, les entretiens sur les charmes de la vertu, par la douceur de l'amitié, sur les moyens d'arriver au bonheur, sur les épines qui se rencontrent en chemin, sur la manière de les écarter. Hélas, bon Dieu! ce sont ces mêmes épines que l'éducation cultive en nous, au lieu de cultiver les fleurs que la nature nous présente à cueillir, tandis qu'elle devroit commencer notre bonheur.

La manière dont nous voyons les objets pour la plupart, dépend de la couleur des lunettes de l'enfance. Rien n'est un bien sans la paix du cœur ; dès notre enfance on la trouble. Cette paix naît en nous de l'accord des penchants du cœur avec les lumières de notre raison, c'est à l'éducation à apprendre les choses à marcher ensemble.

On a dit que l'habitude étoit une seconde nature:

quelqu'un a dit aussi, que la nature elle-même pouvoit bien n'être qu'une première habitude. Tout
cela est vrai et tout cela prouve la nécessité de les
rendre bonnes et agréables. Il faudroit observer que
les jeux des enfants n'eussent rien d'emporté, d'excessif, ni de bas et contre la bienséance, car cela les
accoutume de bonne heure à attacher l'idée du
plaisir à des choses méséantes ou sottes, et il y a
tant d'honnêtes manières de se divertir! Tout est
plaisir pour qui sait le connoître, et les enfants
comme les hommes, doivent se mener par le plaisir.
Les anciens Perses donnoient des récompenses à
ceux qui en inventoient. On pourroit croire quelque
jour, que nous en aurions donné à des inventeurs
de peines.

Si les moyens que je demande paroissent un peu
trop condescendre, l'avantage du succès et de la
persuasion de ceux à qui on a affaire, les justifient
mieux, ce me semble, que les meilleures raisons
qu'on puisse avoir ne justifient de ne se point faire
entendre et de ne point réussir.

Que veut dire ce passage : « Attirez-nous après
vous et nous courrons dans l'odeur de vos parfums ? »

Toute une nation parle plus clairement à son législateur en recevant ses lois : « Dites-nous des

choses qui nous fassent plaisir et nous vous écouterons. »

Il ne faut pas blesser le cœur en voulant guérir l'esprit; la plupart des craintes et des ennuis de notre vie, nous les devons à l'éducation. Nos craintes nous rendent malheureux et nous troublent; elles joignent au mauvais état où nous pouvons être, les malheurs de l'état ou nous ne sommes pas.

La plupart des hommes craignent l'avenir, craignant de vieillir : ce sont des impressions de leur enfance. Je voudrois qu'on apprît aux hommes à dépenser leur vie gaiement et noblement, comme leur revenu. Je voudrois qu'on exigeât d'un enfant qu'on élève, de penser, de méditer une heure, comme de lire et d'écrire une heure. De tendres soins pour l'enfance lui réussiroient mieux de toutes façons et à ceux qui les prendroient : il est doux de devenir nécessaire à quelqu'un, et il n'y a point de gens dont l'estime et l'amitié nous doivent être plus chères que celles de nos enfants : elles intéressent vivement notre bonheur et le leur.

SUR LES SENTIMENTS DE L'AME [1]

Je n'entreprendrai point de définir la sympathie. Je dirai de bonne foi que je ne sais ce que c'est, mais je crois que personne n'en peut nier les effets, quoiqu'on en ignore la cause. Ce qu'on appelle antipathie n'est pas mieux connu. « On en connoît les effets qui confirmeroient les autres, s'ils avoient besoin d'être confirmés [2]. » Ce qu'on peut dire contre ces dispositions de l'âme, c'est que ce ne sont point des choses ordinairement fondées en raison, souvent même on ne sait sur quoi elles sont fondées, souvent aussi ce sont des dispositions

1. Il n'y a pas de date.
2. Les passages indiqués par des guillemets sont les corrections que madame Dupin a faites elle-même sur le manuscrit qui est de la main de son secrétaire, J.-J. Rousseau.

passagères sur lesquelles la moindre chose nous fait changer d'avis.

Cependant, la sympathie est peut-être le premier degré de l'amitié. Pourrait-on appeler autrement ce que Montaigne « éprouva » à la rencontre de La Boétie : « Ce fut, dit-il, un jour de fête que je le vis pour la première fois : nous nous trouvâmes tout d'un coup si liés, si unis, si obligés, si connus que rien ne nous fut plus cher l'un à l'autre. » « Heureux les gens qui rencontrent des objets de sympathie et à qui la raison les confirme. »

CONFIANCE

L'amitié seule peut établir la confiance d'une manière indubitable. Et de quel prix est cette confiance ! elle donne des ressources supérieures dans les cas où la confiance est importante, et des ressources agréables dans tous les cas. « Elle unit le plaisir qu'on trouve à penser seul, et celui qu'on trouve dans le commerce qui sont toujours séparés; quand la confiance ne les assemble pas, elle les perfectionne, chacun y gagne, la confiance amène la vérité. C'est un spectacle toujours intéressant, qu'une âme qui se découvre naturellement, on ne peut le voir et le faire voir qu'à ses amis. »

CONSOLATION

« La situation la (plus) [1] heureuse connoît toujours quelques chagrins : nous sommes liés aux
événements de notre pays, nous le sommes à la
société générale, à notre famille en particulier ; nos
propres passions ont sur nous des droits, qu'elles
exercent à nos risques, périls et fortune. »

Dans la vieillesse, tout se réduit, pour nous, au
choix de quelques personnes qui paroissent aussi
nous donner la préférence sur d'autres objets ;
l'ambition, la gloire, la dissipation, ne sont plus
rien ou presque rien, à un certain âge, la bienveillance particulière de quelques personnes, est le
dernier intérêt qui nous reste.

BONHEUR

« Si le bonheur des hommes prend sa source
dans l'usage qu'ils font de la double faculté de
penser et de sentir, puisque l'amitié perfectionne
l'une et l'autre, elle est en même temps la route et

---

1. Madame Dupin écrit beaucoup en abrégé ; ainsi le mot
plus est écrit + ; *nous*, n ; *quelque,* qlq ; *que,* q.; *hommes,*
h.; *moins,* —.

le but du bonheur ; en nous affermissant dans la vertu, elle sert au bien général, comme au nôtre en particulier. Le plaisir d'être estimé et approuvé, entre dans le bonheur, et se rapporte encore à l'amitié quand on a des amis. »

Dans un commerce fondé sur l'estime, sur le goût, sur les rapports du caractère, on trouve ce tendre intérêt qui est le charme de la vie.

DES AVANTAGES DE L'AMITIÉ. — SERVICES

On doit quelquefois à l'amitié la fortune ; on lui doit ce qui la soutient et l'entretient, par les bons offices que les amis cherchent à se rendre. Cela n'établit point que l'intérêt soit le fondement de l'amitié ; cela établit seulement qu'il s'y trouve, et ce n'est pas un avantage à dédaigner, parce que ce qui est utile doit être prisé comme tel, et que les maximes du désintéressement et de la générosité ne peuvent s'étendre jusqu'à compter l'intérêt pour rien et à ne vouloir point recevoir de service de ses amis. « La disposition qu'on a, à rendre ces mêmes services, donne aussi le droit de les demander ; les sollicitations souvent si importunes à ceux à qui on les fait, toujours à charge à ceux qui les font, sont ignorées dans l'amitié ; on n'a pas à solliciter, il ne faut qu'indiquer ce qui nous convient, pour faire travailler nos amis à nous le procurer.

» La négligence, la moindre omission, si commune dans les affaires des autres, souvent si préjudiciable, que nous avons même quelquefois pour nos propres affaires, l'amitié en est incapable : active, éclairée, elle agit toujours lorsqu'il est nécessaire et de la manière la plus convenable. »

ESPÉRANCE

« L'espérance est le plus grand bien des humains. Qui la fait mieux connoître et sentir que l'amitié ? C'est sur ce sentiment qu'elle est le mieux fondée, qu'elle réussit le mieux, et ses succès l'encouragent. Nous comptons nos amis dans tous nos projets, nous sommes dans les leurs, et, indépendamment des espérances que l'amitié réalise mutuellement, il en reste une dans l'imagination, qu'on appellera si l'on veut chimérique, mais qui produit un plaisir réel : c'est celle qui voit pour ainsi dire à perte de vue, qui, sans avoir d'objet précisément déterminé, s'exerce sur plusieurs objets.... et que cependant l'amitié fixe. En un mot, nous disons que l'amitié est plus capable que toute autre

chose de mettre l'espérance en état de nous faire
tout le bien qu'elle peut faire. »

. L'amitié nous fait mieux sentir tous les bons
succès que nous éprouvons, puisque, indépendamment de notre joie, nous ressentons aussi celle que
nous donnons en pareil cas à notre ami. « Non
seulement l'amitié augmente le plaisir de nos succès,
mais elle les guide, elle est le remède contre la
bonne et la mauvaise fortune. Quiconque a réfléchi,
sait que l'une et l'autre en a besoin : le plaisir
convenable de toute espèce de prospérité s'augmente dans le sein de l'amitié, quelqu'un qui s'intéresse véritablement dans notre bonheur nous en
fait mieux jouir ; on éprouve dans quelques événements une joie vive, que le cœur ne peut tout à
fait contenir et qui cherche à se répandre. »

Nous avons beau dire, nos sentiments seroient
constants naturellement, si nous ne nous y oppo-
sions ; nos sens mêmes sont constants. On peut
observer que les objets leur plaisent davantage
quand ils sont de connoissance et d'habitude que
quand ils sont nouveaux ; que même la nouveauté
les rebute : mais nous travaillons pour les rendre
inconstants comme nous nous persuadons que nos
sentiments doivent l'être. Cependant, si on l'ob-

serve bien, ils ne le sont pas ; naturellement
quiconque sent l'amitié, n'envisage jamais sa fin,
n'est jamais sans projets pour l'avenir ; quand elle
nous abandonne dans nous et dans les autres, c'est
qu'elle y est forcée, et c'est toujours malgré elle et
malgré nous.

Cette communication de notre intelligence, si
fine, si prompte, si agréable, si utile quelquefois,
l'amitié rend son langage bien plus intelligible ;
non seulement on s'entend, mais on se devine, et
on se plaît « toujours » à être « deviné » par
quelqu'un à qui l'on n'a rien à cacher, « par quelqu'un, qui prend toujours le vrai sens de ce que
vous avez à dire ».

« C'est un effet de l'amitié d'animer tout entre
les amis, c'en est un autre de procurer un calme
plein de douceur. Dans la société ordinaire on
recherche son esprit, on cherche à témoigner de
l'empressement, on est souvent embarrassé de ce
qu'on dit et de ce qu'on ne dit pas ; dans l'amitié,
tout s'arrange naturellement, et, dans quelque
situation qu'on se trouve, on est toujours bien
avec son ami : la joie est plus ou moins vive, elle
se produit ou elle reste intérieure, mais elle se
nourrit et s'accroît de la liberté qu'elle a de
paroitre ou de ne se pas montrer. »

Montaigne disoit de son ami : « D'où vient cette joye, cet aise, ce repos que je sens lorsque je le vois? C'est que c'est lui, c'est que c'est moi; c'est tout ce que je puis dire. »

« Effectivement, c'est expliquer tous les effets agréables de l'amitié par leur principe; mais il est bon de se souvenir de tout ce que cela suppose, car si le principe n'est pas très bon ou s'il s'altère, les effets ne sont pas les mêmes ou ils s'évanouissent. »

La différence des sexes ne sauroit être un obstacle à l'amitié. Il y a, comme disoit madame Cornuel, un âge où il n'y a point de sexe, et à tout âge, le sentiment de l'amitié est très distinct du sentiment particulier qui peut appartenir à la différence des sexes et il est très aisément reconnu; la bonne éducation et l'usage du monde apprendra à l'un et à l'autre quelles sont les règles et les bornes, qui conviennent aux commerces des amis de sexes différents. Ceux-là seront assujettis seulement à de certaines bienséances particulières, lesquelles non seulement n'excluent pas l'amitié, mais ne peuvent y apporter la moindre diminution : c'est alors quelques égards de plus à observer respectivement, et que le motif ne fait pas trouver à charge. »

Enfin, on peut dire que le sentiment est une

chose très réelle et très puissante sur les hommes ;
on peut dire qu'ils sont principalement faits pour
ceux de l'amitié ; que les effets de l'inimitié qu'on
voit parmi eux ont commencé depuis la querelle
de deux pâtres jusqu'aux guerres des nations que
tout cela ne sont que des malentendus « et une
situation si peu conforme à leur nature, qu'ils ne
demandent pas mieux que d'en changer ; que tout
ce qu'ils disent et que tout ce qu'il font alors est
juste, vrai, conforme à la raison, au cœur, et à
l'esprit de tous les hommes, et que ce qu'ils disent
et ce qu'ils font pour s'y tenir sent le prétexte, le
faux, l'injuste, la déraison : en un mot, comparez
un traité de paix avec un manifeste, et l'état de
deux hommes qui se haïssent, avec celui de deux
hommes amis : jugez ; n'opinerez-vous pas pour ne
point enfreindre le traité, pour ne haïr personne et
pour vivre à jamais selon les douces lois de
l'amitié ? »

Ce sentiment qui résulte de l'amitié, qui agite le
cœur si doucement et occupe si agréablement
l'esprit, comment pourroit-on l'offenser, comment
pourroit-on s'en passer, quand on l'a connu ?
On a défini l'amitié, un amour heureux et constant.
Nos pères nous donnent la vie ; nos amis nous la

font aimer. « Avec la plupart des gens on éprouve des moments de froideur, il y en a même qui sont à charge ; l'amitié ne connoit rien de semblable : avec elle, tout, tout ce qu'il y a à supporter se trouve léger, et ce qui seroit sans aucun prix devient intéressant. »

Quand on a éprouvé ce degré d'amitié où tout se réunit, où chacun s'est doublé dans son ami par cette douce et délicieuse communication de nos idées, de nos sentiments, on sait ce que vaut l'amitié. « Ceux qui y sont les plus propres et qui y joignent le plus de sensibilité et de délicatesse, jouissent d'une sorte de bonheur inconnu aux autres hommes. »

On ne sauroit convenir avec réflexion que l'habitude diminue généralement tous nos plaisirs.

Par l'habitude avec les autres, on prend une partie du bien-être qu'on a avec soi-même, et c'est principalement le plaisir de l'amitié qui augmente par l'habitude.

Il n'y a que l'habitude qui puisse donner une sorte de sûreté si aimable dans tous les commerces, sans laquelle on n'y trouve que crainte, défiance et contraintes de toutes espèces.

D'ailleurs, la nouveauté n'est bonne que quand l'habitude ne vaut rien, car quand elle est bonne, chaque jour la rend plus précieuse et plus chère.

Encore une observation quand la nouveauté plaît, c'est par le désir d'en faire une habitude. Il est plaisant qu'on décrie l'habitude de ce que ce soit sous son idée qu'on reçoive et qu'on prise la nouveauté. « Ceux qui connoîtront le sentiment de l'amitié connoîtront ses devoirs ; s'ils les connoissent, ils les rempliront ; s'ils les remplissent ils seront constants. »

« La constance ne peut exister que par *des* qualités aimables dans les autres et dans soi-même ; elle est certainement la preuve de ce que valent les autres et de ce qu'on vaut par rapport à eux : quoiqu'on n'ait pas toujours tort en s'éloignant les uns des autres, il est encore plus sûr qu'on a raison quand on sait faire durer les liaisons qu'on a formées ; ceux qui ne sentent pas les plaisirs de l'habitude, sont ordinairement incapables de les faire sentir, et cela n'est pas à leur avantage. »

Il faut laisser aux ariettes des opéras les maximes de la nécessité de l'inconstance et de son agrément.

RÉPONSE A UNE FEMME DE MES AMIES

Il paroît aisé de convenir que les sens sont les portes de l'entendement. L'esprit et l'imagination qui en sont des parties, travaillent sur ce que les sens ont laissé entrer : dans quelques occasions, ils altèrent et barbouillent les objets; dans d'autres occasions, ils les redressent et les distinguent.

Par exemple, les sens ne rapportent des cieux qu'une idée d'étoiles, autrement dit, petite clarté, et c'est, je crois, un ouvrage de l'esprit et de l'imagination de se composer une idée de mondes semblables au nôtre. Quand je mets dans la rivière un bâton, mes sens le courbent, et mon esprit le redresse.

Les sens nous trompent et nous enseignent; l'esprit nous enseigne et nous trompe : que conclure de là ? Que la vérité des choses qui nous sont cachées ne nous est pas nécessaire.

Le bout des connoissances des uns, n'est pas celui des connoissances des autres ; mais à prendre la chose en général, comme elle doit être prise, il est vrai que les hommes sont environnés d'inconnu, mais je ne vois pas pourquoi cela les dégoûteroit de ce qu'ils connoissent et d'eux-mêmes, et pourquoi ils ne voudroient fouiller dans l'univers que pour se trouver petits, abjects et méprisables.

Je n'entends pas non plus comment c'est la petitesse des hommes et les bornes de leur faculté, qui leur fait sentir la grandeur en général et l'étendue d'autres facultés possibles ; je croirois bien plutôt que c'est ce qui est de plus grand en eux et la meilleure de leur faculté, qui se doute de ce qu'ils ne voient pas.

Non seulement je ne connois rien que par mes sens, mais peut-être mes sens, sont-ils une grande partie de mon esprit ; mais tout cela n'en est pas moins merveilleux. Il me manque le sens de la poule pour le Milan, il me manque celui qui connoît la sympathie de l'aimant avec le pôle ; il me manque celui qui peut apercevoir ce que l'animal et l'âme deviennent après la mort : mais pour n'avoir pas en moi ces proportions, je ne les crois pas nulles.

Il me manque une idée nette et certaine de Dieu et de la matière, de leur éternité réciproque ou de leur commencement ; mais aussi, sur cela, je n'affirme rien ; j'adore, je jouis et j'attends la mort, ce grand maître de l'homme, *parce* qu'il me paroît possible que ce grand moment nous instruise de quelque chose.

Les idées que je me forme par mes sens ne me paroissent point à mépriser par là, car j'estime fort mes sens, et tous ceux qui me paroissent fins et agréables.

Il n'est pas vrai que le monde se partage entre le système des déistes et des athées, car ces derniers, s'il y en a, n'ont pas seulement un système, et, quelque fertile que soit l'Esprit humain (quand il s'y met), en choses déraisonnables et captieuses, il ne sauroit venir à bout de rassembler des preuves sur cette matière, qui puissent le satisfaire.

Je ne dis pas que ceux qui ont donné à l'Être souverain une forme et des qualités, aient réussi à le peindre ; mais je dis que ces gens qui n'accordent d'être qu'à ce qu'ils voient, sont comme ces gens à qui Camille ne veut point ressembler.

Je ne dis point comment est une chose que je ne connois pas, mais cette ignorance ne me paroît pas une preuve qu'elle ne soit pas d'une façon ou de mille autres entre *lesquelles* je ne choisis point, mais où je ne saurois m'empêcher d'admettre des probabilités.

Me dire que je sens mieux Dieu que je ne le connois, ne favorise pas l'Athéisme, à ce qu'il me semble. Mon sentiment a sa réalité dans ce monde, aussi bien que mes connoissances ; et ne suis-je pas sûre qu'il y a du plaisir sur la terre, quoique je ne le connoisse pas, et que je ne sache d'où il vient, ni comment il arrive à moi, ni où le prendre, quand je ne l'ai pas?

On sent mieux la divinité qu'on ne la connoît.

QUELQUES PENSÉES DE MADAME DUPIN

Voici quelques pensées de madame Dupin. Elle s'y peint elle-même, et ces notes nous la font bien connaître : elles sont écrites chacune sur une feuille séparée.

SIMPLICITÉ

Toujours, hors les cas prescrits qui peuvent encore se traiter simplement.

NULLE ENSEIGNE

Faire passer ses maximes dans sa conduite, sans les débiter.

NULLE HUMEUR

Elle est presque toujours l'effet d'une combinai-

son d'idées différentes, dont souvent aucune ne
convient à celle dont on parle : l'humeur porte
aisément trop loin, elle blesse autrui et soi-
même, quoiqu'il soit plus aisé qu'on n'en convient
de la réprimer, il y a pourtant un mérite très
agréable à n'avoir point en soi cette petite triste
frénésie.

CONVERSATION

Ne peser sur rien : on ne s'aperçoit pas assez que
les objets de ses goûts et de ses aversions viennent
se ranger dans les louanges, ou dans les blâmes,
qu'on donne aux objets, etc..., etc... On appuie, on
étend des choses qui comporteroient une moindre
étendue, un moindre effort ; cette commune manière
prête trop aux interprétations, elle fait quelquefois
deviner ce qu'on ne voudroit pas dire.

OBSERVATION PARTICULIÈRE

Il semble qu'il ne faut paroître, ni étonnée, ni
surchargée, ni ravie, ni fâchée, ni même embarrassée, de tout ce qui tient à un état, une fois
adopté, sur tout, à la plupart des gens.

OBSERVATION GÉNÉRALE

Le plus noble sang peut s'ennoblir encore par la vertu [1].

La plus grande place peut encore être relevée, par la manière dont on la remplit.

Il n'y a certainement rien de si noble, que l'élévation et la bonté des sentiments [2], rien de si digne que la raison [3].

Un caractère formé dans ces idées, prendroit tout naturellement, l'exercice continuel de toutes les bonnes qualités; et le caractère seroit nécessairement reconnu très bon, malgré l'envie.

TRIVIALITÉS

Les grimaces dédaigneuses, les contenances assorties, les tons triomphants, décidants, déraisonnables, etc., etc., ne sont nobles ni dignes : ces choses sont seulement ridicules.

1. Sans doute, puisque la vertu est l'origine de la véritable noblesse.

2. Qu'est-ce que la noblesse? Pour moi je ne comprends ce mot que lorsque je pense qu'il devroit être synonyme de vertu.

3. Qu'est-ce qui est digne? Ce qui est bien et convenable. Ainsi cette phrase signifie : Rien de plus raisonnable que la raison.

La médisance, l'indiscrétion, les railleries aigres ou amères, sont encore pires, et sont de mauvaises choses partout.

Ce seroit peut-être un remède à bien des travers, de se souvenir que les hommes sont nés tellement égaux, que l'orgueil et la puissance n'ont jamais pu rien inventer qui donnât une vraie atteinte à cette vérité, car les magnificences, les simagrées de convention, etc., etc., ne peuvent véritablement rien changer au fond des choses[1].

Ceci ne brave pas le respect convenable, ceci ne dit pas qu'il faut que tout soit égal : il y a même une utilité générale à ce que cela soit autrement ; cela dit seulement qu'il ne faut pas prendre une institution, pour une vérité éternelle.

Il est prudent de chercher quelques préservatifs contre l'air contagieux.

Il faut se défier de boire dans les coupes dans lesquelles on peut prendre différents genres d'ivresses, puisque les ivresses font dire également ce que le sang-froid condamne.

Ce qu'on appelle un bon mot est assez ordinai-

---

1. Il semble même que le ciel ne veut la noblesse et la royauté que faute de ne pouvoir nous donner rien de meilleur qui nous convienne, mais il donne de temps en temps de terribles preuves que les hommes sont réellement égaux.

rement trop différent d'une bonne chose, pour se plaire à les dire et à les applaudir, dès qu'ils sont de l'espèce désobligeante ;

Ils sont fort bons à admettre, dès qu'ils tournent d'un côté agréable, ou quand ils sont une plaisanterie fine et légère ;

Ils peuvent être employés, en y mêlant de la politesse, dans une défense sur quelque chose qui ne convienne pas à la personne à qui on l'adresse.

L'air tranquille et serein est très agréable, pour soi et pour les autres : il vient du bon état de l'âme ; on ne peut jouir de cet état et en avoir l'air, quand on est toujours près d'être offensé ou d'offenser ; il ne faudroit donc pas troubler cet état, ni dans soi ni dans les autres.

La sérénité est d'autant meilleure à conserver qu'elle rend plus accessible à la gaieté, et la gaieté est d'autant plus intéressante à ménager, qu'elle est la disposition dans laquelle on puisse le mieux juger, toutes les choses de la vie. Il ne faut point mettre ses petits défauts à leur aise, dans l'impossibilité de la perfection : il faut toujours y tendre dans tout ce qu'on fait.

Il faut s'y encourager par cette vérité :

La perfection n'est pas peu de chose, mais peu de chose donne la perfection.

La considération est meilleure que le crédit, puisque le crédit seul ne donne pas la considération[1].

Depuis qu'on n'a plus de fols ni de nains, on prend des plastrons, c'est-à-dire des gens qu'on plaisante pesamment, désagréablement, malhonnêtement : n'y auroit-il pas quelque chose de mieux à faire?

On répond : Vous prenez le badinage trop gravement; de quoi donc remplir un cercle?

De quoi? d'une facilité agréable et décente, d'un air de bonne volonté pour ce cercle, qui laissera produire à chacun quelque chose dont la meilleure et la plus agréable raison prendra le dessus sur les moins bonnes, en rendra le cercle plus agréable qu'une plaisanterie blessante, ou que l'essai d'imposer de l'appréhension.

Il y a des tons qui chargent les paroles fortes, il y en a qui affaiblissent les paroles honnêtes.

Ils sont mauvais tous deux.

Il y en a de sottement affectueux, de sottement respectueux, mais ceux-ci prennent leur défaut dans un motif plus excusable et dans une sottise moins grande que les autres.

Avec de bonnes réflexions, on prend l'habitude et l'exercice des bonnes qualités, qui ne sont vraiment

---

1. Oui, puisque l'un vient de la puissance, et l'autre de la vertu.

bonnes que quand elles suivent le cours de la vie.

On gagne avec les réflexions et l'exercice qui en dépend d'être plus sûr de soi-même, et de ne pas se trouver emporté hors de soi et loin de soi par toutes les agitations communes.

MADAME DUPIN PENDANT LA RÉVOLUTION

Nous sommes en 1795. La République, qui s'intitulait le Gouvernement de la Nation, avait décrété que toute propriété domaniale, ou ayant appartenu à la couronne, revenait de droit à la nation française, seule souveraine ; et le séquestre était prononcé.

Ces biens ainsi confisqués s'appelaient alors « biens nationaux ». Chenonceaux avait été habité par des rois et des reines de France : la République ne pouvait pas l'ignorer, et elle ne voulut pas faire une exception.

Ses commissaires se présentèrent au château en l'an III, et ordonnèrent la saisie immédiate.

Mais madame Dupin, qui n'avait pas émigré, habitait Chenonceaux. Elle reçut les commissaires, s'opposa à une saisie injuste, et ne voulant à aucun prix céder devant une force brutale et se laisser dépouiller illégalement, demanda sur-le-champ un jugement du tribunal révolutionnaire ; elle obtint l'autorisation de présenter sa défense et d'apporter les preuves que Chenonceaux n'avait jamais été qu'une propriété particulière, ne tombant pas sous le coup du décret.

Madame Dupin fournit un mémoire rédigé avec le plus grand soin et la plus grande habileté, d'après tous les titres de propriété à l'appui, conservés dans le chartrier du château.

Ce mémoire, reconnu raisonnable, juste et même irréfutable, lui fit donner gain de cause, et madame Dupin, réintégrée dans sa propriété de Chenonceaux, put continuer à l'habiter tranquillement, sans y être inquiétée à nouveau.

L'acte de spoliation eût été accompli si madame Dupin, grâce à son bon sens et à son courage, ne s'était pas toujours refusée à fuir son pays et à passer à l'étranger : ce qui en général a été une grande faute.

Nous donnons l'arrêté du gouvernement révolutionnaire, pris et copié sur le mémoire fourni par madame Dupin et rédigé par elle.

Le manuscrit que nous avons entre les mains, et dont nous publions en entier la reproduction, est la minute elle-même, enregistrée et revêtue des timbres de la municipalité républicaine.

Ce mémoire est d'autant plus intéressant que c'est toute l'histoire de Chenonceaux, jusqu'à l'année 1795.

ARRESTÉ DU ... VENTOSE, ANNÉE 3me [1].

MÉMOIRE

Pour la citoyenne Dupin, propriétaire de la ci-devant terre et seigneurie de Chenonceaux, scise district d'Amboise, canton de Bléré, département d'Indre-et-Loire.

. La Convention nationale, par son décret du 10 frimaire, l'an second de la République, a décrété la révocation de toutes les aliénations et engagements des domaines et droits domaniaux.

Savoir (article 1er), des aliénations et engagements faites antérieurement au 1er février 1566, avec clauses de retour ou sujettes au rachat ; et (article 2e) de celles faites postérieurement à ladite époque, quand même la clause de retour y auroit été omise, ainsi que de celles résultantes des échanges non consommés ou consommés depuis le 1er janvier 1789.

Sur le fondement de ce décret, la régie nationale du droit d'enregistrement et des domaines a

---

1. Année ordinaire 1795, car l'année républicaine commence en 1792.

pris possession au nom de la nation, après en avoir obtenu l'autorisation du directoire du district d'Amboise, des maisons et domaines de la citoyenne Dupin, situés dans la commune de Chenonceaux et communes circonvoisines, sous prétexte qu'ils proviennent d'aliénations domaniales dont la révocation est prononcée par le décret du 10 frimaire.

Mais la citoyenne Dupin est en état de montrer que la régie nationale et le district d'Amboise ont été induits en erreur, et que les maisons, domaines et biens, dont est question, n'ont jamais fait partie du domaine du gouvernement françois, et que ses titres de propriété, ni ceux de ses prédécesseurs, ne sont pas de ceux frappés de révocation par le décret du 10 frimaire.

Pour arriver à cette démonstration, la citoyenne Dupin va commencer par exposer la teneur des titres de ses prédécesseurs antérieurs au 1er février 1566, où l'on ne verra, d'un côté, aucun caractère ni aucune empreinte de domanialité, et d'un autre côté, aucune stipulation de retour ni sujétion au rachat. Elle exposera ensuite la teneur des titres postérieurs audit jour, 1er février 1566, où l'on ne verra de même, ni caractère, ni empreinte de domanialité, ni aliénation, ni engagement domanial avec ou sans clause de retour.

Titres antérieurs au 1er février 1566.

En 1512, il paroît que François Fumée possé-
doit la ci-devant terre et seigneurie de Chenonceaux
avec les ci-devant fiefs gentils et infernets, puisqu'ils furent saisis réellement sur lui et adjugés sur
cette saisie réelle, le 8 février 1512, à Thomas
Bohier pour 12,540 fr., distraction faite de la
métairie de la Bézerie, du ci-devant fief Des Cartes,
de celui de la Roche de Coutance, d'une rente de
trois septiers froment, deux septiers d'avoine, deux
chapons, assignée sur l'être, 1 chevreau, et du ci-
devant fief des Oudes, desquels objets distraits,
Thomas Bohier devint également propriétaire, mais
après les avoir fait distraire par voie de retrait féo-
dal et moyennant 2,500 fr. Ce qui, avec le prix
de son adjudication sur décret, faisoit en tout
15,040 fr., qui furent distribués aux créanciers de
François Fumée.

La dépendance de ce que l'on appeloit alors le
château et seigneurie de Chenonceaux, n'étoit pas à
cette époque bien considérable, ainsi qu'on le voit
par la modicité du prix de l'adjudication, et comme
on le verra d'ailleurs par les différentes annexes
que les détenteurs successifs y ont faites chacun pendant leur détention.

Quoi qu'il en soit, Thomas Bohier resta propriétaire jusqu'à son décès de cette ci-devant terre et
seigneurie, dont il fit bâtir ce qu'on appelait le château ; mais à son décès, comme il avoit été dans les
finances de François Ier et qu'il se trouvoit comp-
table et relicataire d'une somme assez forte, ses
héritiers, par un acte du 28 mai 1535, abandonnè-
rent à François Ier plusieurs biens de sa succession
et notamment la ci-devant terre et seigneurie de
Chenonceaux, pour 90,000 fr. compensés jusqu'à
due concurrence avec la dette en question.

Cette cession ne fut accompagnée d'aucune clause
d'incorporation et de réunion au domaine de l'État,
ni par le contrat qui la contient, ni par aucun acte
subséquent.

Elle ne tarda pas même à être rescindée par l'en-
térinement des lettres de rescision, qu'Henri II,
successeur de François Ier, prit, ou du moins son
procureur général au grand conseil, contre cet acte.

Henri II succéda donc à François Ier qui mourut
le 31 mars 1547, et dès qu'il eut pris connoissance
des affaires de son père, il reconnut que l'abandon
qui lui avoit été fait de la ci-devant terre et seigneurie de Chenonceaux pour 90,000 fr., bles-
soit considérablement ses intérêts, et qu'il en résul-
toit une lésion énorme, avec d'autant plus de raison

que les héritiers Bohier n'avoient pas compris dans
cet abandon les ci-devant fiefs, métairie et héri-
tages, situés dans la paroisse de Francueil, non
plus que les métairies de Coulommiers, 30 septiers
de bled froment sur le moulin de la Rochette,
12 septiers de seigle et mouture sur le moulin Neuf,
7 arpents et demi de pré, paroisse de Civray,
7 quartiers de pré d'une part et 3 autres quartiers
d'autre part, situés en la paroisse de Francueil,
objets dont les héritiers Bohier avoient fait une
réserve tacite et frauduleuse.

Ce fut en conséquence qu'Henri II fit prendre, par
son procureur général, des lettres de rescision contre
le contrat du 28 mai 1535, en ce qu'il contenoit la
cession faite à son père de la ci-devant terre et seigneurie de Chenonceaux pour 90,000 fr., et que, par
arrêt du 8 février 1553, lesdites lettres de rescision
furent entérinées, ladite cession fut annulée, et qu'il
fut ordonné que pour être payé des 90,000 fr.
dus par ce moyen à Henri II, son procureur général
feroit saisir réellement et adjuger sur décret ladite
ci-devant terre de Chenonceaux et les objets retenus
tacitement et frauduleusement par les héritiers
Bohier, et que si l'adjudication ne produisoit pas le
payement des 90,000 fr., il feroit saisir et vendre

d'autres biens des héritiers Bohier pour ce qui s'en défaudroit.

En effet, dès le 16 mars 1553, le procureur général de Henri II fit saisir réellement ladite ci-devant terre de Chenonceaux et les objets ci-dessus détaillés, et après que les poursuites de cette saisie réelle, qui durèrent deux ans, eurent été parachevées, l'adjudication sur enchères en fut prononcée le 8 juin 1555 au profit de Diane de Poitiers, moyennant 50,000 fr.; d'où il résulte deux choses : la première, que Thomas Bohier, qui n'avoit acheté ce bien en 1512 que 15,040 fr., profitoit de 34,960 fr.; la deuxième, que François Ier, à qui il avoit été cédé en 1535, non compris les objets tacitement réservés, pour une créance de 90,000 fr., étoit lésé de plus de 40,000 fr. Quoi qu'il en soit, voilà donc la ci-devant terre de Chenonceaux transmise définitivement par acte judiciaire, authentique, qui a reçu son exécution pendant deux cent quarante ans, et sous la foi desquels les tiers acquéreurs postérieurs ont acquis. Voilà donc, disons-nous, cette ci-devant terre transmise des mains de T. Bohier en celles de Diane de Poitiers, laquelle en prit possession par procès-verbal du mois de septembre 1555.

Des mains de Diane de Poitiers, qui n'en conserva la propriété et jouissance que pendant quatre ans, elle passa en celles de Catherine de Médicis, veuve de Henri II ; et cela par un échange que celle-ci fit de sa ci-devant terre de Chaumont avec Diane de Poitiers, contre ladite ci-devant terre de Chenonceaux, en 1559.

Tels sont les seuls titres antérieurs au 1er février 1566 que la citoyenne Dupin connoisse, encore ne connoît-elle l'échange de la terre de Chaumont, de 1559, que par tradition, ne l'ayant jamais eu en sa possession. Voyons maintenant ceux qui sont postérieurs au 1er février 1566, et comment ladite ci-devant terre de Chenonceaux est passée des mains de Catherine de Médicis en celles des prédécesseurs successifs de la citoyenne Dupin.

Titres postérieurs au 1er février 1556

Après trente ans de jouissance, Catherine de Médicis en fit don, par son testament du 5 janvier 1589, à Louise de Lorraine, femme de Henri III ; mais encore que ce fait soit indifférent, ce ne fut pas là le vrai titre de propriété de Louise de Lorraine, car, vu le grand nombre de créanciers que Catherine laissa, elle avoit donné ce qui appartenoit à ses créanciers qui, comme on va le voir, rendirent son testament caduc.

En effet, les créanciers de Catherine, nonobstant son testament, firent nommer un curateur à sa succession vacante, pour faire saisir sur lui et sur Louise de Lorraine, alors veuve de Henri III (laquelle ils avoient fait condamner à payer ou déguerpir), la ci-devant terre de Chenonceaux.

On voit que, le 24 décembre 1597, Gabrielle d'Estrées, duchesse de Beaufort, convoitant la propriété de cette ci-devant terre, fit un traité avec le sieur Goin, syndic des créanciers de Catherine, par lequel il s'obligea de lui faire adjuger par décret ladite ci-devant terre pour 66,000 fr., payables aux anciens créanciers, et à condition, en outre, de payer l'excédent, si les enchères alloient par delà.

La saisie réelle fut effectivement établie le 31 janvier 1598, après commandement fait, tant au curateur à la succession vacante de Catherine, qu'à Louise de Lorraine douairière de Henri III, qui préféra de déguerpir au payement de la masse des dettes de Catherine.

Jalouse cependant d'avoir la propriété de la ci-devant terre de Chenonceaux, Louise de Lorraine, par acte du 22 juin 1598, se fit subroger aux effets du traité que Gabrielle d'Estrées avoit fait avec le syndic des créanciers, savoir, que celui-ci s'obligeoit de lui faire adjuger cette terre pour 66,000 fr. à

condition de payer l'excédent si les enchères alloient
par delà.

Quatre mois après, Louise de Lorraine, comme
si elle eût été déjà propriétaire incommutable, en
fit donation entre vifs, avec réserve d'usufruit, à
Françoise de Lorraine, sa nièce, et au duc de Vendôme, en considération de leur mariage. L'acte de
cette donation est du 15 octobre 1598. χ

Tous les caractères d'authenticité et de validité
furent donnés à cette donation, comme si elle eût
dû produire quelque effet; le duc de Vendôme l'ac-
cepta le 30 juillet 1599; elle fut insinuée au baillage
de Tours, le 4 août suivant; elle fut acceptée par
Philippe-Emmanuel de Lorraine duc de Mercœur et
Marie de Luxembourg sa femme, au nom de Françoise de Lorraine leur fille mineure, le 6 dudit mois
d'août; elle fut insinuée, le 25 dudit mois, au baillage
d'Amboise; enfin le duc de Vendôme fit l'acte de
prise de possession le 20 février 1601.

Mais la saisie réelle se poursuivoit toujours
nonobstant ces actes inutiles, et elle n'étoit pas
encore à sa fin que, dépourvu de confiance dans
cet échafaudage de titres, il fut fait, le 21 novembre 1602, une transaction entre les créanciers
et la duchesse de Mercœur, alors veuve, tant en son
nom que comme tutrice de Françoise de Lorraine,

sa fille mineure, par laquelle, entre autres dispositions, la duchesse de Mercœur, 1°, s'obligea d'en-
chérir la ci-devant terre de Chenonceaux jusqu'à
96,300 fr. et de payer ladite somme aux créanciers :
2°, renonça et se départit de l'acte du 22 juin 1598,
qui avoit été consenti entre Louise de Lorraine et
Goin syndic des créanciers.

Jusqu'ici, on voit beaucoup d'actes de convoitise
de la propriété de Catherine de Médicis, sans voir
le véritable et le seul qui pût faire sortir régulièrement et valablement cette propriété de sa succession.

Enfin il arriva le 15 novembre 1606 : ce fut l'adjudication qui intervint sur la saisie réelle du
31 janvier 1598, et qui fut prononcée moyennant
96,300 fr., au profit de la duchesse de Mercœur,
mère et tutrice de Françoise de Lorraine, qui paya
ladite somme aux créanciers de Catherine de Médicis, suivant les quittances qui se trouvent à la suite
du décret.

Voilà donc Françoise de Lorraine, femme du duc
de Vendôme, saisie, à cette époque de 1606, de la
propriété de la ci-devant terre de Chenonceaux.
De Françoise de Lorraine, cette ci-devant terre
passa, à titre d'héritier, à Louis-Joseph duc de Vendôme; ensuite, de celui-ci, à Marie-Anne de Bourbon,
sa femme et sa donataire, par leur contrat de ma-

riage du 13 mai 1710 ; et enfin à Anne Palatine de
Bavière, veuve de Henri-Jules de Bourbon, prince de
Condé, mère et héritière de ladite Marie-Anne de
Bourbon, laquelle Palatine de Bavière la vendit, le
14 septembre 1720, à Louis-Henri duc de Bourbon,
prince de Condé, moyennant 300,000 fr., payés en
billets de banque du cours d'alors.

C'est de ce dernier propriétaire que Claude
Dupin et la citoyenne Dupin, aujourd'hui sa veuve,
l'ont acquis par contrat du 9 juin 1733, moyennant
130,000 fr., et la citoyenne Dupin en a été rendue
propriétaire par les actes de liquidation et partage
de communauté, faits entre elle et les héritiers de
son mari.

Tels sont les titres postérieurs au 1er février 1566,
qui établissent les différentes mutations et propriété de la ci-devant terre de Chenonceaux jusqu'à
ce jour. Or, l'exposition et le détail qu'on vient d'en
donner suffisent pour démontrer la non-domanialité
de cette terre, et ce ne sera que surabondamment et
pour en faire le résumé que la citoyenne Dupin va
y joindre quelques réflexions sommaires.

Puisque la Convention, par son décret du 10 frimaire de l'an 2e de la République françoise, n'a,
quant aux aliénations antérieures au 1er février 1566,
révoqué que celles qui, d'un côté, auroient été faites

de domaines et droits domaniaux, et, d'unautre côté, sous la double condition qu'elles l'auroient été avec clause de retour ou sujettes au rachat, il s'ensuit, d'après les titres de la première époque relatifs à la ci-devant terre de Chenonceaux, que ce décret n'a aucune application à cette ci-devant terre.

En effet, 1°: Qu'étoit-elle en 1512 que Thomas Bohier s'en rendit adjudicataire, sur décret forcé poursuivi sur François Fumée par ses créanciers, moyennant 15,040 fr.? Elle n'étoit qu'un modique patrimoine de particulier, qui ne porte à cette époque aucun caractère de domanialité, et qui ne présente par conséquent point une aliénation domaniale faite avec clause de retour ou sujette au rachat.

2° : Qu'a-t-elle été entre les mains de Thomas Bohier et de ses héritiers, jusqu'en 1535 qu'elle fut abandonnée à François Ier en acquittement d'une dette de 90,000 fr.? Elle n'a non plus été qu'un patrimoine de particulier, qui n'a acquis, ni n'a pu acquérir dans ses mains aucun caractère de domanialité.

3° : Qu'est-elle devenue dans les mains de François Ier, par l'effet du contrat d'abandon que lui en firent, le 28 mai 1535, les héritiers Bohier, pour se libérer de la dette de 90,000 fr.? Elle n'est pas davantage devenue un domaine de l'État, car, d'un côté, l'incorporation et réunion n'en ont pas été faites par ce contrat, ni par aucun acte subséquent, qui étoit alors la seule manière d'établir la domanialité, et, d'un autre côté, le contrat du 28 mai 1535 a été rescindé et annulé par un arrêt du 8 février 1553, de manière que François Ier ne peut être regardé que comme ayant été un possesseur précaire, un créancier nanti pignorativement, jusqu'à libération valable et suffisante ; et le contrat du 28 mai 1535, comme non avenu, et comme s'il n'eût jamais existé : l'on doit prendre les titres, surtout formés il y a plus de deux cent cinquante ans, dans l'état où ils se trouvent. Or le contrat du 28 mai 1535, ayant été rescindé et annulé, il ne peut produire aucun effet ; d'où il s'ensuit qu'il n'a jamais conféré, ni pu conférer à tous égards le caractère de domanialité à la ci-devant terre de Chenonceaux.

4° : Le lui eût-il conféré pendant sa durée, et même définitivement, le décret du 10 frimaire n'en seroit pas plus applicable à cette ci-devant terre, parce que l'arrêt du 8 février 1553, qui a annulé le contrat du 28 mai 1535, et qui à ce moyen l'a fait sortir des mains de François Ier, ou du moins Henri II son fils, pour le réintégrer dans le patrimoine de Bohier, seroit le titre d'aliénation domanial ; or ce titre d'aliénation étant antérieur au 1er février 1566, et ne contenant ni clause de retour, ni clause de sujé-

tion au rachat, il s'ensuit, d'après le décret du
10 frimaire, que la révocation prononcée par ce décret ne l'atteint point et ne peut lui être appliquée.

La rescision et annihilation du contrat de 1535,
prononcée il y a deux cent quarante ans, et sur la
foi desquelles les sous-aliénataires ont d'autant plus
dû compter qu'elles ont été suivies d'exécution
réelle, tant par la saisie réelle faite sur Bohier, le
16 mars 1553, que par l'adjudication faite sur ladite
saisie le 8 juin 1555, ces rescisions et annihilation,
disons-nous, détruisent toute idée de propriété, dans
la personne de François Ier, d'où il s'ensuit que la
ci-devant terre de Chenonceaux n'est point devenue
domaniale avant le 1er février 1566, du moins
jusqu'à l'adjudication du 8 juin 1555, qui est le
seul titre valable et définitif qui en ait dépouillé
Bohier et ses héritiers, pour en saisir l'adjudicataire, qui a été Diane de Poitiers.

Nous venons de voir que la propriété de cette
terre a passé de Bohier à Diane de Poitiers, le
8 juin 1555.

Qu'a-t-elle été dans les mains de Diane de Poitiers?

Elle n'a été également qu'un simple patrimoine
de particulier, qui n'a acquis ni n'a pu acquérir dans
ces mains aucun caractère de domanialité.

Comment est-elle sortie des mains de Diane de Poitiers? en quelles mains a-t-elle passé?

Elle en est sortie par l'effet d'un échange contre la ci-devant terre de Chaumont, fait avec Catherine de Médicis, alors veuve douairière de Henri II, en 1559. Or Catherine n'étoit pareillement qu'une particulière, dans les mains de laquelle la ci-devant terre de Chenonceaux n'a acquis, ni pu acquérir aucun caractère de domanialité.

Si de là on passe aux mutations arrivées dans la seconde époque, c'est-à-dire postérieurement au 1er février 1566, on n'y trouvera rien non plus qui ait conféré le caractère de domanialité à la ci-devant terre de Chenonceaux.

En effet, Catherine de Médicis, qui a possédé cette ci-devant terre jusqu'à son décès, sans qu'elle eût aucun caractère ni aucune qualité de domanialité, est morte en 1589 dans le mois de janvier; elle a légué, par son testament du 5 dudit mois, cette ci-devant terre à Louise de Lorraine, femme de Henri III; mais d'abord, cette mutation et ce testament n'établissent pas une qualité de domanialité dans la personne de Louise de Lorraine, qui, quoique alors reine, pouvoit posséder à titre de particulier des biens personnels, et qui, suivant les principes, ne faisoient pas partie du domaine de l'État ; ce principe, fondé en raison et en justice, est si certain, que lorsqu'une ci-devant reine apportoit en dot des biens personnels, et qu'elle décédoit sans enfants mâles, mais avec des enfants femelles, les biens personnels retournoient à ceux-ci.

Comme on le voit dans la succession d'Anne de Bretagne, qui d'abord, après avoir épousé Charles VIII, mort sans enfants, resta dans la jouissance du duché de Bretagne, qu'elle avoit apporté en dot; qui ensuite épousa Louis XII, dont elle n'eut que deux filles survivantes, Claude et Renée, ce qui fit que le duché de Bretagne devint le patrimoine de Claude, fille aînée, qui l'apporta en dot à François Ier ; et l'on pourroit citer mille autres exemples de cette espèce.

En second lieu, le fait est que le testament de Catherine de Médicis est devenu caduc et sans effet, au moyen du grand nombre de créanciers qu'elle a laissés, lesquels obligèrent Louise de Lorraine à déguerpir, firent créer un curateur à la succession vacante de Catherine, firent saisir réellement la ci-devant terre de Chenonceaux, et la firent vendre par ce curateur, par décret du 15 novembre 1606. Ainsi, la mutation de propriété relativement à Catherine de Médicis s'est faite, d'elle à l'adjudicataire qui a été la duchesse de Mercœur, au nom et comme

tutrice de Françoise de Lorraine, sa fille, femme du
duc de Vendôme; de sorte qu'on voit que cette
mutation de propriété, de Catherine à Françoise de
Lorraine, n'a encore engendré ni pu engendrer de
caractère de domanialité à la ci-devant terre de
Chenonceaux.

Maintenant, qu'a-t-elle été dans les mains de
Françoise de Lorraine, duchesse de Vendôme?

Elle n'a été qu'un simple patrimoine de particulier, qui n'a encore acquis ni pu acquérir la qualité
de domanialité, dans ces mains.

Après Françoise de Lorraine, cette ci-devant
terre a passé, à titre d'hérédité, à Louis-Joseph duc
de Vendôme, dans les mains duquel elle a été non
plus qu'un patrimoine de particulier.

Du duc de Vendôme, elle a passé à Marie-Anne
de Bourbon, sa veuve, par l'effet d'une donation,
portée par leur contrat de mariage du 13 mai 1710.
D'où ne résulte encore aucun établissement de
qualité domaniale.

De Marie-Anne de Bourbon, cette ci-devant terre
a passé, à titre d'hérédité, à Anne, Palatine de Bavière, veuve de Henri-Jules de Bourbon, prince de
Condé, d'où ne résulte encore aucune qualité de
domanialité.

D'Anne, Palatine de Bavière, elle a passé à Louis-

Henri, duc de Bourbon, prince de Condé, par l'effet du contrat de vente qu'elle lui en a fait, le 14 septembre 1720, d'où ne résulte encore l'établissement d'aucune qualité domaniale.

Enfin, de Louis-Henri duc de Bourbon, prince de Condé, elle a passé dans les mains de Claude Dupin et sa femme, par la vente qu'il leur en a faite le 9 juin 1733.

Et c'est du partage de leur communauté, que la citoyenne Dupin la tient, à titre de seule et unique propriétaire.

Ainsi donc, il est également démontré que, dans la deuxième époque, c'est-à-dire depuis le 1er février 1566 jusqu'à aujourd'hui, la ci-devant terre de Chenonceaux n'a acquis aucun caractère de domanialité, et que c'est un bien purement patrimonial, auquel ne peut s'appliquer la révocation prononcée par le décret du 10 frimaire de la deuxième année de la République françoise; que, par conséquent, la prise de possession qui a été faite, au nom de la nation, par la régie nationale du droit d'enregistrement et des domaines, porte à faux et doit être annulée, ainsi que tout ce qui peut s'en être ensuivi.

L'ABBÉ DE SAINT-PIERRE

NOTICE SUR L'ABBÉ DE SAINT-PIERRE

Les Castel de Saint-Pierre étaient des gentils-hommes de la basse Normandie. Ils firent preuve de noblesse à la Cour des aides de Rouen, en 1528. Un Charles Castel, seigneur de Courcy, obtint que sa seigneurie de Saint-Pierre fût érigée en marquisat en 1644. Il était grand bailli du Cotentin, et avait épousé en 1642 une demoiselle Madeleine Gigault de Bellefonds.

Ils eurent cinq fils ; le cadet, qu'ils nommèrent Charles-Irénée, naquit le 18 février 1658, au château de Saint-Pierre-Église, situé dans la charmante contrée appelée le Val-de-Sère, entre Cherbourg et Barfleur.

Cet enfant, auquel une frêle santé interdisait la carrière des armes, fut destiné à l'Église. On le plaça de très bonne heure, vers 1664, chez les jésuites, à Caen. Il faut croire que sa complexion se fortifia beaucoup par la suite, car il vécut jusqu'à quatre-vingt-cinq ans.

La philosophie cartésienne fut la seule étude à laquelle il prit goût. Chez les jésuites, il se lia intimement avec un jeune étudiant en théologie, nommé Varignon, et tous les deux, se découvrant la même passion pour les sciences morales, unirent leurs travaux et se firent recevoir prêtre en 1678. Irénée avait vingt ans. Le marquis de Saint-Pierre vint à mourir peu de temps après, et l'abbé entra en jouissance d'un patrimoine de dix-huit cents livres de rente. C'était bien modeste, mais il avait des goûts simples. Son ami Varignon ne possédait aucune fortune. L'abbé de Saint-Pierre, qui ne voulait pas se séparer de lui, y suppléa en lui constituant une petite rente de trois cents livres, et les deux jeunes gens partirent pour Paris : c'était le but de tous leurs désirs. Ils y arrivèrent en 1686, et se logèrent dans une maison au haut du faubourg Saint-Jacques, pour le prix de deux cents livres. Ils se mirent à travailler avec ardeur et employèrent leur temps utilement.

Notre abbé fit alors la connaissance d'un homme qui eut sur toute sa vie une grande et heureuse influence : nous voulons parler de Fontenelle, que son dernier ouvrage sur la *Pluralité des mondes*, après tant d'autres livres remarqués, mettait brillamment au rang des premiers écrivains de l'époque.

Fontenelle lui ouvrit les portes de la haute société ; il le présenta chez la marquise de Lambert,
chez madame de La Fayette, chez madame de Tencin. L'abbé de Saint-Pierre y rencontra le poète Sé-
grais, l'ami de madame de La Fayette; l'abbé de
Vertot, secrétaire des commandements de la duchesse d'Orléans et historien distingué; le P. Ma-
lebranche et tous les gens de lettres et de mérite
d'alors.

C'était dans le salon de madame de Lambert que
se préparaient les élections à l'Académie: on disait
que c'en était « l'antichambre ». Notre abbé, qui
commençait à se faire une réputation d'écrivain, se
sentit pris de l'ambition de prendre rang parmi les
Quarante.

Grâce à l'amitié de Fontenelle, alors tout-puissant,
et à la haute protection de la marquise de Lambert,
qui, à vrai dire, étaient à peu près ses seuls titres,
il eut l'honneur et la bonne fortune d'entrer à l'Académie en 1695, à la place de Bergeret, secrétaire du
cabinet du roi.

Il y fut reçu en qualité de grammairien de l'avenir et de « moderne », car on était en pleine lutte
des modernes contre les anciens.

Son discours, assez médiocre du reste, contenait
l'éloge des belles-lettres; l'éloge de Bergeret, l'im-
mortel défunt; l'éloge du chancelier Séguier; l'éloge
de Richelieu, le fondateur de l'Académie; l'éloge de
la France littéraire, et enfin l'éloge du grand roi

Louis XIV. L'abbé fut reçu par La Chapelle, conseiller du roi, receveur général des finances de la Rochelle.

Saint-Pierre ne tarda pas à se lancer dans de vastes projets : rêvant le perfectionnement universel, il résolut de tout réformer, pour le plus grand bonheur de l'humanité.

En la même année 1695, il fut nommé aumônier de Madame, belle-sœur de Louis XIV. Madame était Charlotte-Élisabeth de Bavière, bizarre d'esprit et passablement philosophe : c'est elle qui souffleta son fils Philippe d'Orléans, plus tard le Régent, pour le punir d'avoir épousé une bâtarde du roi, mademoiselle de Blois.

Ici, pour l'intelligence de notre récit, il nous faut dire un mot de la politique générale de l'Europe.

Louis XIV vieillissait : son soleil n'était plus l'astre étincelant des belles années d'autrefois ; l'Europe s'était liguée contre le grand roi, et la guerre avait éclaté partout à la fois ; Marlborough et le prince Eugène avaient écrasé ses armées jadis invincibles ; ses ennemis victorieux ne voulaient lui accorder ni trêve ni merci.

L'année 1712 a sonné, les événements se précipitent : en Angleterre, la révolution a brisé le trône de Jacques II ; en Allemagne, l'empereur Joseph vient de mourir ; à Versailles, le duc de Bourgogne, dauphin de France, meurt presque subitement ; et l'ennemi, toujours impitoyable, ayant décidé l'a-

néantissement de Louis XIV, va lui jouer sa dernière partie. Alors le vieux roi secoue son front sou-
cieux, un éclair brille dans ses yeux ; l'épée du maréchal de Villars vient foudroyer à Denain les armées envahissantes, et la France est sauvée. Une
paix honorable peut alors se traiter sérieusement,
et le gouvernement du roi n'a plus que le souci
de panser les blessures du royaume.

La paix, ardemment souhaitée, comblait les vœux
de tous les Français. L'abbé de Saint-Pierre nour-
rissait depuis longtemps l'idée de débarrasser le
monde du grand fléau de la guerre. Tous les
hommes politiques et les philosophes protestaient
plus ou moins ouvertement contre la passion guer-
rière et l'acharnement du roi ; tout le monde désirait une paix solide, avantageuse et durable. Mais
l'abbé, plus impatient, la voulait à tout prix, et,
s'appuyant sur les fameux projets de Henri IV, il
conçut le plan d'une paix perpétuelle.

Il avait écrit un mémoire en ce sens, dans le courant de l'année 1711, et l'avait présenté au duc de
Bourgogne, qui était en opposition avec les goûts et
les actes de son royal grand-père. Ce mémoire fit
du bruit, et permit à l'abbé de jouer un rôle dans
l'œuvre de pacification.

L'abbé de Polignac, l'un des deux plénipoten-
tiaires, se l'attacha comme secrétaire, et c'est à ce
titre qu'il travailla aux conférences qui s'ouvrirent
à Utrecht, en 1712, pour les préliminaires de paix,
entre la France et l'Angleterre, et ensuite au traité

définitif avec toutes les puissances coalisées, qui fut signé le 11 avril de la même année.

Pour compléter cette faveur, l'abbé reçut le bénéfice de l'abbaye de Tiron, du diocèse de Chartres.

Que manquait-il donc à sa gloire? Membre de l'Académie française, premier aumônier de Madame, abbé à bénéfice, secrétaire au congrès d'Utrecht, et inventeur de la paix perpétuelle!

Le séjour de près de deux années qu'il fit en Hollande fut une des époques les plus brillantes de sa vie; il étudia les lois et les mœurs de ce pays, il en admira les ressources, et fut frappé de sa richesse malgré une guerre de quarante ans, si désastreuse pour la France.

C'est alors qu'à son retour, en 1713, convaincu que la paix seule pouvait rendre le bonheur et la richesse à son pays, l'abbé de Saint-Pierre fit paraître les deux premiers volumes de son *Projet de paix perpétuelle*. Il y ajouta un troisième volume, qu'il publia en 1717, après la mort du roi; ce volume était adressé au Régent. Il envoya un exemplaire de son ouvrage à tous les rois de l'Europe.

Le gouvernement du Régent s'émut du succès et du retentissement de ce livre, qui critiquait violemment la politique du feu roi, et l'abbé réformateur, ayant continué à faire paraître d'autres écrits pleins de conseils sur les améliorations nécessaires, tels que l'établissement d'une taille proportionnelle, et un discours sur la polysynodie, où il démontre que la meilleure forme d'un gouvernement est d'avoir,

au lieu de ministres, des conseils discutant les affaires de chaque département, le Régent, poussé par
les anciens ministres et courtisans de Louis XIV,
irrités de tant de critiques, se décida à frapper le
gênant abbé.

L'Académie fut saisie d'un rapport du cardinal de
Polignac, demandant que justice fût faite de ces
ouvrages scandaleux. L'ancien évêque de Fréjus,
l'abbé de Fleury, précepteur du petit roi Louis XV,
exigea que l'abbé de Saint-Pierre fût rayé de la
liste des académiciens, et son expulsion, malgré la
vive défense que l'abbé présenta lui-même devant
l'Académie, fut prononcée de vive voix, à l'unani-
mité, le 28 avril 1718. Un second tour de vote eut
lieu au scrutin secret : une seule boule en faveur
de l'abbé se trouva dans l'urne, celle de Fontenelle.
Le Régent ratifia l'expulsion, mais désira qu'on ne
donnât de successeur à l'abbé qu'après sa mort.

Cette disgrâce fut très diversement jugée. L'abbé
trouva des consolations, dans la sympathie que lui
témoignèrent les nombreux amis que la bonté de
son caractère avait su lui créer, et, ne se rebutant
pas, il s'associa avec quelques philosophes, Argenson [1] entre autres, pour créer une sorte d'académie
politique, qui prit le nom de Club de l'Entresol.

---

1. René-Louis, marquis Voyer d'Argenson, seigneur de
Paulmy, propriétaire du château des Ormes, en Poitou, naquit
en 1694 et mourut en 1757. Il était ami des philosophes, philosophe lui-même et très lié avec Voltaire ; il a laissé des Mémoires.

L'abbé, qui ne cessait pas d'écrire, y lisait ses nouveaux ouvrages et y prononçait des discours, toujours remplis de projets d'amélioration et de réformes ; bref, il fit tant et si bien, que Fleury, devenu cardinal, s'en inquiéta et fit fermer ce Club de l'Entresol, qui se tenait place Vendôme, à l'hôtel du président Hénault. Cette persécution avait lieu en 1731.

Passé à l'état de victime, l'abbé de Saint-Pierre trouva de nouvelles consolations dans les salons des femmes à la mode qu'il n'avait, du reste, jamais cessé de fréquenter : la marquise de Lambert, la duchesse d'Aiguillon, madame d'Avaray, et la jolie, autant que spirituelle, madame Dupin, dont il était l'enfant gâté, dit Rousseau. Il se constitua leur professeur de morale et leur directeur en philosophie. Il leur faisait faire des compositions qu'il corrigeait, il écrivait de petits ouvrages à leur intention ; il leur prodiguait ses conseils, raccommodait les querelles, et les traitait avec un intérêt si touchant que, ne l'appelant jamais que le bon abbé, elles subissaient son autorité comme celle du patriarche de la philosophie la plus douce et de la bonté la plus agréable.

Il avait dicté à madame Geoffrin cette belle devise : « Donner et pardonner. » C'était lui tout entier.

Sa vie, soutenue par l'amitié et les attentions délicates de charmantes femmes, coulait tranquille sous un ciel désormais sans nuages.

Ses lettres à madame Dupin, que nous publions aujourd'hui, nous initient à cette existence mon-

daine. Madame Dupin l'emmenait toujours avec elle
passer la belle saison dans son château de Chenonceaux, où sa plume ne se reposait pas.

C'est là, à Chenonceaux, en 1742, qu'il vit un
jour arriver un Genevois timide, portant le nom
tout à fait obscur et inconnu de Jean-Jacques Rousseau, que monsieur Dupin attacha à sa personne
comme secrétaire, puis qu'il éleva au titre de précepteur de son fils, M. de Chenonceaux.

L'abbé de Saint-Pierre ne se doutait guère de
l'avenir de ce jeune homme, alors âgé de trente ans,
ni de sa célébrité future.

L'année suivante, c'est-à-dire en 1743, l'excellent
abbé rendait à Dieu son âme pleine d'affection pour
ses semblables. Il mourut à Paris, en fervent chrétien, dans sa quatre-vingt-sixième année, sans avoir
vu se réaliser le rêve de sa vie : cette paix perpétuelle qu'il désirait, même à tout prix, chimère à
jamais irréalisable.

Jean-Jacques Rousseau a dit de lui :

« C'eût été un homme très sage, s'il n'eût eu la
folie de la raison. »

Maupertuis [1] succéda à l'abbé de Saint-Pierre à
l'Académie française, mais dans son discours de
réception, il dut se soumettre à la défense de prononcer l'éloge de son prédécesseur ; et ce ne fut que

---

1. Moreau de Maupertuis, né en 1698, mort en 1759, était
un géomètre qui fut envoyé au pôle pour y mesurer un
degré ; il se lia avec Voltaire dont une brouille le sépara.
C'était un savant distingué et un bon écrivain.

plus tard, en 1775, trente-deux années après sa mort, que d'Alembert put enfin lui rendre cet acte de justice.

De nombreux manuscrits avaient été laissés par le bon abbé à madame Dupin, qui, pour honorer sa mémoire, désirait les classer et faire imprimer les écrits inédits. Rousseau, chargé de ce travail, se borna à faire deux extraits, l'un de la *Polysynodie*, l'autre du *Projet de paix perpétuelle*.

Nous possédons ce dernier ouvrage, écrit en entier de la main de Jean-Jacques, mais nous ne le publions pas, quoique inédit et tout à fait différent de l'étude qui a été imprimée dans les œuvres de l'abbé de Saint-Pierre, sous le titre de *Jugement sur le projet de paix perpétuelle*.

Rousseau, dans ses *Confessions*, parle beaucoup de l'abbé; il s'étonne de la fécondité de ses pensées, il le critique et l'admire tout à la fois, et, au total, le jugeant favorablement : « C'étoit, dit-il, un homme rare, l'honneur de son siècle et de son espèce, et le seul peut-être, depuis l'existence du genre humain, qui n'eut d'autre parti que celui de la raison. »

Quant à Voltaire, il est avéré que, sous le couvert d'une perpétuelle raillerie, il n'a jamais hésité ni cessé de s'approprier une foule d'idées émises par l'abbé de Saint-Pierre, et de le dépouiller sans le moindre scrupule d'une quantité de ses propriétés intellectuelles. Enfin Grimm, dans sa *Correspondance*, en fait grand cas et s'exprime ainsi : « Si l'abbé de Saint-Pierre eût évité les longueurs et les répé-

titions fastidieuses, et s'il n'eût pas affecté une
orthographe qui rend ses livres presque indéchif-
frables à des yeux non exercés, il seroit devenu,
je crois, auteur classique. »

C'était pour donner plus de force à ses arguments,
que l'abbé se répétait si souvent. Il l'avoua même
un jour à un de ses amis qui lui reprochait ses
répétitions, d'excellentes choses du reste, mais qui
gâtaient son style : « Vous les avez donc retenues,
lui répondit-il ; voilà pourquoi je les ai répétées, et
j'ai bien fait, sans cela vous ne vous en souviendriez
plus. »

Pour son orthographe, elle était également raisonnée ; on en trouve les règles dans sa singulière
grammaire divisée en dix chapitres, ouvrage très
rare, qui a pour titre : *Projet pour perfectionner
l'orthographe des langues d'Europe*, par M. L'ABBÉ
DE SAINT-PIERRE. A Paris, chez Briasson, rue St-Jac-
ques, à la Science. MDCCXXX.

Ne voulant pas infliger au lecteur une lecture fatigante, nous nous contenterons de donner le fac-
similé d'une de ses lettres ; nous ne répondons pas
de tous les noms propres des personnages dont
parle l'abbé ; la fantaisie de son orthographe sera
l'excuse de nos fautes.

On trouvera dans ses lettres un mot, dont il a en-
richi la langue française et qu'il répète très souvent : c'est le mot « bienfaisance ». Il en est véritablement le père, de ce mot, et dans un opuscule
intitulé *l'Économie bienfaisante*, il s'exprime ainsi :

11

« Suivre la raison, c'est faire ce que nous conseil-
lent nos trois vertus fondamentales, prudence, justice et bienfaisance, tant pour son propre bonheur
que pour le bonheur de ses proches et de ses autres
concitoyens, et pour mériter le paradis pour ses
bienfaits. » Et il se composa cette devise :

« *Paradis aux bienfaisants.* »

« Il était juste, dit d'Alembert, qu'il fût l'inventeur du mot bienfaisance, tant il avait pratiqué la
vertu que ce mot exprime. »

LETTRES DE L'ABBÉ DE SAINT-PIERRE

A MADAME DUPIN

Ces lettres, au nombre de cinquante-deux, commencent le mardi 13 septembre 1735 et finissent le mercredi 27 octobre de l'année 1742. L'abbé de Saint-Pierre avait soixante-dix-sept ans, et madame Dupin vingt-huit ans, en 1735.

Pendant les sept années que dura cette correspondance il y a une interruption dont nous ignorons complètement le motif (nous pensons que le seul vrai doit être la perte des lettres écrites pendant cette interruption), depuis le 7 novembre 1736 jusqu'au 28 juillet 1738.

Les lettres, au nombre de six, que nous mettons avant le 28 juillet, sont sans date, mais nous les croyons bien à leur place.

Nous espérons que le plaisir dont le bon abbé de Saint-Pierre fait si grand cas, et qu'il désirait tant

donner à ses semblables, sera la récompense de
ceux qui liront ses lettres.

A Chenonceaux, par Amboise (Touraine).

Fontpertuis[1], mardi 13 septembre 1735.

Par les nouvelles du 4, nous n'avions point encore passé le Rhin : apparemment que le projet sur
le passage que nous eûmes avant-hier, à Chenonceaux, n'est que conditionnel, en cas que M. le
prince Eugène le passe le premier à Mayence, ce
qui peut bien ne pas arriver.

M. de Fontpertuis, cousin germain de madame Dodun, m'a dit que M. Dodun ne viendroit pas cette
année à Herbault[2]. On lui a prêté une maison de
campagne auprès de Chartres. Son médecin y va
un jour la semaine, et il va un autre jour à Paris
raisonner avec ses médecins, toujours fort mal.

Nous sommes huit ou neuf étrangers : on attend

1. Le château de Fontpertuis, situé dans l'Orléanais, près
de Beaugency, appartenait alors à M. de Fontpertuis, descendant d'une ancienne famille du pays, nommée Constant.
La terre et le château de Fontpertuis passèrent, par suite
d'une alliance, à la maison des Durfort de Lorges, et appartiennent, aujourd'hui encore, au duc de ce nom.

2. Herbault est un château près de Blois. Les seigneurs
d'Herbault étaient de la famille de Dodun ; le château
appartient aujourd'hui au marquis de Rancougne.

demain M. de Salvert, madame de la Fare et une de
ses amies. Elle sera ici trois ou quatre jours et puis
s'en ira en Poitou ; pour moi je partirai après-
demain, pour aller coucher chez madame de Sebeville, ma nièce, et passer deux jours avec elle.

Je fais comme vous justice à tout excellent dans
son espèce ; mais cet excellent ne m'empêche pas,
non plus que vous , de goûter le bon, et c'est en
considération de cet important article, que vous
êtes dans mon esprit au rang des sages de votre
âge : vous savez encore mieux que moi que le
nombre en est très petit. Je vous fais donc l'aveu
que je goûte, en votre présence même, la colonie de
Chanteloup, et je la goûte d'autant plus, qu'elle
trouve comme moi de l'excellent à Chenonceaux ; et
n'est-ce pas là l'effet naturel de la sympathie ?

J'ai trouvé ici M. le grand prieur qui y est
depuis huit jours ; il attend dans trois ou quatre
jours M. d'Argenson[1] le cadet, pour aller passer
quinze jours ou trois semaines aux Ormes-Saint-

1. Marc-Pierre, comte d'Argenson (1696-1764), fut successivement lieutenant général de police, puis directeur de la
librairie et ministre de la guerre. C'est à lui que l'on doit la
création de l'École militaire (1751). Madame de Pompadour
le fit disgracier, et il se retira aux Ormes. Il était membre
de l'Académie française, et avait épousé une fille du maréchal du Mailly.

Martin : il me demanda s'ils vous trouveraient à Chenonceaux, vers le 22 ; je répondis que vous pouviez bien être dans ce temps-là à Chanteloup.

Chenonceaux est, comme dit madame de Boling-Broke, *une singularité agréable ;* pour la dame du château, c'est *une singularité piquante,* et je crois ces messieurs d'assez bon goût pour être encore plus attirés par le piquant que par le simple agréable.

J'apprendrai avec grand plaisir à Paris, dans huit ou dix jours, le bon effet du lait, car je me mêle de craindre.

Elle m'a appris à connaître la crainte.

L'ABBÉ DE SAINT-PIERRE.

A MADAME DUPIN

A Chenonceaux, par Amboise (Touraine).

Paris, 29 septembre 1735.

Le marquis de Matignon [1] me trouva l'autre jour chez madame la maréchale de Coigny [2] qui consultoit une carte du Rhin.

1. Les seigneurs de Matignon forment une branche de la maison de Goyon, qui a fourni deux maréchaux, Jacques de Goyon, comte de Matignon (1525-1597), et Charles-Auguste de Goyon, comte de Gacé, puis de Matignon (1647-1729).
2. Son mari, François de Franquetot, marquis de Coigny,

Comment, me dit-il, avez-vous pu quitter Chenonceaux, et comment pouvez-vous consulter d'autres cartes que celles du Cher? Je le trouvai hier chez lui : madame de Matignon y étoit, on parla souvent de vous et on y revenoit toujours; avant-hier madame de Sandwich me demandoit quand je vous amènerois dîner chez elle. Chacun prend plaisir à me faire souvenir de vous, et moi, je prends plaisir à en faire souvenir les autres. Au nombre de mes amusements de Paris je compte le souvenir des plaisirs innocents de Chenonceaux. M. de Réal[1] m'a envoyé ici copie de la lettre qu'il m'écrit ou qu'il écrit pour vous à Chenonceaux. Son raisonnement sur le vin de M. de Noailles me paroit vrai. L'humanité, déplacée pour les ennemis non vaincus, est une véritable cruauté pour nos soldats qu'ils tueront demain.

Le voyage de Fontainebleau est différé, les uns disent au 10, les autres au 13 d'octobre; quelques-uns croient même qu'il n'y en aura point cette année; on *soupçonne* que la Reine est grosse.

né en 1670, mort en 1759, créé maréchal en 1734, après les victoires de Parme et de Guastalla sur les Impériaux, fut fait duc en 1746.

1. Gaspard de Réal de Curban, publiciste, né en 1682, mort en 1752.

M. de Fontenelle a la goutte, madame de Tencin, que je vis hier chez lui, se plaint de ne plus recevoir de vos nouvelles ; mais vous avez présentement plus d'affaires qu'elle.

Madame la maréchale de Coigny me dit hier que les trente mille Allemands campés en deçà du Rhin, sous Mayence, avoient repassé le fleuve ; ainsi la plupart croient la campagne finie ; cependant d'autres craignent les ruses du prince Eugène : ainsi nous sommes toujours sur nos gardes, et le duc de Gramont, qui est revenu de l'armée du Rhin avant-hier, n'a pas été bien reçu. C'étoit aux princes à revenir les premiers, quand il n'y a plus rien à craindre des ennemis. Je m'en vais demain chez madame de Sebeville pour trois ou quatre jours : là, je me souviendrai à mon aise de Chenonceaux et de ses habitants. Je compare souvent, je voudrois bien trouver un plus agréable séjour, car pourquoi s'arrêter dans ses désirs ? Je cherche, mais jusqu'ici je cherche en vain.

Je serois bien aise de savoir des nouvelles de votre lait d'ânesse ; plus j'en désire le succès, plus je crains que vous ne suiviez pas assez exactement le régime que demande madame de Bolingbroke, je la souhaiterois fort ici, si vous n'aviez pas besoin d'elle à Chanteloup, car la jeunesse a souvent

besoin de bons conseils sur sa santé, surtout quand
les maux de poitrine menacent.

M. de Montferrand, conseiller du parlement de
Grenoble, fils du président Barral[1] parent de madame de Tencin, vient d'épouser mademoiselle de
Saint-Cyr, qui a quatorze ans et demi, nièce de
madame de Moras et la plus jolie fille de Paris.
Elle s'en va dans le mois de novembre à Grenoble.
M. de Saint-Contest épousa avant-hier mademoiselle des Vieux, et cela me fait souvenir que l'on dit
que mademoiselle Lemaure[2] n'est plus si éloignée
de rentrer à l'Opéra, girouette très obéissante aux
différents vents des différentes passions. Il est vrai,
que tous tant que nous sommes, nous tenons un
peu de la girouette ; il n'y a pas tant de différence
qu'on diroit bien, il n'y a guère que la multiplicité
et le presque équilibre de nos goûts, qui nous
maintiennent dans une situation raisonnable. Il ne

1. Ce président de Barral est peut-être aussi le père de
l'abbé de Barral, né à Grenoble en 1700, mort en 1772, qui
fut un janséniste très zélé.
2. Catherine-Nicole Lemaure, célèbre cantatrice de l'Opéra
(1704-1783). Elle était petite, mal faite, sans esprit, sans réflexion, sans éducation, mais douée d'un grand instinct naturel et d'un superbe organe. Quand elle paraissait en scène,
son chant et son jeu produisaient les impressions les plus
vives, et, si l'on en croit Michaud, arrachaient des larmes
aux spectateurs.

s'en faut de rien que je n'entre en raisonnement avec vous sur la morale : vous le mériteriez bien, raisonneuse comme vous êtes, mais j'aime encore mieux vous dire que jusqu'ici vous me plaisez plus que personne.

Adieu.

A MADAME DUPIN.

A son château de Chenonceaux, par Amboise (Touraine).

Jeudi, 21.

Je doute que vous receviez cette dernière lettre à Chenonceaux, puisque vous devez être ici le 27, mais le désir et l'espérance de vous faire quelque petit plaisir, ne vaut-il pas plus que ma peine? M. le duc est toujours avec le flux de sang et la fièvre; il n'a point voulu voir du Moulin[1] que Silva[2] avoit fait venir à Chantilly, parce qu'il y voit du danger; du Moulin sur la relation de Silva s'est opposé à l'ipécacuanha.

---

1. Jacques Molin, dit du Moulin (1666-1755), professeur d'anatomie, médecin en chef des armées de Louis XIV et de Louis XV, fit des cures merveilleuses. On sait que Lesage l'a peint dans *Gil-Blas*, sous le nom du docteur Sangrado : il recommandait la diète, l'exercice, l'eau et la saignée.

2. J.-B. Silva, médecin célèbre du roi Louis XV. Né en 1682, mort en 1748. Voltaire lui adressa de beaux vers.

M. Hérault[1] est très mal d'hydropisie, madame Hérault est aussi malade.

J'ai donné à madame de Francueil[2] une petite brochure ou ironie, contre un petit écrit sur la cuisine nouvelle, attribué à M. de Nevers; je fais peu de cas des bagatelles difficiles.

Vous êtes fort désirée chez M. et madame Trudaine et je n'en suis pas étonné; nous pourrons bien y aller dîner le dimanche 31, si vous n'êtes point engagée. Je préparerai les voies dimanche prochain.

Si vous arrivez mercredi, 27, j'irai savoir de vos nouvelles le jeudi, 28, et je ne manquerai pas à mon vendredi. C'est qu'en homme sage, je préfère le plus grand plaisir. Pour le vendredi de demain, je me contenterai de parler de vous chez madame Sandwich avec l'abbé du Rénel que je mènerai dîner chez elle.

C'est dans l'année 1735 ou 1736 que madame Dupin avait écrit les *Idées sur le bonheur*, et la lettre suivante est ici classée à cette date. D'ail-

---

1. René Hérault, lieutenant général de la police, poursuivit les jansénistes et fit brûler leur journal : *les Nouvelles ecclésiastiques*. Né en 1691, mort en 1740, il fut marié deux fois; sa seconde femme était une Moreau de Séchelles.

2. Belle-fille de madame Dupin.

leurs, quand bien même elle ne serait pas à sa place, l'intérêt en demeure égal.

A MADAME DUPIN

Que je vous suis obligé de m'avoir montré combien vous pensez sagement sur les meilleures moyens de rendre cette première vie plus heureuse[1] !

Vous pensez si sagement, qu'il est impossible que vous ne communiquiez pas votre sagesse à vos chers enfants, et qu'il ne vous sachent pas gré, dans la suite, du bonheur qu'ils en ressentiront. Après que j'ai eu lu votre petit écrit, j'ai compris à merveille combien il manque de choses au mémoire de monsieur de Fon... sur le bonheur, et pourquoi il n'a pas rempli l'idée que vous aviez de son auteur.

Continuez à faire écrire vos petits discours pour monsieur votre fils, car pour en tirer le petit profit que vous en devez attendre, il faut qu'il en ait plusieurs à relire : il n'en sauroit trop avoir ; et, puisque vous lui avez donné beaucoup de sensibilité, vous lui devez aussi à proportion plus de raison ; et je vous répèterai : *faites-lui du bien pour vous.*

PARADIS AUX BIENFAISANTS.

1. *Idées sur le bonheur*, de madame Dupin.

A MADAME DUPIN

A Chenonceaux, par Amboise (Touraine).

Jeudi au matin, au Palais-Royal, 2 août 1736.

Je compte d'aller tantôt coucher à Étampes, en songeant que j'aurai bientôt le plaisir de vous voir et de vous entendre. Je coucherai demain à Font-pertuis, j'y serai un jour, et le lendemain j'irai à Avaray, et le surlendemain à Chenonceaux.

J'ai dîné aujourd'hui avec M. le marquis de Sainte-Aulaire[1], qui m'a fort prié de vous dire que vous êtes de ces *absentes* qui font oublier les présentes. J'entends souvent dire des choses à peu près semblables, et je ne les entends pas avec indifférence.

Mon cocher n'est point encore arrivé ; il écrit d'Artenay qu'il est arrêté là, parce que le cheval de louage ne peut plus marcher et qu'il désespère de le mener jusqu'ici ; mais vous êtes arrivée en bonne santé, je ne sens plus que de la joie.

Je vous porte des petits paquets, mais pour le portrait[2] la peinture est trop fraîche, on ne le peut

1. François-Joseph de Beaupoil, marquis de Sainte-Aulaire (1643-1742) ; lieutenant général, poète, membre de l'Académie française ; assidu auprès de la duchesse du Maine à Sceaux.

2. C'est vraisemblablement le portrait de madame Dupin,

faire partir que dans un mois ; il est ici, où il sèche à l'ombre : c'est une des belles copies que j'aie vues, plût à Dieu que vous eussiez un ou deux enfants d'une aussi aimable figure et d'un caractère aussi doux que l'original.

On auroit bien voulu m'arrêter en bien des endroits, on l'a espéré, mais on ne savoit pas la force de l'aimant qui m'attire. Il y a des aimants qui perdent peu à peu leur force, mais il faut des accidents qui sont assez rares, et heureusement mon aimant est de la meilleure espèce.

J'aurois bien désiré de recevoir de vos lettres avant que de partir d'ici, mais je me console en songeant que j'en aurai plus de plaisir à mon arrivée à Chenonceaux, car la privation est un mal qui produit du bien.

J'ai bien envie de voir le progrès qu'a fait M. de Chenonceaux du côté de la mémoire, du côté de l'esprit, et surtout du côté de la raison. C'est vous que je regarde comme son meilleur précepteur de raison ; vous pouvez mieux que personne la lui présenter sous une forme très aimable.

Que ne donne-t-on aux dauphins de pareils précepteurs !

peint par Nattier, que nous possédons et que nous reproduisons en tête de l'ouvrage.

J'ai travaillé utilement en Normandie à l'établissement de la taille tarifée, et j'en ai beaucoup de
joie, car j'en espère un grand soulagement pour
dix-huit cent mille pauvres familles taillables, oppri-
mées par des protections partiales et injustes. Je
voudrois bien aussi mettre l'ouvrage en train en
Touraine, mais je l'espère peu; je ferai pourtant
un voyage à Tours pour essayer. La cessation des
malheurs journaliers de tant de malheureux seroit
pour moi une grande source de plaisir.

Vous voyez que je vise, dans ma condition, à
devenir bienfaiteur de ma patrie : plaise à Dieu
que je réussisse, afin que vous partagiez mes succès.

A MADAME DUPIN

A Chenonceaux, par Amboise.

7 novembre 1736.

J'ai été tenté plusieurs fois de vous écrire, mais
j'ai voulu voir si vous vous apercevriez de mon
silence : soyez sûre que, tant que vous vous soucierez un peu de moi, je me soucierai beaucoup de
vous; je me souviendrai toujours des marques
d'estime et d'amitié que vous m'avez données, et
je m'accuserai toujours seul de n'en mériter plus
la continuation.

Je ferai connoissance dimanche avec une personne fort aimable dit-on, je tache de m'armer
ainsi contre vous, et je cherche des secours contre
la longue absence que je prévois, mais je crains
bien que je n'aie toujours à dire : *tout m'en fait
souvenir, mais rien ne lui ressemble ;* ce qui me
consolera, ce sera d'apprendre que dans le pays que
vous habiterez vous y serez heureuse, au point que
vous oublierez les soupirs de Paris. Les nouvelles
publiques éloignent jusqu'à Pâques l'évacuation de
la Toscane et de la Lorraine.

On dit qu'une lettre du Cardinal, jointe à une
indigestion de poisson et à des avant-coureurs d'apoplexie, ont terminé la carrière de M. de Lusson. On
dit qu'il avait beaucoup d'actions qui, je crois, ne
parviendront pas toutes à ses héritiers... plus
aimables qu'estimables.

Je suis fort aise de vous savoir fort occupée d'affaires, et de vous voir ainsi avancer vers l'Estimable, qui est, *pour moi,* une espèce d'aimable.

Les deux billets suivants sont classés en tête de
l'année 1738 ; je n'ai pas de motifs pour les dé-
placer.

PREMIER BILLET DE 1738

J'ai appris avec plaisir que vous vouliez venir ici,

mais j'ai défendu ma porte, et encore plus pour
vous que pour tous les autres. Ainsi, je vous en
avertis, parce que je crois que vous avez envie
de me faire plaisir; je compte d'aller demain
l'après-midi vous en remercier.

                    LIBERTÉ AUX PHILOSOPHES[1].

DEUXIÈME BILLET DE 1738.

Ce dimanche matin.

Voilà le livre que vous demandez, voici les pages
où il est parlé de ce que vous voudriez savoir :
c'est peu de chose, mais la préface du livre dont
vous m'avez parlé peut vous instruire, et vous le
trouverez à la bibliothèque, — pages 87, 113,
123, 131, 134, 140.

Voudriez-vous me donner à dîner tantôt et me
mener à l'hôtel de Soubise? il est raisonnable de
chercher d'où vient la scène.....

La dernière phrase de cette petite lettre traite
d'affaires de coterie et de commérage; il est dommage que l'on ne puisse percer ce petit mystère.

---

1. L'abbé de Saint-Pierre écrit toujours philosophe : *filo-
sofe*.

L'ABBÉ DE SAINT-PIERRE A MADAME DUPIN

Jeudi 14.

Je suis fort aise de voir la part que vous prenez
à la citation que fait de moi M. le Cardinal[1] : plût à
Dieu qu'il adoptât comme vous notre système, mais
j'en doute, ou plutôt je ne m'y attends point, il
est trop vieux pour penser autrement qu'il n'a fait
en lisant le projet de Henri IV[2], dans sa vie, il
y a soixante ans ; il jugea alors ce projet impossible et il n'est que difficile, et encore, plus il est
examiné, plus il paroît avantageux à toutes les parties, et par conséquent plus facile à convenir et à
exécuter.

Il m'a fait réponse et approuvé ce petit projet
pour perfectionner l'éducation, que vous avez lu,
et c'est par son ordre que vous le voyez imprimé ;
mais je n'attends point de réponse sur notre système. Je n'avois pas contre moi, en ceci, un préjugé de soixante ans, non contredit, et même
devenu public, et comparé à ceux qui ne pensent
que superficiellement.

1. Le cardinal de Fleury.
2. Ce projet de Henri IV dont parle l'abbé, c'est son *Projet
de paix perpétuelle,* qui parut en 1713.

Vous pouvez montrer et donner de ma part au prieur de Pontlevoy[1] ce petit imprimé ; son général m'a dit qu'il le lui enverroit. Vous aurez ainsi part à cette œuvre de bienfaisance, s'il en fait usage dans son collége.

C'est notre ouvrage, dès que vous l'avez adopté. J'en dis autant de la taille tarifée ; c'est notre ouvrage, puisque vous aimez la méthode qui fait rendre justice au pauvre qui est vexé par la recommandation injuste de ceux qui ont du crédit et par les passions des collecteurs. Cette méthode est-elle établie dans votre canton?

J'irai tantôt chez madame de Tencin où sera M. de Fontenelle, et vous n'y serez pas oubliée.

Vous me dites que vous n'êtes pas de mon *avis*...

(Ici, deux lignes barrées et illisibles.)

Cette lettre ne doit pas être là à sa place, mais elle était ainsi classée et je l'y laisse.

L'ouvrage de l'abbé de Saint-Pierre, pour perfectionner l'éducation, a été imprimé à Paris en 1718.

Le projet d'une taille tarifée a successivement paru en 1718, 1723, 1737 et 1739. Il est impossible de lui donner une date.

---

1. Le collège de Pontlevoy n'est qu'à cinq lieues de Chenonceaux.

A MADAME DUPIN
Dans l'Ile, au bout de la rue Saint-Louis.

Ce samedi matin.

J'irai à quatre heures savoir de vos nouvelles. Elles me sont toujours précieuses. J'aurois accepté l'offre du dîner si j'avois été libre, mais j'ai cru raisonnable de vous imiter dans votre régularité sur les engagements.

Je partirai mardi pour aller vous attendre à Avaray ; en passant à Beaugency, je vous marque le nom de la poste, afin que vous puissiez me donner avis de votre marche et en faire part à mes hôtes, qui vous désirent.

Madame de Tencin et M. Le Vayer parloient hier de vos charmes à M. l'ambassadeur de Portugal, qui disoit : « Est-ce que je ne la verrai point? » Ils lui dirent, en me montrant : « *Tenez, rien ne lui échappe, même les sages.* »

Cette lettre, bien à sa place, est de l'année 1738.

A MADAME DUPIN
Rue Saint-Louis-dans-l'Ile, à Paris.

A Avaray, près Beaugency. 1738.

J'ai montré votre lettre à mes hôtes et hôtesses.

Elle a fort bien réussi : vous écrivez, disent-ils, comme madame de Sévigné ; ils ont une grande envie de vous voir, mais ce ne pourra être que dans le mois de septembre parce que tout est bouleversé ; une dame du voisinage et moi, nous avons à peine chacun une chambre, mais alors, ils seront au large. Je passe ici mes jours agréablement ; on ne s'ennuie point de moi, et je m'y trouve fort à mon aise ; en attendant mon illusion que je retrouverai à Chenonceaux, je ne la trouve nulle part si aimable que là. Il est plaisant que moi, qui passe la moitié de ma vie à chercher de nouvelles vérités, je trouve mon compte à passer l'autre moitié à chercher les illusions : c'est qu'il y a du plaisir partout, et plus grand là où il y a plus d'illusions.

Il me semble que j'ai bien des choses à dire sur nos illusions. Je marque le feuillet jusqu'à Chenonceaux, qui est le vrai pays des illusions agréables.

Je compte de recevoir ici encore une de vos lettres, et que vous ferez mes compliments à madame de Francueil. Les raisons naissantes ont des droits sur moi, c'est qu'elles plaisent.

PARADIS AUX BIENFAISANTS.

Ce que l'abbé de Saint-Pierre appelle la pointe de l'Ile est l'hôtel Lambert. aujourd'hui la propriété du prince Czartoriski, époux de S. A. R. la princesse Marguerite d'Orléans, fille de S. A. R. le duc de Nemours.

A la pointe de l'Ile, à Paris.

A Beaugency, le lundi 28 juillet 1738.

Vous ne sauriez vous imaginer la joie que j'ai sentie en lisant et relisant la lettre que vous m'avez envoyée de notre amie. Je la croyois raisonnable, et c'est pour cela en partie que je suis attaché à elle pour le reste de ma vie ; mais je ne la croyois pas encore si raisonnable que je la vois par sa lettre, et cela me fait d'autant plus de plaisir que j'espère lui être encore utile quelques mois, car à mon âge un homme sage ne compte plus que sur quelques mois, en attendant une vie encore plus heureuse que celle-ci, dont j'ai pourtant à me louer beaucoup plus que mes pareils.

Je vois avec grand plaisir que vous serez apparemment le 7 à Chenonceaux, et moi le 8, et que je recevrai encore de vos nouvelles auparavant. M. de l'Être est ici et doit partir jeudi : je lui donnerai un écrit que je fis l'année passée à Chenonceaux pour M. votre fils. Je l'ai corrigé et augmenté ici, par rapport à lui et à ses excellents précepteurs, à qui vous le donnerez de ma part avant votre départ, le lendemain que M. de l'Être vous l'aura rendu.

Je me trouve ici fort bien, mais je sens d'ici que je me trouverai encore mieux à Chenonceaux.

Mes compliments à vos aimables hôtes ou enfants.

A MADAME DUPIN

A Paris, par Beaugency.

A Avaray [1], 30 juillet 1738.

M. de l'Être, qui, je crois, part demain, vous porte, comme je vous ai mandé, le petit écrit que j'ai fait chez vous, l'année passée, sur l'éducation.

1. Le château d'Avaray appartenait et appartient encore à la famille de ce nom. Il est situé dans le Blaisois (aujourd'hui Loir-et-Cher) entre Mer et Beaugency. L'abbé de Saint-Pierre, étant un habitué du salon de madame d'Avaray à Paris, venait très souvent la visiter dans son château ; madame Dupin y venait aussi, sans doute de Chenonceaux. Les comtes d'Avaray étaient d'une ancienne famille du Béarn ; nous ignorons quand ils vinrent s'établir à Avaray. Louis XVIII créa duc le comte Antoine Bésiade d'Avaray, qui, lors des mauvais jours de 1791, facilita les moyens au comte de Provence de sortir de France. Le roi de France avait une grande amitié pour ce premier duc d'Avaray, qui de son côté lui était attaché avec une affection et un dévouement qui dataient de la première jeunesse.

M. votre fils, à dix ans, montre un esprit qui me fait juger que ce ne sera pas un sujet médiocre : il vous causera ou beaucoup de peine s'il est injuste, ou beaucoup de joie s'il est juste et bienfaisant.

C'est le désir de contribuer selon mon pouvoir à augmenter la facilité de votre vie présente, qui m'a fait entreprendre cet ouvrage.

Je vous regarde comme la fondatrice du petit collège du faubourg Saint-Victor, il sera à ce que j'espère le modèle des autres collèges vertueux, qui contribueront un jour si considérablement au bonheur public.

Je suis fort aise de montrer ainsi ma reconnaissance envers vous et envers ma patrie.

L'ABBÉ DE SAINT-PIERRE.

J'attends encore ici de vos nouvelles.

Madame Dupin étant revenue à Chenonceaux, les lettres de l'abbé de Saint-Pierre viennent l'y trouver ; les dates sont désormais insuffisantes et nous ne pouvons pas les préciser.

mardi 18

Qu'il fait de froid ici et que vous êtes heureuse de
n'en point sentir et d'avoir mettre l'usage de vos deux
beaux yeux. mais nous voudrions bien que vous
vinssiez en faire usage ici. m. le maréchal de Coigny
un de vos voisins chez qui je dînais hier me dit
qu'il voulait que je le menasse chez vous et qu'il
avait grande envie de profiter du voisinage. vous
jugez bien comme il fut reçu mais vous aurez un
jeune voisin de 24 ans et plus voisin qui a bien
de l'esprit qui me demande la même chose. je ne
demande pas mieux que de multiplier mes rivaux
et vos plaisirs.

Si vous ne cultivez point la filozofie à chenonceaux
que doisje attendre de vos études a paris ou il
faudrait mettre en œuvre ce que vous auriez acquis dans
la solitude vous en serez moins heureuse et j'en
souffrirai aulieu que je prétendais être plus heureux à
mesure que vous auriez augmenté en rézon.

paradis aux bienfaisans.

Tourenne

A

Madame du pin au chateau de
chenonceaux.
par Amboize

A MADAME DUPIN

Au château de Chenonceaux, par Amboise (Touraine).

Mardi 18.

Qu'il fait de froid ici, et que vous êtes heureuse de n'en point sentir et d'avoir enfin l'usage de vos deux beaux yeux. Mais nous voudrions bien que vous vinssiez en faire usage ici. M. le maréchal de Coigny, un de vos voisins, chez qui je dînai hier, me dit qu'il vouloit que je le menasse chez vous et avoit grande envie de profiter du voisinage. Vous jugez bien comme il fut reçu ; mais vous aurez aussi un jeune et joli voisin de vingt-quatre ans et plus, voisin qui a bien de l'esprit et qui me demande la même chose. Je ne demande pas mieux que de multiplier mes rivaux et vos plaisirs.

Si vous ne cultivez point la philosophie à Chenonceaux, que dois-je attendre de vos études à Paris, où il faudroit mettre en œuvre ce que vous auriez acquis dans la solitude ? Vous en serez moins heureuse, et j'en souffrirai, au lieu que je prétendois être plus heureux, à mesure que vous auriez augmenté en raison.

PARABIS AUX BIENFAISANTS.

A Chenonceaux, par Amboise (Touraine).

Vendredi 26.

Il est juste que ce soit moi qui écrive le dernier, et je me tiendrai bien payé si nous nous voyons jeudi.

M. de *Maillebois* est toujours *auprès* d'Égra et le prince Charles entre lui et M. de *Broglie*.

Cependant nous sommes à la veille d'une *suspension*.

Je viens de sortir d'une *méditation* où je n'ai rien trouvé qui me *contente :* pourquoi la même *personne,* que j'ai cessé de voir trois mois, me fait elle plus de *plaisir* quand je la revois? Elle n'a rien de plus, de plus agréable.

A Dieu, beauté toujours ancienne et toujours nouvelle *pour moi!*

Au château de Chenonceaux, par Amboise (Touraine).

Au Palais-Royal, samedi 27.

Puisque vous faites cas des nouvelles de votre philosophe, ma chère commère, en voici :

J'ai fait connoissance et amitié avec madame la duchesse d'Aiguillon, parce qu'elle a pris du goût

pour la philosophie, et par le désir qu'elle a d'être
estimée d'un philosophe, et en cela vous vous ressemblez un peu.

Elle m'a communiqué quelques pensées qu'elle
avoit extraites du docteur Suif qu'elle a lu en anglois :
j'en ai extrait une douzaine, auxquelles j'ai mis une
petite préface pour distinguer les pensées belles de
celles qui ne sont que jolies.

Vous me direz laquelle vous plait le plus, entre les
belles et entre les jolies, car je demande à connoître de plus en plus ma chère commère, et je désire qu'elle fasse du progrès en philosophie, avec un
esprit plus sensé que l'on n'en trouve dans les belles
et jolies personnes.

Les trois numéros de *commerce*[1] sont remplis
pour le 26 février ; j'espère que vous serez ici dans
ce temps-là, et j'y songe avec plaisir.

Dès que l'on a senti comme vous que l'arrangement des affaires est le fondement de l'édifice de la
vie heureuse, et qu'il n'y a point d'édifice solide sans
fondement solide qui est enterré, la raison tire du
plaisir de cet arrangement et de cette solidité, qui
produit de nouveaux plaisirs qui remplacent ceux
qui sont passés ou ceux qui s'évanouissent.

1. M. Dupin avait été nommé directeur du commerce, c'est
sans doute à cette circonstance que l'abbé fait allusion.

Vous souvient-il de ce dixième du revenu[1] que je demande au delà de la dépense ordinaire que l'on dépense, à faire divers petits plaisirs à diverses personnes?

Dites-moi quelque chose de votre aimable famille, je cherche du plaisir partout, et je suis assez heureux d'en trouver partout, mais inégalement, et personne ne sait mieux que vous, que le grand ennemi du bon c'est le beaucoup meilleur.

PARADIS AUX BIENFAISANTS.

DIFFÉRENCE DES PENSÉES BELLES ET DES PENSÉES JOLIES

L'idée du beau, dans tout ce qui plait à l'esprit, enferme l'idée de quelque chose de grand, de très important à l'augmentation du bonheur.

L'idée du joli, dans ce qui plait à l'esprit, renferme l'idée de quelque chose de petit, de peu important; la belle comme la jolie pensée demandent de la vérité et de la nouveauté et une expression agréable, noble, juste et convenable, au sujet et à la portée du lecteur.

Ainsi, une pensée est belle, à proportion qu'elle renferme quelque chose de grand, d'important.

Une pensée est jolie, à proportion qu'elle est

1. Sans doute il fait allusion à son *Mémoire pour augmenter le revenu des bénéfices*, publié en 1725.

nouvelle et joliment exprimée, et à la portée de
ceux qui la lisent.

De là, il suit que ce qui est beau ou joli à certain
degré ne l'est pas au même degré pour les lecteurs
de différents degrés de lumière; car ce qui est nouveau pour les uns est souvent très commun pour
les autres.

Il y a de jolies pensées où il n'y a que de l'esprit.
Elles plaisent surtout à ceux qui ne cherchent à
briller que par l'esprit; il y en a d'autres où il y a
du bon esprit, de l'utile au bonheur, et qui sont
très importantes à l'augmentation du bonheur, qui
sont propres, par exemple, à faire goûter la supériorité que donnent la vertu, la douceur, la patience, le
pardon des injures, l'indulgence pour les défauts,
l'attention à faire plaisir à tout le monde, surtout à
ceux à qui nous devons le plus, et surtout aux plus
malheureux.

Le grand esprit, le grand savoir, le grand pouvoir, ne sont ni estimables, ni louables, qu'à proportion qu'ils sont employés à l'augmention du
bonheur des autres; car ces grands avantages
seroient très pernicieux et très odieux, s'ils ne
servoient qu'à augmenter leurs malheurs.

(Extrait d'un extrait du docteur Suif Anglois, fait par
madame la D. D.).

PENSÉES BELLES

I

Avouer que l'on a tort, c'est prouver modestement que l'on est devenu plus raisonnable : or est-ce
faire une perte ?

II

Un moyen sûr d'avoir un grand avantage su
celui qui nous offense, c'est de lui pardonner.

III

Lorsque l'on voit un pauvre fort reconnoissant,
on peut juger qu'il seroit généreux s'il étoit riche.

IV

Rien ne peut paroître fort grand sur la terre à
celui qui pense quelle doit être l'ambition d'une
âme immortelle.

V

Lorsqu'un malheureux est secouru, lorsqu'une
personne de mérite et modeste est placée, lorsqu'une action de vertu est récompensée, l'homme
de bien en sent de la joie : le bonheur des autres est
un bonheur pour le bienfaisant.

VI

(Ici, se trouve une pensée dont il n'y a que quelques mots de lisibles, la feuille étant lacérée.)

PENSÉES JOLIES

I

Une femme ne devroit pas être plus flattée d'être estimée pour sa grande beauté qu'un ministre pour son grand pouvoir.

II

Les pensées différentes doivent être disposées dans un poème, comme les diverses fleurs dans une guirlande. Il faut choisir les plus belles, et puis les arranger de façon qu'elles se prêtent mutuellement du lustre.

III

Les femmes qui ne sont que jolies sont des énigmes qui amusent, jusqu'à ce qu'on les ait devinées.

IV

L'agrément de la conversation est un mélange délicat de politesse et de fausseté.

V

Un moyen sûr de plaire, c'est de paroître toujours de l'avis de celui qui vous parle.

VI

Qui sont ceux qui approchent le plus du fripon? Ce sont ceux qui vivent avec lui.

QUESTIONS

Laquelle choisiriez-vous entre les belles?
Laquelle choisiriez-vous entre les jolies?

L'abbé de Saint-Pierre a fait imprimer dans ses ouvrages quelques-unes des pensées du docteur Suif.

La réponse à cette lettre se trouve dans la lettre suivante datée de 1739, madame Dupin étant encore à Chenonceaux.

A MADAME DUPIN

A Chenonceaux. par Amboise (Touraine).

Mercredi 7. ce 1739[1].

1° Votre réponse m'a fait grand plaisir; 2° votre petit air de jalousie; 3° votre application aux choses

[1]. Janvier évidemment.

solides et raisonnables : 4° la ressemblance de votre discernement au mien, sur le choix des douze pensées ; enfin, votre petit mot de la fin où vous m'annoncez votre retour.

— Ce proverbe : *Le sage ne doit pas mettre tous ses œufs dans un panier*, est-il de votre goût ?

Voilà encore quelques pensées : choisissez-en une.

J'ai dit à madame d'Aiguillon : *Votre esprit galope toujours, le mien ne va jamais que le pas.*

Elle en a été contente, et ceux qui nous connoissent aussi..... Je lui dirai ce que vous me dites d'elle.

C'est bienfaisance.

A MADAME DUPIN

A Paris, Palais-Royal.

Jeudi matin, 22 janvier 1739.

Le soin que vous avez eu de me donner des nouvelles de votre futur retour m'a fait un grand plaisir. Je vois revenir avec vous des plaisirs d'une nouvelle espèce, tant pour nous que pour vous.

Il y a ici, pour les sages, un préservatif sûr contre

13

l'ennui et contre les vapeurs. C'est que les personnes sages savent se procurer de la variété dans leurs occupations et dans leurs amusements.

Les sages savent quitter avec regret les personnes qui plaisent, pour être sûrs de les retrouver bientôt, et toujours avec plaisir : vous savez que j'en use ainsi : aussi, Dieu sait avec quel plaisir j'embrasserai mon aimable commère si elle veut embrasser un compère de quatre-vingt-un ans.

Je dine dimanche, ce jour que vous serez arrivée, chez un homme de vos amis, qui me demande souvent de vos nouvelles ; il me dit l'autre jour qu'il avoit pour vous de ces petits fromages d'Auvergne que vous aimez. Je compte vous en apporter ; et que ne doit-on point aux personnes qui nous amènent la joye ?

> Gaieté pour vous,
> Sénérité pour moi.

Voilà mes vœux.

J'espère que Grozo entrera chez M. d'Aravay, et que vous ne lui nuirez pas.

A son château de Chenonceaux, par Amboise (Touraine).

Ce jeudi, au matin [1].

Je n'eus pas le loisir, hier, de vous faire une longue lettre ; il fallut se contenter de répondre à ce qui paroissoit vous intéresser davantage.

Plotine a commencé sa lettre par un mot qui plaît beaucoup à Solon, et quel est ce mot ? Le voici : *Je ne m'en dédis pas.* Qu'avoit-elle donc tant dit : *Solon plaît fort à Plotine,* Solon en a rabattu le *fort,* et ne laisse pas d'être fort content de sa fortune ; il donne le *fort* à la politesse naturelle de Plotine et à l'habitude qu'elle a contractée, depuis longtemps, de dire des choses fort gracieuses. Je ne sais pas encore quels seront mes voyages, mais je sais bien quels sont mes projets de voyage : Chenonceaux en fait partie, et je ne m'attends pas que le séjour que vous ferez ici me fasse changer de projet.

Il y a pour moi des plaisirs partout, parce que mon âme est saine, mais on va plus volontiers,

1. Cette lettre n'est pas datée, mais elle est adressée à Chenonceaux : madame Dupin y était retournée. La lettre n'est peut-être pas à sa place, mais elle est ainsi classée et je l'y laisse.

comme vous savez, là où l'on trouve les plus *grands*, et l'on y demeure aussi plus volontiers.

Si je ne demeurai pas plus longtemps à Chenonceaux, c'est que *j'avois pris des engagements avec la raison*. C'est une phrase que je tiens d'une de vos lettres et que je n'oublierai pas, surtout quand il faudra vous quitter.

Votre phrase, bien entendue, revient à la phrase d'Épicure, tant vantée et avec raison chez les anciens : « Il ne faut pas que les plaisirs présents nuisent aux plaisirs futurs. »

Vous ne croyiez pas, dans votre manière de penser, aller de pair avec un des plus grands philosophes. Je vous ai bien dit qu'il y avoit chez vous un germe de philosophie et de sagesse, qui, malgré l'enivrement de votre jeunesse et de vos grâces, ne demandoit qu'à éclore, et cette phrase : « J'ai pris des engagements avec la raison, » m'a appris que... (ici des mots effacés).

Combien de jeunes et de jolies personnes ont mené une vie malheureuse, pour n'avoir pas eu le bon sens de prendre et de suivre de pareils engagements !

Je dinerai tantôt chez ma belle-sœur avec M. Dupin : il me dira des nouvelles de votre départ.

Il se prépare des nouvelles en Allemagne et en

Italie; quand elles seront écloses, je vous les manderai.

Je trouvai hier, jour de votre départ, les chevaux au carrosse de madame d'Armantière, la mère, pour vous aller rendre visite : je lui promis de vous le faire savoir.

Sa belle-fille avoit été soignée pour sa grossesse. Il me semble qu'elles ne comptent pas aller de si-tôt à leur château de Chanteloup, car elle me dit qu'elle venoit de le louer, avec les meubles, à lord Berkley et à lord Bolingbroke, pour deux ans ; ils sont fort amis. Et Berkley qui est fort riche, et à qui les médecins d'Angleterre ont conseillé pour sa santé le séjour de France, a décidé pour la Touraine comme jardin de la France. Madame de Bolingbroke, que j'allai voir il y a quatre jours, ne m'en dit rien car la chose n'étoit pas encore faite. Elle partira bientôt pour Chanteloup ; je compte bien l'y aller voir : c'est un aimable voisinage.

J'espère que vous trouverez cette lettre à Amboise.

J'irai à Bourbon, dans quinze jours ou trois semaines, prendre la douche pour le rhumatisme de

mon épaule gauche : de là j'irai à Chenonceaux reprendre une augmentation de santé et de sérénité ; je
souhaite fort que vous y retrouviez l'une et l'autre.
J'espère y retrouver Plotine toujours douce, toujours aimable, et surtout toujours raisonnable, toujours polie, et par conséquent toujours heureuse. Je
me souviens toujours de ce beau mot qu'elle m'écrivit : *J'ai pris des engagements avec la raison.*

Je ferai quelque jour un commentaire sur cette
expression si propre et si originale. Adieu : mes
compliments, s'il vous plaît, à celui qui doit être
aussi raisonnable que le mari de Plotine.

Cette lettre nous apprend qu'avant d'appartenir
au duc de Choiseul, le château de Chanteloup, près
d'Amboise et à trois lieues de Chenonceaux, où le
ministre disgracié de Louis XV vint passer son
temps d'exil, était possédé par madame d'Armantière, qui venait, en cette année 1738, de le louer
aux lords Berkley et Bolingbroke.

A son château de Chenonceaux, par Amboise (Touraine).

Vendredi, 8 octobre.

Je me souviens bien qu'à Chenonceaux, j'avois
oublié Paris, et je trouve qu'à Paris, je n'oublie pas

Chenonceaux, quoique je ne croie pas que *les jours y soient durants plus longs depuis que j'en suis parti.*

Que conclure de là, sinon que Paris est bon, mais que Chenonceaux vaut encore mieux *pour moi jusqu'ici ?* Dieu sait si votre présence ici me fera changer de sentiment, et si je ne serai pas constant jusqu'au commencement de juin !

J'ai encore ajouté à Agaton, et je vais le donner à critiquer aux connoisseurs.

J'entrevois que vous me rapporterez, ma chère Plotine : j'ai bien des choses à y changer et à y ajouter, tant pour la rendre plus aimable, que pour la rendre plus imitable, car je songe toujours à l'utilité publique, même au travers de l'agréable idée de Plotine.

Je vous ai encore acheté des chansons à danser, mais ce sera pour mon second voyage de Touraine.

J'ai acheté une estampe du *Silence* de Corrège, où j'ai cru vous voir en Vierge : c'est que je vous vois partout, ou bien c'est que vous ressemblez à tout ce qui est agréable.

On dit que la gendarmerie ira en Italie, et les régiments de Navarre, Piémont, Normandie et Richelieu, mais que Champagne et Orléans reviendront.

Je crois que vous verrez M. Dupin avant de lire ma lettre ; faites-lui bien mes compliments. Vous avez bien raison de vous aimer l'un l'autre : il travaille utilement pour vous, et vous avez de quoi le bien payer de ses travaux.

Il nous surprendroit, mais il nous plairoit fort s'il vous ramenoit.

A MADAME DUPIN

A son château de Chenonceaux.

16 octobre.

En me mettant à vous écrire, je consulte la date de votre dernière lettre, et je trouve qu'elle est du 1er : je la croyois encore plus ancienne : devinez pourquoi?

Je ne vous reproche rien, mais je me félicite de ce que j'ai du plaisir à vous écrire, au moins tous les dimanches.

Je vous félicite même de ce que vous avez de plus grands plaisirs que ceux d'écrire. Et je vous en félicite avec plaisir, parce que j'aime plus votre plaisir que le mien.

Cependant, sachez que, dans l'état présent de votre santé, il ne vous en coûteroit pas beaucoup de m'écrire ces mots : *Je me porte bien et je* suis *bien aise que cette nouvelle vous fasse plaisir.*

Plusieurs des personnes que je vois me demandent de vos nouvelles, et j'aimerois fort à dire : « Elle se portoit bien il y a huit jours ; » au lieu que j'ai de la peine à dire quinze jours.

Vous m'aviez promis des nouvelles de Chanteloup ; je les désirois particulièrement parce que c'étoit vous qui deviez me les écrire, mais dès que vous ne prenez plus nul plaisir à m'en écrire, je ne les désire plus.

Soyez heureuse, soyez contente, sans m'en rien devoir, j'y consens ; je vas plus loin, je le souhaite : mais au moins dites-le moi, si vous voulez me faire grand plaisir. Nous attendons des nouvelles de la Moselle. Les malades sont un peu moins mal.

A MADAME DUPIN

A Chenonceaux.

24 novembre.

Votre nouvelle rivale me demanda de vos nouvelles, apparemment pour me faire plaisir. C'est madame de la Rivaudaye. Elle ne met point de rouge ; ce qu'on voit de sa figure plaît ; mais ce qui se devine de son caractère doux, patient, simple, attentif, me plaît encore davantage. Elle seroit formidable à tout autre qu'à vous; mais venez et vous piquez de jalousie, vous n'en serez que plus aimable, et moi plus heureux.

J'ai travaillé aujourd'hui une heure et demie sur la taille tarifée, avec M. de la Galezière. C'est un bon esprit, fort droit. Je suis fort aise que M. Dupin ait à travailler avec une personne de ce caractère; j'en ai écrit à M. Dupin. Je vois qu'il prend confiance à mes discours, il veut avoir mes autres ouvrages, et je lui en ferai présent, car il les mérite; il ne compte pas de partir encore si tôt, il m'a dit qu'il m'en avertiroit.

Vous ferez bien de m'avertir de votre arrivée, car j'entrevois que vous serez mon premier devoir et mon premier plaisir. Ma force et ma santé reviennent à vue d'œil, et vous me trouverez, je crois, tout rétabli, et digne du séjour de Chenonceaux.

A MADAME DUPIN

A Chenonceaux, par Amboise (Touraine).

A Paris, lundi 6 juin.

N'avez-vous pas ouï dire, Madame : *L'homme propose et Dieu dispose ?* Je me proposois de partir, ce matin qu'il fait beau à merveille, et je me faisois un grand plaisir de vous voir mercredi, environnée de toutes vos grâces. Il me survint hier au soir une affaire, et voilà mon départ différé de trois ou quatre jours. C'est ainsi que la vie est mêlée de biens et de maux.

Ce qui me console, c'est l'autre proverbe qui dit : *Ce qui est différé n'est pas perdu.*

On pourroit même y ajouter : *Le plaisir différé est un plaisir augmenté.*

Mais après tout ce n'est qu'une consolation qui suppose toujours un malheur arrivé, et encore, pour que cette augmentation de plaisir devienne une véritable consolation, il faut que la personne malheureuse ne soit pas fort impatiente.

Ainsi je ne m'attends pas que beaucoup de gens approuvent mon addition au proverbe, surtout les personnes gracieuses, qui ne sont ordinairement telles qu'à condition d'être plus sensibles et plus impatientes que les autres.

Je dis *ordinairement,* car je vous ai vue, surtout à Chenonceaux, très douce, très patiente, et cependant très vive et très gracieuse, non seulement pour moi, mais encore pour les autres. Est-ce donc que l'on est plus vertueux sur les bords du Cher?

J'espère que nous y verrons toujours la Raison accompagnée de l'innocente Volupté.

Mardi 7.

M. de Sainte-Aulaire est attaché à l'équipage de son cousin, M. de Lanmarie [1]; vous voyez ce qu'il vous écrit, ainsi je doute que vous le voyiez à son passage. Cependant, je lui écris que son cousin seroit reçu à merveille, et que les Circé (c'est ainsi qu'il vous nomme) sont ravies d'avoir de nouvelles conquêtes à faire.

J'ai trouvé M. de Chenonceaux fort gai et cependant j'entends dire qu'il s'applique; il m'a joué une belle scène. Ses petits camarades l'aiment et sont tous aimables; j'y retournerai aujourd'hui, car j'aime la raison des précepteurs et la joie des disciples; j'augure bien de cette éducation, qui a la joie et la raison pour fondement.

Tout se porte bien ici. Que de personnes me demandent de vos nouvelles, entre autres madame de Sandwich qui s'en va aujourd'hui à Sceaux. Elle parle volontiers de *votre esprit* et de *vos grâces* Pour moi, j'en parle peu, mais je laisse penser, et

---

1. Le nom de Lanmarie était porté par une branche de la maison de Sainte-Aulaire; il y avait les Beaupoil de Sainte-Aulaire, et les Beaupoil de Lanmarie.

j'espère que vous mettrez un jour votre raison à
leur niveau, surtout, si vous vous mettez à critiquer
la mienne, comme vous me l'avez promis.

Madame la duchesse de Richelieu prend toujours
du lait, et avec succès; elle me demanda fort de vos
nouvelles et parut fort aise d'entendre ce que je lui
en disois : *Vous l'aimez donc*, me dit-elle, *comme
un fou? — Non,* lui dis-je, *mais comme un sage.*
Il fallut ensuite expliquer ce que c'étoit que d'aimer
comme un sage, et cela donna de la gaieté à la conversation, dont elle me parut fort contente.

On dit que le petit roi Théodore est descendu
avec des troupes et des armes en Corse, et qu'il s'est
mis à la tête des révoltés qui ne veulent plus d'acom-
modement ; ainsi, il faut y renvoyer de nouvelles
troupes pour les assujettir. Voilà de la besogne pour
le pauvre cardinal, à qui Dumoulin a défendu la
viande pour cet hiver : on dit qu'il reviendra ces
jours-ci à Issy : Dieu veuille lui rendre la santé, pour
empêcher les effets de la folie de la reine d'Espagne,
qui pourroit bien, s'il meurt bientôt, parvenir à
mettre l'Europe et l'Asie en feu.

J'ai entré dans votre nouvelle maison [1], où tout est

---

1. Quelle est cet nouvelle maison, et où se trouve-t-elle ?
Est-ce à Clichy où M. Dupin avait acheté une habitation de
plaisance? C'est possible, mais nous ne saurions l'affirmer.

bien dérangé, mais où vous aurez bien du logement et, je crois, fort commode.

À son château de Chenonceaux, par Amboise (Touraine).

Dimanche, 26.

Je *commençois* à vous croire en chemin, lorsque je *reçus* hier votre lettre du 22, que je lus avec empressement, et qui me fait croire que vous recevrez *encore* celle-ci. Depuis que nous savons, par l'*arrivée* d'un aide de camp, que les ennemis ont repassé le Pô et retourné dans le *Mantouan,* et qu'ainsi ils ont *abandonné,* à cause des chemins et de la *saison,* le projet du siège de Guastalla, nous sommes sortis d'une grande inquiétude. Ils vont *apparemment* se mettre en quartiers d'*hiver,* et nous de même : ainsi nous *attendons* dans huit jours MM. de *Coigny,* père et fils, qui resteront ici trois semaines, quelques-uns *disent* plus *longtemps.* Le gouvernement de la Meuse a été *donné* à M. de Béringhen avec pareil brevet de retenue de *deux cent mille* francs qu'il *donne* à ses deux nièces.

Je ne *sais* si le *régiment* du Roi est promis, mais je *sais* qu'il n'est pas *donné.*

Madame la comtesse de *Sandwich* a été *très* mal

de *différentes* coliques. Elle n'est pas *encore* guérie. Elle me pria, il y a deux jours, de vous mander que votre lettre lui avoit fait beaucoup de plaisir, et qu'elle avoit grande envie de vous *embrasser,* chose que je *crois facilement,* moi qui suis *encore* dans l'*illusion* agréable que me cause votre espèce de magie.

Bien des compliments à M. Dupin ; je ne souhaite pour vous et pour lui qu'une semblable illusion continuelle.

Si vous voulez que je sois des premiers à vous marquer ma joie, écrivez-moi le jour de votre retour.

A MADAME DUPIN

: Au château de Chenonceaux, par Amboise (Touraine).

Ce jeudi matin, dernier de décembre 1739.

Je finis l'année avec plaisir, car je me plais à exécuter vos ordres ; et que je me plais à vous écrire !

Vos amis sentent votre absence, mais elle ne sera pas longue, et vous êtes là où la raison vous conseille d'être.

Je vois avec plaisir que votre Raison va en augmentant : c'est que j'aime que les personnes fort aimables soient en même temps fort estimables.

M. d'Harlay étoit mort lorsque je vous écrivois lundi : il me semble que toute sa vie il a méprisé l'estimable ; il n'est pas surprenant qu'il soit mort méprisé.

Son successeur vise à l'estimable aussi bien que le prévôt des marchands, et il a l'avantage d'avoir une femme fort aimable et fort estimable.

Je suis persuadé que les personnes aimables sont d'autant plus heureuses à la longue, qu'elles sont justes et raisonnables, mais c'est à tout compter, car il y a quelquefois du plaisir, un grand plaisir, à être déraisonnable, et c'est assez souvent le parti que prennent les enfants, qui, emportés par le plaisir présent, n'ont garde de prévoir l'avenir.

Je n'ai plus besoin de vos ordres ni de vos prières pour être assidu auprès de madame de Francueil : c'est qu'elle a de vos manières gracieuses, sans avoir toutes vos grâces.

Madame de Francueil était mademoiselle Suzanne Bollioud de Saint-Julien, que M. Dupin de Francueil avait épousée en 1737, après sa liaison avec madame d'Épinay, et qui mourut en 1754, lui laissant une fille, Suzanne, qui épousa son cousin Armand de Villeneuve, fils de madame de la Touche, laquelle était sœur de madame Dupin.

L'abbé de Saint-Pierre a écrit et fait imprimer un

parallèle entre Thémistocle et Aristide, qui est inséré dans ses *Ouvrages de morale et de politique* (Rotterdam, 1738-1740).

Ce parallèle se termine par cette phrase :

« Je ne prends Thémistocle que comme illustre, mais je regarde Aristide comme un grand homme. »

Et il a dédié l'ouvrage à madame Dupin, par cette lettre, qui est également imprimée, et que nous publions comme souvenir, à cause de son opportunité : c'est la seule lettre de l'abbé à madame Dupin, qui, à notre connaissance, ait déjà vu le jour.

A MADAME DUPIN

Voilà, madame, Aristide et Thémistocle, dont j'ai commencé la vie dans ce charmant séjour que vous habitez ; vous les trouverez écrites suivant ce nouveau plan que je vous proposai un jour sur les bords du Cher, dans une de nos promenades philosophiques, où vous trouviez tant de plaisir. Je me souviens que la raison, qui faisoit que vous estimiez si fort ce nouveau plan, c'étoit qu'il ressembloit davantage à ce qu'il y avoit de plus agréable et de plus sensé dans Plutarque, sur les jugements qu'il fait des actions des hommes.

J'avoue que j'eus une grande joie de voir ainsi qu'à votre âge, et avec les charmes de la jeunesse, vous étiez capable d'estimer le sensé, lorsque tout ce qui vous environne n'estime que l'agréable présent, au lieu que l'utile ou le sensé ne regarde que l'agréable futur.

Je ferai bientôt, à ce que j'espère, imprimer ce petit ouvrage, avec le discours que j'ai fait autrefois sur la différence qui est entre grand homme et homme illustre et que j'ai revu depuis peu ; mais il m'a paru juste de vous faire hommage de ce qui vous appartient et de vous l'envoyer manuscrit, afin que vous puissiez y retrouver plusieurs de vos pensées, en vous promenant seule, à Chenonceaux, dans votre petite allée solitaire, que j'appelois ma promenade favorite [1].

L'envoi de cette lettre avec le manuscrit a dû avoir lieu en 1739.

A MADAME DUPIN

A son château de Chenonceaux, par Amboise (Touraine).

Vendredi après-midi, 17.

J'ai été attaqué mardi d'une paralysie de la langue ; j'en ai été soulagé par deux saignées, mais non guéri. Je prends des bouillons de vipère, de

1. L'allée de Sylvie.

l'ordonnance de M. Astruc : je sortirai demain. Je vois avec plaisir, qu'apparemment, je vous verrai encore avant que de commencer l'autre vie.

M. de Fontenelle, qui sort d'ici, m'a dit que ma maladie a fait beaucoup dire de bien de moi, et à quelque chose malheur est bon. Je ne sais encore si je pourrai aller encore quelquefois à la rue de Seine [1].

Mes compliments dans votre famille.

A MADAME DUPIN

A Chenonceaux, par Amboise (Touraine).

Jeudi 23.

Je reçois votre lettre du 18 où je trouve une maxime d'un grand usage et d'une grande consolation : *Tout cela se calmera, car tout se calme.* Je suis bien aise de vous voir écrire par sentences.

Je vis hier M. de la Galezière : il me remercia d'une lettre très bien écrite et très obligeante, qu'il avoit reçue de M. Dupin, à laquelle il alloit répondre. Il ne croit pas aller de quatre ou cinq mois en Lorraine, parce que les *évacuations* s'éloignent au lieu de se rapprocher. Il m'a dit qu'il con-

---

1. C'est là où demeurait Dalibard, le professeur chez lequel travaillait le jeune Chenonceaux.

tinueroit durant ce temps-là les fonctions d'intendant de Soissons : ainsi j'entrevois que le séjour
de M. Dupin à Metz et dans ce canton-là ne
durera pas.

Votre lettre est courte, mais elle me plaît en ce
que je vois que vous quittez et affaires et compagnie, pour me dire un mot gracieux. Le testament
de madame de Verrue[1] a fait heureusement oublier
celui de M. de Lusson. On ne voit que l'amitié dans
l'un, on voit haine et amitié dans l'autre... Il y a
plus de mécontents que de contents, et tel est
l'effet naturel de la distribution des grâces.

L'ambassadeur de Hollande me disoit hier qu'il
ne savoit point de remède contre vos charmes que
la fuite. Remède difficile à prendre, disoit-il. Pour
moi à qui vous avez laissé l'usage de la raison, je
n'ai point de remède à prendre contre vos charmes.
Je n'ai qu'à en souhaiter la durée.

1. Jeanne d'Albert de Luynes, comtesse de Verrue (1670-
1736), était belle, spirituelle, galante. Veuve en 1704, le
comte de Verrue ayant été tué à la bataille de Hochstœdt,
elle se lia avec les philosophes, les artistes; puis, devenue la
favorite du roi de Sardaigne. Victor-Amédée II, elle gou-
verna sa cour et ses États.

A Chenonceaux, par Amboise (Touraine).

Vendredi 24.

Madame de la Touche[1] n'est point encore arrivée en France. Un Anglais qui a un paquet à lui remettre l'attend, il le dit avant-hier à mon neveu.

J'ai lu avec plaisir votre lettre du 20 : vous serez la bienvenue ; j'avois regret de quitter la terre avant de vous revoir, mais, Dieu merci ! vous arrivez.

M. de Richelieu part ces jours-ci ; il donne passage à la cavalerie espagnole par le Languedoc. Nous ne savons point encore à quoi se résout le roi de Sardaigne, pour ou contre nous.

Il y a déjà quinze mille hommes d'infanterie espagnole qui ont passé à Antibes, le 14 de ce mois, et qui sont en Italie.

J'espère pousser, comme on dit, le temps avec l'épaule, jusqu'au 13 de février, et vous dire encore quinze ou vingt fois que vous êtes bien aimable, du moins pour moi.

J'envoie chercher les deux tomes des *Confes-*

---

1. Madame Vallet de la Touche était sœur de madame Dupin et mère de M. Armand Vallet de Villeneuve, qui épousa mademoiselle Suzanne Dupin de Francueil, sa cousine, comme nous l'avons déjà dit plus haut.

sions de Crébillon le jeune, tantôt, afin que vous les trouviez chez vous en arrivant : tous ne joignent pas l'utile à l'agréable ; bien heureux d'avoir contribué à votre plaisir en arrivant.

Ceux qui l'ont lu devinent Crébillon et le trouvent bien écrit.

Bien des compliments dans votre famille, que j'estime, à proportion qu'elle fait de choses pour vous plaire.

Je commence à parler, mais je pense mieux que je ne parle. Je parlerai encore moins, et ce ne sera pas grand'perte.

A MADAME DUPIN

A Chenonceaux, par Montrichard.

A la Charité-sur-Loire, jeudi à 3 heures après-midi, 18 août 1740.

Me voici à douze lieues de Bourges. Je m'en vas coucher à Nevers, à six ou sept lieues d'ici, et me voilà enfin dans le chemin de Paris à Bourbon, à quarante lieues de Chenonceaux. Je fus reçus à dîner chez M. l'archevêque, à sa campagne de Tunli, avec M. l'intendant, à merveille, mais tout cela ne vaut pas Chenonceaux. J'irai coucher demain à Bourbon, où j'espère voir de votre écriture, chose que je désire fort, car plus je m'éloigne des lieux où sont les grâces, plus je souhaite d'en apprendre des nouvelles.

Les chemins ne sont pas mauvais jusqu'à présent; je viens de voir passer un homme qui va aussi à Bourbon pour ses jambes. Je vous écrirai de là, tant que vous vous soucierez de mes lettres; mais pourquoi la supérieure les demande-t-elle? J'en userai de même à Paris, et toutes les semaines deux fois; c'est assez pour un correspondant et pour un commissionnaire.

Je vous demande des compliments pour vos heureux habitants. J'ai été bien interrogé sur le temple et sur les grâces, et les questionneurs avoient raison.

A MADAME DUPIN

A son château de Chenonceaux.

Lundi 22 août, à Bourbon, après-midi.

J'ai pris médecine ce matin avec succès; je prendrai demain un bain, et après-demain ou le lendemain une douche, et je vous en rendrai compte, puisque vous le voulez, car qui peut vous résister? Je n'ai point encore reçu de vos nouvelles; j'en souhaite, mais je n'en demande point. C'est qu'il faudroit que mon grand plaisir pût valoir une petite peine de votre part, et malheureusement pour moi cela n'est pas ainsi : je suis bien payé pour vous obéir. C'est que je crois obéir à la raison.

A MADAME DUPIN

A son château de Chenonceaux, par Montrichard (Touraine).

A Bourbon. 28 août, dimanche, 1740.

J'ai reçu avec une grande joie un joli compliment de votre part, et surtout celui qui vous regardoit et qui, par cette raison-là, me regardoit plus que personne ; c'est vous qui m'attirez la plus grande partie de mon compliment, ainsi je vous en fais honneur entier. Et celui que vous me faites, je vous le renvoie comme une simple politesse, que je dois moins à votre justice qu'à votre amitié. Je ne sais point encore si vous avez reçu je ne sais combien de lettres adressées à Montrichard. Il arrive tous les jours de nouveaux hôtes à Bourbon, beaucoup de personnes malheureuses et point d'aimables. Je commence à croire que j'aurai en beau en chercher qui me fassent oublier Chenonceaux, et que je chercherai en vain. J'ai pour maxime une maxime raisonnable : *Plus de soins pour le caractère le plus aimable pour moi;* à vous permis d'en dire autant.

A MADAME DUPIN

A son château de Chenonceaux, par Amboise (Touraine).

Vendredi 1er octobre 1740.

Ma jambe est assez forte pour monter et descendre lentement, et c'est assez pour mon âge.

Je dînai avant-hier avec M. de Fontenelle, chez M. de Gamas, envoyé de Prusse. M. le duc de Durfort y étoit ; il me fit beaucoup de politesse en votre considération, et but, nous fit boire votre santé. Tiriot[1] y étoit aussi, qui se plaint de n'avoir plus de vos commissions.

Je n'ai pu encore voir madame Le Vayer sur la mort de son mari.

M. le maréchal de Coigny quitte sa maison à Pâques, pour prendre celle de M. de Marville, lieutenant de police.

Mon frère quitte la sienne dans ce temps-là, pour aller loger dans celle de M. de Montigny, vis-à-vis de madame de Tencin, qui m'a chargé de compliments pour vous.

M. le duc d'Orléans[2] sera encore six jours à

---

1. Thiriot, et non Tiriot, comme l'écrit l'abbé de Saint-Pierre, était l'ami et l'agent d'affaires de Voltaire ; il correspondait avec le grand Frédéric. Né en 1699, mort en 1772.

2. Le duc d'Orléans, fils du Régent, ami de madame

Sainte-Geneviève. M. son fils a grandi de deux pouces depuis huit mois. On pourra bien le marier dans un an. J'ai obtenu trois cents livres de madame la duchesse première douairière, par M. de Lassay, pour faire raccommoder l'église des Capucins de Bourbon, et cela me fait grand plaisir. Je leur ai envoyé la rescription. Madame d'Avaray s'en va passer ce mois-ci à la campagne. Voilà de quoi vous désirer encore plus que je ne fais, mais si vous êtes contente je serai content. J'ai dit à Riqueur que quand il sera convenu du prix avec votre peintre je me charge du payement : c'est bien du moins que je serve à acquitter ce qui sert à l'embellissement du château de ma commère, moi qui en suis un des habitants.

Je rencontrai hier M. Chabot chez la jeune Coigny ; il me demanda fort de vos nouvelles, il vous distingue fort de vos pareilles ; plût à Dieu qu'il fût aussi distingué entre ses pareils !

La guerre est toujours incertaine. On dit que l'amiral d'Antin se chargera des effets des galions. Voilà un sujet de procès et par conséquent de guerre entre gens qui n'ont pas eu le bon sens de se faire des arbitres. Et le procès coûte dix fois plus

Dupin, était très dévot, et faisait une retraite à Sainte-Geneviève.

qu'il ne vaut ; mais nos neveux verront l'effet de l'accroissement de la raison humaine.

Le Dauphin aime avec passion votre amie la princesse. On dit que le roi d'Angleterre a renvoyé madame de Valmodin pour épouser la princesse de Hesse-Cassel, belle-sœur de sa seconde fille. Elles sont toutes deux à Hanovre.

J'irai tantôt à la rue de Seine pour voir quelque chose de vous[1], et pour vous faire un petit plaisir.

A MADAME DUPIN

A son château de Chenonceaux.

Dimanche. 6 novembre 1740.

On me dit hier chez M. l'abbé de Pomponne, qu'il étoit encore à Fontainebleau et qu'il reviendroit cette semaine.

J'allai avant-hier à la rue de Seine. M. de Chenonceaux me rendit bon compte de sa leçon d'histoire ; je vois qu'il y prend plaisir et qu'il commence à faire des remarques judicieuses.

On ne sait encore rien du deuil, ni quand il commencera, ni quand il finira. On a demandé à M. des Granjes comment s'étoit passé le deuil de

1. M. de Chenonceaux.

l'empereur Joseph ; il répondit hier, mais on ne sait ni sa réponse, ni la décision du roi.

Il n'y a point encore d'ordre pour une augmentation de troupes, et on espère qu'il n'y en aura point ni par conséquent de dixième.

Le pain enchérit hier d'un liard la livre, il est à quatre sous trois liards.

Si cette disette nous conduisoit à imiter dans Paris les magasins de Strasbourg, ce seroit une disette très salutaire. Notre police a encore bien des degrés de perfection à désirer; peu de gens y pensent, parmi les gens d'esprit, et encore moins examinent les pensées, parmi ceux qui ont l'autorité ainsi il nous manque des penseurs, faute de récompenses. Et il nous manque des examinateurs autorisés, c'est-à-dire un grand nombre de bureaux de conseillers d'État, choisis quatre ou cinq fois parmi trente pareils, de quatre ou cinq classes supérieures et inférieures d'âges différents, et jusquelà, nous serons dans l'enfance de la police. Mais la raison humaine va en croissant, et nos neveux seront moins enfants que nous, comme nous sommes moins enfants que n'étoient nos trisayeux.

Nous pouvions être encore plus mal, et nous avons l'espérance d'être mieux l'année prochaine.

J'ai fait vos compliments à madame de Tencin, et

elle m'a bien chargé de vous faire les siens. Je dine aujourd'hui avec M. de Fontenelle, qui n'a qu'un cri après vous.

Pour moi, je vous désire ici, ni plus tôt ni plus tard que vous vous y désirez vous-même.

On proposa avant-hier une question chez madame de Tencin.

On dit d'un amant : *Il ne la voit pas où elle est ;* on dit de l'autre amant : *Il la voit où elle n'est pas.* Lequel exprime la passion la plus forte ?

M. de Fontenelle et madame de Tencin sont d'un même avis.

MADAME DUPIN

A son château de Chenonceaux, par Amboise (Touraine).

Dimanche, 3 décembre 1740.

Monsieur l'abbé de Pomponne dit qu'il ne connoît pas de femme plus raisonnable, et moi j'ajoute plus sensible : il pourroit bien avoir raison, et moi aussi.

Cependant j'ai écrit quelque part, que celui qui a plus de sensibilité a pour l'ordinaire moins de raison : accommodez-moi avec moi-même.

Je dînai vendredi chez madame de Tencin avec M. de Durfort et M. de Fontenelle : il fut fort ques-

tion de vous et de votre voyage, et je le donnai en
preuve de votre grande raison. Je me chargeai de
vous faire leurs compliments.

Je mènerai vendredi M. Tiriot chez madame de
Sandwich. Elle m'a prié de lui donner vos vendredis en votre absence ; je lui ai fait vos compliments et rendu vos deux livres. Elle veut vous
donner à dîner un vendredi à votre retour.

Je ne suis point étonné que vous soyez si désirée
dans le commerce [1] : qui est-ce qui applique plus que
vous son esprit à remarquer les bonnes qualités et
à excuser les défauts des autres ?

A MONSIEUR DE CHENONCEAUX

Chez M. d'Alibard, rue de Seine, faubourg Saint-Victor, près
le jardin du Roy, Paris.

A Chenonceaux, 31 août 1741.

J'entendis hier, avec plaisir, lire par madame
votre mère une lettre, où vous lui rendiez compte
du feu d'artifice de la Saint-Louis ; il me parut
qu'elle voyoit avec plaisir le progrès de votre esprit,
mais je vois qu'elle a encore plus de joie de votre

---

1. M. Dupin a été nommé directeur du commerce, avec
M. de Trudaine. Est-ce de cela qu'il est question, ou simplement l'abbé veut-il dire à madame Dupin qu'elle est recherchée pour le commerce agréable que l'on trouve dans sa
société ?

progrès du côté de la vertu. C'est qu'elle vous aime fort et qu'elle voudroit vous estimer à proportion qu'elle vous aime, et elle n'estime que la vertu.

Aussi c'est de ce côté-là que je lui donne beaucoup d'espérance qu'elle pourra vous estimer et vous aimer, quand même vous ne seriez pas son fils. Mais vous devez songer à vous rendre encore chaque jour plus estimable pour une telle mère.

Et à vous dire la vérité, c'est pour cela que j'ai commencé et que je continuerai à vous faire examiner les actions de justice et de bienfaisance distinguées des hommes illustres de Plutarque, afin de vous apprendre à distinguer ce qu'il y a de plus estimable parmi les hommes, et de vous faire travailler ainsi à votre fortune et à votre réputation, et par conséquent à l'augmentation de votre bonheur, en vous rendant plus digne d'être aimé de madame votre mère.

L'ABBÉ DE SAINT-PIERRE.

Je compte d'aller vous voir le vendredi 22 au plus tard. Mes compliments à M. d'Alibard ; je lui demanderai copie de mes questions pour vous interroger.

A MADAME DUPIN

A son château de Chenonceaux, par Amboise (Touraine).

Mardi, 17 octobre 1751.

Il n'y a plus de discours académiques; mais on les réimprime; le libraire m'a dit qu'il m'en donneroit un, dans deux mois : ainsi vous l'aurez dans ce temps-là, mais lorsque vous n'aurez plus de loisir.

J'ai fait donner hier les quatorzième et quinzième tomes à M. du Doyer. Il y a plusieurs pensées que vous reconnoîtrez pour les vôtres, et j'en serai bien aise car c'est pour moi une preuve que j'ai suivi la raison universelle.

Le fils de M. de Fontpertuis est à Saint-Lazare, sa charge de conseiller vendue pour payer ses dettes, sa femme dans un couvent, bien heureuse si elle retrouve sa première santé : ivrogne et débauché et ayant déjà tout fricassé ce que son père lui avoit donné. Cette catastrophe m'afflige; le père est à Fontpertuis, désolé comme vous pouvez croire. Je doute qu'il puisse soutenir ce chagrin, car il faut bien de la philosophie pour ne point sentir ces sortes de maux avec un peu de tranquillité!

Je garde cette nouvelle pour vendredi, car elle nous regarde de près, et tout ce malheur vient de la désobéissance et de la présomption. M. de Francueil

est bien heureux d'être hors des occasions ; faites-
leur mes compliments, et d'avoir la sagesse pour
belle-mère.

Au château de Chenonceaux, par Amboise (Touraine).

Mercredi, 18 octobre 1741.

Il est surprenant de voir tant de gens d'esprit
capables de bien écrire, qui ne se demandent pas
avant que d'écrire : *Quand j'aurai bien prouvé ce
que je prétends prouver, quelle utilité en revien-
dra-t-il au public ?* Si notre ami se fût fait cette
question, je ne sais s'il auroit commencé le discours
sur lequel vous me demandez mon avis... Je fais
cas des vérités et surtout des vérités bien démon-
trées ; mais je ne fais grand cas que des vérités
utiles, et très grand cas que des vérités très utiles
pour augmenter notre bonheur, en multipliant nos
plaisirs et en diminuant nos maux et ceux de nos
voisins ou du public : voilà ce qui est fort utile pour
le présent et pour l'avenir.

Voilà, je crois, comme pense *la Sagesse*, la belle-
mère de M. de Francueil.

Au reste j'ai toujours des remerciements à faire à
celui qui a si bien logé les grâces, dans l'ancien
palais de nos rois.

15

M. du Doyer vous enverra du papier et des plumes.

M. votre fils m'avoit demandé congé pour un vendredi, jour de fête, pour aller à Vincennes, et sa demande me parut raisonnable.

Votre recommandation est toute des meilleures, et je ferai ce que je pourrai pour le recommander.

. . . .

pour M. Colvée.

Je vous invite à faire venir ici du vin de votre façon, je le crois enivrant, même avec de l'eau et malgré la philosophie.

Madame Dupin ayant quitté Paris pour aller se retremper dans le bon air de Chenonceaux, l'abbé de Saint-Pierre, tout reconnaissant des nouvelles qu'elle lui donne de son voyage, reprend sa correspondance interrompue après le 18 octobre 1741 lors de son retour à Paris. Les voyages en poste se faisaient facilement d'ailleurs, mais il fallait coucher en route, et tout ne se passait pas sans grandes fatigues.

A MADAME DUPIN

A Chenonceaux, par Amboise (Touraine).

Mardi, 14 août 1742.

Une lettre écrite à dix heures du soir, lasse, fati-

guée, après dix-sept postes, sans intérêt, c'est pure
bienfaisance. J'en ai toute la reconnaissance que je
dois, et c'est beaucoup dire. Je ne suis en peine que
de pouvoir vous rendre plaisir pour plaisir : vous
êtes bien plus avancée que moi, vous qui en êtes
à la bienfaisance avec moi, tandis que je n'en suis
qu'à la justice avec vous.

Parlez-moi de Chenonceaux. Je vous parlerai de
ce pays-ci, que je n'estime pas tant, et cependant
c'est Paris, c'est l'Europe entière.

Or, si dans le 9 septembre je vous annonce la
paix, j'espère que vous me tiendrez quitte d'empan [1]
ce jour-là, ce même de votre bienfaisance ; et en
vérité, je parierois pour la cessation d'hostilités le
9 septembre, et voilà ce que nous devrons à une
petite démarche des Hollandois, soutenue par notre
garantie promise, et voilà le fondement de la garantie européenne, lorsque tous les souverains se
seront promis garantie réciproque et perpétuelle, et
lorsque la crainte de la force supérieure aura sub-
jugué tous les esprits.

J'allai hier à Auteuil, et avant-hier à Clichy, et
samedi à Courbevoie. Je cherche quelque chose
qui vous efface, et rien ne vous ressemble pour moi :

1. Mesure de longueur (égalité).

c'est que j'y vois plus de raison que je ne m'attendois. Souvenez-vous de votre idée de faire venir
deux filles grises à Chenonceaux ; voilà à mon avis
le plus grand ornement que vous y puissiez ajouter
pour avoir soin des pauvres malades des environs.

. . . .

. . . .

. . . .

(Ces dernières lignes sont raturées.)

A MADAME DUPIN

A son château de Chenonceaux, par Amboise (Touraine.

Samedi, 25 août 1742.

M. de Sainte-Aulaire est revenu à Paris durant
le voyage de madame du Maine à Anet. Il me pria
hier de vous faire ses compliments; il a quatre-
vingt-dix-neuf ans [1]; il est ou dans son lit ou dans
son fauteuil, mais sans douleur; plus de jambes.

Vous êtes comme lui de l'espèce maigre, vous aurez une longue vieillesse, après avoir eu une longue
et raisonnable jeunesse.

Que vous fait la sécheresse de Chenonceaux, si

1. Le marquis de Sainte-Aulaire est mort cette même
année-là.

elle ne vous dessèche point l'humeur aimable, comme elle fait à tant d'autres ?

Le cardinal de Tencin s'en retourne dans trois semaines à Rome, et c'est une perte, car il pourrait être mieux placé pour la France.

Madame du Châtelet et M. de Voltaire sont à l'heure qu'il est à Bruxelles, trouvant mauvais que les autres ne pensent pas comme eux ; pour moi, je trouve qu'il est si rare de penser de la même manière, que l'on ne devrait plus s'y attendre.

Vive la tolérance !

A MADAME DUPIN

A son château de Chenonceaux, par Amboise (Touraine).

Jeudi, 30 août 1742.

M. le cardinal de Tencin fut mandé lundi pour venir au conseil avec des patentes de ministre. On croit qu'il arrivera samedi de bonne heure après-midi, à Versailles, et apparemment qu'il travaillera bientôt avec les ministres et avec le Roi, et que les gens de bien seront contents de lui, et qu'il nous donnera une longue paix générale et même perpétuelle.

M. d'Argenson, l'intendant, a aussi l'entrée au conseil ; il fera sa tournée et puis quittera son intendance à un autre : on croit que ce sera à celui de Strasbourg ; plût à Dieu que ce fût celui de Maubeuge !

M. d'Argenson conserve deux bureaux, mais il ne garde point, dit-on, la mairie.

On dit que l'envie de faire la paix, et de n'être point blâmé, a opéré ce conseil de dimanche où elle sera résolue. Pour moi je la trouverai toujours digne de louange, tant la guerre est pesante et odieuse à ceux qui aiment l'amitié et la bienfaisance.

A MADAME DUPIN

A son château de Chenonceaux, par Amboise (Touraine).

Vendredi, 31 août 1742.

On a trouvé trois des livres, mais le quatrième n'est point à Paris : je n'ai pourtant point encore fait visiter le quai de la Tournelle, et j'y ai envoyé ; et en attendant, je fais relier les quatre tomes de *Roland,* qui est la dernière édition de 1741, de Hollande.

Celui qui n'a point été trouvé, c'est *Pétrarque :* on n'auroit jamais deviné qu'il manquât dans la capitale. Je m'en vais l'écrire à un savant, afin que quelque libraire le fasse réimprimer pour la deux centième fois.

Je ferai vos compliments à madame de Tencin. Je

les fis hier à M. de Fontenelle qui avoit dîné chez mesdames Fargest et Chisonne[1], à Courbevoie, avec M. Saladin qui vous demandent, et je n'en suis pas étonné; je vous ai promise pour dans le mois d'octobre.

A MADAME DUPIN

A son château de Chenonceaux, par Amboise (Touraine).

Mercredi, 11 septembre 1742.

Madame la présidente Ogier est à sa campagne où elle doit prendre du lait de chèvre.

Madame la duchesse Mazarin étoit hier au soir à l'extrémité, d'une fièvre maligne, à Paris.

La Reine la regrette fort et la pleure.

On attend ici, vers le 15, M. de Tencin et M. son frère; ils auront bien des ennemis à combattre.

M. de Cambrai va tenir à Rome l'emploi d'ambassadeur afin d'être cardinal.

On attend de nouvelles décisions le 16 ou le 17. Il me semble qu'on les espère bonnes.

Madame la comtesse de Sandwich a loué la maison de madame la princesse de Conti, à Issy; elle y donna avant-hier à dîner à l'abbé de Rothelin[2], à Tiriot et à d'autres.

---

1. Ou Chironne.
2. Charles d'Orléans de Rothelin, naquit à Paris en 1691

A force de chercher, on a trouvé un Pétrarque, mais non l'italien. Je crois celui-ci un philosophe, mais depuis Montaigne. Je vous l'enverrai par la voiture de demain : je l'ai ouvert, il y a du bon et du médiocre et l'excellent.

A MADAME DUPIN

A Chenonceaux, par Amboise (Touraine.

Samedi, 14 septembre 1742.

Nous n'avons de nouvelles de Prague que par les gazettes. Nous en attendons de bonnes dans trois jours, on en juge par ce qu'on nous a demandé à conférer, ce que nous avons refusé.

M. le comte de Saxe doit joindre aujourd'hui M. de Maillebois entre Nuremberg et Amberg.

M. le cardinal de Tencin et M. d'Argenson dinèrent avant-hier à Issy.

Voilà bien de petites affaires. Car quelles affaires peuvent être grandes pour des immortels, sinon que ce qui regarde leur immortalité.

et y mourut en 1744. Membre de l'Académie française, c'était un écrivain aimable et instruit. Il descendait du brave Dunois. Son père était le marquis de Rothelin, ami de Voltaire, qui lui adressa des vers, commençant ainsi, dans son poème du *Temple du Goût* :

Cher Rothelin, vous fûtes du voyage...

A MADAME DUPIN

A Chenonceaux, par Amboise (Touraine).

Mercredi, 18 septembre 1742.

On dit que M. le prince de Conti, après avoir été deux jours aux arrêts, commandera la cavalerie.

On ne saurait se persuader que les ennemis attendent une bataille, et qu'ainsi ils ne lèvent le siège le 24 ou le 25 pour se retirer vers Vienne.

Nous aurons apparemment un courrier dans quelques jours.

Le Roi revint hier à Versailles, et il y aura conseil aujourd'hui, où seront reçues les heureuses relations.

Madame de Tencin est arrivée, mais elle ne voit personne ces trois premiers jours; M. son frère dînait hier à Issy avec le cardinal.

Voilà le plaisir de la considération et du crédit; et moi je dis bienheureux qui jouit du plaisir, du calme et de l'estime de ses amis à Chenonceaux!

A MADAME DUPIN

A Chenonceaux, par Amboise (Touraine).

Jeudi, 19 septembre 1742.

On parle fort du départ de M. le prince de Conti avec deux laquais, sous prétexte d'aller à la campagne d'un de ses courtisans, et qui est allé effectivement joindre M. de Maillebois, qu'il peut avoir joint aujourd'hui, auprès d'Amberg, et se trouver par conséquent à la bataille de Prague comme aide de camp du général.

Pareille résolution mérite et pardon du Roi et récompense. Madame la princesse de Conti sa mère, et la princesse sa sœur, allèrent avant-hier à Choisy demander son pardon.

On parle mal de la santé de M. le marquis de Tilly : on le croit tué à la sortie du 22 août. Son père le croit et a demandé sa charge ; on parle, mais secrètement, de bien d'autres. Tout cela seroit bien beau, si ce n'étoit point folie. On cite aussi le duc de Lévis.

Je vous enverrai ces jours-ci vos deux livres, et j'attends vos nouvelles pour les autres.

A MADAME DUPIN

A Chenonceaux, par Amboise (Touraine).

Ce lundi, 23 septembre 1742.

M. l'abbé Mably a été choisi par M. le cardinal de Tencin, pour second secrétaire, avec M. l'abbé Trublet, de Saint-Malo [1], autre sujet d'égale mense. L'abbé Mably me vient de dire que notre ambas-

---

1. Charles-Joseph Trublet, abbé, né à Saint-Malo en 1697,

sadeur d'Espagne reçut hier un courrier ici, de M. de Montijo, ambassadeur d'Espagne auprès de l'Empereur, qui lui mande que le siège de Prague est levé ; c'est apparemment le gouverneur de Prague, le comte de Bavière, qui l'a mandé à l'Empereur ; ainsi nous aurons apparemment des courriers aujourd'hui.

Cette nouvelle est d'autant plus agréable que nous n'avons plus à craindre ni bataille générale, ni assaut général.

On disoit hier, que nous avions fait une sortie le 1er, où nous avions tué quatre mille hommes et encloué douze mortiers.

M. l'abbé Mably m'a prié de vous faire ses compliments.

A MADAME DUPIN

A son château de Chenonceaux, par Amboise (Touraine).

Ce mercredi, 25 septembre 1742.

La nouvelle du siège de Prague, un peu prématurée, s'est confirmée, mais nous ne savons point de quel côté a tourné M. le prince Charles ; dans deux jours nous serons plus instruits.

mort en 1770. Membre de l'Académie française, écrivain médiocre, il critiqua Voltaire qui fit sur lui la satire intitulée : *Le Pauvre diable,* où se trouve ce vers plaisant :

Il compilait, compilait, compilait.

Apparemment que l'on traite les préliminaires et la suspension d'hostilités.

Le cardinal sera quinze jours à Issy et sans aller au conseil, et cependant tout ira son train.

On croit que madame de la Tournelle[1] ne sera pas longtemps sans avoir la place de madame de Mailly.

Revenez, pour être spectatrice de nos différentes scènes. Il y en aura cet hiver à Paris.

J'en aurai d'autres plus belles, dans le commencement d'une vie nouvelle; en attendant, je jouis de ce que j'ai, et voilà la sagesse !

Madame Fargest a été aux portes de la mort, mais elle est présentement hors de danger.

Madame d'Avaray n'est pas de même; elle revient de Pau finir cette vie à Paris et en commencer une autre, qu'elle craint de commencer.

Vous ne me direz jamais quels tomes vous manquent; mais donnez ordre à votre copiste, de copier les titres de ceux que vous avez, et je verrai ceux qui vous manquent : je les compléterai et vous les enverrai.

1. Madame la marquise de Tournelle était la cinquième fille du marquis de Nesle et de mademoiselle de la Porte-Mazarin. Elle fut favorite de Louis XV, ainsi que ses trois sœurs aînées : la marquise de Mailly, la comtesse de Vintimille et la marquise de Lauraguais.

A MADAME DUPIN

A son château de Chenonceaux, par Amboise (Touraine).

Samedi, 28 septembre 1742.

Nos armées sont en présence, mais les Autrichiens sont logés dans des détroits et ne veulent pas être attaqués en rase campagne; notre but est d'aller à Prague et de dégager les nôtres. Ce qui pourra bien arriver, c'est un accommodement durant notre marche, et c'est par où tout finira par nécessité. Je suis bien aise de vous voir bien occupée à Chenonceaux et bien amusée à Paris, et n'avoir point à redouter l'ennui.

Être occupée du bonheur des autres et du sien, être amusée du spectacle du monde, de ses événements et du spectacle de la nature et de ses mouvements, voilà la bonne philosophie; mais on n'est sage que vieux, et l'on n'est agréable que jeune.

On voit ici la nouvelle vie de Marie Stuart[1] : c'étoit

1. Marie Stuart, fille de Jacques V roi d'Écosse, et de Marie de Lorraine, naquit en 1542. En 1558, elle épousa François II, roi de France. Dix-huit mois après, le roi étant mort, elle retourna en Écosse. En 1565, elle prit pour époux son cousin Henry Darnley, qui, par jalousie, fit massacrer Rizzio sous les yeux de Marie. Lui-même fut frappé par la main du comte de Bothvell, à son tour l'époux de Marie Stuart. Murray, son frère naturel, la fit mettre en prison au château de Loch-Leven. Elle s'en échappa, passa en Angle-

une vraie coureuse. Elle étoit jeune et reine, il étoit difficile qu'elle ne devînt folle, aussi l'a-t-elle été, et folle, criminelle et haïssable ; c'est pour votre retour : on dit qu'il est bien écrit.

Voilà ce que m'écrit M. l'abbé Alary[1], je lui réponds qu'il n'y a qu'à perdre à voir les auteurs des ouvrages ; on en estime moins, et l'auteur et l'ouvrage.

Ce jugement de l'abbé de Saint-Pierre sur Marie Stuart nous semble bien sévère. Être jeune et reine n'est pas une raison suffisante pour devenir folle : l'amour lui fit perdre la tête, sans doute, mais l'expiation fut terrible.

A MADAME DUPIN

Château de Chenonceaux, par Amboise (Touraine).

Ce mercredi 27, 1742 (oct.).

Je suis fort aise de n'avoir point encore perdu le grade de commissionnaire, pour les livres. Je tâcherai de mettre tout au carrosse au premier jour. Je

terre, où la reine Élisabeth lui fit trancher la tête en 1587, après une captivité de dix-huit années.

1. Pierre-Joseph Alary, (1689-1770) académicien, prieur de Gournay-sur-Marne. Il fut sous-précepteur de Louis XV. On a publié sa correspondance avec lord Bolingbroke. D'Alembert lui succéda à l'Académie.

remarque en vous le goût dominant de la nation. On cherche l'esprit et à dominer par l'esprit. Le règne de la raison n'est point encore venu en France; à peine y est-il abordé. L'agréable passager y sera-t-il encore longtemps préféré à l'utile? Nous sommes longtemps enfants.

M. le maréchal de Coigny s'est excusé d'aller en Flandre avec la maison du Roi; il n'est loué, en cela, ni par ses amis, ni par ses ennemis. M. le maréchal de Noailles l'a demandé, et a fait le bon citoyen. M. de Vauban, maréchal de France, afin de faire le siège de Turin comme bon citoyen, serait sous les ordres de M. de la Feuillade lieutenant général. M. de Boufflers servit sous les ordres de son cadet à Malplaquet, mais il servoit la patrie et Villars ne servoit que sa fortune. Les hommes cherchent les honneurs, et font comme s'ils ne connoissoient point ce qui est honorable et ce qui est déshonorant.

Cette lettre est la dernière de l'abbé de Saint-Pierre; sa correspondance est finie. Le bon abbé a quatre-vingt-quatre ans et demi, il n'a plus guère que six mois à vivre; mais nous ne le quittons pas encore. Voici une très intéressante brochure de lui, intitulée : *Plotine;* nous avons dit plus haut que l'était madame Dupin, dont il trace le portrait.

Après Plotine, nous publierons les *Réflexions sur quelques ouvrages appelés ouvrages d'imagination et auxquels l'imagination n'a aucune part.* (Ouvrage inédit.)

Cette publication sera suivie d'une longue et savante étude, sous forme de lettre, adressée à madame Dupin, qui avait, comme nous l'avons dit dans l'histoire de sa vie, entrepris un ouvrage sur les femmes. L'abbé de Saint-Pierre lui fournit des renseignements, et fait un parallèle entre les hommes et les femmes illustres.

PLOTINE

Saint-Èvremond parent de mon père, un peu touché du mérite de ma mère, en fit le portrait sous le nom d'Émilie, en 1648, lorsqu'elle avoit vingt-trois ou vingt-quatre ans.

La marquise de Sébeville, sœur de ma mère, me montra ce portrait en manuscrit que Saint-Èvremond lui-même lui avoit donné.

On dit que, pour plaire à une dame qui étoit plus belle que vertueuse, il fit imprimer parmi ses ouvrages ce même portrait sous ce titre : *Idée de la femme qui ne se trouve point.*

J'entreprends aujourd'hui de faire le portrait d'une personne très aimable, sous le nom de Plotine : je ne dirai point comme lui que c'est « l'idée

16

de la femme qui ne se trouve point; » elle existe, on pourra même deviner aisément qui est l'original, et m'accuser peut-être de l'avoir flatté dans ma peinture, mais on pardonne aux peintres d'embellir un peu, pourvu qu'ils ne changent pas la physionomie et que l'original soit reconnoissable dans la copie.

Si ce portrait est agréable aux lecteurs et utile aux jeunes personnes qui voudroient acquérir, comme elle, une réputation flatteuse et des vertus aimables, j'aurai rempli mon principal dessein.

Plotine s'est trouvée, en entrant dans le monde, dans une société de personnes dissipées, où l'on ne connoît ni le plaisir ni l'utilité de la lecture, parce que l'on est environné d'amusements plus vifs; mais ayant fait, depuis quelque temps, réflexion qu'elle pouvoit par la lecture profiter de la sagesse des plus sages et s'amuser quelquefois agréablement indépendamment de la conversation, elle s'est arrangée pour vivre un peu plus retirée, et pour avoir le loisir de faire quelque usage de la lecture.

Elle n'a jamais eu de goût pour le jeu, elle en a eu de bonne heure pour s'instruire de ce qui étoit le plus important pour augmenter son bonheur, et à mesure que sa raison a pris de l'accroissement, elle s'est confirmée dans l'opinion qu'il étoit à propos de donner quelques heures de sa vie à lire ce qui étoit le plus agréable, et même à relire ce qui étoit le plus estimable, et de plus utile.

Elle est fort touchée de l'exemple et de la réputation des personnes illustres de son sexe, qui se sont attiré, dans ce siècle, une grande considération par leur esprit. Les dispositions que je lui connois me persuadent que, dans peu d'années, elle s'attirera dans le monde une pareille distinction. Elle voudroit faire succéder, un jour, à l'avantage de la beauté et de la jeunesse, le mérite de l'esprit juste, orné de connoissances les plus importantes au bonheur, ajouté à son caractère doux, indulgent et poli.

Elle se propose de trouver ainsi le moyen de rassembler, dans les différents âges, tout ce qui peut servir à son bonheur et au bonheur de ceux avec qui elle vivra. Or, unir ainsi tous les jours son propre bonheur au bonheur des autres, c'est le sublime de la raison humaine.

Elle trouve qu'il est juste d'avoir plus d'attention à faire plaisir et à procurer des agréments aux personnes à qui on a plus d'obligation qu'à celles qui plaisent davantage, et son penchant à la bienfaisance est facilement déterminé par son équité naturelle; ainsi elle leur passe sans peine leurs défauts, et saisit avidement toutes les occasions de leur marquer, par ses attentions et ses complaisances, sa grande reconnoissance, et, dans l'impossibilité où elle est de leur rendre de pareils bienfaits, elle sent du plaisir à s'acquitter ainsi envers eux avec la monnoie qui est en son pouvoir : aussi voit-elle avec joie qu'ils sont assez contents d'elle pour se croire eux-mêmes les obligés.

Elle a rencontré des personnes dont les unes, par jalousie, les autres, par des mal entendus nourris par des langues médisantes, lui font tout le mal qu'elles peuvent, quoique plusieurs d'entre elles lui aient de l'obligation : elle pourroit se venger très impunément, mais je vois avec étonnement qu'elle leur pardonne et qu'elle travaille même avec empressement, sans qu'elles le sachent, pour contribuer à leur bonheur.

Je lui marquai un jour mon étonnement d'un procédé si estimable : *Je n'ai pas toujours été si sage*, me dit-elle, *mais n'est-ce pas sagesse que d'acheter le paradis à ce prix?*

Il y a une troisième sorte de personnes qui sont dans son commerce, amis et amies, qui lui plaisent et à qui elle plaît : il n'est pas étonnant qu'elle soit juste, bienfaisante et attentive à leur faire plaisir ; et quoiqu'elle ait un beaucoup plus grand nombre d'amis et d'amies à contenter qu'aucune personne que je connoisse, et la plupart peu justes estimateurs de leur propre mérite, cependant je ne sais comment elle fait, mais tous sont contents. C'est peut-être que, dès qu'on la voit, tout lui est pardonné, et que l'on ne songe qu'au plaisir de la revoir ; et apparemment que le plaisir est de tel prix pour eux qu'ils commencent à voir l'injustice de leurs mécontentements passés ; et effectivement y auroit-il sujet de se plaindre de l'injustice de quelqu'un qui, pour dix onces d'argent, nous rendroit une once d'or ?

Le grand ressort de la conduite des jeunes personnes, c'est de plaire au plus grand nombre, de plaire plus aux personnes distinguées, pour avoir le plaisir d'être plus louées que leurs pareilles, et de plaire encore plus à celles qui leur plaisent, pour les engager à leur plaire toujours et pour être plus aimées que leurs pareilles. C'est coquetterie qui sert à la vérité pour rendre les coquettes plus agréables, mais non pas plus vertueuses, parce qu'elles ne se soucient du plaisir des autres que pour multiplier leurs propres plaisirs.

Ce désir de plaire des coquettes est permis tant qu'il n'y a rien d'injuste, comme il est permis de boire et de manger modérément pour son plaisir ; mais ce désir n'est pas vertueux, ni par conséquent digne de louanges, comme est le désir de faire du

bien : aussi celles qui ne sont que coquettes sont-
elles souvent injustes et blâmables à l'égard des
autres, et surtout de leurs pareilles.

Plotine n'en est pas demeurée, comme les coquettes, au simple désir de plaire plus que les autres
pour être plus louée qu'elles ; elle y ajoute le désir
de contribuer au bonheur des personnes qui ont le
plus d'esprit et de vertu, elle tâche même souvent
de faire plaisir par ses politesses à ceux qui ne lui
font aucun plaisir et qui lui sont même un peu importuns.

Ce degré de vertu n'est pas le fruit de ses réflexions : à peine a-t-elle commencé d'en faire ;
c'est le pur effet d'une heureuse naissance qui lui
fait sentir du plaisir à contribuer au plaisir des
autres.

Ainsi elle se gouverne sagement et habilement,
sans savoir bien précisément ce que c'est que sagesse
et habileté. Cet instinct naturel lui suffit pour se
conduire vers le bonheur le plus solide, le moins
mêlé de peine, et pour prendre avec joie les partis
les plus sages et les plus vertueux qu'on puisse lui
conseiller.

Je suis de l'avis de ceux qui croient que toutes
les conditions opèrent à peu près un bonheur égal.
C'est l'effet ordinaire de l'habitude qui diminue la

grande sensibilité pour les mêmes plaisirs et la grande sensibilité pour les mêmes maux.

On peut tirer de là une vérité importante que peu de gens connoissent. C'est que la vie heureuse ne peut être composée jour par jour de ce qu'on appelle grands plaisirs. Car ceux que l'on goûte tous les jours ne sauroient être de grands plaisirs, puisque c'est une condition nécessaire, pour paroître grands, d'être très nouveaux ; d'être rares et désirés depuis longtemps. Mais la vie la plus heureuse est une vie douce, tranquille, assez variée, dans laquelle les différents objets qui se présentent nous font assez de plaisir pour ne désirer que rarement et très faiblement toute autre situation, et je vois avec plaisir Plotine mener une pareille vie.

Il est assez rare d'avoir reçu de la nature un esprit vif avec une sensibilité à peu près égale pour les diverses sortes de plaisirs. Plotine n'a de passion pour rien parce qu'elle a du goût pour tout : un goût balance l'autre. C'est un heureux moyen, pour se sauver des malheurs que peut causer une passion pour un seul objet, que d'avoir des goûts suffisamment forts pour divers objets de nature différente.

On sait que le séjour de la ville et celui de la campagne sont fort différents, surtout pour une jeune et jolie personne qui aime à se montrer et à êtr applaudie. Cependant Plotine est gaie à la campagne, elle y goûte les plaisirs champêtres comme si elle avoit oublié ceux de Paris. C'est que la raison lui fait voir que par ce séjour elle s'assure pour long-temps plus de plaisirs. Ainsi elle préfère sans peine, quant à présent, et même avec joie, ce séjour au séjour de Paris.

La raison, contre laquelle les enfants, et certaines personnes qu'on peut appeler vieux enfants, qui ne prévoient rien de l'avenir, la raison, dis-je, ne con-siste cependant qu'à préférer les plus petits maux présents aux plus grands maux futurs, et les plus grands plaisirs futurs aux petits plaisirs présents.

Or c'est parce que Plotine a cette idée de la rai-son, que tous ceux qui la lui montrent sont toujours reçus avec joie, et qu'elle ne fait cas que des plaisirs qu'approuve la raison la plus voluptueuse, ou la volupté la plus raisonnable.

Le bien est accompagné de mal, et le mal, accom-pagné de bien. Le sage, pour moins sentir le mal, s'applique à se faire valoir le bien qui accompagne le mal. L'imprudent fait le contraire. Il n'a d'atten-tion que pour exagérer le mal, et il en souffre davan-tage. Plotine, avec le secours de sa gaieté naturelle et de son heureux tempérament, arrête si bien son esprit sur l'avantage qu'elle peut tirer d'un malheur grand ou petit, qu'il en devient pour elle presque insensible.

On parle du secret de convertir le plomb en or. Elle paroît avoir celui de convertir en agrément des événements qui lui paroîtroient fort désagréables, si elle n'avoit l'attention de faire valoir ce que l'on peut y trouver d'utilité : heureuse humeur, plus estimable que ne seroit le secret de la pierre philosophale que les demi-savants chercheront toujours inutilement. Cette humeur gaie lui donne réellement cette tranquillité et ce contentement que les stoïciens ne faisoient que promettre à leurs disciples.

Mais comme elle sent bien que cette santé de l'âme n'est ni uniforme ni toujours durable, et que, pour éviter différentes sortes de passions, il faut encore avoir recours à la raison, elle écoute volontiers toutes les considérations des personnes sages, elle emploie avec plaisir plusieurs heures du jour à lire les traités de morale, et surtout de ceux qui, guidés par la raison, sont plus propres que les autres à nous montrer le sentier du plus grand bonheur.

La base de ce bonheur, c'est la paix domestique. Il faut entre un mari et une femme de mutuelles complaisances, sans que jamais le moindre reproche fasse valoir davantage ou le plus complaisant des

deux, ou le plus attentif à plaire. Or, Plotine seroit
fâchée de ne pas faire pour son mari encore plus
qu'il ne fait pour elle.

Par cette conduite, elle lui a donné de la confiance
jusqu'au point qu'il la consulte sur des choses qui
ne sont ni de son âge, ni de sa compétence; mais la
justesse de son esprit et un sens naturel exquis la
rendent capable de plus que l'on ne croiroit, et son
mari met souvent à profit ce qu'elle lui dit; et d'ailleurs la communication des idées apporte toujours
quelque nouvelle lumière à celui qui consulte.

Parmi les gens d'esprit, Plotine distingue fort ceux
que l'on peut appeler gens de raison, c'est-à-dire
ceux qui savent juger plus sainement de la véritable valeur des choses de la vie, et l'on voit en elle
une vraie joie quand elle entend quelque beau mot
plein de raison, car son goût dominant c'est le raisonnable. Un jour on lui conta la réponse de Socrate
dans une occasion assez délicate, elle en fut ravie;
il fallut même la lui conter deux fois:

« Timon disait à Socrate : — *Vous croyez
Timante de vos amis; cependant il se moqua hier
de vous. — Je suis bien aise d'apprendre,* répondit
Socrate, *que je fais un peu plus pour lui qu'il
ne fait pour moi, car je le louai hier.* »

Socrate avoit grande raison, dit-elle, de négliger

ainsi l'injure et d'arrêter son esprit uniquement sur la supériorité qu'il avoit sur son ami, dans le procédé de leur amitié.

Ceux qui n'aiment que l'esprit ne demandent que de la justesse d'esprit et de la finesse dans les expressions, mais ceux qui préfèrent la beauté de la vertu à la beauté de l'imagination ne sont pas entièrement contents quand ils ne rencontrent rien de vertueux. Aussi Plotine cherche-t-elle dans ses amis plus de délicatesse du côté de la vertu que du côté de l'esprit.

Soit timidité naturelle, soit faute de présomption, elle n'est pas empressée de parler; elle parle peu, mais on ne s'en aperçoit pas, parce qu'elle sait faire parler les autres de ce qui leur plaît le plus.

Elle plaît dans la conversation par sa seule attention, et par la manière d'approuver ce qui mérite de l'être. La timidité qui nuit aux autres lui tourne aussi à profit, parce qu'elle y joint une attention toujours flatteuse pour ceux qui parlent.

On s'entretient assez souvent chez Plotine de pièces de théâtre et d'autres ouvrages d'esprit, et, par complaisance pour elle, on y fait moins d'observation sur les différents défauts que sur les différentes beautés. Elle est persuadée que lorsqu'on est sensible aux différents endroits qui plaisent, c'en est assez pour être en état de remarquer ce qui déplaît. *Il est plus raisonnable*, dit-elle, *d'arrêter les yeux sur ce qui plaît que sur ce qui déplaît.*

Mais entre les différentes beautés, elle aime incomparablement davantage celles où les auteurs font sentir vivement la beauté et la grandeur des sentiments de vertu, que celles où ils ne font apercevoir que l'étendue et la justesse des pensées.

Ce qui me plaît davantage dans ses conversations c'est qu'on y loue avec plaisir les actions vertueuses de notre temps, sans faire mention de celles qui sont désapprouvées. C'est qu'on sait que la médisance déplaît à Plotine, et qu'elle se plaît à voir dignement louer la vertu. Non seulement c'est un plaisir, mais c'est un gain certain que de pareilles conversations. On en sort avec plus de désirs de devenir vertueux.

On disoit de feu madame de Longueville qu'elle avoit beaucoup d'esprit, mais que tout son esprit consistoit à connoître plus finement et plus juste le caractère des gens qu'elle voyait, et qu'à l'égard de la sorte d'esprit que l'on appelle intelligence, elle en avoit si peu qu'on en étoit étonné.

Personne n'a plus de cette sorte d'esprit de sentiment que Plotine, et c'est pour cela qu'elle s'exprime avec tant de grâce, avec tant de délicatesse et en termes si propres.

Mais ce qui m'a souvent étonné, c'est d'apercevoir sa pénétration et sa justesse sur des raisonnements généraux, qui ne sont ni de son âge ni de son sexe, et cela me fait soupçonner qu'il ne lui manque de ce côté-là qu'un plus grand exercice pour aller de pair sur nos sciences avec les philosophes. Elle s'en tient sagement à étudier ce qui est du ressort de son sexe ; elle a beaucoup d'attention pour la science des mœurs, qui regarde son bonheur particulier et le bonheur de ceux qui l'environnent, et moins pour la science du gouvernement, qui regarde le bonheur public.

Dans les personnes qui sentent plus vivement que les autres, il arrive que tous les traits du visage disent quelque chose de ce qu'elles sentent : ce sont celles, comme disent les peintres, qui ont plus de physionomie, et qui, parce qu'elles changent à chaque moment, sont les plus difficiles à peindre. Aussi n'a-t-on point encore vu de portrait qui ressemble à Plotine comme on voudrait qu'il lui ressemblât.

Je n'ai vu personne en qui tout parle si éloquemment : ses yeux, ses mains, ses airs de tête, tous ses mouvements aident à exprimer juste ses sentiments.

On ne voit personne qui prouve mieux sa sincérité sans songer à la prouver. Il lui seroit bien difficile de mentir avec succès, et on peut même dire d'elle ce qu'un flatteur disoit d'une princesse du sang : *Je ne lui sais point gré de ne point mentir. Quels sentiments a-t-elle à cacher?*

Le goût qu'elle a pour l'amusement ne la dégoûte pas des affaires : elle s'y applique, les suit sans peine, et, même au plaisir, elle aime beaucoup à entendre raisonner ceux qui en parlent bien : elle saisit avec empressement le raisonnable partout où elle le trouve.

Plotine est gaie, parce que la jeunesse, la santé et les idées douces produisent de la gaieté ; mais elle est quelquefois sérieuse, et son sérieux est d'autant plus sensible qu'il contraste fort avec son humeur ordinaire. J'ai remarqué qu'il venoit souvent de ce qu'elle voyoit ou de ce qu'elle entendoit de déraisonnable ; elle gardoit alors le silence, de peur d'être obligée de blâmer si elle parloit.

Ce qui entretient sa gaieté, c'est qu'elle est toujours contente de ce qu'elle reçoit des autres; elle se défie même souvent du prix que l'estiment ceux qui la louent, comme d'un prix excessif et passager qu'elle doit plus à leur fantaisie présente qu'à son vrai mérite. Ainsi elle ne se trouve point offensée des attentions qu'on a pour les autres jolies femmes ; de même, lorsqu'on revient à elle, on ne l'en trouve pas plus fière.

Plus on l'aime, plus on trouve aimables ses vertus favorites, la justice, l'indulgence, la patience, la politesse, la générosité ; et comme ceux qui viennent chez elle savent que les distinctions qu'elle accorde sont à ce prix, sa maison devient sans qu'on y pense une école très agréable des vertus les plus désirables dans la société.

Personne, à l'âge de Plotine, ne sait mieux qu'elle que la jeunesse et les grâces sont des avantages qui passent rapidement : elle agit comme si elle en étoit persuadée : car elle est polie, gracieuse, prévenante, comme si elle n'étoit ni jeune ni jolie, et qu'elle n'eût employé pour acquérir des amis que des politesses et des attentions. Aussi je ne connois personne qui ait moissonné tant d'amis choisis dans tous les rangs, dans tous les âges et dans tous les caractères, pour continuer à vivre agréablement avec eux le reste de sa vie.

La pureté de ses intentions lui donne la liberté de témoigner son amitié et d'user de plusieurs prévenances, dont beaucoup de ses pareilles n'oseroient user. Cela lui donne un grand avantage. Il est vrai qu'elle ne plaît aux hommes qu'en leur faisant sentir en même temps un profond respect pour la vertu.

D'autres jolies femmes se piquent d'inspirer l'amour insensé, et injuste. Il me semble que Plotine ne se pique que de faire naître des sentiments justes, bienséants, raisonnables, tels que les ont les sages, qui savent unir la volupté avec la vertu.

Les grâces extérieures préviennent si fort en faveur de Plotine qu'on a raison de craindre d'estimer trop ce qui est d'estimable en elle, et pour moi, tant que je la verrai aussi aimable, j'avoue que je ne saurois être bon juge des belles qualités qu'elle possède, et, à dire vrai, j'estime peu celles qu'elle a acquises, en comparaison de celles qu'elle tient de l'auteur de la nature et de cet instinct précieux qui cause en elle une grande crainte de déplaire et un grand désir de plaire. Elle doit à cet instinct toute cette habileté que nous estimons, toutes ces vertus que nous admirons, toutes ces grâces qui nous enchantent, et c'est ce qui me fait penser, qu'à tout peser, entre toutes les personnes fort aimables, une des plus estimables et des plus heureuses, c'est Plotine.

RÉFLEXIONS

Ce travail de l'abbé de Saint-Pierre n'a jamais été imprimé; le manuscrit est de la main de J.-J. Rousseau, secrétaire de madame Dupin. Il a pour titre :

Réflexions sur quelques ouvrages appelés ouvrages d'imagination, et auxquels l'imagination n'a aucune part.

Par quelle prévention de certains écrits sont-ils communément regardés comme des fruits d'une belle imagination? Qu'on les examine, ces écrits si favorablement jugés, on s'aperçoit, et il est bien aisé de s'en convaincre, qu'ils sont, en eux-mêmes, plus dénués d'imagination que beaucoup d'autres ouvrages qui semblent n'avoir aucun rapport avec cette partie de l'esprit, et qui cependant ne peuvent se passer de son secours.

17

Avant que de m'expliquer davantage, je dois, pour un moment, demander grâce à un grand nombre de lecteurs, dont la plupart ont beaucoup d'esprit et qui aiment par préférence ces écrits, que j'accuse de mériter si mal le beau nom dont on les honore.

Je vais parler avec bien peu d'éloges des romans, qui ne sont fondés que sur le merveilleux et le surnaturel ; des voyages imaginaires, et enfin des contes de fées et d'enchanteurs. Non assurément que je prétende conclure qu'on doit mépriser des compositions dignes d'amuser, même les gens de goût ; elles ont un prix dès qu'elles remplissent leur objet : le mien est uniquement d'indiquer le rang qui leur appartient parmi les ouvrages d'esprit. Il me suffira, dans cette vue, d'approfondir ce qu'il en coûte à l'esprit pour saisir ces sortes de matières et les mettre en œuvre ; je le suivrai dans ses démarches, qu'on aperçoit sans peine, et l'on verra qu'il agit toujours avec succès, sans que l'imagination le secourre, et sans qu'il ait jamais besoin d'elle ; on conçoit sans doute que j'entends ici par imagination ce qu'on appelle invention, génie, idées neuves ou du moins rendues d'une manière originale. Si nous recherchons les sources où l'on peut puiser toutes sortes de contes et d'histoires fabuleuses, nous allons trouver qu'elles se réduisent à quatre ; que ces sources se présentent à presque tout le monde, et que l'une d'elles peut fournir, à l'auteur le moins abondant en tout autre genre, de quoi écrire toute sa vie et accumuler volumes sur volumes.

La première est un simple renversement des principes ou des usages communs à toutes, ou du moins à presque toutes les nations. Un déplacement, fait sans aucun fondement de quelques propriétés reconnues dans de certains êtres, et qu'on attribue à d'autres êtres à qui la nature a refusé de tels avantages : deux moyens qui ne supposent aucune invention dans l'esprit et qui ont suffi pour composer presque tous les voyages imaginaires, qu'on lit avec quelque plaisir. C'est de là que naissent ces descriptions de pays, où l'on représente les femmes ayant l'empire sur les hommes, où elles sont magistrats, généraux d'armées, où, débarrassées des bienséances qui leur sont prescrites partout ailleurs, elles se montrent hardies, entreprenantes avec les hommes et indiscrètes, quand elles ont réussi dans leurs entreprises ; tandis que les hommes, au contraire, assujettis, timides, modestes ou dissimulés, se plaignent qu'on leur manque de respect, quand une femme qui n'a pas le don de leur plaire leur fait une déclaration d'amour.

C'est sur un pareil renversement d'idées que porte toute l'économie de cette république où, sous le nom d'houynhalmis, les chevaux ont la raison des hommes, et les hommes l'instinct des chevaux.

La théorie qui sert à composer des fables aussi froides se découvre d'elle-même, et il est, ce me semble, de l'espèce d'imagination propre à forger de tels contrastes, comme du caractère d'esprit de ces gens qui, pour briller, ne savent que prendre le contrepied de tout ce qu'on avance : ils croient raisonner, et ils ne font que contredire.

Les sujets que présente la seconde source exercent un peu plus l'esprit : c'est de mettre un ou plusieurs personnages dans quelques situations extraordinaires et embarrassantes. Tel est, dans les contes persans, ce prince qui reste constamment quarante jours sans parler, quoiqu'il ait de fortes raisons de rompre le silence. Tel est Robinson dans son île déserte : arrêtons-nous à ce dernier exemple.

Robinson, seul habitant d'un désert, est sans doute un objet intéressant ; mais faut-il de l'imagination pour concevoir un naufrage et un voyageur jeté dans une île inhabitée? On voit naître au premier coup d'œil mille évènements que cette situation amène. Je crois pouvoir proposer à ce sujet une

espèce de problème, il sera facile à résoudre si,
parmi les personnes qui pensent différemment de
moi sur les ouvrages dont il est ici question, il s'en
trouve quelqu'une qui soit bien convaincue de
n'avoir point du tout d'imagination : qu'elle donne
une heure seulement, à penser et à écrire ce qu'on
peut faire d'un Robinson; je lui suis garant que,
sans rien dérober au roman anglois, elle en com-
posera un qui plaira aux amateurs des ouvrages de
ce genre.

La troisième source n'est que l'art d'étendre ou
de réduire la forme de certains êtres : on voit que je
parle des grands hommes et des petits hommes de
Gulliver. J'avouerai qu'un ouvrage, dont toute l'invention consiste à me montrer des hommes plus
que géants ou moindres que pygmées, me paroît
commencer et finir à la première page; tout le reste
n'est que redite. Je conçois qu'un homme d'esprit,
comme l'auteur de *Gulliver,* au lieu de considérer
de certains objets, tels qu'ils se présentent naturellement, ait la curiosité de les observer avec une
lunette, tantôt par le côté qui grossit et tantôt par le
côté qui diminue; mais avec toute cette recherche,
s'il ne me fait voir dans ces mêmes objets que ce
que j'y découvre sans autre secours que celui de
mes yeux, je ne saurois regarder comme un trait

de génie l'idée qu'il a eue de recourir gratuitement à la lunette, et encore moins de s'en être servi par les deux côtés.

Nous en sommes à la quatrième source, c'est d'employer les génies, les fées, etc., etc., carrière d'autant plus étendue que toutes les routes que j'ai déjà tracées viennent s'y rendre. Dispose-t-on d'une puissance surnaturelle? c'est alors qu'il n'est presque pas besoin de penser pour se trouver une infinité de ces mêmes vues qu'on appelle des imaginations et qui ne tiennent rien de l'imagination telle que je la conçois. Oui, sans la moindre idée des sciences, sans les premiers principes du raisonnement, je dirois volontiers même sans aucun esprit, nous allons tout connoître, tout expliquer; nous serons à notre gré créateurs, philosophes, nous serons enfin tout ce que nous voudrons être, et tout cela parce que nous serons dispensés de faire un plan et de mettre aucune liaison entre les parties de notre fable, ou du moins parce que les enchaînements que nous emploierons seront purement arbitraires.

Pour nous en convaincre, essayons de composer un conte de fées, une histoire fabuleuse. Toutes les idées qui s'offriront seront convenables, pourvu qu'elles soient, le plus souvent, hors du sens commun; et, pour mieux prouver combien une pareille tâche est aisée à remplir, nous prendrons la nôtre dans la classe où les sujets exigent une sorte de plan. Notre fable, sans être longue, tiendra à la fois du conte et du roman. Commençons. Deux princesses... Elles seront charmantes, sans doute, et elles n'auront jamais que quinze ans ; tout cela dépend de nous. Ces princesses, et c'est ici que le merveilleux commence, sont jumelles et se ressemblent parfaitement. Il ne tiendroit qu'à nous de fonder sur cette ressemblance un beau roman, sans même rien emprunter des amphytrions ni des ménechmes ; mais il nous sera du moins aussi commode de donner à nos deux sœurs un attribut plus extraordinaire : en voici un, qui fournira peut-être encore plus que le premier ; il aura même l'air d'invention, quoiqu'au fond ce ne soit qu'une idée détournée. Nos princesses sont nées avec une sorte de chaîne qui les unit, de manière qu'elles ne peuvent jamais être éloignées l'une de l'autre que de deux pieds ou environ ; car nous ne permettrons pas que cette chaîne soit plus longue, et surtout elle ne pourra être rompue, sans qu'il en coûte la vie à nos deux héroïnes. Les voilà donc destinées à vivre toujours en présence l'une de l'autre ; mais, leur caractère se convient ou ne se convient pas, car nous avons le choix. Décidons au hasard... Elles s'aiment, et si tendrement, que la nécessité de ne se quitter jamais, loin d'être pour elles une contrainte, fait le charme de leur vie. Ce bonheur cependant, et cette union seront troublés, il le faut bien. Et quelle sera la cause de ce trouble? L'amour, sans doute. Elles deviennent rivales, et tout de suite jalouses : situation qui fait apercevoir une foule d'événements. Chacune ne voit jamais son amant, qu'elle n'ait sa rivale pour confidente de ses secrets et pour témoin de ses démarches. Ainsi celle qui est aimée afflige sans cesse celle qui ne l'est pas, et ne peut goûter paisiblement, ni les sentiments de l'amour, ni ceux de l'amitié. Nous n'aurons pas manqué de la faire subsister cette amitié, en dépit du plus violent amour; mais comment rendre l'une des deux sœurs heureuse? Ismène, c'est celle qui est préférée, ne sauroit se résoudre à épouser son amant : elle ne cesserait de tourmenter une sœur qu'elle aime et qui n'auroit pour état, pour occupation, que d'être spectatrice perpétuelle du bonheur de sa rivale.

D'un autre côté Zélindor (nommons ainsi l'amant), Zélindor ne les épousera pas toutes deux : ce seroit n'aimer ni l'une ni l'autre; et de plus, nous leur aurons inspiré pour lui une tendresse délicate, qui n'admet aucun partage. Quel dénouement à cela? nous en trouverons mille. Un génie

survient; il tombe amoureux d'une des deux princesses, et c'est précisément de celle qui, jusqu'alors,
aimoit sans être aimée. Que fait-il? il prend si
parfaitement la ressemblance de Zélindor, que le
cœur de la princesse s'y trompe ; les sentiments,
qu'elle avoit pour l'amant de sa sœur, tournent en
faveur du génie; et, comme il nous est aisé de remédier à tout (car il nous reste encore un inconvénient
à sauver), nous allons trouver le moyen d'empêcher
que cette chaîne qui force les deux princesses à
n'être jamais éloignées l'une de l'autre ne leur
cause plus aucune contrainte. Le génie parle, un
palais s'élève, dont les murailles sont formées d'une
gaze bleue et or, au travers de laquelle on ne voit
rien, on n'entend rien ; cependant la chaîne des
princesses traverse, quand bon leur semble, cette
gaze, sans jamais la rompre : ainsi toutes deux
se trouvent, quand il leur plaît, dans un appartement
séparé, et elles y sont tranquilles comme si elles
étoient à cent lieues l'une de l'autre. Chacune épouse
ce qu'elle aime, et nous voilà hors d'intrigue, nous
voilà lus et regardés peut-être, par la plupart de
nos lecteurs, comme des écrivains très précieux à
la société. Mais rendons-nous justice : la chaîne qui
assujettit nos princesses étant trouvée (et on sait
combien il est aisé de moissonner dans le pays des

chimères), y a-t-il dans le monde quelqu'un d'assez borné pour ne pas tirer parti de semblables merveilles, de manière à se faire lire? Il ne s'agit que de ne pas ressembler à la nature, et il est sans doute beaucoup plus aisé de la défigurer que de la bien peindre.

Mais quoi, n'est-il point de contes, de romans merveilleux ni d'histoires fabuleuses, où l'on reconnoisse les richesses, les beautés, les grâces de l'imagination? Il en est sans doute, et voici ce qui les distingue de ceux qui portent faussement ce nom. C'est, lorsque indépendamment du merveilleux et du surnaturel, dont on peut faire usage pour orner une fable, un roman, une histoire, chacun de ces ouvrages se trouve avoir un sujet dont le choix est ingénieux, un plan dont toutes les parties qui marquent de l'invention tendent également à mettre dans un beau jour une ou plusieurs vérités propres à former les mœurs ou à éclairer l'esprit en l'amusant.

Parmi les romans du premier genre, nous avons celui que l'illustre M. de Fénelon a composé pour l'éducation de M. le duc de Bourgogne ; nous avons encore, en assez grand nombre, ses contes et ses fables, faits dans le même esprit : ouvrages vraiment ingénieux, où les fictions, ornées de tout ce qui

peut les rendre plus piquantes, ne sont employées
que pour faire connoître et accréditer des vérités ;
leçons d'autant plus heureusement présentées,
qu'elles laissent toujours dans l'esprit de ceux
qu'elles instruisent quelques-unes des grâces dont
l'art de l'auteur à su les embellir. Eh, quel plus
digne usage de l'art ? en même temps que le cœur
reçoit des impressions de vertu, l'esprit en devient
plus aimable.

Entre les contes du second genre, on distingue
ceux de madame de Murat ; par exemple, le conte intitulé : *le Palais de la Vengeance.* Tels sont encore
des contes qui ont paru depuis quelques années :
si ce ne sont que des fictions purement amusantes,
du moins elles sont si bien enchaînées, elles servent
si heureusement à développer le cœur humain, qu'en
faisant disparoître le surnaturel, il resteroit encore
un roman très bien composé.

On me dira peut-être : « Mais ces conditions que
vous demandez pour la construction d'un conte
regardent également les autres ouvrages d'esprit ;
ces conditions remplies, pourra-t-on dire que tout
ouvrage est un ouvrage d'imagination ? n'y a-t-il pas
de certains ouvrages où il entre plus d'imagination
que dans d'autres ? » Je répondrai que de telles
recherches sont la matière d'une autre dissertation :

dans celle-ci, j'ai eu seulement en vue les ouvrages auxquels l'imagination ne contribue en rien, et non pas ceux qui ne peuvent se passer d'elle.

Le sujet que je traite exigeroit qu'avant de finir j'examinasse encore quel est dans notre esprit ce penchant si ordinaire à se livrer au merveilleux et à s'éloigner du naturel; mais cet amour, que les hommes de tous les temps ont eu pour les fictions, plus j'ai cherché à le considérer dans son principe, et moins j'ai osé rendre compte ici de mes observations.

Toute cette analyse se lit dans un des ouvrages de l'illustre académicien qui préside à cette assemblée [1] : c'est dans son traité de l'origine des fables; et quand on réfléchit sur une matière délicate, après qu'elle a passé par de telles mains, on se sent plus éclairé il est vrai, et cependant on ne trouve plus rien de nouveau, d'essentiel, ni d'agréable à dire.

1. M. de Fontenelle.

LETTRE SUR LES FEMMES

Nous avons dit que madame Dupin avait entrepris un ouvrage sur les femmes, afin de prouver que les femmes étaient aussi capables que les hommes d'occuper les emplois publics et de suivre les carrières qu'ils se réservaient pour eux seuls.

L'abbé de Saint-Pierre écrivit alors l'étude suivante et l'adressa à madame Dupin sous forme de lettre ; il cherche à établir un parallèle entre les hommes et les femmes de tous les temps et de tous les pays, et la félicite de son entreprise.

Si rien n'est plus légitime, Madame, que vos plaintes sur notre injustice vis-à-vis de votre sexe et la dureté du refus qu'on vous fait, depuis tant de siècles, de vous élever aux sciences, aux arts, de vous faire part du gouvernement politique ou mili-

taire, rien en même temps n'est plus facile à démêler que les raisons de cette conduite : vous en
trouverez sans peine la source dans notre jalousie,
dans la crainte de vous voir nous devancer dans
cette carrière, si elle vous étoit ouverte et si on
vous y laissoit partir du même but que nous.

Cette injustice ne doit point vous surprendre ;
elle est une suite de l'inconséquence de l'esprit
de l'homme et du calcul de ses fantaisies, dont
l'absurde résultat, qu'il appelle raison, n'est qu'un
alliage monstrueux de contrariétés et de dispa-
rates. Examinez l'homme de près, dans tous les
temps et dans tous les pays : vous ne verrez dans sa
conduite que des contradictions incompréhensibles.
Si, de la même main dont il vous élève des autels,
il vous forge des chaînes, cela doit-il plus vous surprendre que de voir cet être, qui ne se préfère aux
autres animaux que par la liberté dont il prétend
jouir et l'empire qu'il croit exercer sur tout l'univers, qui cependant ne s'occupe, depuis tant de siècles, qu'à se charger de nouveaux fers, qu'à se donner de nouvelles entraves, soit par la quantité de
lois ou de préjugés sans nombre qui s'entassent
journellement et sous le poids desquels il succombe,
soit par la multiplicité de besoins nouveaux qu'il se
forme, qui ne font que multiplier ses peines et ses

travaux et qui le rendent esclave de l'univers et de
lui-même?... Que d'exemples de cette inconséquence
se présenteroient en foule ici, à tout esprit sensé
qui voudroit entrer dans le détail !

Oui sans doute, Madame, c'est un malheur pour
l'humanité que ce ne soit point votre sexe qui en
ait été le législateur. La douceur naturelle de son
caractère nous eût répondu de celle des lois qu'il
eût établies; le don qu'il a de plaire et de persuader les eût fait recevoir avec plaisir, sans qu'il
eût été besoin d'y employer la force; l'univers eût
été bien plus tôt policé, et il n'eût peut-être jamais
été désolé par ces différentes inondations de Barbares, qui n'avoient d'autres mœurs que de dévas-
ter, de détruire et d'égorger. Ne sommes-nous pas
forcés d'avouer que, dans les temps et les lieux où
les femmes ont regné, les peuples n'ont cessé et ne
cessent encore de chanter la justice et la douceur
de leur gouvernement? Aussi l'antiquité n'a pas
moins rendu justice que les modernes impartiaux à
vos talents et à votre capacité.

Le plus savant des Grecs, pour tout dire en un mot
l'élève de Socrate, le divin Platon, qui avoit si bien
étudié l'humanité, qui avoit calculé et approfondi,
avec tant de soin, les différents ressorts d'où résul-
tent les biens ou les maux de la société, vous rend

sur cet article un témoignage bien authentique, et se plaint hautement du tort qu'on fait à cette même société, en la privant des avantages qu'elle retireroit, si votre sexe en partageoit et les fardeaux et l'administration.

Dans le projet qu'il donne comme le plus parfait pour l'établissement d'une république, et la réforme qu'il essaie de faire de toutes les lois, pour en composer de nouvelles qui pussent assurer le bonheur de tous les hommes en général, une des choses qu'il veut établir comme le plus nécessaire, est l'égalité entre les deux sexes à tous égards, ce qu'il appuye des raisons les plus fortes, puisées, et dans l'expérience et dans la nature même. Il ne borne pas ses vues même à vous faire part seulement des sciences et du gouvernement, il veut qu'on vous laisse sur toutes les actions la même liberté qu'à nous : quoique nos préjugés paroissent si opposés à ces principes aujourd'hui, ce que la nature grave en naissant dans nos cœurs et que tous les vains raisonnements ne peuvent effacer, nous prouve qu'il connoissoit l'humanité bien mieux que nous. Pouvez-vous avoir un apologiste et un vengeur plus respectable et plus imposant que cet oracle des Grecs? Écoutons-le d'abord sur le premier article.

« Quelles raisons pouvons-nous avoir, dit-il[1],
d'exclure les femmes des charges et des emplois?
Sont-elles dans notre espèce d'une nature inférieure
et plus méprisable que toutes les autres femelles
dans chaque espèce d'animaux? Par exemple,
dans celle des chiens, en faisons-nous moins de
cas pour la chasse ou pour la garde de nos trou-
peaux? nous avisons-nous de les laisser dans nos
maisons, sous prétexte qu'elles ne sont bonnes qu'à
nourrir leurs petits? Leur croyons-nous moins de
force ou d'instinct? Pourquoi donc en agir autrement avec nos femmes, pourquoi ne les pas élever
sur le même ton que nous, et ne les pas plier dès
l'enfance aux sciences, aux arts, aux exercices gym-
nastiques ou militaires, enfin à la politique ou au
gouvernement?... Que trouvera-t-on d'indécent ou
de ridicule de voir des femmes s'exercer nues à la
lutte? C'est une affaire de préjugés ou d'habitude,
dont on reviendroit en peu de temps, puisqu'on
n'est déjà plus choqué d'y voir des hommes... »
— « N'avons-nous pas sous nos yeux, dit-il[2] ailleurs, l'exemple de tant de milliers de femmes

1. *De la République*, l. 5.
Ceci est plutôt un précis, qu'une traduction littérale des
passages de Platon que je cite.
2. *Des lois*, l. 7.

13

sarmates, qui habitent aux environs du Pont, qui
ne rendent à aucun homme en fait d'exercices,
soit à tirer de l'arc, soit à manier les armes, soit
à monter à cheval?... Quelle extravagance de leur
interdire les sciences et les arts, et par là de rendre
inutile à un pays plus de la moitié de ses habitants,
dont il tirerait en tout point de si grands avantages!...

» Les Thraces et tant d'autres nations n'admettent là-dessus aucune différence : plus sages
que nous, leurs femmes partagent avec eux tous
leurs travaux. Nous-mêmes, vis-à-vis de nos
esclaves, distinguons-nous le sexe dans les fonctions auxquelles nous les employons? Sparte,
enfin, n'a-t-elle pas déjà commencé à profiter de
ces réflexions, et n'y voyons-nous pas les jeunes
Lacédémoniennes s'y exercer aux jeux gymnasti-
ques?... » « Nous ne laissons aux femmes[1] que le
soin de l'intérieur du ménage : combien cependant
en voyons-nous à qui cette partie ne convient point,
ou dont l'étendue du génie est infiniment supérieure à ces menus détails! Combien en même
temps d'hommes en place, dont la portée ne s'étend
pas au delà de ce cercle étroit! Au moyen de

1. *Répub.*, I, 5.

quoi, convenons donc, ajoute-t-il, qu'il est absolument nécessaire, dans notre république, de prendre
indistinctement dans l'un ou l'autre sexe, pour tel
ou tel emploi, selon le plus ou le moins de capacité des sujets : par exemple, qu'un tel homme soit
chargé de l'intérieur du ménage, si c'est la partie
qui lui convient; que tel autre qui n'a de dispositions que pour broder, coudre ou filer, ne s'attache
point à autre chose; en même temps que telle
femme, qui paroît propre ou aux sciences, ou aux
arts, ou à la politique, ou à l'art militaire, exerce
la profession de médecin ou de maître de musique,
tienne école d'éloquence ou de philosophie, entre
dans le conseil, ou commande les armées »... —
« Pourquoi ne leur pas confier la défense de leur
patrie[1] et la garde de leurs murs : n'y ont-elles
pas le même intérêt? leurs biens, leurs foyers,
leurs enfants, ne leur sont-ils pas aussi chers
qu'à nous? ne voyons-nous pas chez les animaux,
même les plus faibles, que les femelles défendent
leurs petits avec encore plus d'ardeur que les
mâles? » etc., etc.

Effectivement, combien, à votre place, met-on de
soldats, chez qui la valeur ou l'amour de la patrie

1. *Des lois*, I. 7.

se trouve bien plus faible que chez vous ! Quelle
ardeur ce mélange n'inspireroit-il pas aux autres
troupes ! L'époux qui combattroit à côté de
l'épouse, l'amante près de son amant, le frère au
même rang que sa sœur, le fils sous les yeux de
sa mère, animés à conserver des jours qui leur
sont plus précieux que les leurs, oublieroient leurs
propres dangers, pour ne songer qu'à parer ceux
que coureroit tout ce qu'ils ont de plus cher au
monde. Quelle différence d'un pareil bataillon, à
ceux qui ne sont qu'un rali de gens de tous pays,
qu'aucun lien n'unit, et dont la valeur, si j'ose
dire, automate, n'est guidée ni par l'attachement
personnel, ni par l'amour de la patrie, ni par la
nécessité pressante de défendre sa famille ou ses
biens, dont ils sont presque toujours éloignés :
gens, souvent, qui ne combattent que pour des
étrangers, dont le sort les intéresse peu, toujours
prêts, pour l'intérêt le plus léger, ou le plus
faible caprice, à passer sous les drapeaux ennemis. Quelle différence de ces corps dont la force
ne gît que dans le nombre, dont le hasard décide
ordinairement le succès, d'avec ce fameux bataillon
sacré, chez les Thébains, qui n'étoit composé que
d'*emis* dont le nombre ne dépassa jamais quatre
cents. Quels prodiges ne fit-il pas aux différentes

batailles où il se trouva ! combien cher ne vendirent-ils pas leur vie à celle de Chéronée où, écrasés sous le nombre, on les trouva tous expirés dans leurs rangs, sans qu'aucun fût dérangé ! S'il eût existé un bataillon de femmes thébaines et de leurs amants, de combien ne l'eût-il pas encore emporté sur celui-ci !

Xercès, après la bataille de Salamine, sentit bien la différence de la valeur des Halicarnassiens commandés par leur reine, et dont par conséquent l'armée devoit être mêlée, d'avec la sienne. « Dans mes troupes, s'écria-t-il, les hommes y sont femmes, et les femmes y sont hommes[1] ! » Que de beaux traits ne trouvons-nous pas de votre bravoure, dans les fameux sièges de Tyr, de Numance, de Carthage, etc. ! Est-il douteux que ce ne soit à ce mélange des deux sexes dans les armées des premiers Goths, qu'on doit attribuer leurs succès rapides ? Aussi rien ne leur résista, et presque toute l'Europe se trouva soumise à eux, avant de les avoir presque aperçus.

Platon n'est pas le seul qui vous ait rendu justice, Madame : tout l'Orient, qui n'a commencé à vous traiter en esclave que quand la barbarie de

1. Marthon, dans Jules Africain.

ses nouveaux conquérants en a corrompu les
mœurs et en a fait disparoître la sagesse, la douceur et les plaisirs. l'Orient, dis-je, dans les temps
les plus reculés. avoit prévenu, par sa conduite.
ces projets de Platon.

Le plus ancien des peuples que nous connoissons,
je veux dire les Égyptiens, se sont fait l'honneur de
marquer dans leurs annales que, sous Binothris, qui
régnait environ vingt-sept siècles[1] avant le déluge
de Noé, il fut décidé, par une loi authentique, que
les femmes seroient indistinctement admises au
trône, loi qui fut toujours depuis en vigueur.
chez cette sage nation qui a toujours conservé
la mémoire des règnes heureux de Xithoeris, de
Skemiophris. etc., qui gouvernèrent l'Égypte.
selon eux longtemps avant Noé. de Damessis, qui
régna avant Moïse, et de quelques autres.

L'Inde se pare de sa fameuse Cléobuline qui.
longtemps balancée entre la philosophie et le
trône, prit enfin le parti d'en descendre et de se
rendre insensible aux larmes de ses sujets, pour se
donner tout entière aux sciences et à la retraite.

Les Arabes. avant d'adopter sur votre compte le
mélange des mœurs judaïques. asiatiques et

1. Je ne prétends point ici soutenir la chronologie égyp-
tienne contre la révélation.

grecques, devenues si injustes et si tyranniques pour votre sexe, ne rougissoient point de voir dans leurs annales le nom de Belchis, fille d'Al-Houedead[1], qui régna vingt ans, avec tant de gloire, sur l'Hyemen, le seul royaume qu'il y eût alors en Arabie.

Quel éclat Sémiramis et Nithocris n'ont-elles pas donné au trône d'Assyrie; Mandanne, Chomiris, les deux Artémises, à ceux de Perse, des Massagettes, d'Halicarnasse, et de Carie! Quelle gloire ne se sont pas acquise les Antiope, les Pentesilée, les Thalestris, et les fameuses Amazones leurs sujettes. Quel respect ne conservons-nous pas encore pour les Didon, les Sophonisbe, les Cléopâtre, les Zénobie, pour cette brave Hipsicratée, qui partagea la fortune et les malheurs de son époux Mithridate!

Ne nous parons point du dévouement de Curtius : les filles de Léos, Panthée, Thiope et Eubule, ne l'ont-elles pas surpassé? Ces généreuses Athéniennes apprennent-elles que l'oracle de Delphes vient d'annoncer que pour faire cesser la famine qui désole l'Attique, il faut que quelqu'un immole ses enfants; aussitôt, jalouses que quelque autre

1. Seize siècles avant Mahomet.

leur enlève la gloire de sauver leur pays, elles courent à leur père, et, à force d'importunités, elles obtiennent l'honneur de voir couler leur sang au pied des autels et d'expirer pour leur patrie.

Quel spectacle plus touchant, et plus respectable que celui de la mort de Cratésilée, mère de Cléomène roi de Lacédémone qui, après avoir soutenu d'un œil ferme l'injuste et cruel supplice de ses petits-enfants et des généreuses Spartiates qui l'avaient accompagnée en Égypte, présente sa tête aux bourreaux avec une constance qui les fait frémir!

Sparte offre tant d'exemples de vertus dans tous les genres, qu'on n'est embarrassé que du choix et de pouvoir décider quelles sont les plus grandes, des Archidamies, des Chéonies, des Anchitées, etc.

Sur quel théâtre plus brillant votre sexe a-t-il paru, qu'à Rome, soit dans sa naissance, soit dans son brillant, soit dans sa décadence, où votre sexe, toujours égal à lui-même, ne s'est point senti de l'énervement de l'esprit du Bas-Empire, et où nous trouvons les Pulchérie, les Athénaïs, les Irène, les Anne Comnène, etc., aussi grandes que les Clélie, les Volumnie, les Cornélie, les Octavie, les Arries, etc.

L'histoire moderne n'est pas moins abondante

en femmes courageuses, dont la valeur et la force
d'esprit ne le cèdent point à l'antiquité. La fameuse
Marie, que les Hongrois ne crurent pouvoir mieux
célébrer qu'en changeant son titre de reine en celui
de roi ; Marguerite, sur les trônes de Suède, de
Danemark et de Norvège réunis ; Catherine, chez
les Portugais : Isabelle, chez les Castillans : Élisabeth
sur la Tamise ; Blanche, sur la Seine, etc., sont des
nouveaux garants des talents de votre sexe : ces
noms et tant d'autres seront éternellement chers à
la postérité. Oui, le turban même, le fier turban, a
porté vos lois ; malgré l'orgueil avec lequel il traite
votre sexe, il a vu le grand Soliman partager son
sceptre avec Roxelane et cinq empereurs de suite
n'ont-ils pas vu régner sur eux la fameuse sultane
Kiosem ?

Comme je ne compte vous tracer ici, Madame,
qu'un canevas, que vous êtes infiniment plus capable
de remplir que moi, de faits historiques, je n'entre-
rai pas dans un plus grand détail sur les femmes-
héros, que je pourrais trouver sans nombre, qui,
dans tous les temps et chez tous les peuples, en
faisant respecter leurs armes et leurs puissances aux
nations éloignées, ont été l'objet de l'amour et de
l'adoration de leurs sujets, ou sur celles qui, sans
être placées sur le trône, se sont acquis des droits

si légitimes sur nos cœurs par les services signalés que nous en avons reçus. Passons à des exemples de vertus plus douces et plus tranquilles, mais peut-être plus réelles.

Ces vertus guerrières, ces talents militaires, cette bravoure que nos préjugés nous font regarder comme la vertu par excellence, ce titre de conquérant qui, depuis tant de siècles en Europe, est seul en possession de caractériser et de décider l'héroïsme, cette vertu pesée à la balance philosophique, qu'est-ce dans le fonds? « Qu'il est beau, me dira d'un côté le Grec, le Romain et le François, de forcer des remparts, de dompter des nations, de porter ses lois aux extrémités du monde! Au seul nom d'un Alexandre, d'un César, je les vois saisis d'enthousiasme : cependant à ces mêmes noms, à ce mot de conquérant, j'entends frémir le tranquille et paisible Asiatique. » — « Ce que vous appelez héros, me dit-il, ne me paroît que des êtres suscités pour être les fléaux de l'univers et les destructeurs du genre humain ; ces conquérants à l'aspect de qui, dites-vous, la terre a tremblé, ces Alexandre, ces Gingeskan, ces Albukerque, etc., nous ne les regardons que comme des barbares, qui n'ont pénétré dans nos climats que pour y faire naître des divisions, un luxe et des crimes qui nous étoient inconnus.

pour y renverser des lois dont la sagesse et la simplicité faisoient depuis tant de siècles notre bonheur. »

Je sens que ce n'est peut-être pas vous faire ma cour, Madame, que d'oser donner quelques ombres au brillant des vertus guerrières : je vous ai vu tant d'amour pour les talents militaires, qu'il y a presque de l'imprudence à vous parler sur ce ton. Votre amour pour ce talent n'a rien qui me surprenne ; on ne désire ardemment que ce qu'on ne possède pas : ce sont les seuls qui vous manquent, ou du moins qui n'aient point eu lieu de percer. Mais j'en appelle à vous-même ; pour lors, les réflexions que je fais ici, je ne les regarde plus comme hasardées.

Il est grand, je le sais, de mépriser sa vie, de l'exposer, de la perdre, ou pour défendre son pays et la gloire de sa nation, ou pour punir et réprimer l'insolence de ses voisins, ou, pour remplir les vues d'une ambition raisonnée qui prévoit des avantages réels pour la patrie dans des expéditions glorieuses, dont les projets sont exécutés, avec autant de justesse que médités : mais est-il moins beau d'employer les instants de sa vie à travailler au bonheur de sa nation, à y rétablir, ou par ses discours, ou par ses conseils, ou par ses actions, l'union et

l'harmonie, si nécessaires à la félicité et à la prospérité publique? Est-il moins beau de n'être occupé
qu'à adoucir le sort des malheureux, qu'à protéger
les sciences et les arts, qu'à réformer les vices,
soit des usages, soit du gouvernement, etc.? Ces
vertus, quoique moins éclatantes en apparence,
n'en sont pas moins utiles, et il n'est peut-être
aucun lieu où elles soient plus connues et plus goû-
tées que sur les bords que vous habitez. Les tro-
phées que la victoire y a élevés, loin d'y endurcir le
cœur à la vue des maux qui en sont une suite
inévitable, ne l'y ont rendu que plus sensible et
plus compatissant, quand, après avoir été forcé de
vaincre, les beaux jours de la paix ont commencé à
y renoître, loin de s'y enivrer d'un encens légitime, loin de s'y endormir sous ses lauriers, on y
fait un utile usage de ses instants de loisir, pour
les donner aux sciences, aux arts, et plus encore à
l'étude de l'homme et à chercher ce qui peut, dans
tous les états, faire son bonheur et sa tranquillité,
en réparer enfin, ou prévenir autant qu'il est possible, les abus, ou les maux présents ou à venir [1].

1. Toutes ces phrases, sont des allusions à la vie que me-
naient à Chenonceaux madame Dupin et M. Dupin, lequel
avait été un brillant militaire avant d'être un habile financier; tous deux s'y livraient à de sérieuses et utiles études.

Ces vertus différentes des premières, dont l'Asiatique ne sent pas mieux le prix qu'on le fait dans
votre séjour, sont de tous les pays et de tous les
temps. Il n'est pas de nation qui ne se soit fait un
devoir d'en conserver la mémoire et de les placer
dans ses annales. Ouvrons celles de la Chine,
nous y trouverons partout des traits de ce genre,
bien glorieux pour votre sexe.

L'empereur Yvo[1], qui régnoit vingt-deux siècles
avant Auguste, irrité des représentations trop
libres que lui faisait son premier colas ou ministre
sur sa conduite, le condamna à perdre la tête,
quoiqu'il l'eût chargé de l'avertir de ses défauts.
L'impératrice, instruite de l'arrêt, prend sur le
champ ses habits de fête les plus somptueux, et
passe chez ce prince, avec tout le cortège et l'ap-
parat des jours de cérémonies. Yvo surpris de cette
nouveauté lui en demande la raison : « Nous
avons, lui dit-elle, vous et moi, trop de sujet de
témoigner publiquement une joie extraordinaire,
pour ne pas me hâter d'en donner des marques
éclatantes. Que pouvait-il arriver de plus heureux
à vous et à l'empire, que d'avoir trouvé un
ministre incapable de vous flatter? Peut-il être un

---

1. *Histoire de la Chine*, de Martiny, 1. 2.

bonheur plus grand pour un souverain, que d'avoir
près de lui des gens qui lui parlent le langage de
la vérité, et qui le fassent ressouvenir de son
devoir? » Cette sage conduite de l'impératrice fit
ouvrir les yeux à Yvo qui, non content de révoquer
son arrêt, n'en marqua dans la suite que plus
d'estime et plus de confiance pour le colas.

Environ quatorze siècles après, Siven[1], tombé
dans l'indolence, au point de ne vouloir plus
entendre parler d'affaires et de regretter les
moments qu'elles dérobaient à ses plaisirs, l'impératrice, désespérée de la conduite honteuse de ce
prince, et du mécontentement général des Chinois,
imagine de se retirer secrètement chez ses parents,
d'où elle envoie une de ses femmes à l'empereur,
lui dire de sa part que, ne pouvant plus s'empêcher de joindre ses plaintes à celles de la nation,
elle avait cru devoir s'éloigner de lui, soit pour
n'être pas témoin de la décadence et de la ruine de
l'empire, soit pour se soustraire à la vengeance
qu'il étoit en droit de tirer des reproches qu'elle ne
pouvoit plus s'empêcher de laisser éclater. Siven,
réveillé tout d'un coup par cet avis aussi
sage que modéré, prit sur-le-champ le parti de

1. *Histoire de la Chine*, de Martiny, l. 4.

s'arracher à ses plaisirs, pour se rendre à ses devoirs. Il conjura l'impératrice de revenir, et ne crut
pouvoir lui donner des marques moins équivoques
de son attachement qu'en ne s'occupant le
reste de son règne qu'à faire le bonheur de ses
peuples.

La Chine eût-elle autant tiré d'avantages du gain
de vingt batailles, que des seules démarches de ces
deux princesses? Les victoires de Pompée et de
César ont-elles autant valu à Rome que les sages
conseils de Livie? Sans elle, cette superbe maîtresse
du monde, rendue déserte, n'auroit plus été qu'un
affreux tombeau de proscrits: sans elle, la mémoire
d'Auguste eût été plus odieuse à la postérité que
celle des Caïns et des Nérons. Livie parle, Auguste
l'écoute, aussitôt la hache tombe des mains du
licteur, Rome se repeuple, les arts et les sciences
y renoissent, l'abondance y reparoît, l'empire
devient plus florissant que jamais, Auguste enfin, le
bourreau des Romains, en devient le père et le dieu.
Que de pareils exemples ne trouverions-nous pas,
dans l'histoire de tant de nations, dont le salut a
été votre ouvrage[1].

Ne croyez cependant pas, Madame, que la Chine

1. L'ouvrage des femmes.

ne fournisse que ces vertus douces et modérées : vous y trouverez, dans votre sexe, des traits dont les Romaines les plus courageuses se pareroient. En voici quelques exemples.

Naoci révolté contre Minin, roi de Cy[1], étant venu au point de se rendre maître de la personne de ce prince, de l'égorger et de se placer sur le trône, Sunkia, général de Minin, voyant qu'il n'y avoit plus de ressources pour son parti, se sauve et se réfugie chez sa mère. Cette femme, digne de Sparte, refuse de le recevoir, lui reproche d'avoir abandonné son maître, ou du moins, de n'avoir pas péri avec lui : « J'aime mieux, lui dit-elle, n'avoir point de fils, que d'en avoir un infidèle et inutile à son roi. » Sunkia, animé par ce reproche, court de tous côtés soulever le peuple, investit le palais de Naoci, qui ne s'attendoit à rien moins, force les portes, le poignarde, fait couronner Fachang, fils de Minin, et mérite enfin par là d'être avoué et reçu de sa mère.

Hyangin[2], qui s'étoit révolté contre l'empereur Limpang, se voyant abandonné par Vauling, un des principaux chefs de son parti, qui venoit de rentrer dans celui de l'empereur, crut pouvoir le rega-

1. Trois siècles avant Auguste.
2. Deux siècles avant Auguste.

gner par la crainte, en arrêtant sa mère, et lui
mande que sa vie depend de son retour. Vanling,
effrayé du péril où sa mère se trouve, envoye négocier avec Hyangin : dès que cette femme apprend
qu'il est arrivé des députés de son fils, elle demande
à les entretenir en particulier : « J'ai voulu vous
voir seule, leur dit-elle, pour vous prier de conju-
rer de ma part mon fils de rester fidèlement attaché
à l'empereur, et de servir désormais constamment
un prince qui règne avec tant d'équité. Que mon
fils ne soit point inquiet sur la destinée d'une
femme, que sa vieillesse rend désormais inutile à sa
patrie : au reste, rapportez-lui le parti que je prends,
pour lui ôter tout sujet d'alarmes, sur mon compte,
et comment j'ai su briser mes fers. » A ces mots,
elle se frappe d'un poignard et tombe morte à leurs
pieds.

Jusque dans les esclaves, vous y trouveriez,
Madame, de ces vertus de l'une et l'autre nature.

Quoi de plus beau, par exemple, que le discours et
la conduite de Pona vis-à-vis de l'empereur Chingu
qui, devenu amoureux d'elle, voulut la faire loger
dans l'intérieur du palais, contre l'usage de ses prédécesseurs? « Quoique dans notre état, lui dit-elle,
nous soyons élevées dans l'ignorance, j'ai appris,
en jetant les yeux sur les anciennes tablettes, que

19

les bons princes n'approchoient d'eux que de sages ministres; que les mauvais ne cherchoient au contraire qu'à être entourés de femmes corrompues, qui les entretinssent dans leurs débauches. Pourquoi veux-tu donner le chagrin à l'impératrice de me voir logée dans son palais, et ternir par là ta réputation dans l'esprit de tes sujets? Je t'aime, je t'adore avec trop de passion pour ne pas ménager ton repos et ta gloire : demeure seul avec l'impératrice, je t'en conjure; souffre que je ne sois toujours que ton esclave et la sienne, je ne t'en serai pas moins chère, et tu me le seras davantage. » On sent aisément quelle fut la reconnoissance de l'impératrice : aussi, dans la suite, l'empereur ayant eu des procédés outrageants pour cette princesse, elle ne trouva d'autre consolation que de se retirer chez cette vertueuse esclave et de passer le reste de ses jours avec elle.

Un jour, l'empereur Ngayu[1] se promenant dans une galerie, qui donnoit sur des casernes où étoient enfermées des bêtes farouches, un ours force sa grille et s'élance dans la galerie : tout ce qui étoit avec ce prince s'enfuit, à la réserve d'une seule esclave, nommée Funga, qui, animée par le danger

1. *Histoire de la Chine,* de Martinot.

qu'il couroit, se jette sur l'ours et l'étrangle de ses mains ; mais plus généreuse encore dans la suite, s'apercevant que la reconnoissance et l'attachement de Ngayu pour elle portoient ombrage à l'impératrice et commençoient à avoir des suites qui menaçoient ce prince de chagrins peut-être encore plus vifs, Funga crut que ce n'étoit pas assez pour elle d'avoir sauvé la vie de l'empereur, et qu'elle devoit encore assurer son repos et sa tranquillité : en conséquence, elle prit le parti de se donner la mort.

Tous ces traits, et la reconnoissance que la Chine a dû avoir, dans les différents temps, des avantages que votre sexe lui a procurés, ne sont encore rien, au prix de ce que cet empire vous devra éternellement pour la conservation des ouvrages si respectables de Confucius, de Mentius et des autres philosophes de la Chine. Chinxin[1], dont le nom se rend en horreur à tous les âges, ayant ordonné qu'on fit brûler tous les livres de l'empire, défendant sous peine de la vie d'en conserver aucun, l'exemple de tant de gens égorgés pour avoir refusé de livrer les leurs ne fut pas capable d'arrêter le courage d'une femme. Son amour pour

1. Id. 1. 6. Environ trois siècles avant Auguste.

les sciences et la postérité l'emporta, et, méprisant les dangers auxquels elle s'exposoit, elle eut la force de cacher et de conserver ce précieux dépôt : ce n'est qu'à ses soins que la Chine doit aujourd'hui ce qui reste de ces monuments inestimables.

Cette généreuse action ne me surprend point : l'amour pour les sciences a paru de tout temps chez votre sexe ; à peine naquirent-elles dans la Grèce, à peine l'aurore des beaux jours de la philosophie y commença-t-elle à luire, qu'on vous vit nous les disputer et nous en enlever les lauriers. La fameuse Théano, veuve de Pythagore, en fit presque oublier la perte, en continuant de tenir son école, et ce grand homme, en mourant, ne crut pouvoir confier ses ouvrages en de meilleures mains qu'entre celles de sa fille Damos : choix, qu'elle justifia si bien par sa conduite. Les noms de Thargélie, d'Aspasie, d'Agnodice, d'Axiothée, d'Agalée, d'Arctie, d'Hipporchée, de Praxilée, de Sapho, etc., seront respectables aux savants jusque dans l'avenir le plus reculé ; on se souviendra qu'il fut des femmes philosophes, qui firent les délices des Grecs, et qu'on ne se lassa point d'écouter. Mais qu'on puisse se ressouvenir aussi que ce titre de philosophe, qui dans la suite est devenu presque une insulte, étoit bien différent sous Thargélie, Aspasie,

Socrate et Platon, de ce qu'il devint quelques siècles après.

La philosophie n'étoit point alors cette science dure et caustique, qui, sans cesse masquée sous un dehors austère et ridé, effarouche et fait fuir les plaisirs. Ce n'étoit point cette étude sèche de sophismes et de distinctions à l'infini, qui ne servent qu'à donner au faux, et souvent à l'absurde, les apparences du vrai; dont tout l'art ne consiste qu'à embarrasser, qu'à séduire et qu'à en imposer au général des hommes, par un faux brillant, voile méprisable de l'entêtement, de l'orgueil et de l'ignorance. C'est, il est vrai, ce que devint la philosophie par le déclin de Rome; mais combien plus âpre devint-elle, et plus insupportable encore à l'humanité, quand l'Europe se vit inondée de ces flots de Barbares! Que de divisions, que de haines, que de noms odieux, que de persécutions, que de maux, n'y fit-elle pas naître; que d'entraves, alors, ne donna-t-elle pas à l'esprit! Devenue de jour en jour plus obscure, plus inintelligible, plus embarrassée d'opinions absurdes, ne pouvant plus persuader, elle eut recours à la force, ressource de la faiblesse et du faux : par là, au lieu d'adoucir les mœurs de ces nouvelles peuplades du Nord, elle ne servit qu'à les rendre plus farouches et plus barbares. Aussi ne suis-je point surpris des idées révoltantes dont la trace reste encore, dans le général des esprits, sur le titre de philosophe.

Bien différente dans ces premiers temps chez les Grecs, la philosophie n'étoit que la recherche du vrai, ou du moins du probable, dans tout ce qu'il est possible à l'homme de découvrir, historique, physique, ou morale. Loin de croire tout savoir, de prétendre pénétrer et approfondir jusque dans les conseils et les opérations les plus secrètes de la Divinité, ainsi que chez le moderne, elle ne perdoit point de vue qu'il est des bornes aux connoissances humaines, qu'elles ne peuvent franchir. Aussi, ne cherchoit-elle pas à se perdre dans des idées métaphysiques. Loin de ne faire connoître que par des noms injurieux ceux qui suivoient des routes différentes, elle supposoit alors que le partage des opinions ne venoit que de ce que chacun croyoit avoir de bonnes raisons, pour en tirer des conséquences opposées. Loin de chercher à en imposer par des discours guindés, par un fatras d'érudition qui devient bientôt à charge et blesse toujours l'amour-propre de celui qui écoute, elle se mettoit à portée de tout le monde, ne s'élevoit qu'à proportion de l'étendue du génie et des connoissances de ses auditeurs. Tel étoit l'esprit de So-

crate, qui ne cessera d'avoir des autels dans le
cœur des hommes sensés.

Voilà quelle étoit la philosophie du temps d'Aspasie, Madame : il s'en falloit bien qu'elle eût besoin
de froncer ses traits pour réussir, ni d'insulter aux
plaisirs et aux douceurs pour lesquels la nature
nous forme, et dont nous apportons en naissant les
désirs et le besoin. La vénération qu'eurent les Athé-
niens et les Perses même pour Aspasie, jusqu'après
sa mort, en est une preuve. Cette femme, la plus
charmante et la plus spirituelle d'Athènes, n'en fut
jamais moins considérée de ce peuple si sage, pour
avoir tiré tout le parti possible des grâces et des
charmes de sa figure. Non seulement toute la jeunesse accouroit chez elle pour écouter ses leçons,
mais jusqu'aux maris les plus graves y envoyoient
ou y amenoient leurs femmes ; celles de la plus
grande qualité, et Socrate lui-même, se paroient
d'être ses disciples. La mort de Périclès, par qui
elle gouvernoit Athènes, ne lui fit rien perdre de
son crédit : on lui vit tirer de la lie du peuple un
Lisiclès, qui lui plut, pour l'élever aux plus grandes
dignités de la république. Enfin, pour prouver à
quel point son nom et sa mémoire devinrent respectables, le jeune Cyrus, épris de la passion la plus
vive pour la belle Mitto, dont l'esprit et les grâces

firent successivement les délices de trois princes aussi grands que celui-ci, Artaxerxès, Mnémon et son fils Ochus, Cyrus, dis-je, ne crut pouvoir donner un plus beau titre à Mitto qu'en changeant son nom en celui d'Aspasie, nom qu'elle acheva de rendre illustre par ses talents[1].

Ne nous laissons donc plus surprendre par les reproches que nos écrivains modernes font à cette Aspasie, ni par leurs déclamations contre Sapho et tant d'autres femmes illustres, dont ils cherchent à ternir la gloire, sous prétexte de leurs prétendues faiblesses : qu'ils s'en prennent à la nature. Si Platon n'a point été écouté sur les lois qu'il vouloit établir pour votre éducation, croyez-vous que, devenus vos maîtres ou plutôt vos tyrans, nous l'écoutions davantage sur cette liberté sans borne qu'il veut qu'on vous accorde, par le choix et la variété de vos plaisirs, abrogeant ces lois de préjugés qui vous soumettent en esclaves à nos caprices, pour tarir la source des dégoûts que vous fait naître si souvent la nécessité de ne vivre qu'avec un époux, au sort de qui on vous attache presque toujours sans vous avoir consultées ? Platon, à force de réfléchir, prétend avec raison que, pour rendre à la nature ses

1. Plutarque, *Vie de Périclès.*

premiers droits, il est absolument nécessaire que nous renoncions en votre faveur à ce cruel despotisme, pour vous rendre à vous-mêmes, et qu'on établisse la communauté d'hommes pour les femmes, comme de femmes pour les hommes, sans aucune distinction [1].

J'avoue que cette communauté, qui a été de tout temps et qui est encore établie chez tant de nations, révolteroit aujourd'hui nos mœurs dans le premier point de vue d'où on la regarderoit. Mais replions-nous sur nous-mêmes : qu'a-t-elle de révoltant ? Quels abus y auroit-il de plus, et que n'y gagneroit-on pas ? Est-il juste d'ailleurs de vous refuser un droit dont nous ne cessons d'abuser ? Séduire, abandonner, passer alternativement du ton le plus souple et le plus rampant à celui du maître le plus dur ; au milieu de nos soupirs et de nos larmes, vous méditer les trahisons les plus noires ; compter le nombre de nos exploits et de nos triomphes par nos indiscrétions et nos perfidies : voilà ce qui fait journellement notre occupation, voilà ce qui fait notre gloire. A vous, on vous interdit jusqu'au moindre désir ; des soupirs, même les plus étouffés, on vous en fait des crimes...

1. *De la Rép.* 1. 7.

Quoi, toujours des inconséquences dans notre conduite! Nous ne travaillons, disons-nous, qu'à rendre nos jours agréables : cependant nous ne cessons d'en traverser la douceur; nous ne nous occupons qu'à dicter des lois qui, si elles étoient observées à la rigueur, nous priveroient à tous égards de tout ce qu'il peut y avoir de flatteur dans la vie. Cette idole monstrueuse que l'homme se forge dans chaque coin sous des traits si différents, cette fatale raison, l'ouvrage du caprice, qui empoisonne nos jours, sera-t-elle toujours placée sur des autels? ne cessera-t-on de préférer la fausse lueur de son flambeau, qui nous conduit en tâtonnant, dans des routes si raboteuses et si détournées, à la pure et brillante lumière dont nous éclaire la simple nature, qui ne guide jamais que sagement et d'un pas sûr, dans des routes droites et frayées? En vain tâchons-nous d'étouffer les sentiments qu'elle nous inspire sous le poids accablant d'un amas de préjugés bizarres; en vain nous efforçons-nous de la resserrer chaque jour, par de nouvelles lois qu'enfante notre extravagance, lois qui, à mesure qu'elles paroissent, font naître avec elles autant de nouveaux crimes ignorés jusqu'alors et qui sans elles eussent continué d'être au rang des actions indifférentes : inutiles efforts! travaux superflus! la sage nature perce, l'emporte...

Mais je m'arrête, et je sens que ma main tremblante
n'est pas faite pour peser les vices ou les vertus, et
qu'elle n'est pas assez forte pour arracher le voile
qui nous empêche de découvrir l'aimable et précieuse vérité. Je ne m'aperçois peut-être que trop
tard des écarts où mes réflexions pouvoient me
jeter : revenons sur nos pas.

J'entends quelqu'un dire que tous les avantages
que vous avez procurés de tout temps à l'humanité
n'empêchent pas de se plaindre des malheurs qu'ont
quelquefois fait naître vos passions, amour, intérêt,
ambition, haine ou vengeance. Je veux bien conve
nir, avec ce critique, que l'effet de ces passions
outrées a souvent été terrible ; mais s'il veut être de
bonne foi, n'avouera-t-il pas que la première source
de ces malheurs, surtout relativement à l'amour,
se trouve dans le cœur de l'homme, et qu'il ne faut
s'en prendre qu'à lui, lorsque ses yeux aveuglés
n'ont fait que de mauvais choix? C'est quelquefois
l'amour, je l'avoue, qui énerve et qui corrompt; mais
n'est-ce pas aussi presque toujours l'amour qui
forme nos cœurs, qui polit les esprits, qui fait sortir
les talents, qui adoucit les mœurs, enfin qui fait les
grands hommes? et l'amour n'entra-t-il pas toujours
dans les vertus des héros? Sans nous reculer dans
l'antiquité, rapprochons-nous de nos jours. Sans

Agnès de Sorel, que fût devenue la France ? L'Anglois en étoit déjà maître de la plus grande partie ; Charles VII, endormi sur les débris de son trône, insensible à l'attachement et aux vœux de ses sujets qui gémissoient sous un joug étranger, paraissoit borner ses désirs au seul Chinon qu'il étoit encore sur le point d'abandonner : en vain lui représente-t-on, ce qu'il doit à son peuple, ce qu'il se doit à lui-même, rien ne l'éveille, et l'Anglois commence à douter s'il existe encore. La seule Agnès et l'amour sont capables de le tirer de sa léthargie ; pour Agnès enfin il fait un effort, il reparoit ; c'en est assez : tout rentre sous ses lois et l'Anglois a disparu. Sans l'amour, Charles eût été oublié au rang des rois fainéants ; l'amour le place au rang des héros.

Quant aux suites des autres passions qu'on trouve quelquefois trop vives dans votre sexe, poussées à un certain point, il est vrai que, souvent, elles ont été fatales, ou dans le particulier ou dans le général ; mais nous sied-il de vous en faire des reproches ? Si notre amour-propre nous porte à nous disputer l'avantage, ou du moins l'égalité dans les vertus, que la vérité nous arrache à son tour l'aveu que nous vous avons passées de bien loin dans les vices ! Si nous comptons quelques centaines de femmes dont

la vie et les actions sont odieuses, que de milliers
de monstres de notre sexe pourroit-on citer, dans
tous les états, dont le nom seul fait frémir le cœur
le plus endurci au crime! Est-il quelque pays,
quelque siècle, qui n'en fournisse des exemples sans
nombre? Est-il sur la terre quelque asile assez
saint pour en être exempt? Non, jusque dans les
temples; non, jusqu'au fond de ce sanctuaire sacré
où, depuis dix-sept siècles, sont placés ces demi-
dieux de l'Europe qui nous assurent être nos mé-
diateurs entre nous et la Divinité, non, dans Rome
même, qui devroit être le séjour des vertus, est-il
des crimes dont les fastes de ces pontifes ne soient
remplis? Est-il quelque espèce de vices, quelque
genre de forfaits, dans lesquels ils n'aient surpassé
les plus fourbes, les plus cruels et les plus infâmes
de tous les hommes : fatale et déplorable suite de la
nature humaine, qui semble n'avoir d'autres avantages sur les autres animaux que par sa corrup-
tion et ses cruautés, et de voir souvent rassemblés
dans un seul homme les défauts et les vices de
tous les animaux ensemble... Mais hâtons-nous de
tirer un voile sur ces tristes images, qui nous
feroient naître une foule de réflexions trop humi-
liantes pour l'humanité. Mon plan n'est que de relever la gloire de votre sexe : ce seroit trop mal

finir, Madame, que de lui faire envisager les ombres affreuses, dans lesquelles il est impossible de ne pas les envelopper, avec le nôtre.

Maintenant, nous quittons définitivement l'abbé de Saint-Pierre, pour nous trouver en face de M. de Voltaire.

VOLTAIRE

NOTICE SUR VOLTAIRE

Nous avons trouvé dans le portefeuille de madame Dupin huit lettres de Voltaire adressées à elle ; cette correspondance n'était pas aussi active que celle de l'abbé de Saint-Pierre, puisque la première est datée de 1736 et la dernière de 1771. On verra, dans ces lettres, combien Voltaire avait d'admiration pour l'esprit et les charmes de madame Dupin, et d'estime pour son mari. Il lui fait l'envoi du plan de la tragédie d'*Alzire* et du *Discours en vers sur les événements de l'année 1744*, corrigé de sa main, ainsi que de l'éloge ou *Panégyrique de saint Louis*, et du *Poème sur la religion naturelle*, en quatre chants, avec la dédicace à la duchesse de Saxe-

Gotha, la sœur du grand Frédéric (poème qui fut condamné au feu par arrêt du Parlement, le 6 février 1759). Nous ne publions pas le panégyrique de saint Louis, ni le poème sur la religion naturelle, car ces deux ouvrages ont été reproduits, et nous ne voulons donner que de l'inédit.

François-Marie-Arouet de Voltaire naquit à Chatenay, près de Sceaux, le 20 février 1694. De bonne heure, sa prodigieuse intelligence le fit remarquer. Ninon de Lenclos se passionna pour lui, bien qu'il ne fût encore qu'un adolescent (on dirait aujourd'hui un mineur), et elle lui légua, par testament, deux mille livres. Le père du jeune Arouet voulut en vain lui faire suivre la carrière du barreau ; il résista et il se jeta dans celle des lettres. A dix-sept ans, il composa une tragédie d'*Œdipe*, avec des chœurs ; la gloire et la célébrité lui arrivèrent d'emblée ; le monde l'attira, le flatta ; les princes en firent leur familier. Mais Voltaire fut un génie dont les ailes ne le préservèrent, ni des verrous, ni de la Bastille, ni de l'exil. Après une détention, reconnue injuste, il adressa au Régent, qui cherchait à réparer cette punition par des bienfaits, ces paroles satiriques : « Monseigneur, que Sa Majesté se charge de ma nourriture, d'accord, mais je supplie Votre Altesse de ne plus se charger de mon logement. » Peu après, on le rejeta à la Bastille. On l'en fit sortir pour l'exiler en Angleterre : il y publia la *Henriade*. L'effet en fut prodigieux. De 1740 à 1748, Louis XV le combla de ses faveurs, et le prince royal de Prusse lui

fit de vives avances. Pendant les campagnes glorieuses pour la France, qui amenèrent la paix
d'Aix-la-Chapelle, Voltaire consacra ses talents
à célébrer les succès de nos armées : le titre d'historiographe, celui de gentilhomme de la chambre du
roi, un fauteuil à l'Académie française, furent le
prix de son zèle patriotique. Mais son esprit satirique, ses publications frondeuses et impies, ne tar-
dèrent pas à ramener la foudre sur sa tête ; il se
réfugia auprès du roi Stanislas, à Nancy, où prit
naissance sa liaison avec la marquise du Châtelet.
Le grand Frédéric l'attira à Berlin : une rupture
éclatante brisa cette royale amitié. A son retour de
Prusse, Voltaire s'établit aux Délices, près de Genève,
puis dans le pays de Gex, à Ferney, qu'il ne quitta
plus que pour venir mourir à Paris, le 30 mars
1778, âgé de quatre-vingt-quatre ans.

Il avait de bonne heure amassé une assez grosse
fortune, grâce à d'heureuses spéculations; très retors
en affaires et passablement avare, il n'a jamais négligé aucune occasion de bénéficier; toutefois il faisait un noble emploi de ses richesses et donnait
généreusement aux artistes et aux littérateurs famé-
liques.

Voltaire cultiva tous les genres : lettres familières,
poésie, histoire, philosophie, théâtre. C'était un
génie universel, un esprit hors de pair : il faut le
placer au premier rang de nos écrivains; mais, combien ce soleil a de taches! Pourquoi sa plume s'est-
elle déshonorée par tant de productions immorales?

20

Et certes, il est triste de penser que cet homme, qui avait reçu du ciel des dons si merveilleux, n'a cessé de faire la guerre à la religion, et qu'il poussa ce cri odieux, en parlant de Jésus-Christ : « Écrasons l'infâme ! »

LETTRES DE VOLTAIRE

Voltaire, en envoyant à madame Dupin une édition de ses œuvres, la remercie d'un sacrifice que nous ignorons. Cette lettre n'est pas datée.

A MADAME DUPIN

Ce dimanche.

Je vous remercie très humblement, Madame, du sacrifice que vous avez la bonté de faire. Il ne doit paroître que des fleurs sur vos autels. Ce sont de très vilains chardons que ces cinq volumes-là.

J'espère recevoir bientôt une édition moins indigne de vous être offerte.

Si l'auteur avoit le bonheur de vous faire sa cour plus souvent, ses ouvrages et lui y gagneroient. C'est à vous, Madame, qu'on cherche à plaire : personne ne sent mieux que moi le prix de votre suffrage et celui de votre société.

J'en dis autant à M. Dupin.

J'ai l'honneur d'être avec bien du respect, Madame,
Votre très humble et très obéissant serviteur.

VOLTAIRE.

A MADAME DUPIN[1].

A l'illustrissima signora Dupin : O Dupina, ave, Venus, o Venere, Minerve, o Minerva, vien supplicata d'accogliere colla sua solita benignita, e con un favorevole riguardo dè suoi belli occhi, questo piccolo saggio. Iè un tributo pagato all' academa di Bologna, ma molto piu a Sua Sig^{ria},

Le baccio umilmente le belle mani, e rimango, con ogni maggiore ossequio di sua Sill^{ma},

Il devot ed umil^{mo} servidore.

VOLTAIRE.

A la très illustre madame Dupin : O Dupin, salut, Vénus, o Vénus, Minerve, o Minerve, je viens en la suppliant d'accueillir avec sa bienveillance habituelle et avec un favorable regard de ses beaux yeux ce petit message.

C'est un tribut payé à l'Académie de Bologne, mais encore bien plus à Sa Seigneurie.

Je donne le baiser très humblement sur ses belles mains, et je demeure, avec le plus grand respect, de Sa Très Illustre Seigneurie,

Le dévot et très humble serviteur,

VOLTAIRE.

1. En italien, sans date.

Voltaire envoie à madame Dupin le plan de la tragédie d'*Alzire*.

Voici le billet qui l'accompagne, il est sans date :

Puisque la beauté, les grâces et le génie, qui s'appellent madame Dupin veulent bien s'amuser à orner cette guenille, la voilà un peu moins indigne de ses bontés. Je vais à la campagne, je serai à ses pieds à mon retour.

V.

Voltaire composa et écrivit *Alzire* à Cirey, chez madame du Châtelet, en 1736. C'est sans doute la date qu'il faut attribuer à cet envoi.

ACTE PREMIER

SCÈNE PREMIÈRE

ALVARÈS

Don Gusman, à qui son père remet le gouvernement. Le fils s'en défend et l'accepte ; Alvarès lui demande la liberté des prisonniers comme une condition. Gusman s'y oppose et l'accorde. Alvarès lui apprend que lui, Alvarès, doit la vie à un jeune Américain ; il lui recommande de faire régner la douceur et la clémence avec lui. Gusman représente l'avantage de la rigueur, il se rend enfin aux raisons d'Alvarès et il lui parle de son mariage. Alvarès avait déjà parlé au père d'Alzire et mis l'affaire au point d'être terminée ; il lui fait sentir l'avantage du mariage d'Alzire pour réunir les esprits à la religion et au gouvernement. Gusman étoit tout persuadé par l'amour.

SCÈNE II

ALVARÈS, MONTEZE

Monteze avoue à Alvarès la répugnance de sa fille pour épouser son fils, et répond cependant de faire achever le mariage.

SCÈNE III

Petit monologue de Monteze.

SCÈNE IV

MONTEZE, ALZIRE

Alzire se défend pour la deuxième fois de l'accomplissement du mariage : fait valoir son obéissance en représentant son changement de religion, qui ne l'a point assez armé contre le souvenir de Zamor, et dit qu'elle ne peut épouser Gusman, le cœur tout occupé d'un autre.

SCÈNE V

GUSMAN, ALZIRE

Gusman parle en maître. Alzire répond sincèrement qu'elle se croit engagée au souvenir de Zamor et cependant ne lui donne pas l'exclusion.

GUSMAN, *seul*.

Monologue où il veut être obéi.

ACTE II

SCÈNE PREMIÈRE

ZAMOR, *des Américains.*

Zamor sortant de prison ignore où il est, à qui il doit
sa liberté, et sous quel pouvoir il se trouve; il conserve
le désir et l'espoir de se venger.

SCÈNE II

ALVARÈS, ZAMOR

Reconnoissance d'Alvarès et de Zamor, qui se trouve
être celui qui a sauvé la vie à Alvarès. Alvarès lui fait des
offres de service, Zamor lui demande des nouvelles de
Monteze, père d'Alzire. Alvarès lui répond que Monteze
lui-même répondra à sa question et à sa curiosité.

SCÈNE III

Zamor occupé du bonheur d'avoir retrouvé un homme
juste, dans ce lieu de barbarie.

SCÈNE IV

MONTEZE, ZAMOR

Zamor reparle de ses malheurs passés. Monteze le
plaint et l'instruit peu, et fait un pauvre personnage. Il
est content des vainqueurs, cela peut rouler sur la religion pour sa justification. On annonce à Monteze qu'il
est attendu pour la cérémonie. Zamor demande quelle
elle est, veut le suivre, Monteze le fait garder pour une
heure, au nom de Gusman.

SCÈNE V

AMOR, AMÉRICAINS

Zamor se croit trahi et s'entretient de vengeance, sans se douter de ce qui arrive.

ACTE III

SCÈNE PREMIÈRE

Alzire seule, mariée, qui quitte l'autel pour venir s'en plaindre.

SCÈNE II

Elle demande à sa confidente si elle ne peut voir les prisonniers lâchés.

SCÈNE III

On lui annonce un des captifs qui demande à lui parler.

SCÈNE IV

ZAMOR, ALZIRE

Zamor est dans la joie ne sachant point le mariage. Alzire le lui apprend. Zamor ne perd point l'espérance et lui pardonne.

SCÈNE V

ALVARÈS, GUSMAN, ZAMOR, ALZIRE

Alvarès présente Zamor à Gusman, comme celui qui lui a sauvé la vie. Zamor ignoroit que Gusman fût fils d'Alvarès, il le reconnoit pour le perturbateur de sa pa-

trie, lui parle hardiment. Alvarès se met entre deux,
Gusman veut congédier Alzire. Alzire demande la mort.
Alvarès suspend tout.

SCÈNE VI

On annonce à Gusman une sédition, il fait remettre
Zamor en prison, et sort pour aller donner des ordres.

SCÈNE VII

ALVARÈS, ALZIRE *dans la douleur*.

Alvarès lui promet sa bonté et l'exhorte à ses devoirs.

ACTE IV

SCÈNE PREMIÈRE

ALVARÈS, GUSMAN

Alvarès veut qu'il pardonne à Zamor. Gusman avoue
sa jalousie.

SCÈNE II

GUSMAN, *seul*

Qui se repent d'aimer Alzire.

SCÈNE III

GUSMAN, ALZIRE, qui vient lui demander la grâce de
Zamor. Gusman ne la refuse ni ne l'accorde.

SCÈNE IV

ALZIRE, ELMIRE

Elles avoient pris des mesures, pour faire sortir Zamor de prison en séduisant la garde.

SCÈNE V

ALZIRE. ZAMOR sauvé par ses soins; il lui propose de le suivre. Elle le refuse. Il part.

SCÈNES VI ET VII

ALZIRE, *seule*

Inquiète de ce qu'il doit devenir.

SCÈNE VIII

Elmire rend compte à Alzire que Zamor est allé au palais de Gusman.

ACTE V

SCÈNE PREMIÈRE

MONTEZE, ALZIRE

Il apprend à sa fille que Zamor vient d'assassiner Gusman, et que le conseil est assemblé pour ordonner la mort de Zamor, et la sienne, qu'on croit complice. Alvarès vient pour tacher de les sauver. Gusman se fait amener mourir auprès de son père, pardonne sa mort à Zamor et lui donne Alzire, recommande à son père de l'aimer comme sa fille, de rendre Zamor chrétien, et meurt content.

Mérope fut donnée en 1743 : la lettre suivante est de cette année-là.

Ce samedi.

Monsieur de Voltaire présente ses respects à madame Dupin; il seroit bien flatté si elle pouvoit venir à *Mérope* lundi, et entendre le discours avant la représentation : elle sait combien on ambitionne son suffrage.

Madame Dupin ayant vendu l'hôtel Lambert vint s'établir rue Plâtrière, près Saint-Eustache.

A MADAME DUPIN
Rue Plâtrière, à Paris.

A Potsdam, 16 septembre.

J'ai eu le bonheur, Madame, de passer trois jours avec M. de Villeneuve[1] dans ma retraite de Potsdam. Le roi n'y étoit point. Il étoit en Silésie entouré d'escadrons et de bataillons, et M. de Villeneuve, au lieu de voir la cour d'un monarque à Potsdam, n'y a vu qu'une solitude de philosophes. Il me paroît également fait pour les philosophes et pour les rois. Je ne suis pas surpris que tout ce qui

---

1. M. de Villeneuve, le neveu de madame Dupin, est le même qui épousa sa cousine, mademoiselle Suzanne Dupin de Francueil.

vous appartient soit aimable, mais je le suis d'avoir
vu dans M. votre neveu un jeune homme si supérieur à son âge. Si on ne nous envoyoit que de tels
voyageurs, notre nation y gagneroit beaucoup. Je
suis fâché actuellement, Madame, que les premières
éditions du *Siècle* aient paru : ce n'étoit qu'un ouvrage informe. Il en paroîtra incessamment une
édition augmentée du tiers, bien plus intéressante
et remplie d'anecdotes curieuses qu'on m'a fournies.
Je souhaite qu'elles vous fassent quelque plaisir.
Mais vous en aurez moins certainement, à les lire,
que je n'en aurois à vous voir et à vous entendre.
C'est un bonheur dont je me flatte de mois en mois,
et qu'il m'a fallu toujours différer. J'ai bien peur
qu'à la fin, les maladies dont je suis accablé ne me
rendent tout à fait incapable de vivre auprès du
roi de Prusse et auprès de vous. Je sens que mon
état m'obligera bientôt de renoncer à toute société,
mais je regretterai toujours la vôtre.

Permettez que je renouvelle ici à M. Dupin, à
M. votre fils et à toute votre famille, les assurances
de mon attachement.

J'ai l'honneur d'être, Madame, avec des sentiments
qui ne s'effaceront jamais, votre très humble et très
obéissant serviteur.

VOLTAIRE.

La lettre n'est pas datée, mais elle doit être de
1744.

A Potsdam, ce 8 décembre 1744.

Il est juste, Madame, que des ministres qui viennent travailler au bonheur des nations, en aient
la récompense, en ayant le bonheur de vous voir.
M. d'Ammon, chambellan du roi de Prusse et
son envoyé, se propose de voir en France tout ce
qui peut faire la gloire de notre patrie, et je lui ai
dit de commencer par vous. C'est un avantage dont
il est bien digne. Votre maison ne lui donnera pas
une mauvaise opinion de la France, et les affaires
n'en iront que mieux. Je ne sépare point M. Dupin
de vous ; il s'agit de l'honneur du pays. Ainsi la
lettre est pour vous deux.

J'espère que je serai bientôt aussi heureux que
lui et que je viendrai vous renouveler, Madame, à
vous et à toute votre famille, les sentiments d'attachement et de respect, avec lesquels je serai toute
ma vie, Madame, votre très humble et très obéissant
serviteur.

J'ai l'honneur d'envoyer à M. et à madame Dupin
cette guenille, qu'un fat d'imprimeur a toute défi-
gurée.

Je leur présente mes respects.   VOLTAIRE.

Le *Discours en vers sur les événements de l'année* 1744 a été imprimé à Paris, chez Prault père, quai de Gesvres, au Paradis, 1744.

Le mot d'envoi qui l'accompagne est écrit de la main de Voltaire, ainsi que toutes les corrections, qui sont signalées par des guillemets.

DISCOURS EN VERS

SUR LES ÉVÉNEMENTS DE L'ANNÉE 1744.

Quoi, verrai-je toujours des sottises en France ?
Disoit l'hiver dernier, d'un ton plein d'importance,
Timon, qui, du passé profond admirateur,
« Du présent qu'il ignore est l'éternel frondeur. »
Pourquoi, s'écrioit-il, le Roi va-t-il en Flandre ?
Quelle étrange vertu qui s'obstine à défendre
Les débris dangereux du trône des Césars,
Contre l'or des Anglois et le fer des houzards ?
Dans le jeune Conti, quel excès de folie,
D'escalader les monts qui gardent l'Italie,
Et d'attaquer vers Nice un roi victorieux,
« Sur ces sommets glacés dont le front touche aux cieux ? »
« Pour franchir ces amas des neiges éternelles, »
Dédale à cet Icare a-t-il prêté ses ailes ?
A-t-il reçu du moins, dans son dessein fatal,
Pour briser les rochers, le secret d'Annibal ?
Il dit : et Conti part. Une ardente jeunesse,
Voyant peu les dangers que voit trop la vieillesse,
Se précipite en foule autour de son héros.
Du Var, qui s'épouvante, on traverse les flots ;
De torrents en rochers, de montagne en abyme,
Des Alpes en courroux on assiège la cime ;
On y brave la foudre : on voit de tout côté,
Et la nature, et l'art, et l'ennemi dompté.

Conti qu'on censuroit, et que l'univers loue,
Est un autre Annibal qui n'a point de Capoue.
Critiques orgueilleux, frondeurs, en est-ce assez ?
Avec Nice et Demont vous voilà terrassés.
Mais, tandis que sous lui les Alpes s'aplanissent,
Que sur les flots voisins les Anglois en frémissent,
Vers les bords de l'Escaut, Louis fait tout trembler ;
Le Batave s'arrête, et craint de le troubler.
Ministres, généraux, suivent d'un même zèle,
Du Conseil aux dangers, leur prince et leur modèle.
L'ombre du grand Condé, l'ombre du grand Louis,
Dans les champs de la Flandre ont reconnu leurs fils :
L'envie alors se tait, la médisance admire.
Zoïle, un jour du moins, renonce à la satire ;
Et le vieux nouvelliste, une canne à la main,
« Trace, au palais royal, Ypres, Furne et Menin. »
Ainsi, lorsqu'à Paris, la tendre Melpomène
De quelque ouvrage heureux vient embellir la scène,
En dépit des sifflets de cent auteurs malins,
« Le spectateur sensible applaudit des deux mains. »
Ainsi, malgré Bussy, ses chansons et sa haine,
Nos aïeux admiroient Luxembourg et Turenne.
Le François, quelquefois, est léger et moqueur,
Mais toujours le mérite eut des droits sur son cœur ;
Il l'aime en son égal, il l'adore en son maître :
« La vertu sur le trône est dans son plus beau jour »
« Et l'exemple du monde en est aussi l'amour. »
Nous l'avons éprouvé quand la fièvre fatale,
A l'œil creux, au teint sombre, à la marche inégale,
« Attaqua dans son lit, de ses tremblantes mains, »
« Au sortir des combats, le plus grand des humains. »
Jadis Germanicus fit verser moins de larmes ;
L'univers éploré ressentit moins d'alarmes,
Et goûta moins l'excès de sa félicité,
Lorsque Antonin mourant reparut en santé.
Dans nos emportements de douleur et de joie

Le cœur seul a parlé, l'amour seul se déploie.
Paris n'a jamais vu de transports si divers,
« Tant de feux d'artifice, et si peu de bons vers. »
Autrefois, ô grand roi! les filles de mémoire,
Chantant au pied du trône, en égaloient la gloire :
Que nous dégénérons de ce temps si chéri !
L'éclat du trône augmente, et le nôtre est flétri.
O ma prose et mes vers, gardez-vous de paroître :
Il est dur d'ennuyer son héros et son maître ;
Cependant nous avons la noble vanité
De mener les héros à l'immortalité ;
Nous nous trompons beaucoup, un roi juste et qu'on
[aime,
Va sans nous à la gloire, et doit tout à lui-même.
Chaque âge le bénit, le vieillard expirant,
De ce prince, à son fils, fait l'éloge en pleurant ;
Le fils, éternisant des images si chères,
Raconte à ses neveux le bonheur de leurs pères ;
Et ce nom, dont la terre aime à s'entretenir,
Est porté par l'amour aux siècles à venir.
Si pourtant, ô grand roi! quelque esprit non vulgaire,
Des vœux de tout un peuple interprète sincère,
S'élevant jusqu'à vous par le grand art des vers,
Osoit, sans vous flatter, vous peindre à l'univers,
Peut-être on vous verroit, séduit par l'harmonie,
Pardonner à l'éloge en faveur du génie ;
Peut-être d'un regard le Parnasse excité,
De son lustre terni reprendroit la beauté ;
« L'œil du maître peut tout, c'est lui qui rend la vie »
« Au mérite expirant sous les dents de l'envie. »
« C'est lui dont les rayons ont cent fois éclairé »
« Le modeste talent dans la foule ignoré. »
« Un roy qui sait régner nous fait ce que nous sommes »
« Les regards d'un héros produisent les grands hommes! »

VOLTAIRE.

A MADAME DUPIN

(A propos du panégyrique de saint
Louis que l'abbé d'Arty, neveu de
madame Dupin, devait lire devant
l'Académie, et que Voltaire refit
entièrement.)

Je serois indigne, Madame, de la confiance dont vous m'avez honoré, si je ne vous disois pas la vérité. Il y a de belles choses dans le discours. Mais la première et la troisième partie doivent être entièrement refondues.

L'intérêt que je prends à tout ce qui vous regarde et celui que m'a inspiré M. l'abbé d'Arty m'ont fait lire l'ouvrage avec une grande attention, et m'obligent de vous dire qu'il se feroit un très grand tort s'il le débitoit, je ne dis pas tel qu'il est, mais tel qu'il l'auroit corrigé en conservant les fondements vicieux de la première et de la seconde partie. J'ai poussé la hardiesse de mon zèle jusqu'à mettre en marge ce que je vous dis ici. J'ai hasardé de lui déplaire, et je n'ai songé qu'à le servir.

J'ai l'honneur de vous renvoyer son panégyrique, en vous suppliant de lui dire la vérité aussi fermement que je prends la liberté de la lui dire.

Il ne peut reculer. Mais il vaudroit cent fois mieux manquer de parole que de s'annoncer dans le monde par un ouvrage qui ne répondroit pas aux talents

21

et à l'esprit de l'auteur. Il n'y a pas un moment à perdre. Il faut travailler avec le plus grand soin, et presque en tout sur nouveaux frais.

Il seroit nécessaire que je pusse demain avoir l'honneur de parler à M. votre neveu, en venant souper chez vous. Je suis prêt à lui donner tout mon temps : il disposera du peu de temps que j'ai encore à rester à Paris. Je le croirai très bien employé, si je vous donne une marque de mon zèle et d'un attachement dont ma hardiesse doit vous prouver la vérité.

VOLTAIRE.

(Ce panégyrique fut prononcé par l'abbé d'Arty, neveu de madame Dupin, dans la chapelle du Louvre, en présence de messieurs de l'Académie française, le 25 août 1749.

L'abbé n'y a ajouté que ces deux mots *Ave Maria*, qu'il a mis, l'un au commencement, l'autre à la fin. Nous possédons le manuscrit de ce discours corrigé par Voltaire.)

En envoyant à madame Dupin le *Panégyrique de saint Louis* corrigé, Voltaire l'accompagne du billet suivant :

BILLET DE VOLTAIRE

Voici l'esquisse d'une main profane. Une main sacerdotale achèvera le tableau. Je me flatte de voir à mon retour le véritable esprit des lois, et d'admirer celle qui honore et qui venge son siècle. Mille respects à toute la famille.

V.

Ce compliment de Voltaire à madame Dupin est de plus une allusion à la *Critique de l'Esprit des lois*, de Montesquieu, que son auteur, M. Dupin, avait fait clandestinement paraître ; critique à laquelle madame Dupin avait collaboré, en écrivant l'avant-propos. Cet ouvrage fit grand bruit, et Montesquieu en obtint du ministre la suppression.

En 1751, Voltaire partit pour la Suisse. La lettre qui suit doit être de cette année-là.

A MADAME DUPIN

Au château de Tourney, pays de Gex, par Genève.

22 mai.

La lettre dont vous m'honorez, Madame, m'a été rendue bien tard. Mais vous ne doutez pas de mes transports en la recevant.

Plus j'ai renoncé à Paris, et moins je renonce à votre souvenir. Vous me consolez de toutes les nouvelles, ou tristes ou ridicules, qu'on reçoit de ce pays-là depuis plus d'une année. Les petites guerres intestines qu'on se fait à Paris sont aussi plates

que nos aventures sur terre et sur mer sont malheureuses.

Les billets de confession, la condamnation de
l'Encyclopédie, les convulsions, des citoyens joués
sur le théâtre, des libelles de Fréron protégés, des
gens de mérite persécutés, une foule de mauvais
livres et de mauvaises pièces, ce sont là les beaux
avantages de notre siècle. Si je n'avois pas pris
depuis longtemps le parti de la retraite, je le prendrois aujourd'hui : je ne suis heureux et je n'ai vécu
que du jour où je me suis soustrait à toutes ces
misères. Le goût de la campagne augmente encore le
bonheur de ma retraite ; je n'y marche pas à quatre
pattes, je crois qu'on peut être philosophe avec les
aisances de la vie. J'avoue, Madame, qu'il serait
encore plus agréable d'avoir l'honneur de vivre avec
vous. Votre société vaut assurément mieux que mes
compagnes. On dit que vous n'allez plus guère à
votre magnifique terre de Chenonceaux et que vous
vous partagez entre Paris et Clichy.

Heureux ceux qui vous y font la cour !

Oserai-je, Madame, abuser de votre bonté pour
vous faire une prière. Pourrois-je obtenir un exemplaire des réflexions très judicieuses que M. Dupin
fit sur *l'Esprit des lois*. Cet ouvrage ne sortiroit
point de ma bibliothèque et serviroit beaucoup à

m'instruire. Donnez-moi votre protection auprès de
lui. Il peut m'envoyer le livre par la poste sous
l'enveloppe de M. Bouret.

Accordez-moi cette faveur pour me dédommager
de la société délicieuse que j'ai perdue, et conservez vos bontés pour le Suisse.

V.

A MADAME DUPIN

A Ferney, 19 janvier 1771.

Madame,

Vous avez envoyé un livre à un aveugle, j'ai presque perdu entièrement la vue. Ce désastre m'arrive
tous les ans dans le temps des neiges. J'ai profité du
temps où je voyois un peu clair pour lire le premier
volume, et je vous fais mes très sincères remerciements. L'ouvrage me paroît sage et bien fait. J'ai
toujours été de l'avis de l'auteur; j'ai toujours pensé
que *l'Esprit des lois* est plein d'imagination et
de saillies, qu'il y a des morceaux très amusants;
que l'auteur se trompe trop souvent, que presque
toutes ses citations sont fausses, et qu'enfin madame
du Deffand a eu raison de dire que c'est de l'esprit
sur les lois, et non pas l'esprit des lois. Mais ce
livre avec tous ses défauts sera toujours cher à la
nation. On y parle continuellement contre trois

choses que le public n'aime guère, le despotisme, les prêtres et les impôts. Joignez à cela une grande quantité d'épigrammes : sa fortune était sûre. Mais les gens instruits ne s'y sont pas laissés tromper ; ils en ont découvert toutes les erreurs.

Je vous garderai le secret, Madame, sur la faveur que vous m'avez faite, et je n'en serai que plus reconnoissant.

Vous êtes, Madame, à la tête du petit nombre de personnes que je regrette dans ma retraite ; personne n'a été plus touché que moi de la solidité et des grâces de votre esprit ; personne n'a été plus charmé de la bonté de votre caractère.

J'ai renoncé au monde ; mais dans le marché que j'ai fait avec la philosophie, j'ai stipulé que je penserois souvent à vous : j'ai toujours tenu parole. Ma nièce à qui vous conservez tant de bonté est aussi sensible que moi à votre souvenir : elle jouira du bonheur de vous revoir ; c'est une félicité à laquelle mon âge et les maladies qui m'accablent ne me permettent pas de prétendre.

Mais jusqu'au dernier moment de ma vie je serai avec le plus respectueux attachement, Madame, votre très humble et très obéissant serviteur.

L'ERMITE DE FERNEY.

PENSÉE DE VOLTAIRE

(Sans date.)

Le temps touche une lyre au son de laquelle
dansent en branle, la pauvreté donnant la main
au travail, qui la donne à la richesse, la richesse
au luxe, et le luxe à la pauvreté.

VOLTAIRE.

JEAN-JACQUES ROUSSEAU

NOTICE SUR JEAN-JACQUES ROUSSEAU

Jean-Jacques Rousseau naquit le 29 juin 1712 à
Genève, où son père exerçait le métier d'horloger.
Dès le plus bas âge il témoigna du goût pour l'étude ;
à six ans, il pleurait à la lecture des romans qu'il
dérobait dans la bibliothèque de sa mère ; à sept ans,
il avait dévoré Plutarque. Séparé tout jeune de son
père, qu'une fâcheuse affaire forçait à s'expatrier,
Jean-Jacques, jeté sur le pavé de Genève et obligé de
pourvoir à son existence, entra comme petit clerc
chez un greffier, et passa ensuite apprenti chez un
graveur. Apprenant qu'on donnait des secours aux
catéchumènes, Rousseau, qui était né protestant,
abjura sa religion et se fit catholique ; puis il fut
tour à tour laquais, valet de chambre, commis, sémi-

nariste, employé au cadastre, copiste de musique,
compositeur et maître à chanter, secrétaire de fermier général, précepteur, législateur et diplomate ;
et naturellement inquiet, se montrant toujours in-
constant, indiscipliné, débauché ; profitant avec
cynisme des plaisirs faciles qui se présentent sur son
chemin ; voyageant toujours à pied, recueilli dans
les châteaux, abusant de l'hospitalité ; retournant
dans les taudis, passant d'un mauvais lieu dans un
autre ; puis enfin, admis dans la bonne compagnie,
recherché des belles dames, protégé par les grands
seigneurs et admiré pour son étonnante intelligence,
mais toujours et partout méprisant et jaloux, ingrat
et obséquieux, orgueilleux et humble et n'ayant de
l'austérité et de la vertu qu'un masque trompeur.
Jean-Jacques a été un type : il n'aura jamais de
Sosie.

Mais, ne voulant que le dessiner à grands traits,
nous passons rapidement et sans détails à travers
sa vie. Malgré le décousu et la dissipation de ses
premières années, Rousseau trouva le temps et les
moyens de s'instruire et d'écrire ; en l'année 1750,
après trente-huit ans de déboires et de tâtonnements,
il débuta avec éclat par un ouvrage intitulé *Discours contre les sciences et les arts*, que l'Académie
de Dijon couronna. Aussitôt Rousseau sortit de
l'obscurité. Ses œuvres se multiplièrent. L'origina-
lité de son esprit, la fécondité de son génie, la pro-
fondeur de ses pensées, malgré leur hardiesse, et la
pureté de son style, le placèrent de suite à la tête

des philosophes et des écrivains de son temps. Malgré ses succès, ou peut-être à cause d'eux, son caractère ombrageux et acerbe, joint à un orgueil insensé, lui attirèrent de nombreux ennemis. Aigri par les luttes et les accusations, quelquefois injustes, de ses adversaires, irrité par les soucis de son intérieur et les querelles honteuses qui le poursuivaient jusque dans sa vie privée et dans ses liaisons, où les sens tenaient plus de place que le cœur, son âme maladive et faible, son imagination ardente et inquiète, lui exagérèrent les dangers qu'il courait, et, se croyant en butte à la haine universelle, il en vint à se persuader que l'Europe entière, déchaînée contre lui, avait juré sa perte. Miné par cet état perpétuel d'exaltation cérébrale, son caractère et son intelligence s'affaiblirent rapidement, et un jour, le 3 juillet 1778, il fut subitement atteint d'une syncope qui le fit tomber à la renverse. Sa tête se heurta violemment contre un meuble. Il mourut presque sur le coup en rendant un flot de sang. Il était âgé de soixante-six ans, et habitait depuis un mois le pavillon d'Ermenonville, que M. de Girardin avait fait disposer pour lui. Parmi ses contemporains, les uns l'accusèrent de s'être tiré un coup de pistolet dans la tête; les autres soupçonnèrent la méprisable compagne de sa vie, Thérèse Le Vasseur, de n'avoir pas été étrangère à cette mort subite. Sans avoir été prouvés, les faits n'ont jamais été tout à fait éclaircis.

Rousseau mourait la même année que Voltaire.

trois mois après lui. Ces deux hommes, qui se détestaient comme deux puissances rivales, ont exercé une immense influence sur les esprits au XVIIIe siècle, et ils ont également travaillé au changement radical dans les mœurs, dans la société, dans les idées et même dans les goûts.

Ils seront toujours admirés, parce que ce sont des écrivains hors ligne; mais l'admiration n'empêchera jamais de voir en eux les précurseurs et les apôtres de nos révolutions et de nos désordres sociaux, de les en rendre responsables d'abord, et de les plaindre ensuite d'avoir pour descendants et pour continuateurs les libres penseurs d'aujourd'hui, qu'ils renieraient sans doute s'ils revenaient dans notre monde, dont toute cette horde d'adorateurs du néant, de destructeurs sans idées, d'orgueilleux malfaisants, exploitent la sottise et dont ils sont la honte.

Rousseau devait beaucoup à M. et à madame Dupin, qui furent ses introducteurs dans le monde et les auteurs de sa vie nouvelle, c'est-à-dire de sa vie plus régulière et plus tranquille.

Et il faut dire à sa louange qu'il leur conserva toujours une respectueuse reconnaissance pour les procédés, les attentions et les bienfaits dont ils l'ont comblé, depuis le jour où ils le prirent à leur service en 1742, sur la recommandation de M. de Francueil, comme devant remplir auprès d'eux, avec intelligence, les fonctions de maître de musique et de secrétaire. Dans ses *Confessions*, l'expression de son attachement pour la famille Dupin se retrouve souvent.

Nous publions vingt lettres de Rousseau, adressées à madame et à M. Dupin, et qui représentent une période de trente-quatre années; elles ne se suivent donc pas régulièrement, mais elles prouvent que les relations auxquelles elles sont dues, malgré plusieurs longs silences, ont toujours été fort amicales, non sans quelques motifs de refroidissement.

La première lettre est datée du 9 avril 1743, et la dernière, qui n'a pas de date, est signalée par une petite note comme étant de 1777.

Nous ferons suivre ces lettres d'un ouvrage inédit de Jean-Jacques intitulé: *Mémoire présenté à M. Dupin sur l'éducation de monsieur son fils* « en 1749 », et d'un autre opuscule, inédit également, intitulé : *Idée de la méthode dans la composition d'un livre* « en 1759. »

Les manuscrits de ces deux ouvrages sont de la main de Jean-Jacques: il est inutile d'en signaler le puissant intérêt; le nom de l'auteur suffit.

LETTRES DE JEAN-JACQUES ROUSSEAU

A MADAME DUPIN

9 avril 1743.

Madame,

J'aperçois avec la plus vive douleur que j'ai
mérité votre disgrâce ; j'en sens les effets, même en
éprouvant votre bonté, et je vois à n'en pouvoir
douter qu'il n'y a qu'un sentiment de générosité
de votre part qui m'ait pu garantir du traitement
qui m'était dû. Votre indulgence, Madame, m'a fait
rentrer en moi-même autant que votre mépris m'a
touché, et j'ose aujourd'hui vous demander grâce,
non pas avec l'assurance d'un homme qui cesse
d'être coupable, mais avec tout le regret d'un
homme qui se repent de l'avoir été. Dans l'état ou
je me vois réduit, je croyois n'avoir plus rien à
risquer : mais, Madame, je connois aujourd'hui
qu'on ne peut se dire vraiment malheureux qu'après
avoir perdu vos bontés et votre estime. Il n'y a

point d'effort dont je ne sois capable pour en obtenir le retour : un motif aussi pur doit autoriser mon zèle et mes prières. Si vous daignez vous y rendre, vous aurez la satisfaction d'avoir sauvé du désespoir le plus infortuné de tous les hommes, et vous éprouverez désormais, par mon respect et par ma conduite, que les cœurs susceptibles d'honneur et de reconnoissance savent convertir jusqu'à leurs égarements mêmes, au profit de leur devoir. Je vous supplie aussi, Madame, de pardonner la liberté que j'ai prise de vous écrire cette lettre, en vous adressant un mémoire que vous m'aviez fait l'honneur de me demander ; je me réponds assez du motif qui l'a dictée, pour n'en craindre aucune nouvelle disgrâce. Daignez, Madame, pour toute réponse, me rendre les sentiments favorables dont vous m'aviez ci-devant honoré : votre bonté les doit à mes malheurs, et votre équité à mon repentir. J'ai l'honneur d'être avec un profond respect,

> Madame,
>> Votre très humble et très obéissant
>> serviteur.
>>> J.-J. ROUSSEAU.

Rousseau s'était permis de faire une déclaration d'amour à madame Dupin, un jour qu'elle jouait du clavecin et qu'il lui donnait une leçon de musique.

Madame Dupin se leva, et lui disant : « Chantez-moi cela, » sortit en lui fermant la porte au nez. Rousseau, demeuré tout confus, se crut perdu, et écrivit la lettre qu'on vient de lire à madame Dupin, qui lui témoignait son dédain par une complète indifférence. Les lettres suivantes prouvent, qu'ayant imploré le pardon de M. et de madame Dupin, il l'avait obtenu.

A MONSIEUR DUPIN

10 avril 1743.

Monsieur,

Permettez, Monsieur, que j'emploie les moments qu'une légère indisposition m'empêche de passer près de vous, à vous ouvrir mon cœur derechef. Je sais combien ces sortes de récidives sont importunes, mais je crois nécessaire d'y venir encore une fois, pour n'y revenir jamais.

Je ne suis ni assez aveugle ni assez vain, pour m'imaginer que j'eusse jamais pu être d'une grande utilité dans votre maison.

Quand madame Dupin et vous, Monsieur, m'avez fait l'honneur de m'y admettre, j'ai senti que vous ne le faisiez que par un principe d'humanité, et j'ai proportionné ma reconnoissance à ce sentiment. Vous pouviez, cependant, avoir fondé sur mes foibles talents quelques espérances, que j'ai sans doute mal

soutenues ; ce sont les indices qu'il me paroît d'en
avoir et la justice que je suis forcé de me rendre,
qui m'engagent aujourd'hui à m'en éclaircir avec
vous. Je vois, Monsieur, que vous en conservez
toujours la même bonté pour moi ; mais dans les
cœurs aussi bien faits que le vôtre, les bontés ne
tirent guère à conséquence pour le mérite de celui
qui les reçoit. Il est étrange qu'avec tant de zèle et
de bonne volonté, je ne me sois montré jusqu'à présent que par des endroits défectueux. Sans doute il
n'est pas possible que l'amour pour le bien n'ait
produit en moi quelques bonnes qualités : malheureusement elles y sont offusquées par tant de défauts,
qu'elles ne sauroient percer les premières, et l'impression étant déjà faite quand elles viendroient à
paroître, c'est rarement par elles qu'on peut juger
de moi. Quoi qu'il en soit, le dégoût visible de
madame Dupin m'annonce un malheur qui me cause
plus d'affliction que d'étonnement, et je dois prévoir
le vôtre assez tôt pour ne vous pas laisser le désa-
grément de me le témoigner, ni à moi le désespoir
de déplaire à un bienfaiteur pour qui tous les mouvements de mon cœur sont des sentiments de respect, de reconnoissance et d'attachement.

Je m'étois flatté, Monsieur, du bonheur de vous
appartenir pour le reste de mes jours, et je puis

22

jurer que cette idée est le premier et le seul vrai
sentiment de plaisir qui m'ait touché. L'espoir de
mériter votre estime et votre affection, joint à
l'amour de l'étude et du repos, m'en faisoit un
avenir charmant. auquel j'ai sacrifié avec joie toute
autre vue. Bien loin de prétendre me prévaloir
aujourd'hui d'un tel sacrifice, je conviens le premier
que je ne sais point digne de ce bonheur, et quand je
n'aurois contre moi d'autre motif d'exclusion que
l'ardeur avec laquelle je le souhaite, je connois trop
la triste fatalité qui me poursuit. pour compter sur
un bien capable de me rendre heureux. Un triste
penchant à prévoir tous les malheurs que je crains.
et une cruelle exactitude du sort à justifier toutes
mes craintes, me rend le mien comme assuré, et c'est
pour vous supplier de confirmer ou de détruire
ce doute une bonne fois, que j'ai l'honneur de vous
écrire aujourd'hui. Je n'ai ni assez de talents, ni
assez de mérite, ni assez de sagesse, pour me croire
digne de votre protection et de vos bontés. A prendre
la chose dans ce sens-là. j'ai cent motifs de craindre,
et je n'en ai aucun de me rassurer. Si madame Dupin et vous, Monsieur, n'êtes qu'équitables, mon
sort n'est plus douteux, et il en faudra subir la triste
influence. Sur ce pied-là mon parti est pris, et, sans
faire le désespéré. vous connoitrez par ma conduite

si mon zèle étoit sincère, et si j'ai porté dans l'avenir des vues au delà de votre disgrâce. J'espère que vous conviendrez aussi que la durée des bienfaits ne fixe point en moi celle du respect et de la reconnoissance.

Rempli de travers et de défauts, je sais du moins les haïr. Il est des retours sur nos fautes, qui valent mieux que de n'en avoir point commis. Si les erreurs d'un tel caractère vous paroissent dignes de quelque indulgence, j'implore la vôtre et celle de madame Dupin : il suffira que ma vue ne lui soit pas odieuse à un certain point, pour que je travaille avec succès à devenir supportable. Mes talents sont extrêmement bornés, je l'avoue ; mais il est d'autres endroits par lesquels un honnête homme peut se faire aimer, estimer, et même se rendre utile ; j'en ferai mon unique étude. Sans ambition, sans intérêt et sans désir de briller, je ne ferai consister mon bonheur qu'à mériter votre confiance, vos bontés et celles de madame Dupin. Je ne vous dis rien, qui ne soit une image fidèle de ce qui se passe au fond de mon âme. Jugez-moi là-dessus, et daignez m'accorder un mot de réponse.

J'ai l'honneur d'être avec respect, Monsieur,
Votre très humble et très obéissant serviteur.

J.-J. ROUSSEAU.

Le 22 mai 1749.

Madame,

La reconnoissance que je dois à toutes vos bontés est une dette que mon cœur payera sans cesse et qu'il n'acquittera jamais. Je crois vous pouvoir donner une preuve de ce sentiment en acceptant la jonction que vous m'avez fait l'honneur de me proposer.

Ce n'est pas que je ne sente que je puis, peut-être, y trouver mes propres avantages; ce n'est pas que je ne rende toute la justice que je dois aux bonnes qualités de M. de Chenonceaux; mais après avoir éprouvé le bonheur de vivre auprès de vous, Madame, le moyen de changer d'occupations sans regret? D'ailleurs, il peut se trouver de petites oppositions d'humeur entre M. de Chenonceaux et moi, qui, bien que légères, auront besoin de beaucoup de bonne volonté de sa part et de zèle de la mienne, pour ne pas lui devenir désagréables, et, à moi, onéreuses.

Je puis, cependant, convenir peut-être mieux à M. de Chenonceaux que bien d'autres gens qui auroient plus de mérite. Cela, et l'honneur que vous m'avez fait de songer à moi, suffit pour me déterminer.

Du moins, il trouvera en moi ce qu'il y a trouvé jusqu'ici, un homme droit et franc, qui lui dira la vérité sans aigreur et sans flatterie. Je crois qu'il aura encore longtemps besoin de quelqu'un qui lui parle ainsi, et sûrement il en trouvera peu.

Quand je promets donc de m'attacher à M. de Chenonceaux, je suppose que la chose lui convient et que je ne serai pas pour lui un homme désagréable, car c'est un point essentiel et sur lequel je crois qu'il doit être consulté. Animé par le désir de mériter votre estime et d'exercer ma reconnoissance, je n'épargnerai rien pour bien remplir mon devoir auprès de lui : et cet attachement, s'il en est content, deviendra aussi solide et aussi durable qu'il lui plaira ; cela dépendra de lui seul.

J'ai l'honneur d'être avec un profond respect, Madame, votre très humble et très obéissant serviteur.

J.-J. ROUSSEAU.

Le mémoire présenté à M. Dupin sur l'éducation de son fils, qui est, comme nous l'avons déjà dit, le même que Rousseau avait composé pour l'éducation de M. de Sainte-Marie, a été donné à M. Dupin par Rousseau en mai 1749, comme l'indique cette lettre.

A MADAME DUPIN

Rue Plâtrière, à Paris.

A Genève, le 20 juillet 1754.

Me voici, Madame, contre toute espérance, heureusement arrivé dans ma patrie. Mon dessein n'étoit pas de partir sans recevoir vos ordres, et je me présentai en effet à votre porte la veille de mon départ, mais on me dit que vous étiez à la campagne chez M. de Vernage et que vous ne reviendriez que le surlendemain : de sorte que, ne m'étant déterminé que peu de jours avant mon départ, le temps qui me restoit ne me laissa pas, à cet égard, celui de faire mon devoir.

Je ne puis vous dire, Madame, combien Genève m'a paru embelli sans que rien y soit changé ; il faut que le changement soit dans ma manière de voir. Ce qu'il y a de sûr, c'est que cette ville me paroît une des plus charmantes du monde, et ses habitants les hommes les plus sages et les plus heureux que je connoisse. La liberté y est bien affermie, le gouvernement tranquille, les citoyens éclairés, fermes et modestes, connoissant et soutenant courageusement leurs droits, mais respectant ceux d'autrui, et, par un traité que nous venons de conclure avec le roi de Sardaigne, notre souveraineté est enfin publiquement reconnue par le seul prince qui pouvoit nous la disputer. J'ai pris hors de la ville un petit logement au bord du lac et dans une situation délicieuse qui me rappelle celle de Chenonceaux.

On ne peut rien ajouter aux bontés avec lesquelles j'ai été reçu ; les caresses de mes concitoyens me laissent à peine quelques moments pour mon devoir et pour mes amis, et il faut nécessairement, au train de vie que je mène ici, que ma santé se rétablisse ou se détruise tout à fait ; on fait plus, on me sollicite de me fixer à Genève, et je vous avoue que le plaisir d'être désiré et bien voulu dans ma patrie me déterminerait peut-être à y rester, si des sentiments non moins forts et les promesses que j'ai faites à la bonne madame Le Vasseur, ne me rappeloient à Paris, sans compter que la copie feroit la soupe fort maigre dans une aussi petite ville que celle-ci. J'espère donc, Madame, avoir l'honneur de vous revoir, sinon ce mois d'août comme j'avois compté, du moins avant la fin de septembre : mais ce qu'il y a de très sûr, c'est que dans quelque lieu que je vive, je garderai précieusement au fond de mon cœur l'éternel et touchant souvenir de vos bontés et de vos bienfaits.

Je suis avec respect, Madame, votre très humble et très obéissant serviteur.   J.-J. ROUSSEAU.

Je vous supplie de vouloir bien assurer M. Dupin de mes obéissances, de même que M. et madame de Chenonceaux.

Mademoiselle Le Vasseur prend la liberté de vous offrir ses très humbles respects. Elle travaille à mériter la continuation de vos bontés, par ample recueil de contes qui puisse égayer vos insomnies.

A MADAME DUPIN

Ce lundi matin.

Rousseau voudroit prier madame Dupin de le prier à dîner; non qu'il croie avoir besoin d'invitation, mais pour s'assurer qu'il ne trouvera point d'autre belle dame que la maîtresse de la maison. défaut que sa présence ne laisse pas oublier, mais que son entretien répare.

> Raison ne sois point éperdue,
> Près d'elle tu gagnes toujours;
> Le sage te perd à sa vue,
> Et te retrouve en ses discours.

Miséricorde! Jean-Jacques faire des vers! Pardon, Madame, et du secret, je vous supplie. Ils sont échappés malgré moi.

A MADAME DUPIN

à Paris.

Mardi 30.

Je vous remercie, Madame, avec bien de la reconnoissance, de vos bontés et de votre souvenir. Sans savoir quel est le sujet de votre procès, je serai dans l'inquiétude jusqu'à ce que j'apprenne quelle en est la décision. Pour éviter de la fatigue à vos domestiques, vous pouvez, si vous voulez bien me tirer de peine, me faire écrire un mot par la poste.

Quant à l'écrit dont vous voulez bien vous souvenir, Madame, s'il peut vous amuser dans un quart d'heure d'ennui, il aura été bien mieux employé que je n'avois espéré. En vous rappelant la respectable mémoire d'un homme de bien qui vous honoroit, puisse ce même écrit vous faire songer quelquefois à un autre homme inférieur à lui dans toute autre chose, excepté dans son respect et dans ses sentiments pour vous.

J.-J. ROUSSEAU.

Il est question, dans ce dernier paragraphe, de l'abbé de Saint-Pierre dont Rousseau, sur la demande de madame Dupin, avait entrepris le travail de mettre au jour les manuscrits de ses ouvrages, qu'elle possédait. Nous ignorons si Rousseau parle de son jugement sur la *Polysynodie*, ou du jugement sur *la Paix perpétuelle*.

A MADAME DUPIN

A Montmorency le 19 janvier 1759.

Je vous demande pardon, Madame, de n'avoir pas été exact à vous envoyer la copie ci-jointe au jour que vous aviez bien voulu me prescrire. Ce retard ne vient point de ma négligence, et je vous prie de croire que je n'en apporterai jamais à l'exécution de vos ordres. Enfin, Madame, voilà le mémoire tel que vous l'avez lu; en le transcrivant, je ne l'ai trouvé digne de votre attention que par sa matière. J'y vois tant à refaire, qu'il faudroit refaire le tout, et peut-être après cela n'en vaudroit-il pas mieux qu'auparavant. Je prends donc le parti de le livrer tel qu'il est à vos corrections et à celles de M. Dupin; toujours persuadé, au surplus, que, dans quelque état qu'il soit, il ne sauroit être d'aucun usage. Pour moi, j'en tire tout celui que j'en pouvois désirer en vous l'offrant, Madame, en témoignage de ma reconnoissance et de mon respect.

J.-J. ROUSSEAU.

On voit par cette lettre que Rousseau était toujours employé par madame Dupin quoique n'habitant plus chez elle, et qu'après avoir exécuté tous les ouvrages littéraires et les copies dont elle avait besoin pour ses travaux, il lui demandait de vouloir bien les corriger. Il avait une grande confiance dans le goût de madame Dupin, puisqu'il lui soumettait ainsi ses écrits : elle ne se gênait pas d'ailleurs pour corriger Jean-Jacques, les manuscrits le prouvent.

A MADAME DUPIN

Rue Plâtrière, à Paris.

Montmorency, le 25 janvier, 1759.

C'est aujourd'hui, Madame, selon ce que vous avez eu la bonté de m'écrire, que se doit juger le procès de M. Dupin. Comme ni lui, ni vous, ne pouvez rien vouloir que de juste, si j'avois meilleure opinion des hommes, je tiendrois d'avance votre cause gagnée ; mais si vous avez deux lignes à dicter pour réjouir ceux qui s'y intéressent, je vous demande en grâce de n'être pas oublié.

Toujours des présents, Madame ! Je n'ose pourtant rien dire sur ce dernier. Je le regarde comme une leçon symbolique applicable à mes écrits, surtout à ceux que je vous ai lus cet automne, et donné avec la générosité qui vous est naturelle : mais cette réflexion sert à doubler ma reconnoissance, et non pas à la soulager.

Je ne sais, Madame, comment vous avez ouï parler de *la Reine Fantasque;* c'est une folie de

cinq ou six pages, qui bien qu'écrite dans un moment
de gaieté ou plutôt d'extravagance, n'a pas même
le mérite d'être plaisante, et qui en vérité ne peut
être lue par une personne de bon sens. Voilà pourquoi je ne vous en avois point parlé. Je n'en ai
gardé que le brouillon que je n'ai pas même daigné
recopier.

Toutefois si, comme je l'espère, je vais quelque
jour de cet été vous faire ma cour à Clichy, je prendrai ce barbouillage avec moi, et si vous avez la
patience de l'entendre, la tête de Fantasque ne vous
amusera guère, mais celle de l'auteur vous fera
pitié.

Ne m'exhortez pas, Madame, à quitter ma retraite
dans l'état où je suis. Pour le repos des autres à qui
je serois importun et inutile, il ne faut point que
j'en sorte, et pour le mien, j'aurois dû m'y réfugier
plus tôt.

Recevez les assurances de mon profond respect.

J.-J. ROUSSEAU.

A MADAME DUPIN

A Paris.

Montmorency, dimanche 11 février, 1756.

Je ressens, Madame, une double joie, et du gain
de votre procès auquel pourtant je m'attendois, et

de la bonté avec laquelle vous voulez bien m'en donner avis[1]. Toutes vos bontés, Madame, sont au fond de mon cœur, et l'honneur de votre souvenir me sera précieux jusqu'à la fin de ma vie.

J.-J. ROUSSEAU.

A MADAME DUPIN
Rue Plâtrière, à Paris.

VITAM IMPENDERE VERO[2].

A Montmorency, le 6 mai 1759.

Je suis inquiet, Madame, sur ce que vous me marquez de votre mauvaise santé. Ce n'est pas qu'il ne faille de temps en temps quelques petites incommodités pour l'amusement de la vie; mais il faut que cela soit bien sérieux pour aller jusqu'à la saignée. Aussitôt que vous serez rétablie comme je l'espère, je vous serai sensiblement obligé de vouloir bien me l'apprendre, je ne serai point tranquille jusqu'à ce temps-là.

Qu'il ne soit plus question, s'il vous plaît, Madame, du petit écrit dont votre bonté pour moi vous a fait désirer la copie. En rédigeant cet abrégé

---

1. C'était un procès que M. Dupin soutenait contre les créanciers de M. Chenonceaux, son fils, et qu'il gagna.
2. C'est ce qui est écrit sur le cachet en cire rouge, et l'on sait que c'était la devise que Rousseau avait adoptée.

je savois que le projet étoit impraticable, et que, quand il ne l'auroit pas été par lui-même, il le seroit devenu par la forme que je lui ai donnée; mais j'écrivois pour le public et non pour les ministres. J'espère que, de ma vie, je n'aurai rien à écrire pour ces gens-là.

Il est vrai, Madame, que je vais quelquefois au château de Montmorency, que j'ai le bonheur, ce me semble, d'y être reçu avec plaisir, et que j'y occupe le logement le plus agréable que j'aie jamais vu. Puisqu'on vous a dit tout cela, Madame, on vous aura dit aussi comment tout cela s'est fait. Ne me faites donc point compliment sur le progrès de ma raison. Je suis toujours le même, et je me flatte qu'en aucun temps de ma vie je n'aurois été assez déraisonnable ou plutôt assez malhonnête, pour recevoir avec moins de respect et de reconnoissance les bontés dont M. et madame de Luxembourg m'ont honoré. Depuis le peu de temps qu'il y a que j'ai eu l'honneur de les voir, je n'ai rien aperçu dans leur maison qui ne m'ait fait regretter d'avoir résisté si longtemps.

Le plancher de la cabane que j'occupe menaçoit tellement ruine, qu'il en a fallu déloger à la hâte, pour faire place aux ouvriers. Quand cette petite maison sera rétablie, elle sera tout à fait jolie et commode, et le propriétaire n'épargne rien pour me la rendre agréable. Pendant ce temps, j'occupe mon appartement du petit château, et je n'avois pas besoin de cette circonstance pour m'en faire sentir tout le prix. Au mois de septembre 1757, je n'avois pas, au cœur de l'hiver, une pierre pour y reposer ma tête. Maintenant je suis possesseur des deux plus jolis appartements, chacun dans son espèce, qui soient peut-être au monde. Vicissitudes des choses! je jouirai du bien-être : mais je ne m'y accoutumerai pas.

J'oubliois, Madame, de vous parler de ma nouvelle édition, ou plutôt de celle de mon libraire, car je n'y ai pas la moindre part. Elle étoit déjà faite que j'ignorois qu'elle se fît, en sorte que le changement en question n'a pu se faire que par un carton. Si vous le trouvez bien, il restera dans le recueil de mes écrits tel qu'il est dans cette seconde édition.

Recevez, Madame, les assurances de mon immortelle reconnoissance et de mon respect.

J.-J. ROUSSEAU.

A MADAME DUPIN

Rue Plâtrière, à Paris.

VITAM IMPENDERE VERO.

A Montmorency, le 18 mai 1759.

L'inquiétude, Madame, que m'a laissée votre der-

nier billet m'a fait m'informer de votre santé, et l'on
m'a dit qu'elle avoit été beaucoup plus dérangée
que je ne l'avois présumé des termes dont vous vous
étiez servie. Vous ne m'aviez pas donné là-dessus
votre philosophie, mais elle m'avoit fait prendre le
change, et j'ai appris, depuis, que non seulement
vous aviez été saignée, mais que vous l'aviez été
plusieurs fois. Heureusement j'ai appris en même
temps que vous étiez mieux, et qu'il n'étoit plus
question que de recouvrer les forces perdues. Je
vous supplie, Madame, d'achever de me tranquil-
liser, en me faisant dire un mot sur votre rétablissement. J'y prends un intérêt d'autant plus vif que
plus de gens le partagent, et que, sans parler de
votre famille et de vos amis, les malheureux sur
qui tombent vos bienfaits prendront part à la joie
de tous ceux qui ont le bonheur de vous être attachés.

Agréez, Madame, les assurances de mon respect.

J.-J. ROUSSEAU.

A MADAME DUPIN

Rue Plâtrière, à Paris.

VITAM IMPENDERE VERO.

A Montmorency, le 12 août 1760.

N'ayant pu, Madame, à cause des gens qui me

survinrent, partir dimanche d'assez bonne heure pour arriver de jour à Clichy, je fus forcé de remettre mon voyage au lendemain matin où le mauvais temps vint encore me contrarier. Ce qui me fâche le plus est que votre valet de chambre me dit que vous quittez Clichy dans peu de jours, de sorte qu'au premier beau temps je n'oserai plus me mettre en route sans savoir si vous y êtes encore ou si vous y reviendrez, et dans quel temps ; car j'ai grande envie de réparer la perte que la pluie et les importuns m'ont fait faire. On m'a dit, Madame, que vous aviez fait le projet d'aller à Chenonceaux. Je suis fâché que cet arrangement ne soit pas tombé sur l'année prochaine plutôt que sur celle-ci ; car si vous aviez voulu de moi, je me serois fait une véritable fête, ou de vous y suivre ou de vous y aller voir. Mais je suis cloué pour toute l'année à Montmorency, et à mon grand regret je ne puis vous accompagner que de mes vœux. Vous voyez, Madame, que, quoique depuis longtemps vous ayez eu la cruauté de ne pas me dicter seulement une pauvre petite lettre, je ne cesse point de me regarder comme étant de votre maison ; et ce qu'il y a de bien sûr, est que vous n'aurez jamais de serviteur plus sincère et plus véritablement attaché que moi.

23

Un mot par la poste, je vous supplie, au cas que vous restiez ou que vous reveniez à Clichy.

Permettez aussi que j'assure M. Dupin de mon respect.

A MADAME DUPIN

Rue Plâtrière, à Paris.

VITAM IMPENDERE VERO.

A Montmorency, le 30 août 1760.

Madame, l'occasion fait le déserteur ainsi que le larron. Voyant le temps se brouiller, la nécessité d'être à Montmorency ce matin me fit accepter l'offre que me firent les personnes avec qui j'avois dîné de me ramener hier au soir, et j'arrivai précisément à temps pour prévenir la grosse pluie. Craignant que vous ne fussiez en peine de moi, et n'ayant pas ce qu'il falloit pour écrire, je chargeai un ami de vous marquer par un petit billet le parti que j'avois pris. Me voici donc de retour dans ma solitude, plein d'une nouvelle reconnoissance pour le bon accueil dont vous m'honorez et d'un nouveau regret d'en pouvoir profiter si peu.

Je vous supplie, Madame, de faire dire à votre portier qu'il garde mon sac jusqu'à ce qu'on le vienne chercher de ma part. J'ai laissé sur ma che-

minée une brochure appartenant à madame de la
Touche et deux bulletins à M. de Fonvent.

A M. DUPIN

Fermier général du Roi, rue Plâtrière, à Paris.

VITAM IMPENDERE VERO.

A Montmorency, le 8 septembre 1760.

J'apprends à l'instant, Monsieur, que madame
Dupin est malade, sans qu'on puisse me dire l'espèce ni le degré de sa maladie. Si mademoiselle Le
Vasseur étoit bonne à la moindre chose auprès
d'elle, au moindre signe elle partiroit à l'instant.
Pour moi, qui sens mon inutilité, je n'ose m'offrir,
mais mon zèle ne demande qu'à être mis à l'é-
preuve. Un mot, je vous supplie, par M. de Fonvan [1].
pour me tirer d'inquiétude, et recevez, Monsieur.
les assurances de mon respect.

J.-J. ROUSSEAU.

A MADAME DUPIN

A Montmorency, le 11 décembre 1760.

Je savois déjà, Madame, par le cocher de madame de Chenonceaux, que je n'avois pris qu'une
fausse alarme sur ce que madame Le Vasseur avoit

1. Rousseau écrit tantôt Fonvent, tantôt Fonvan. Lequel
est le vrai? Ni l'un ni l'autre sans doute.

fait dire à sa fille et qu'elle tenoit je ne sais d'où. Je me réjouis en ceci de n'avoir fait qu'une étourderie, mais je vous supplie de ne pas renvoyer l'épreuve de mon zèle à de pareilles occasions, puisque les moindres devoirs à vous rendre seront toujours de très grands besoins pour moi.

Vous me souhaitez la fantaisie d'écrire et d'imprimer; je n'ai que trop eu cette fantaisie. Grâce au ciel, elle a cessé pour ne plus revenir. Vous aurez bientôt, Madame, une preuve que je n'ai que trop imprimé, et malheureusement il me reste encore, outre cela, de vieux péchés à expier sous la presse. J'espère qu'avec l'année dont nous approchons, cette expiation s'achèvera, après quoi je bornerai mes occupations à copier les écrits d'autrui, et ma gloire à écrire sous votre dictée, s'il vous plaît de me rétablir dans mes anciens droits; car j'ai sur le cœur que vous ne me jugiez plus digne de cet honneur. Si vous me permettez, Madame, d'aller l'été prochain négocier ce traité à Clichy, je me flatte d'obtenir grâce sur tous mes torts, et justice sur mon inviolable et respectueux attachement. Je dois vous dire encore, Madame, que votre dernière lettre a excité dans Montmorency une guerre civile, que j'ai commencée avec beaucoup d'animosité en apercevant l'écriture. Il

y a ici un autre M. Rousseau, qui reçoit bien pour
son compte huit ou dix lettres par an, et qui m'en
ouvre régulièrement cinquante ou soixante, attendu
que madame Rousseau a reçu du ciel une grande
ardeur pour apprendre, surtout, les secrets d'autrui. Comme les mauvais succès ne la rebutent pas,
il n'y a d'autre moyen de lever l'équivoque que
d'ajouter sur l'adresse des lettres :

> *Citoyen de Genève.*

A MADAME DUPIN

Rue Plâtrière, à Paris.

Montmorency, ce mercredi 24.

Je suis, Madame, dans la plus vive alarme. En
me levant, j'aperçois le feu du côté de Clichy, et les
gens qui ont meilleure vue que moi me disent qu'il
paroît être à quelqu'une des premières maisons.
Dans le doute, si je me sentois moins inutile, je par-
tirois à l'instant. Mais ayant le malheur de n'être
bon à rien, je suis tout entier à mon effroi ; avant
que cette lettre vous parvienne je serai tiré de
doute. Cependant, je ne puis m'empêcher de vous
écrire à la hâte, car le courrier va partir, pour vous
dire, Madame, que si je n'ai pas l'esprit poli ni les
manières agréables, en revanche j'ai le cœur sensible et reconnoissant, et que je ne cesserai de ma

vie de prendre le plus ardent intérêt à tout ce qui peut vous intéresser vous-même.

A MADAME DUPIN

Rue Plâtrière, à Paris.

VITAM IMPENDERE VERO.

A Montmorency, le 7 de juin 1762.

Votre souvenir et votre suffrage, Madame, me font autant de plaisir que d'honneur, et vos observations ajoutent à ma reconnoissance. Si les personnes que j'ai consultées sur mes ouvrages m'eussent parlé toujours aussi sincèrement et judicieusement que vous, ils en seroient devenus meilleurs.

Combien de fois depuis trois mois j'ai voulu prendre la plume pour vous écrire, Madame : mais toujours en la prenant j'ai soupiré de tristesse, et elle m'est tombée des mains.

Acceptez mon silence : il dit bien autant que les discours des autres. J'ai senti pour vous ; daignez interpréter pour moi.

Si je suis en état d'aller à Clichy quand vous y serez, Madame, je profiterai avec empressement de la permission que vous m'en donnez. Toutes les occasions de vous témoigner les sentiments de respect et d'attachement que je vous dois et que je vous ai voués pour ma vie me seront toujours précieuses.

A PARIS

$$17\frac{20}{9}\,70\,^1$$

Pauvres aveugles que nous sommes !
Ciel, démasque les imposteurs,
Et force leurs barbares cœurs
A s'ouvrir aux regards des hommes.

J'ai reçu, Madame, l'immense provision de café que vous avez jugé à propos de m'envoyer ; le respect ne me permettra jamais de disputer avec vous sur rien : mais je ne puis vous dissimuler que je suis plus reconnoissant que flatté de ce cadeau. Combien j'ai desiré que tout mon temps pût vous être de quelque usage ! j'aurois été trop heureux de pouvoir l'employer à vous servir, bien éloigné de craindre que vous voulussiez m'en payer l'inutile emploi, ou plutôt, que cet emploi prétendu ne servît que de prétexte à votre libéralité. Je suis affligé, Madame, je suis navré, que vous m'ôtiez la douceur de vous rendre des soins par attachement ; mais je n'en veux rendre à qui que ce soit, pas même à vous, à tout autre prix. Je vous supplie, Madame, d'agréer mes remerciements et mon respect.

J.-J. ROUSSEAU.

Cette lettre n'a pas d'adresse.

1. Cette date $17\frac{20}{9}\,70$ veut dire le 20 du neuvième mois, de l'année 1770, le 20 septembre.

A MADAME DUPIN

Ce samedi.

J'ai perdu de tout point; il faut donc payer. C'est prendre à bien bon compte une leçon de jugement : mais quelque légère que soit la mulcte, si l'on en payoit seulement une pareille à madame Dupin, chaque fois qu'on a tort quand on dispute contre elle, avec le temps, les indigents qu'elle assiste y feroient leur fortune.

A MADAME DUPIN

(Billet sans date.)

Rousseau a l'honneur d'adresser à madame Dupin la copie ci-jointe d'une déclaration qu'il désire être connue des amis de la justice et de la vérité. Il prie madame Dupin d'agréer son respect.

Ce billet, auquel on ne peut assigner une date, est le dernier qu'ait écrit Rousseau à madame Dupin : il signifie que Jean-Jacques désire que l'on sache que sa triste position l'oblige à faire une démarche pour entrer à l'hôpital. Son corps et son esprit sont affaiblis par les maladies. Ce billet doit être de l'année 1777.

MÉMOIRE PRÉSENTÉ A M. DUPIN

SUR L'ÉDUCATION DE M. SON FILS

J.-J. Rousseau avait présenté le même mémoire à M. de Sainte-Marie, ayant été le précepteur de son fils, dont le frère était l'abbé de Condillac.

Vous m'avez fait l'honneur, Monsieur, de me confier l'instruction de MM. vos enfants ; c'est à moi d'y répondre par tous mes soins et par toute l'étendue du peu de lumières que je puis avoir, et j'ai cru pour cela que mon premier objet devoit être de bien connoître les sujets auxquels j'aurai affaire : c'est à quoi j'ai principalement employé le temps qu'il y a que j'ai l'honneur d'être dans vôtre maison, et je crois d'être suffisamment au fait à cet égard, pour pouvoir régler là-dessus le plan de leur éducation. Il n'est pas nécessaire que je vous fasse compliment, Monsieur, sur ce que j'y ai remarqué d'avantageux : l'affection que j'ai conçue pour eux se déclarera par des marques plus solides que des louanges, et ce n'est pas un père aussi tendre et aussi éclairé que vous l'êtes qu'il faut instruire des belles qualités de ses enfants. Il me reste à présent, Monsieur, d'être éclairé par vous-même des vues particulières que vous pouvez avoir sur chacun d'eux, du degré d'autorité que vous êtes dans l'intention de m'accorder à leur égard, et des bornes précises que vous donnerez à mes droits. Il est vraisemblable que, m'ayant agréé dans votre maison avec un appointement honnête et des distinctions marquées, vous avez attendu de moi des effets qui répondissent à des conditions si avantageuses, et l'on voit bien qu'il ne falloit pas tant de frais ni de façons pour donner à MM. vos enfants un précepteur ordinaire qui leur apprît le rudiment, l'orthographe et le catéchisme. Je me promets bien aussi de justifier de tout mon pouvoir les espérances favorables que vous avez pu concevoir de mon talent, et je me sens assez sûr de moi, pour répondre d'avance que vous ne me trouverez jamais à me démentir un instant sur le zèle et l'attachement que je dois à mes élèves.

Mais, Monsieur, quelques soins et quelques

peines que je puisse prendre, le succès est bien
éloigné de dépendre de moi seul. C'est l'harmonie
parfaite qui doit régner entre nous, la confiance que
vous daignerez m'accorder, et l'autorité que vous
me donnerez sur mes élèves, qui décideront de l'effet
de mon travail. Je crois, Monsieur, qu'il vous est
tout manifeste qu'un homme qui n'a sur des enfants
des droits de nulle espèce, soit pour rendre ses instructions aimables, soit pour leur donner du poids,
ne prendra jamais d'ascendant sur des esprits qui,
dans le fond, quelque précoces qu'on veuille les
supposer, règlent toujours à certain âge leurs opérations sur les impressions des sens. Vous sentez
aussi qu'un maître obligé de porter ses plaintes sur
toutes les fautes d'un enfant se gardera bien, quand
il le pourroit, de se rendre insupportable en renou-
velant sans cesse de vaines lamentations, et d'ailleurs mille petites occasions décisives de faire une
correction et de flatter à propos s'échappent dans
l'absence d'un père ou d'une mère, ou dans des
moments où il est impossible de les interrompre
aussi désagréablement, et l'on n'est plus à temps d'y
revenir dans un autre instant où le changement des
idées d'un enfant lui rendroit pernicieux ce qui
auroit été salutaire. Enfin, un enfant, qui ne tarde
pas à s'apercevoir de l'impuissance d'un maître à

son égard, en prend occasion de faire peu de cas de ses défenses et de ses préceptes, et de détruire sans retour l'ascendant que le maître s'efforcerait de prendre. Vous ne devez pas croire, Monsieur, qu'en parlant sur ce ton-là, je cherche à me procurer le droit de maltraiter MM. vos enfants par des coups : j'ai toujours eu cette brutale méthode en horreur, je la déteste plus que jamais, et sûrement je ne suis pas fait pour la pratiquer. La menace même, si j'en suis cru, n'en frappera jamais les oreilles de M. de Sainte-Marie, et j'ose me promettre d'obtenir de lui tout ce qu'on aura lieu d'en exiger, par des voies moins dures et plus convenables, si vous goûtez le plan que j'ai l'honneur de vous proposer. D'ailleurs, à parler franchement, si vous pensez, Monsieur, qu'il y eût de l'ignominie à M. votre fils d'être frappé par des mains étrangères, je trouve aussi, de mon côté, qu'un honnête homme ne sauroit guère mettre les siennes à un usage plus honteux que de les employer à maltraiter un enfant. Mais à l'égard de M. de Sainte-Marie, nous ne manquons pas de voies de le mortifier par des punitions qui produiroient de meilleurs effets : car dans un esprit aussi vif que le sien, l'idée des coups s'effacera aussitôt que la douleur, tandis que celle d'un mépris marqué, d'un raisonnement con-

vaincant, ou d'une privation sensible, y restera beaucoup plus longtemps. Un maître doit être craint ;
il faut pour cela que l'élève soit bien convaincu
qu'il est en droit de le punir. Mais il doit surtout
en être aimé, et quel moyen à un précepteur de
se faire aimer d'un enfant à qui il n'a jamais à
proposer que des occupations contraires à son goût,
si d'ailleurs il n'a le pouvoir de lui accorder certaines petites douceurs de détail, qui ne coûtent
presque ni dépense ni perte de temps et qui ne
laissent pas, étant ménagées à propos, d'être infiniment sensibles à un enfant et de l'attacher beaucoup à son maitre? J'appuierai cependant assez peu
sur cet article, parce qu'à juger des premiers effets
de mon zèle, j'ose compter que M. de Sainte-Marie
ne sauroit me refuser son amitié, et qu'à tout
prendre, je crois qu'un père peut sans inconvénient
se réserver le droit exclusif d'accorder des grâces,
pourvu qu'il y apporte les précautions suivantes,
nécessaires surtout à M. de Sainte-Marie, dont la
vivacité et le penchant à la dissipation demandent
plus de dépendance. Avant que de lui faire quelque
cadeau, savoir secrètement du gouverneur s'il a
lieu d'être satisfait de la conduite de l'enfant; déclarer au jeune homme que, quand il a quelque
grâce à demander, il doit le faire par la bouche de

son maître, et que, s'il lui arrive de la demander de
son chef, cela seul suffira pour l'en exclure ; prendre
de là occasion de reprocher quelquefois au précepteur qu'il est trop bon, que cet excès de facilité nuira
au progrès de son élève, et que c'est à sa prudence
à corriger ce qui manque à la modération d'un
enfant ; au reste, il ne sera point du tout nécessaire
d'expliquer au jeune enfant, dans l'occasion, qu'on
lui accorde quelque faveur précisément parce qu'il
a bien fait son devoir : il vaut mieux qu'il conçoive
que les plaisirs et les douceurs sont les suites naturelles de la sagesse et de la bonne conduite, que
s'il les regardoit comme des récompenses arbitraires
qui peuvent dépendre du caprice et qui, dans le
fond, ne doivent jamais être proposées pour l'objet
ou le prix de l'étude et de la vertu.

Voilà tout au moins les droits que vous devez
m'accorder sur M. votre fils, si vous souhaitez de
lui donner une heureuse éducation, et qui réponde
aux belles qualités qu'il montre à bien des égards
mais qui, actuellement, sont offusquées par beaucoup de mauvais plis, qui ont besoin d'être corrigés de bonne heure et avant que le temps ait
rendu la chose impossible. Cela est si vrai qu'il
s'en faudra beaucoup, par exemple, que tant de
précautions ne soient nécessaires envers M. de Con-

dillac. Il a autant besoin d'être poussé, que l'autre d'être retenu, et je saurai bien, de moi-même, prendre sur lui tout l'ascendant nécessaire. Mais pour M. de Sainte-Marie, c'est un coup de partie pour son éducation, que de lui donner une bride qu'il sente et qui soit capable de le retenir.

Dans l'état où sont les choses, les sentiments que vous souhaiterez, Monsieur, qu'il ait sur mon compte, dépendent beaucoup plus de vous que de moi-même.

Nous approchons de la fin de l'année. Vous ne sauriez prendre une occasion plus naturelle que le commencement de l'autre, pour faire à M. votre fils un petit discours à la portée de son âge, qui, lui mettant devant les yeux les avantages d'une bonne éducation et les suites fâcheuses d'une enfance négligée, le dispose à se prêter de bonne grâce à ce que la connoissance de son intérêt bien entendu nous fera désormais exiger de lui. Après quoi, vous auriez la bonté de me déclarer, en sa présence, que vous me rendez le dépositaire de votre autorité sur lui, et que vous m'accordez, sans réserve, le droit de l'obliger à remplir son devoir par tous les moyens qui me paroîtront convenables, lui ordonnant, en conséquence, de m'obéir comme à vous-même sous peine de toute votre indignation.

Cette déclaration, qui ne sera que pour faire plus d'impression sur lui, n'aura d'ailleurs d'effet que conformément à ce que vous aurez pris la peine de me prescrire en particulier.

Voilà, Monsieur, les préliminaires indispensables pour s'assurer que les soins que je donnerai à M. votre fils ne seront pas des soins perdus.

Je vais maintenant tracer l'esquisse de son éducation, telle que j'en avois conçu le plan sur ce que j'ai connu jusqu'ici de son caractère et de vos vues. Je ne le propose point comme une règle à laquelle il faille s'attacher, mais comme un projet qui, ayant besoin d'être refondu et corrigé par vos lumières et par celles de M. l'abbé de M., servira seulement à lui donner quelque idée du génie à qui nous avons affaire.

Le but que l'on doit se proposer dans l'éducation d'un jeune homme, c'est de lui former le cœur, le jugement et l'esprit, et cela dans l'ordre que je les nomme. La plupart des maîtres, les pédants surtout, regardent l'acquisition et l'entassement des sciences comme l'unique objet d'une belle éducation, sans penser que, souvent, comme dit Molière,

Un sot savant est sot plus qu'un sot ignorant.

D'un autre côté, bien des pères méprisant assez

tout ce qu'on appelle études, et disant qu'ils ne veulent pas faire de leurs enfants *des docteurs,* ne se soucient guère que de les perfectionner dans les exercices du corps, et dans ce qu'on appelle connoissance du monde. Entre ces extrémités nous prendrons un milieu pour conduire M. votre fils. Les sciences ne doivent pas être négligées, j'en parlerai bientôt, mais elles ne doivent pas précéder les mœurs, surtout dans un esprit pétillant et plein de feu, peu capable d'attention jusqu'à un certain âge, et dont le caractère se trouvera décidé de très bonne heure. A quoi sert à un homme le savoir de Varron, si d'ailleurs il ne sait pas penser juste? que s'il a eu le malheur de laisser corrompre son cœur, les sciences sont dans sa tête comme autant d'armes entre les mains d'un furieux. De deux personnes également engagées dans le vice, le moins habile fera toujours le moins de mal, et les sciences, même les plus spéculatives et les plus éloignées en apparence de la société, ne laissent pas d'exercer l'esprit et de lui donner, en l'exerçant, une force dont il est facile d'abuser dans le commerce de la vie, quand on a le cœur mauvais.

Il y a plus à l'égard de M. votre fils: il a conçu un dégoût si fort contre tout ce qui s'appelle étude et application, qu'il faudra beaucoup de temps

24

pour le détruire, et il seroit fâcheux que ce temps-
là fût perdu pour lui, car il y auroit trop d'inconvénients à le contraindre, et il vaudroit encore
mieux qu'il ignorât éternellement ce que c'est
qu'études et que sciences, que de ne les connoître
que pour les détester.

Je ne puis me résoudre à passer cet article sans
vous avouer, Monsieur, combien la manière dont on
s'y prend pour enseigner les enfants me paroît
insensée et ridicule. On leur fait perdre trois ou
quatre ans à composer de misérables thèmes pendant qu'on est très assuré qu'ils ne trouveront pas
deux fois en leur vie l'occasion d'écrire en latin. On
leur apprend ensuite à faire des amplifications, c'est-
à-dire qu'après leur avoir donné une pensée d'un
auteur, on leur ordonne de la gâter en l'allongeant
par le plus de paroles inutiles qu'ils en peuvent
trouver. On les exerce beaucoup sur l'histoire
grecque et romaine, et on les laisse dans l'ignorance
la plus crasse sur celle de leur pays; on leur passe
le plus mauvais françois pourvu qu'ils parlent bien
latin. On leur parle d'un Dieu en trois personnes
dont aucune n'est l'autre et dont chacune est pourtant le même Dieu; du mystère de l'Eucharistie, où
un espace de cinq pieds est contenu dans un espace
de deux pouces; du péché originel, pour lequel nous

sommes punis très justement des fautes que nous n'avons pas commises; de l'efficacité des sacrements qui opèrent des vertus dans l'âme, par une application purement corporelle : toutes matières où la meilleure tête n'a pas assez de force pour concevoir quelque chose ; en un mot, dans le temps même ou l'on commence à cultiver leur raison, on leur fait faire à tout bout de champ les exceptions les plus étranges contre ses plus évidentes notions, et pour comble, on les accable d'une multitude de préceptes secs et stériles, conçus dans des termes dont la construction même n'est pas à leur portée; en revanche, on ne leur dit rien ni des principes du christianisme, ni des fondements de la morale, on les laisse dans l'ignorance la plus crasse sur les devoirs généraux de l'humanité, et l'on croit opérer des merveilles en les accoutumant à prendre, comme des moines imbéciles, la volonté de leurs maîtres pour l'unique règle de la vertu.

Après quinze ans d'une telle éducation la raison commence à percer au travers de toutes ces broussailles : on est tout étonné de se trouver au milieu de tant d'impertinences ; on se fait un point d'honneur de les oublier le plus vite qu'on peut. A vingt-cinq ans, on est enfin parvenu au même point d'ignorance où l'on étoit en naissant; et pour la religion, en se rappellant les discours absurdes qu'on leur en a tenus et les leçons inintelligibles qu'on leur en a données, ils la regardent comme un conte de vieille, mettent Jésus-Christ et la Vierge au rang de Cendrillon et du petit Poucet, et finissent par n'avoir dans l'esprit ni dans le cœur aucun principe de raison ni de conduite.

Ces réflexions m'ont occupé dès longtemps, et, sur les conséquences que j'en ai tirées, j'avois formé un plan d'éducation bien différente de celle qui est en usage. Je ne sais quel en seroit le succès: ce que je puis dire, c'est qu'il est trop opposé et aux idées reçues et aux coutumes établies, pour devoir vous le proposer. Ce sont de ces essais qu'il n'est point permis de tenter sur un enfant qui n'est pas à soi, et d'ailleurs une réflexion toute naturelle suffit pour me le rendre à moi-même extrêmement suspect. Une imagination échauffée, à force de retourner un objet, peut trouver des choses nouvelles et singulières : mais un jeune homme sans expérience auroit-il bonne grâce à se flatter d'avoir imaginé quelque chose de réellement meilleur que ce qu'une pratique de deux mille ans a fait recevoir unanimement aux hommes les plus savants et les plus expérimentés ?

Tout bien considéré, je crois donc qu'à quelques différences près, nous ne saurions mieux faire que de nous en tenir au système établi pour le genre des études de M. votre fils : nous tâcherons seulement de remédier aux défauts principaux de l'éducation ordinaire, en changeant quelque chose dans la méthode et le détail de la sienne. A l'égard donc de la religion et de la morale, ce n'est pas par la multiplicité des préceptes qu'on pourra parvenir à lui en inspirer des principes solides, qui servent de règle à sa conduite pour toute sa vie : excepté les éléments indispensables et à la portée de son âge, l'on doit moins songer d'abord à fatiguer sa mémoire d'un détail de lois et de devoirs sans principe et sans liaison, qu'à disposer son esprit et son cœur à les connoître et à les goûter, à mesure que l'occasion se présentera de les lui développer.

Ces préparatifs sont tout à fait à la portée de son âge et de son esprit, parce qu'ils ne renferment que des sujets curieux et intéressants sur le commerce civil, sur les arts et les métiers, et sur la manière variée dont la Providence a rendu tous les hommes utiles les uns aux autres. Quelques histoires choisies avec discernement, des fables dont on ôtera la morale pour l'exercer à la trouver de lui-même : tous ces sujets, qui sont plutôt des matières de conversation et de promenades que d'études réglées, auront encore des avantages dont l'effet me paroît infaillible.

Premièrement, n'affectant point son esprit désagréablement par des idées de contrainte et d'étude réglée, et n'exigeant pas de lui une attention pénible et continue, ils n'auront rien de nuisible à sa santé. En second lieu, ils accoutumeront de bonne heure son esprit à la réflexion et à considérer les choses par leurs effets et par leurs suites. Troisièmement, ils le rendront curieux et lui inspireront du goût pour les sciences naturelles.

Je devrois, ici, aller au-devant d'une impression qu'on pourroit recevoir de mon projet, en s'imaginant que je ne cherche qu'à m'égayer moi-même et à me débarrasser de ce que les leçons ont de sec et d'ennuyeux, pour me procurer une occupation plus agréable.

Je ne crois pas, Monsieur, qu'il puisse vous arriver de penser ainsi sur mon compte. Peut-être jamais homme ne se fit une affaire plus importante et plus sérieuse, que celle que je me fais de l'éducation de MM. vos enfants, pour peu que vous veuillez seconder mon zèle; vous n'avez pas eu lieu de vous apercevoir jusqu'à présent que je cherche à fuir le travail; mais je ne crois point que, pour se donner un air de zèle et d'occupation, un maître doive affecter de surcharger ses élèves d'un travail sérieux et rebutant, de leur montrer toujours

une morgue sévère et fâchée, et d'acheter ainsi,
à leurs dépens, la réputation d'homme exact et labo-
rieux. Pour moi, Monsieur, je le déclare une fois
pour toutes : jaloux jusqu'au scrupule de l'accomplissement de mon devoir, je suis incapable de le
négliger jamais. Mon goût ni mes principes ne me
portent ni à la paresse ni au relâchement. Mais,
de deux voies pour m'assurer le même succès, je
préférerai toujours celle qui coûtera le moins de
peine et de désagrement à mes élèves, et j'ose
assurer, sans vouloir paroître un homme très occupé,
que moins ils travailleront en apparence, et plus je
travaillerai pour eux.

S'il y a quelques occasions où la sévérité soit nécessaire à l'égard des enfants, c'est dans les cas où
les mœurs sont attaquées ou dans ceux où il s'agit
de corriger de mauvaises habitudes. Souvent, plus
un enfant a d'esprit, et plus la connoissance de ses
avantages le rend indocile sur ceux qui lui restent à
acquérir. De là, le mépris des inférieurs, la désobéissance aux supérieurs et l'impolitesse envers les
égaux : quand on se croit parfait, dans quels travers
ne donne-t-on pas? M. de Sainte-Marie a trop d'intelligence pour ne pas sentir ses belles qualités ;
mais si l'on n'y pourvoit de bonne heure, il y
comptera trop et négligera d'en tirer tout le par

qu'on devroit espérer. Ces semences de vanité ont déjà produit en lui bien des petits penchants nécessaires à corriger; c'est à cet égard, Monsieur, que nous ne saurions agir avec trop de correspondance, et il est très nécessaire que dans les occasions où l'on aura lieu d'être mécontent de lui, il ne trouve de toutes parts qu'une apparence d'indifférence et de mépris, qui le mortifiera d'autant plus que ces marques de froideur ne lui seront point ordinaires. C'est punir l'orgueil par ses propres armes et l'attaquer dans sa source même, et l'on peut s'assurer que M. de Sainte-Marie est trop bien né pour n'être pas infiniment sensible à l'estime des personnes qui lui sont chères.

La droiture du cœur, quand elle est affermie par le raisonnement, est la source de la justesse de l'esprit; un honnête homme pense presque toujours juste, et quand on est habitué dès l'enfance à ne pas s'étourdir sur la réflexion et à ne se livrer au plaisir présent qu'après en avoir pesé les suites et balancé les avantages et les inconvénients, on a presque, avec un peu d'expérience, tout l'acquis nécessaire pour former le jugement. Il semble, en effet, que le bon sens dépend encore plus des sentiments du cœur que des lumières de l'esprit, et l'on éprouve que les plus savants et les plus éclairés ne sont pas toujours les plus sages et ceux qui se conduisent le mieux dans les affaires de la vie.

Ainsi, après avoir rempli M. de Sainte-Marie de bons principes de morale, on pourroit le regarder comme assez avancé dans la science du raisonnement. Mais s'il est quelque point important dans l'éducation, c'est sans contredit celui-là, et, quand il en sera temps, on ne sauroit trop s'attacher à lui apprendre à connoître les hommes, à savoir les prendre par leurs vertus et même par leurs faibles pour les amener à son but, et à choisir toujours le meilleur parti dans les occasions difficiles. Cela dépend, en partie, de la manière dont on l'exercera à considérer les objets et à les retourner par toutes leurs faces, et, en partie, de l'usage du monde.

Quand au premier point, vous y pouvez contribuer beaucoup, Monsieur, et avec un très grand succès, en feignant quelquefois de le consulter sur la manière dont vous devez vous conduire dans des incidents d'invention ; cela flattera sa vanité, et il ne regardera point comme un travail le temps qu'on mettra à délibérer sur une affaire où sa voix sera comptée pour quelque chose. C'est dans de telles conversations qu'on peut lui inspirer un esprit conséquent et judicieux, et il apprendra plus en deux jours par ce moyen, qu'il ne feroit en deux ans par des instructions en forme : mais il faut observer de ne lui présenter d'abord que des matières proportionnées à son âge, et surtout l'exercer longtemps sur des sujets où le meilleur parti se présente aisément, tant afin de l'amener plus facilement à le trouver de lui-même, que pour éviter de lui faire regarder les affaires de la vie comme une suite de problèmes, où les divers partis paroissant également raisonnables, il seroit indifférent de se déterminer plutôt pour l'un que pour l'autre, ce qui le mèneroit à l'indolence dans le raisonnement et à l'indifférence dans la conduite. L'usage du monde me paroît aussi d'une nécessité absolue, et d'autant plus pour M. de Sainte-Marie que, né timide, il a besoin de voir souvent compagnie, pour apprendre à s'y trouver en liberté et à s'y conduire avec ces grâces et cette aisance qui caractérisent l'homme du monde et l'homme aimable. Je hasarderai, Monsieur, de faire ici une digression pour développer quelques réflexions qui me paroissent dignes d'être examinées.

Quel est le vrai but de l'éducation d'un jeune homme? C'est de le rendre heureux. Toutes les vues de détail que l'on se propose à son égard ne sont qu'autant de moyens pour arriver à cette fin; ce principe est incontestable. Mais comment le conduire à ce bonheur? Quels chemins y font arriver? Ces

routes si peu frayées n'ont que des traces impercep-
tibles à presque tous les yeux, et il ne paroît guère
possible de bien indiquer aux autres ce qu'on n'a
pu trouver pour soi-même. Plus aisément leur mon-
trerions-nous les sentiers qu'il faut éviter : nous
savons trop, par exemple, que cette félicité précieuse ne se trouve point au delà de ces forêts de
conjugaisons, de thèmes, de catéchismes et d'impertinences, qu'on fait percer à ces pauvres enfants
avec tant de larmes et d'ennuis. Ils ne commencent
leur vie que par le sentiment des peines, et il semble
qu'on prend d'abord à tâche de rassembler dans
ces jeunes cœurs tous les déplaisirs dont leur âge
est susceptible. Qu'arrive-t-il de là? Bientôt livrés
à eux-mêmes, ils se jettent à corps perdu dans les
plaisirs; ils n'en avoient pas d'idée, la nouveauté
les leur rend plus piquants, l'âge emporté des passions en fortifie le goût, et ils s'y livrent avec si peu
de précaution, que cette jouissance précipitée, après
avoir usé leur cœur et détruit leur tempérament,
leur fait passer la fin de leur vie dans des souffrances égales à celles du commencement, mais qui
ne sont pas adoucies par les mêmes espérances.

Rien n'est si triste que le sort des hommes en
général; cependant ils trouvent en eux-mêmes un
désir dévorant de devenir heureux, qui leur fait

sentir à tout moment qu'ils étoient nés pour l'être. Pourquoi ne le sont-ils point? ils accusent le destin, ou bien ils murmurent contre leurs pères et leurs précepteurs. Pour moi, Monsieur, je désire ardemment de rendre votre mémoire et la mienne toujours chères à M. de Sainte-Marie, non seulement par des sentiments ordinaires d'amour, de respect et de reconnoissance, mais encore par un retour de plaisir sur les agréments de ses premières années et sur l'influence avantageuse qu'elles répandront sur les autres.

Je conçois deux manières d'arriver à la félicité : l'une en satisfaisant ses passions, et l'autre en les modérant. Par la première on jouit, par la seconde on ne désire point, et l'on seroit heureux par toutes deux, s'il ne manquoit à l'une cette durée et à l'autre cette vivacité qui constituent le vrai bonheur.

Les routes pour arriver à ces deux états sont entièrement opposées, il faut donc opter, et le choix est aisé si l'on compare les effets de l'un et de l'autre. On ne sauroit nier qu'un homme qui savoure à longs traits le plaisir et la volupté ne soit actuellement plus heureux et ne jouisse mieux des charmes de la vie que celui qui ne désire ni ne possède point. Deux choses me semblent pourtant rendre l'état du dernier préférable. En premier lieu, plus l'action du plaisir est vive, et moins elle a de durée : c'est un fait incontesté ; on perd donc sur le temps ce qu'on gagne sur le sentiment ; jusqu'ici, tout seroit compensé, mais voici en quoi la chose n'est pas égale : c'est que le goût ardent des plaisirs agit d'une telle manière sur l'imagination, qu'elle reste émue même après l'effet du sentiment, et prolonge ainsi le désir plus loin que la possibilité de le satisfaire, d'où je conclus que la jouissance immodérée du plaisir est pour l'avenir un principe d'inquiétude.

Au contraire : les peines d'un homme qui, sans avoir joui, n'a que quelques désirs à combattre, diminuent à mesure qu'il gagne du temps, et la longue tranquillité de l'âme, lui donne plus de force pour la conserver toujours ; son bonheur augmente, à mesure que celui de l'autre diminue.

D'ailleurs, où est l'honnête homme qui, semblable à un ours dans la société, ne voudroit s'occuper continuellement qu'à satisfaire ses désirs, sans égard pour les bienséances ni pour le repos d'autrui ? Seroit-on heureux avec de pareils sentiments, et, s'il est un bonheur réservé aux hommes, l'honneur et la délicatesse n'en sont-ils pas la base ? Ne nous considérons point comme si nous étions seuls dans la nature ; prêtons-nous aux besoins d'autrui, afin qu'il se prête aux nôtres réciproquement; sacrifions-lui quelquefois nos plaisirs, nous jouirons avec plus de goût de ceux qui nous resteront, et, à tout prendre, nous en serons plus heureux.

L'état d'un homme qui se livre à toutes ses passions est donc une chimère pour l'homme raisonnable. Cette raison respectable est sans doute un présent divin, mais elle ne nous a été donnée que pour nous combattre incessamment nous-mêmes : peut-être nous l'a-t-on vendue cher, mais, enfin, nous en jouissons, et ce n'est plus le temps de disputer.

Sur ce pied-là, nous ne différons que du plus au moins, de celui qui résiste à ses passions. Dans quelque état que nous soyons, nous en avons toujours tant à combattre, qu'en vérité il n'en coûtera guère plus de prendre toute la tâche entière. Mais ne nous imposons rien d'impossible, et voyons dans quel état l'esprit doit être, pour pouvoir dompter les émotions du cœur.

C'est ici où j'oserai, Monsieur, vous proposer ce paradoxe étonnant, qu'il n'y a de gens tranquilles et modérés dans leurs désirs, que ceux qui vivent répandus dans le monde. Je dis qu'ils sont tranquilles, non pas absolument, mais en comparaison de ceux qui, nourris dans la retraite et l'éloignement des plaisirs, ne les ont connus qu'au travers d'une imagination d'autant plus active que ses ressorts n'ont point été affaiblis par l'action continuelle des organes.

Un solitaire livré à lui-même conçoit bientôt qu'il y a dans la nature d'autres hommes que lui; s'il suppose que quelques-uns vivent seuls, il n'ignore pas que d'autres vivent ensemble, et en comparant cette société avec sa solitude, il ne tarde pas à sentir combien il y a à gagner pour la jouissance de la vie à commercer avec ses semblables : de là, son imagination part et revient lui peindre des objets qui s'augmentent et s'embellissent par le loisir et la liberté de les grossir et de les combiner, sans que rien lui fasse voir combien il s'éloigne de la vérité Le cœur se mêle bientôt à ces imaginations : il forme des désirs; ces désirs l'échauffent loin de l'épuiser : car le désir est le seul sentiment que la durée n'affaiblit point. De là, naissent l'inquiétude, la mélancolie, les regrets même, et peut-être enfin le désespoir, si la retraite duroit toujours et que l'imagination fût trop vive. Transportez tout d'un coup un tel homme au milieu du monde: j'omets qu'il y fera sotte contenance ; mais il est sûr, du moins, qu'à chaque objet nouveau il se trouvera ému beaucoup plus qu'un homme qui verroit cet objet tous les jours. Sans doute, à bien des égards, il trouvera beaucoup à

rabattre de tout ce qu'il s'étoit figuré ; mais la grande
diversité des objets ajoutera quelque chose à l'impression de chacun d'eux, et ôtera la liberté des
réflexions qui pourroient en diminuer l'effet ; il sera
continuellement agité et livré à un torrent de sentiments étrangers, chacun aura pour lui le prix de la
nouveauté. L'expérience nous apprend avec quelle
avidité on s'y livre en pareil cas, et combien il est
dangereux, même avec le plus grand fonds de philosophie et de raison, de passer subitement d'un long
calme à une aussi violente agitation.

Prenons à présent un homme livré au monde dès
son enfance. Cette foule d'objets agréables et déplai-
sants n'agissent sur lui qu'avec un degré de force
tempéré par la longue habitude. Le cœur s'en ras-
sasie, parce que l'esprit s'accoutume à les voir ; les
plaisirs les plus piquants, les déboires les plus marqués ne sont pour lui que des événements ordinaires,
dont les épreuves réitérées lui ôtent presque tout le
sentiment. Il n'est violemment ému de rien, parce
que tout lui est familier ; il *compte* ses plaisirs plutôt
que de les peser ; et une légère agitation toujours
continuée tient son âme dans une certaine égalité
où elle ne sauroit être avec de vives émotions.
Voyez un homme extrêmement répandu : il porte
partout un air de gaieté et d'enjouement, la tête est

remplie de musique, de peinture, de spectacles, de
festins, de petits vers, de jolies femmes : rarement
y a-t-il quelque chose de plus. Cela forme un groupe
si amusant que l'âme n'a guère le loisir de se distraire sur d'autres objets plus sérieux, ni même de
s'occuper fortement de chacun de ceux-là en particulier. Elle les effleure tous, et elle est contente.
Pour être heureux, du moins pour n'être pas à
plaindre, il faudroit donc énerver les passions et
multiplier les goûts, et voilà justement l'effet du
commerce du monde. On s'imagine ordinairement
que le monde est le théâtre des grandes passions ;
je pense au contraire qu'il est seulement celui des
petits goûts, et il ne faut pas être bien expérimenté
pour se convaincre que les grands traits de passion
dans tous les genres ont presque tous été produits
par des cœurs solitaires et mélancoliques.

De tout cela je conclus qu'un homme destiné à
figurer un jour dans le monde n'y sauroit être intro-
duit de trop bonne heure, non seulement pour
apprendre à s'y conduire avec aisance, mais encore
pour s'accoutumer à le connoître, et à ne s'en pas
laisser charmer immodérément, quand, dans l'âge le
plus impétueux, il s'y trouvera livré par état.

Je serois assez de l'avis de ceux qui prétendent
que rien n'est si aisé à un jeune homme, que de se

former pour la société et de se rendre aimable, même
en sortant de la poussière de l'école. C'est l'effet
ordinaire d'un premier attachement, et il y a peu de
cavaliers polis qui ne soient redevables de leur éducation à la première femme qui leur a inspiré du
goût: aussi n'est-ce pas là le principal inconvénient
que je vois à retarder l'introduction d'un jeune
homme. C'est aux dispositions du cœur que j'ai
égard, et aux passions qui en sont l'ouvrage. Ce
jeune homme, sorti des mains d'un maître sans goût,
n'a jamais ouï parler de Rameau, de Blavet, de
Coypel, ni de Girardon. Il ignore si, depuis les Grecs,
il y a eu dans le monde des peintres, des graveurs,
des sculpteurs, et des musiciens; il ne connoît Ra-
cine, Molière, Corneille ni Voltaire, que par quelques sèches explications de son maître, et souvent
il ne doute pas qu'il ne soit du bel air d'oublier bien
vite tout cela. En revanche, on lui a peint les femmes
comme de méchants animaux, et il les adore déjà;
les jeunes gens comme des monstres de débauche, et
il brûle de faire comme eux. En général, tout ce
qu'on lui a dit pour l'éloigner de l'amour des plaisirs est précisément ce qui l'y attire; il s'y livre donc
sans réserve dès la première occasion : mais il s'y
livre brutalement, comme un homme sans sentiment
et sans goût, qui, croyant tout également défendu,

court à tout avec une égale ardeur. L'indigne et basse avidité du jeu, l'ivrognerie, les grossières fureurs du tempérament, le livrent aux usuriers, aux traiteurs, et aux femmes les plus méprisables. Les lettres qu'il déteste, les beaux-arts qu'il ignore, ne servent point à calmer l'emportement de ses passions; la délicatesse et le goût sont des chimères pour lui, et son cœur n'a pas encore éprouvé les plaisirs, qu'il croit déjà les avoir épuisés.

Enfin, pour peu que l'on soit bien né, le temps vient où l'on fait des retours sur soi-même. On va dans des maisons où règnent la politesse, le goût et la bienséance; on est tout étonné de s'y trouver comme dans un autre monde; on y entend parler un langage fin et délicat qu'on n'entend point; on y voit régner des manières douces et polies. Mille goûts aimables que l'on ignorait semblent y faire le charme des plus honnêtes gens. Des conversations élégantes y jettent de nouveaux jours dans l'esprit, et de nouveaux sentiments dans l'âme. Une femme vient à faire au jeune homme une question sur un point de science qu'on suppose lui devoir être connu, et dont il ne sait pas un mot. Que ne donneroit-il pas, dans cet instant, pour avoir quelque chose à dire! il se tait et rougit; et enfin, il est tout étonné que la Dame qui l'avoit interrogé, pour lui donner occasion de briller, discute elle-même la question avec autant de sagesse, et sûrement plus d'esprit, que n'eût fait son régent.

C'est alors qu'on commence à changer d'idées, c'est alors qu'on revient peu à peu des préjugés frénétiques de la première jeunesse ; on prend enfin la crapule en horreur, on quitte ses amis grossiers et ses viles habitudes, et l'on ne donne plus au tempérament que des plaisirs inspirés par le cœur : on déteste à la fois l'éducation dégoûtante qu'on a reçue et le mauvais usage qu'on a fait de sa première liberté, et l'on tempère sagement l'ardeur de ses passions par la multiplicité des goûts qui les affoiblissent en les partageant.

Voilà, je pense, la peinture la plus commune de l'introduction des jeunes gens dans le monde : heureux ceux qui en sont quittes pour la honte d'avoir si mal profité de leurs plus belles années ; heureux, même, ceux à qui il n'en coûte qu'une partie de leur santé et de leur bien ; heureux, surtout, ceux qu'un sage retour sur eux-mêmes ramène assez tôt de leurs égarements, pour jouir encore de la vie en qualité d'honnêtes gens ; plus heureux ceux, qui, guidés par des conseils modérés et judicieux, ont su devenir des hommes raisonnables et des hommes du monde, sans passer par de si funestes épreuves.

J'espère, Monsieur, que M. de Sainte-Marie, éclairé par vos lumières et soutenu par mon zèle, y entrera par une porte plus gracieuse et plus honorable, et n'aura jamais de regrets à mêler dans le souvenir de ses premières années.

Telles sont les raisons que j'ai de vous proposer, Monsieur, de donner de bonne heure à M. votre fils le goût de la société à laquelle il est destiné. Je sais que la vue prématurée des hommes et de leurs défauts présente aux enfants un spectacle très capable de les gâter dès qu'on les abandonneroit à leurs propres réflexions. Je sais, de plus, qu'il est extrêmement dangereux de les rendre trop tôt philosophes et raisonneurs, et de les accoutumer à éplucher la conduite d'autrui, avec un air de curiosité et de critique qui ne manqueroit pas d'en faire, à la longue, des esprits épilogueurs, caustiques et mal tournés.

Un maître dur et farouche, qui envie aux autres des plaisirs qu'il n'est pas à portée de goûter, croit faire des merveilles en relevant aux yeux de son élève toutes les fautes qu'il voit commettre, tous les travers qu'il aperçoit; et, sous prétexte de lui apprendre à éviter les mêmes défauts, on ne manque pas, au sortir d'une assemblée, de passer en revue tout ce qu'on a cru y voir de mauvais, et de l'exhorter à prendre sur la conduite de monsieur tel ou de madame telle, de bonnes leçons pour ne jamais les imiter. C'est sur ces belles instructions que se forment tous les jours ces petits faiseurs de satires et d'épigrammes, et cette foule de furies dont les langues et les plumes dangereuses, après avoir été à la mode pendant un temps, deviennent enfin l'horreur et le fléau de la société.

Cette méthode détestable a peut-être trouvé sa source dans les chaires de nos prédicateurs, où l'on prend à tâche de nous peindre tous les hommes comme des monstres à étouffer, comme des victimes du démon, dont le commerce n'est fait que pour corrompre le cœur et précipiter dans les enfers : ce qu'il y a de singulier c'est qu'après toutes ces belles déclamations, le même homme vient nous prêcher gravement l'amour du prochain, c'est-à-dire de toute cette troupe de coquins pour lesquels il nous a tant inspiré d'horreur.

J'espère que des maximes plus sensées formeront le jugement de M. de Sainte-Marie. Qu'il connoisse le monde comme une assemblée d'honnêtes gens auxquels il doit beaucoup d'égards, sujets sans doute à des vices et à des foiblesses, mais portant tous en eux-mêmes un fond de probité et des principes d'honneur qui ne s'effacent jamais, et qui doivent les ramener tôt ou tard à la sagesse et à la vertu. Il faut être né bien malheureusement spirituel, pour ne trouver dans tous les hommes que des sujets de satire ; pour moi, quoique je n'aie guère à me louer d'eux, j'aime à me rendre ce témoignage satisfaisant, de n'être jamais sorti d'une compagnie, sans y avoir remarqué quelque chose d'estimable. Il ne faut donc pas croire qu'on ne puisse former un jeune homme qu'en lui faisant éternellement la critique du genre humain. Tant de commentaires sur les mobiles secrets des actions des hommes font ordinairement des esprits difficiles et pointilleux, rarement justes et pénétrants. Il en est dans le commerce de la vie comme dans la politique : un excès de raffinement nous fait donner dans des chimères, et nous éloigne de notre but, par des sentiers détournés que nous croyions devoir nous y mener plus tôt.

Les actions les plus droites en apparence n'ont pas toujours les motifs les plus louables ; j'en conviens, et il ne faut pas, en effet, qu'un jeune homme prenne dans la bonne foi d'autrui plus de confiance que la prudence ne le permet. C'est à des leçons générales, et soutenues seulement par des exemples pris dans l'histoire, qu'il faut employer cette partie de leur instruction. Mais que ces exemples ne soient jamais appliqués à des sujets vivants et trop voisins de nous : car, outre que la médisance est par elle-même très méprisable, une triste expérience nous apprend trop que le spectacle du vice est plus propre à séduire qu'à corriger. En inspirant donc à M. de Sainte-Marie le goût du monde et de la bonne compagnie, il ne sera point du tout néces-saire de se presser de lui montrer tous les replis du cœur humain, et d'autant moins nécessaire que, par le choix des maisons où l'on le conduira, il ne verra que des objets et n'entendra que des discours capa-bles d'exciter en lui une noble émulation d'ac-quérir du mérite, qui suffit seule pour en donner.

Je suivrai ainsi une méthode tout opposée à celle que j'ai vu pratiquer par d'autres maîtres, et au lieu de critiquer les démarches des autres pour le perfectionner à leurs dépens, je lui ferai remar-quer, au contraire, en eux, toutes les choses qui me paroîtront dignes de louanges, et je tâcherai de les lui mettre dans un jour qui lui plaise et qui lui donne du goût pour elles.

Pour le ridicule, quand il est grossier, il est impos-sible qu'il échappe aux yeux des enfants ; et comme on en rit volontiers, et que cela leur plaît, il est bon de ne les pas laisser en doute sur le principe d'un effet qui est si fort de leur goût. D'ailleurs, les lois qui ont établi des juges et des châtiments pour

punir le vice nous ôtent le droit de nous en mêler ;
mais les ridicules sont, pour toute punition, abandonnés à la raillerie publique, et il n'est pas tout à
fait injuste qu'ils subissent le seul genre de peine
qui leur convient, pour l'incommodité qu'ils causent
dans la société. Je crois donc qu'on peut à cet
égard, mais avec d'extrêmes ménagements, relâcher
quelque chose de l'attention, qu'on doit toujours
avoir auprès des enfants, de ne critiquer personne :
il y faut surtout ajouter un correctif nécessaire, et,
après les avoir laissés s'égayer pendant quelque
temps, il faut tâcher de leur faire adroitement un
petit retour de comparaison sur eux-mêmes, où leur
amour-propre ne trouve pas trop son compte, afin
qu'ils apprennent à avoir de l'indulgence pour les
autres, par celle dont ils auront besoin, et qu'ils
s'accoutument à se regarder toujours, avant que de
blâmer autrui.

Un jeune homme ainsi élevé parmi les honnêtes
gens ne tarderoit pas à s'y trouver à sa place : il
prendroit du goût pour la société, il apprendroit la
politesse et les égards qu'on se doit réciproquement
dans la vie, il cultiveroit cette multitude de goûts
qui s'opposent au progrès des passions, et, dans un
âge plus avancé, sans changer d'allures et presque
sans s'en apercevoir, il se trouveroit déjà tout initié

dans ce monde si dangereux et dont l'apprentissage coûte si cher à la plupart des jeunes gens.

J'avoue que ces conseils paroîtroient suspects de la part d'un maître qu'on pourroit soupçonner de ne les donner que pour son propre intérêt ; mais, bien loin d'être taxé d'aimer le monde et la dissipation, je sais, Monsieur, qu'on a cherché plus d'une fois à me faire passer auprès de vous pour un caractère triste et misanthrope, pour un homme peu propre à donner de la douceur et des manières à M. votre fils, en un mot pour un esprit sauvage et pédant, qui, hors d'état de connoître le monde, l'étoit encore plus d'y former un jeune élève. Toutes ces accusations paroissent si vraisemblables, que je ne saurois trouver étrange qu'elles soient parties de gens zélés pour l'éducation de M. votre fils. Quoi qu'il en soit, je vois avec joie qu'elles n'ont pas produit beaucoup d'effet dans votre esprit, et je ferai mes efforts pour qu'elles puissent vous paroître tous les jours plus injustes. Ce n'est pas que je ne sente fort bien tout ce qui me manque à certains égards : un air contraint et embarrassé, une conversation sèche et sans agrément, une timidité sotte et ridicule, sont des défauts dont je me corrigerai difficilement. Trois puissants obstacles s'opposeront toujours à mes efforts pour y parvenir. Le premier

est un penchant invincible à la mélancolie, qui fait,
malgré moi, le tourment de mon âme. Soit tempérament, soit habitude d'être malheureux, je porte
en moi une source de tristesse dont je ne saurois
bien démêler l'origine. J'ai presque toujours vécu
dans la solitude, longtemps infirme et languissant,
considérant la fin de ma courte vie comme l'objet le
plus voisin, un vif degré de sensibilité, dans une
âme qui n'a jamais été ouverte qu'à la douleur, portant continuellement dans mon sein, et mes propres
peines et celles de tout ce qui m'étoit cher. Ce
n'étoit là que trop de quoi fortifier ma tristesse
naturelle.

Le second obstacle est une timidité insurmon-
table qui me fait perdre contenance et m'ôte la liberté
de l'esprit, même devant des gens aussi sots que
moi. Je devrois être guéri de ce défaut par les torts
qu'il m'a faits; je ne puis cependant m'empêcher
d'imaginer qu'on en peut abuser aisément pour me
mépriser un peu plus que je mérite.

Le troisième, est une profonde indifférence pour
tout ce qu'on appelle brillant. L'opinion des hommes
me touche peu : non que je la dédaigne, mais parce
qu'au contraire je ne crois pas valoir la peine qu'ils
pensent à moi, et que, d'ailleurs, les distinctions les
plus flatteuses ne produiroient jamais dans mon

cœur un plaisir extrêmement piquant, à moins que
les personnes de qui elles me viendroient ne me
fussent extrêmement chères. Avec de telles dispositions, il est bien difficile d'acquérir, à un certain
point, l'esprit du commerce et de la société ; mais
qu'on ne me fasse pas l'injustice de conclure de là
que je suis d'un caractère dur et farouche, ou qu'une
inquiétude basse et servile me fait trouver hors de
ma place parmi la bonne compagnie : quelque
étranger que j'y paroisse, je n'en ai jamais vu
d'autre, et, pour ne jamais supporter la mauvaise, j'ai
appris à être seul quand il le faut ; j'ose même
ajouter que je ne sens rien dans mes inclinations qui
ne m'annonce que j'étois fait pour vivre avec les
plus honnêtes gens.

A l'égard de mon humeur, je crois être en droit
de me plaindre de ceux qui m'accusent de misanthro-
pie et de taciturnité : c'est qu'apparemment aucun
d'eux n'a jugé que je valusse la peine d'être examiné d'un peu plus près : car j'avoue que je ne
saurois obtenir de moi de me jeter à la tête des
gens. Je puis, cependant, me rendre ce témoignage,
qu'il n'est pas une vertu qui me soit plus chère que
la douceur du caractère, et je ne veux, pour toute
preuve, qu'en appeler au plaisir que marque M. de
Sainte-Marie à se trouver auprès de moi. Assuré-

ment, quelque bon que puisse être son cœur, il ne seroit pas possible que dans un âge aussi tendre il eût pris du goût pour un maître dur et farouche, et il faut bien qu'il ait trouvé en moi quelque chose qui le dédommageât de cette gaieté qui me manque et qui est si fort au gré des enfants. Je n'appuierai pas davantage sur tout cela, et je gagnerai sans doute à laisser entièrement à votre bonté le soin de ma justification.

Un homme sans esprit et sans sentiment qui, sorti de la poussière d'un collège, se trouve tout d'un coup transplanté parmi le monde le plus poli, n'est propre ni à en sentir les charmes, ni à en inspirer le goût à un élève. Un autre homme fier et bourru, qui, s'imaginant être au-dessus de tout, croiroit s'avilir en se mêlant à des conversations ordinaires, y réussiroit encore moins. Pour bien juger du train du monde et de la vie humaine, pour en développer les ressorts, et pour y conduire un jeune homme avec succès, je ne crois pas cependant qu'il soit nécessaire d'avoir un génie extrêmement subtil : penser assez juste, avoir du bon sens et un peu de goût, n'être point singulier ni par la sottise ni par la fatuité, avec cela seul, un maître zélé doit parvenir à former un enfant, et à en faire un cavalier poli et un honnête homme, ce qui fait le double objet de l'éducation.

C'est à vous, Monsieur, et à madame sa mère, à voir ce qui convient sur ce point, et à vous donner la peine de conduire quelquefois M. de Sainte-Marie avec vous, si vous jugez que cela lui soit plus avantageux. Il sera bien aussi que, quand on aura compagnie, on le retienne quelquefois dans la chambre, et qu'en l'interrogeant à propos sur les matières de la conversation, on lui donne lieu de s'y mêler insensiblement. Mais il y a un point sur lequel je crains de ne pas me trouver tout à fait de votre sentiment. Quand M. de Sainte-Marie se trouve en compagnie sous vos yeux, il badine et s'égaie autour de vous et n'a des yeux que pour son Papa : marque de tendresse bien flatteuse et bien aimable; mais s'il est contraint d'aborder une autre personne ou de lui parler, aussitôt il est décontenancé, il ne peut marcher ni dire un seul mot, ou bien il prend l'extrême et lâche quelque indiscrétion. Voilà qui est pardonnable à son âge, mais enfin on grandit et ce qui convenoit hier ne convient plus aujourd'hui, et j'ose dire qu'il n'apprendra jamais à se présenter, tant qu'il gardera ce défaut. La raison en est qu'il n'est point en compagnie quoiqu'il y ait du monde autour de lui : de peur d'être contraint de se gêner il affecte de ne voir

personne, et le Papa lui sert d'objet pour se distraire de tous les autres. Cette hardiesse forcée,
bien loin de détruire sa timidité, ne fera sûrement
que l'enraciner davantage, tant qu'il n'osera point
envisager une assemblée ni répondre à ceux qui
lui adressent la parole. Pour prévenir cet inconvénient, je crois, Monsieur, qu'il seroit bien de le
tenir quelquefois éloigné de vous, soit à table, soit
ailleurs, et de le livrer un peu aux étrangers, pour
l'accoutumer à se familiariser avec eux. Vous devez, Monsieur, me pardonner cet excès de précaution contre les progrès de la timidité; j'ai plus de
raisons qu'un autre de la prévenir dans mes élèves.
La timidité est rarement le défaut des sots, cependant elle est revêtue de tous les ridicules de la sottise, et qui pis est, c'est que, de tous les défauts
qu'on peut apporter dans la société, elle est le plus
difficile à guérir et le seul qui n'est bon à rien.

A tout cela je voudrois, quand il en sera temps,
joindre quelque lecture qui, sans lui gâter le cœur,
lui fît assez connoître les hommes pour n'être pas
tout à fait étranger parmi eux. Nous aurions grand
besoin d'un ouvrage de ce genre, fait exprès pour la
jeunesse. De tous ceux que nous avons actuellement,
je n'en vois pas de plus convenables que Molière et
La Bruyère (je ne parle point de l'abbé de Belle-

garde parce que je ne l'ai pas lu). Ces deux auteurs
ont cependant chacun leurs défauts. Presque tous
les caractères de Molière sont trop chargés : cela
diminue beaucoup de l'utilité que les enfants pourroient retirer de sa lecture, tant parce qu'ils ne
verront jamais personne fait comme cela, que parce
qu'accoutumés à ces couleurs vives et tranchantes,
ils ne trouvent dans le monde que des caractères
beaucoup moins marqués et dont leurs yeux ne
savent plus distinguer les nuances. La Bruyère a
quelquefois le même défaut, il est même beaucoup
moins à la portée des enfants : à force de vouloir être
fort et serré, il devient souvent obscur et guindé, et
je vois presque autant de danger pour le goût à
vouloir l'imiter, que de plaisir pour l'esprit à l'entendre.

Au reste, les défauts d'un auteur ne tournent
jamais au préjudice de l'enfant qui le lit, quand
il a affaire à un maître patient et judicieux; il en
prend, au contraire, occasion de lui former le
goût, en lui faisant observer les endroits défectueux, non pas avec cet air suffisant et décisif qui
caractérise les pédants, mais d'un ton circonspect,
modeste et convenable au respect que nous devons aux grands hommes, jusque dans l'examen de
leurs fautes : en un mot, du ton d'un homme qui

cherche la vérité et qui se reconnoît sujet à l'erreur.

On ne lui apprendra donc point à dire d'un air de petit maître : « Cela est trop fleuri, cela est trop sec, cet auteur pense faux, celui-ci court après l'esprit, celui-là donne dans le néologisme ; » mais on lui dira simplement qu'on croit qu'une telle chose eût été mieux comme cela, par telle et telle raison ; qu'à vrai dire les plus grands hommes sont sujets à faire des fautes, mais que nous, qui nous mêlons d'en juger, nous estimerions bien heureux de les faire au même prix. Je passe à présent à ce qui regarde la culture de l'esprit, c'est-à-dire aux études proprement dites.

On a beau parler au désavantage des études et tâcher d'en anéantir la nécessité, il sera toujours beau et utile de savoir ; et quant au pédantisme, ce n'est pas l'étude même qui le donne, mais la mauvaise disposition du sujet ou les mauvais plis qu'il a reçus. Les vrais savants sont polis, parce qu'ils savent ce qu'on se doit réciproquement, et ils sont modestes, parce que la connoissance de ce qui leur manque les empêche de tirer vanité de ce qu'ils ont ; il n'y a que les petits génies et les demis-avants qui, croyant savoir tout, méprisent orgueilleusement mille choses qu'ils ne connoissent point. D'ailleurs, le goût des lettres est d'une grande ressource dans

26

la vie, même pour un homme d'épée. Il est bien gracieux de n'avoir pas toujours besoin du concours des autres hommes pour se procurer des plaisirs; il se commet tant d'injustices dans le monde, on y est sujet à tant de disgrâces, qu'on a souvent occasion de s'estimer heureux de trouver des amis et des consolations dans son cabinet, au défaut de ceux que le monde nous refuse. Je compte pour rien le plaisir de briller et de s'attirer des éloges, parce qu'outre qu'il me paroît extrêmement frivole et léger, il vise de si près au pédantisme, que je souhaiterois fort de n'y pas rendre mes élèves trop sensibles.

Mais il ne suffit pas de convenir des avantages de l'étude : le grand point est d'en faire naître le goût à M. votre fils, qui témoigne une aversion horrible pour tout ce qui sent l'application. Les progrès qu'il a faits jusqu'à présent, j'ose dire qu'il ne les a faits ni par obéissance ni par goût, mais uniquement par complaisance et par amitié pour moi; et vous n'ignorez pas, Monsieur, combien la complaisance des enfants est aisée à épuiser. Cependant la violence ne doit ici concourir en rien, j'en ai dit la raison ci-devant : mais pour que cela vienne naturellement, il faut remonter à la source de cette antipathie. Cette source est un goût excessif de dissipation qu'il a pris en badinant avec ses frères et sa sœur, qui fait qu'il ne peut souffrir qu'on l'en distraie un instant, et qu'il prend en haine tout ce qui produit cet effet ; car, d'ailleurs, je me suis convaincu qu'il n'a nulle aversion pour l'étude en elle-même, et qu'il y a même des dispositions dont on peut se promettre beaucoup. Pour remédier à cet inconvénient, il faudroit lui procurer d'autres amusements qui le détachassent des niaiseries auxquelles il s'occupe, et pour cela le tenir un peu séparé de ses frères et de sa sœur : c'est ce qui ne se peut guère faire dans une chambre comme la mienne, trop petite pour les mouvements d'un enfant aussi vif, et où même il seroit dangereux d'altérer sa santé, si l'on vouloit le contraindre d'y rester trop renfermé. Il seroit peut être plus important, Monsieur, que vous ne pensez, d'avoir une chambre raisonnable pour y faire son étude et son séjour ordinaire : je tâcherois de la lui rendre aimable par tout ce que je pourrois lui présenter de plus riant, et ce seroit déjà beaucoup de gagné, que de faire qu'il se plût dans l'endroit où il doit étudier. Alors pour le détacher insensiblement de tous ses badinages puérils, je me mettrois de moitié de tous ses amusements, et je lui en procurerois des plus propres à lui plaire et à exciter sa curiosité. Des découpures, un peu de dessin, la musique, les instruments, un prisme, un microscope, un verre ardent, un baromètre, un éoli-pyle, un syphon, une fontaine de Héron, un aimant et mille autres petites curiosités, me fourniroient des sujets continuels de le divertir, de l'instruire, même sans qu'il s'en aperçût, et de l'attacher peu à peu à son appartement au point de s'y plaire plus que partout ailleurs. D'un autre côté, on auroit soin de l'envoyer près de moi dès qu'il seroit levé, sans qu'aucun prétexte pût l'en dispenser; on ne per-mettroit point qu'il allât dandinant par la maison, ni qu'il se réfugiât près de vous ni près de madame sa mère, aux heures de son travail, et, afin de lui faire regarder l'étude comme d'une importance que rien ne pourroit balancer, on éviteroit de prendre ce temps pour le peigner, le friser ou lui donner quelque autre soin nécessaire. Voici, par rapport à moi, comment je m'y prendrois pour l'amener insen-siblement à l'étude, de son propre mouvement. Aux heures où je voudrois l'occuper, je lui retrancherois toute sorte d'amusement et je lui proposerois le tra-vail de cette heure-là : s'il ne s'y livroit pas de bonne grâce, je ne ferois pas même semblant de m'en apercevoir, et je le laisserois seul et sans amu-sement se morfondre, jusqu'à ce que l'ennui d'être absolument sans rien faire l'eût ramené de lui-même à ce que j'exigeois de lui; alors j'affecterois de

répandre un enjouement et une gaieté sur son travail,
qui lui fît sentir la différence qu'il y a, même pour
le plaisir, de la fainéantise à une occupation honnête.
Quand ce moyen ne réussiroit pas, je ne le maltrai-
terois point. Mais je lui retrancherois tous ses amusements pour ce jour-là, en disant froidement que je
ne prétends point le faire étudier par force, mais que
le divertissement n'étant légitime que quand il est
le délassement du travail, ceux qui ne font rien ne
sauroient être en droit de s'en prévaloir. Au reste,
je me garderois bien de lui dire cela d'un ton
d'aigreur; au contraire, j'affecterois d'ailleurs d'en
agir avec lui comme à l'ordinaire, lui témoignant
même d'être fâché que l'équité ne me permît pas de
le rendre à ses amusements journaliers : je crois que
cette égalité de visage et de parole doit être une
maxime inviolable auprès des enfants; quand on leur
marque de la colère, ils croient volontiers qu'on les
punit plus par humeur que par justice. Mon but,
dans cette conduite, seroit de l'accoutumer à lier si
bien ensemble les idées de l'étude et du plaisir d'un
côté, et, de l'autre, celles de l'oisiveté et de l'ennui,
qu'il parvînt enfin à les regarder comme naturellement inséparables : je suis persuadé que c'est là la
voie la plus simple et la plus sûre d'inspirer le goût
de l'étude aux enfants; car, quoi qu'on fasse, l'idée

de contrainte et d'application que l'étude porte avec soi ne leur deviendra jamais agréable que par l'accession de quelque idée étrangère et riante, qui puisse se présenter toujours en même temps.

Pour que M. votre fils prenne ses études à cœur, je crois, Monsieur, que vous devez témoigner y prendre vous-même beaucoup de part : pour cela, vous aurez la bonté de l'interroger quelquefois sur ses progrès, mais dans les temps seulement, et sur les matières où il aura le mieux fait, afin de n'avoir que du contentement et de la satisfaction à lui marquer, et de lui donner par là encore plus d'émulation. Quelquefois aussi, mais plus rarement, votre examen roulera sur les matières où il se sera négligé ; alors vous vous informeriez de sa santé et des causes de son relâchement, avec des marques d'inquiétude qui ne manqueroient pas de lui en communiquer à lui-même.

Quant à l'ordre même de ses études, il sera très simple pendant les deux ou trois premières années. Les éléments du latin, de l'histoire et de la géographie partageront son temps. A l'égard du latin, je n'ai point dessein de l'exercer par une étude trop méthodique, et moins encore par la composition des thèmes. Les thèmes, suivant M. Rollin, sont la croix des enfants, et dans l'intention où je suis de lui ren-

dre ses études aimables, je me garderai bien de le
faire passer par cette croix, et de lui mettre dans la
tête les mauvais gallicismes de mon latin, au lieu de
celui de Cicéron, de César, et de Tite-Live. D'ailleurs,
un jeune homme, s'il est destiné à l'épée, étudie le
latin pour l'entendre et non pour l'écrire : qu'il tra-
duise donc les anciens auteurs et qu'il prenne dans
leur lecture le goût de la belle littérature et de la
bonne latinité, c'est tout ce que j'exigerai de lui à cet
égard.

Je sais que, dans la nécessité où l'on est d'apprendre le françois méthodiquement et autrement que
par l'usage, du moins quand on veut savoir écrire,
bien des gens aiment mieux faire commencer les enfants par la grammaire françoise, suivant l'ordre le
plus naturel ; je ne serois pas, cependant, tout à fait
de cet avis, parce qu'il me semble que c'est leur imposer un double travail ; car après la grammaire
françoise, il faut toujours revenir à la latine, c'est-à-
dire au rudiment, au lieu qu'en commençant par
celle-ci, ils apprennent à la fois les éléments de l'une
et de l'autre ; ce qui de plus a l'avantage de fixer
mieux leur esprit que la grammaire françoise dont ils
ne sentent pas d'abord trop bien l'utilité. Après donc
ces premiers éléments, je mettrois le petit abrégé
de Restaut entre les mains de M. de Sainte-Marie

et je tâcherois de l'amener insensiblement à bien faire la différence du génie et de la construction des deux langues, jusqu'à ce que le temps vint de lui faire lire ce que Vaugelas, Desmarais et le P. Bouhours, ont écrit sur la grammaire et la langue françoise.

Pour l'histoire et la géographie, il faudra seulement lui en donner d'abord une teinture aisée, d'où je bannirai tout ce qui sent trop la sécheresse et l'étude, réservant pour un âge plus avancé les difficultés de la chronologie et de la sphère. Au reste, m'écartant un peu du plan ordinaire des études, je m'attacherai beaucoup plus à l'histoire moderne qu'à l'ancienne, parce que je la crois beaucoup plus convenable à un officier, et que, d'ailleurs, je suis convaincu, sur l'histoire moderne en général, de ce que dit M. l'abbé de M. de celle de France en particulier, qu'elle n'abonde pas moins en grands traits que l'histoire ancienne, et qu'il n'a manqué que de meilleurs historiens, pour les mettre dans un aussi beau jour. Je suis d'avis de supprimer à M. de Sainte-Marie toutes ces espèces d'études, où sans aucun usage solide on fait languir la jeunesse pendant un nombre d'années. La rhétorique, la logique, la philosophie scholastique, sont à mon sens toutes choses très superflues pour lui. Seulement, quand il en sera temps je lui ferai lire la *Logique* de Port-Royal, et l'*Art de parler* du P. Lami, mais sans l'amuser, d'un côté, au long détail des tropes et des figures, ni, de l'autre, aux règles des syllogismes ou aux vaines subtilités de la dialectique : il suffit de l'exercer à la précision et à la pureté dans le style, à l'ordre et à la méthode dans ses raisonnements, et à se faire un esprit de justesse, qui lui serve à démêler le faux et les sophismes de la vérité.

Au lieu donc d'un cours de rhétorique en forme, quand M. de Sainte-Marie sera en état d'expliquer des morceaux de Cicéron et de Virgile, je lui mettrai entre les mains le Quintilien abrégé de M. Rollin et la *Manière de bien penser* du P. Bouhours. Je commencerai alors à lui faire traduire des morceaux de Tite-Live, de Salluste, peu de Tacite mais beaucoup de César, s'il m'est permis du moins de donner quelque chose à mon goût particulier, car j'admire autant la noble simplicité, la pureté du style et la clarté de César, que j'ai d'aversion pour Tacite dont on ne perce l'obscurité qu'avec des peines qui sont souvent à pure perte pour les lecteurs. Je ne puis souffrir ce raffinement outré, ni cette manière pointilleuse de chercher à tout des motifs subtils et mystérieux, et souvent aussi peu solides que celui d'un Arruntius qui se tue par politique. Au contraire, César me paroît admirable par son air de simplicité et d'indifférence et par sa facilité même : cette candeur et cette vérité avec laquelle le plus grand homme de la terre parle de lui-même est une leçon bien forte pour les jeunes gens qui auroient du penchant à la vanité. Peut-être seroit-il à souhaiter pour la gloire de César qu'il eût fait des fautes, sa naïveté à nous les raconter l'auroit rendu encore plus grand à nos yeux.

L'histoire naturelle peut passer aujourd'hui, par la manière dont elle est traitée, pour la plus intéressante de toutes les sciences que les hommes cultivent, et celle qui nous ramène le plus naturellement, de l'admiration des ouvrages, à l'amour de l'ouvrier. Je ne négligerai pas de le rendre curieux sur les matières qui y ont rapport, et je me propose de l'y introduire dans deux ou trois ans, par la lecture du spectacle de la nature, que peut-être je ferai suivre de celle de Nieuwentiz. En général, dans cette science-là, il vaut mieux voir, et raisonner sur ce qu'on voit, que de lire ; j'ôterai donc la physique du rang de nos études réglées, pour en faire un sujet de récréation et de promenades : par là nous gagnerons du temps pour nos études, et nos amusements en seront plus raisonnables sans avoir moins d'agrément. Il y a des systèmes de physique c'est-à-dire des hypothèses, suivant lesquelles, sup-

posant que le monde est arrangé, on part de là
pour rendre raison de tous les phénomènes; je lui
expliquerai les deux principaux qui sont à la mode
aujourd'hui, plutôt pour les lui faire connoître, que
pour les lui faire adopter. Je n'ai jamais pu concevoir comment un philosophe pouvoit imaginer sérieusement un système de physique : les cartésiens
me paroissent ridicules de vouloir rendre raison de
tous les effets naturels par leurs suppositions, et les
newtoniens encore plus ridicules de donner leurs
suppositions pour des faits. Contentons-nous de savoir ce qui est, sans vouloir rechercher comment les
choses sont, puisque cette connoissance n'est pas à
notre portée.

On ne va pas loin en physique sans un peu de
mathématiques ; je lui en ferai faire une année, ce
qui servira de plus à lui apprendre à raisonner con-
séquemment et à s'appliquer avec un peu d'attention; exercice dont il aura grand besoin. Cela lui
sera encore avantageux pour l'état auquel vous le
destinez. C'est alors qu'il faudra lui faire relire
César, non plus comme un écolier, mais comme un
homme de guerre. Nous y ajouterons la lecture de
Polybe avec les remarques du chevalier Follard,
ouvrage auquel j'ai ouï dire à gens du métier, qu'on
ne rendoit pas justice.

Enfin s'il arrive que mon élève reste entre mes mains assez de temps pour cela, je hasarderai de lui donner une connoissance un peu plus raisonnée de la morale et du droit naturel par la lecture de Puffendorf et de Grotius, parce qu'il est digne d'un honnête homme et d'un homme d'esprit de connoître les principes du bien et du mal, et les fondements sur lesquels la société dont il fait partie est établie.

En faisant succéder ainsi les sciences les unes aux autres, je ne perdrai point l'histoire de vue, comme la partie principale de ses études et celle dont les branches s'étendent le plus loin sur les autres sciences. Je le ramènerai, au bout de quelques années, à ses premiers principes, avec plus de méthode et de détail. C'est alors que je tâcherai de lui en faire tirer tout le profit qu'on peut espérer de cette étude, et de lui faire distinguer le génie et les mœurs des différentes nations, leurs vices et leurs vertus, les causes de leur progrès et de leur décadence, les grands hommes qu'elles ont produits et les caractères des différents historiens. Je ne prétends point, par tout ce détail, me donner un air d'érudition. J'avoue de bonne foi que, quoique peu d'hommes de mon âge aient autant lu que moi, il en est peu dont la mémoire soit moins ornée, parce que je n'ai jamais eu d'occasion de l'exercer dans la conversation. Cependant, de toutes mes lectures, il m'est resté des idées générales assez nettes, pour contribuer peut-être à former le goût d'un jeune homme, d'autant plus que la méthode m'en paroît simple : elle ne consiste, je crois, qu'à savoir suspendre le plaisir de la lecture pour réfléchir sur l'art de l'auteur, sur la solidité de ses pensées, et sur le choix, l'énergie et l'éloquence de ses expressions. Les comparaisons qu'on fait ensuite de ces différents résultats déterminent les jugements qu'on porte sur les auteurs, et ces jugements comparés sont, pour l'ordinaire, assez justes, quand on ne s'est pas trop pressé de les faire.

Je me propose aussi de lui faire une récréation amusante de ce qu'on appelle proprement belles-lettres, comme la connoissance des livres et des auteurs, de la poésie, du style, du théâtre, des journaux, et en un mot de tout ce qui peut contribuer à lui former le goût et à lui montrer l'étude sous une face riante. Je n'ai rien dit des exercices académiques, parce que ce n'est guère l'article qu'on s'avise de négliger. Ils sont avantageux par plusieurs raisons. Premièrement, parce qu'il faut absolument les savoir. En second lieu, parce qu'ils donnent au corps une agitation qui convient aux jeunes gens et qui contribue à leur santé. Troisièmement, parce qu'ils servent de relâche et de récréation aux travaux de l'esprit, et enfin parce qu'ils distraient les enfants des petits jeux et des autres niaiseries qui ne font que leur rétrécir l'esprit et qui, tout au moins, l'occupent à pure perte.

Après avoir donné une légère idée de la route que je m'étois proposé de suivre dans les études de mon élève, j'espère que M. votre frère voudra bien nous tenir sa promesse et dresser un projet qui puisse me servir de guide dans un chemin aussi nouveau pour moi. Je le prie d'être assuré que je m'y conformerai avec une exactitude qui le convaincra de mon respect et de mon attention pour tout ce qui vient de sa part. Je me flatte qu'avec de si bons secours et les belles dispositions de M. de Sainte-Marie, j'aurai la joie de le voir devenir un honnête homme, un cavalier poli, un brave officier et un bon citoyen; le comble de mon bonheur sera d'y avoir contribué.

Par J.-J. Rousseau. — 1749.

IDÉE DE LA MÉTHODE

DANS LA COMPOSITION D'UN LIVRE[1]

Quand on entreprend d'écrire un ouvrage, on a déjà trouvé le sujet et une partie au moins de la matière; ainsi il n'est question que de l'amplifier et de lui donner l'arrangement le plus propre à convaincre et à plaire. Cette partie, qui renferme aussi le style, est celle qui décide ordinairement du succès de l'ouvrage et de la réputation de l'auteur; c'est elle qui constitue, non pas tout à fait un bon ou un mauvais livre, mais un livre bien ou mal fait.

Il est difficile de former un bon plan d'ouvrage si l'on n'a l'esprit juste et une parfaite connoissance de sa matière. Au contraire, avec ces deux qualités, il

1. Parmi les lettres de Rousseau à madame Dupin, celle du 6 mai 1759 semble faire mention de cette brochure.

est difficile d'en faire un mauvais, quand on y donne toute l'attention nécessaire. Par l'une on embrasse toutes les parties de son sujet, par l'autre on les met dans l'ordre le plus avantageux et le plus propre à les faire valoir et à les étayer mutuellement.

Il n'est pas douteux qu'on ne puisse former une multitude de différents projets tous bons relativement à son objet particulier. Sans entrer dans ce détail inépuisable, voici à peu près l'ordre général que je voudrois suivre dans la construction d'un ouvrage de raisonnement : je choisis ce genre pour exemple, comme celui qui dèmande le plus de méthode et de proportion dans ses parties.

Je commencerois d'abord par expliquer nettement le sujet que je me propose, définissant avec soin les idées et les mots nouveaux ou équivoques que j'aurois besoin d'employer, non pas successivement, en forme des dictionnaires, à la manière de mathématiciens, mais comme par occasion et enchâssant adroitement mes définitions dans l'exposition de mon sujet. Quand on entreprend un livre, on se propose d'instruire le public de quelque chose qu'il ne savoit pas, ce qui se fait en lui apprenant de nouvelles vérités, ou en le désabusant de quelques fausses opinions dont il étoit imbu : en pareil cas, le devoir d'un auteur est d'expliquer d'abord le sentiment commun, de montrer sur quels fondements il est appuyé, et par quelles armes il est défendu ; quand on s'y prend bien cela prévient toujours le lecteur favorablement, il voit d'abord d'un côté un homme instruit, qui n'embrasse pas un avis par ignorance des raisons avantageuses au parti contraire, et de l'autre un homme droit et sincère qui, par des ruses subreptices, ne cherche point à déguiser aux yeux des lecteurs les raisons de ses adversaires.

En entrant en matière, je mettrois en tel jour ce que j'aurois à prouver, que je paroîtrois d'abord accorder au sentiment opposé beaucoup plus de choses que je ne lui en accorderois réellement, laissant à la force de mes raisons le droit de revendiquer dans la suite ce que j'aurois d'abord cédé de trop. Cette adresse est encore d'un grand effet pour se concilier l'estime du lecteur. Il semble qu'un auteur, par une surabondance de preuves, se trouve contraint de rétracter les concessions que sa modération naturelle lui avoit fait faire.

Dans l'examen d'une question, on a ordinairement des preuves de plusieurs espèces : on détruit d'abord le sentiment opposé, ensuite on établit le sien.

Dans l'un et dans l'autre cas on tire ses raisonnements du fond même de la chose, ou de ses rapports avec d'autres objets.

C'est surtout le choix de ses preuves, l'arrangement qu'on leur donne, et le jour dans lequel on les met, qui montre l'écrivain judicieux et l'habile dialecticien.

La plupart des propositions qu'on peut faire sur un même sujet ont entre elles une fine analogie, une liaison cachée qui échappe à l'esprit vulgaire, mais que le vrai génie saisit toujours. Quand on tient une fois un bout de cette chaîne, on se conduit avec une facilité merveilleuse, et l'on est tout étonné qu'une infinité de routes qui sembloient, ou n'avoir rien de commun, ou se croiser en mille manières, vous conduisent pourtant successivement par le chemin le plus sûr et le plus court, au but que vous vous étiez proposé.

Les livres des philosophes· sont pleins de lois et de maximes sur cette matière, qui se rapportent à deux méthodes générales : l'une, qu'ils appellent synthèse, ou méthode de composition, par laquelle on passe du simple au composé, et qui sert à enseigner aux autres ce que l'on fait soi-même ; l'autre, qu'ils appellent analyse ou méthode de résolution, et qu'on emploie à s'instruire de ce qu'on ignore.

Quand par exemple on recherche la généalogie

d'une maison, on remonte du temps présent, de degré en degré et d'ancêtre en ancêtre, jusqu'à l'origine de cette maison, c'est la voie analytique. Ensuite, on dresse une table à la tête de laquelle on place la souche trouvée, d'où l'on descend de génération en génération, jusqu'à celle qui subsiste actuellement : c'est la synthèse.

Ces méthodes ont des règles fort nombreuses et fort étendues que l'esprit suit sans y penser, quand il a de la capacité et de la justesse.

Il en est des livres, comme des pièces de théâtre : on ne sauroit les commencer trop simplement, mais il faut s'élever sans cesse jusqu'au dernier instant ; non pas d'une élévation de style, car il doit être toujours le même ; mais d'une augmentation d'abondance dans la matière et de force dans le raisonnement. Après une lecture vive et animée, le moindre relâchement jette le lecteur dans le dégoût et l'ennui ; on a toutes les peines du monde à le retirer de cette léthargie, et il passe souvent dans cette indolence une infinité de bonnes choses, avant que de reprendre l'attention et le goût qu'elles auroient dû lui inspirer.

Je voudrois donc commencer toujours mes discussions par l'ordre de preuves le plus foible. Il est des matières où les arguments les plus convaincants se tirent du fond même du sujet : telles sont les questions physiques.

La connoissance de la nature des plantes peut bien, par exemple, être aidée par celle du terrain qui les produit, des sucs qui les nourrissent, et de leurs vertus spécifiques, mais jamais on n'en connoîtra bien la mécanique et les ressorts, si on ne les examine en elles-mêmes, si l'on n'en considère toute la structure intérieure, les fibres, les valvules, les trachées, l'écorce, la moelle, les feuilles, les fleurs, les fruits, les racines et, en un mot, toutes les parties qui entrent dans leur composition.

Dans les recherches morales, au contraire, je commencerois par examiner le peu que nous connoissons de l'esprit humain pris en lui-même, et considéré comme individu ; j'en tirerois en tâtonnant quelques connoissances obscures et incertaines, mais abandonnant bientôt ce ténébreux labyrinthe, je me hâterois d'examiner l'homme par ses relations, et c'est de là que je tirerois une foule de vétités lumineuses, qui feroient bientôt disparoître l'incertitude de mes premiers arguments et qui en recevroient encore du jour par comparaison.

L'art consiste, non seulement à bien choisir ses preuves et à les placer dans un bel ordre, mais encore à leur donner le jour qui leur convient.

Il est des raisonnements simples et solides, dont la force consiste dans leur simplicité même, et qu'on énerveroit par le moindre ornement; d'autres plus composés, plus foibles ou moins sensibles par eux-mêmes, ont besoin du secours des images et des comparaisons ; il en est qui ne reçoivent un air de justesse et de vivacité qu'à force de fleurs et de figures. Partout il faut que l'art travaille, mais il doit redoubler de soins pour le cacher dans les endroits où il est le plus nécessaire. Si le lecteur s'en aperçoit, c'est un avis pour lui de se tenir en garde.

Il faut encore étudier la valeur de ses preuves pour ne les présenter qu'avec le degré de confiance qui leur convient. Faites passer les premières, celles sur lesquelles vous comptez le moins, à la bonne heure : mais elles pourroient avoir tel degré de faiblesse, qu'il seroit dangereux de commencer par elles, à moins qu'on ne leur donne un tour qui annonce qu'elles ne sont là que pour devancer et préparer des raisonnements plus solides.

La dernière partie d'un ouvrage peut être employée à résoudre des objections et à citer des exemples ; mais il y a des défauts à éviter dans l'un et dans l'autre cas

Quant aux objections, il se les faut présenter de

bonne foi et avec toute la solidité qu'elles peuvent avoir. La plupart des auteurs suivent là-dessus la plus mauvaise politique du monde : ils ne donnent des forces à leurs adversaires qu'à proportion de celles qu'ils se sentent à eux-mêmes ; ils mesurent les objections sur leurs réponses, et ils croient avoir fait merveilles quand ils ont renversé ces foibles obstacles. Mais ils ont bientôt affaire à gens qui ne les ménagent pas de même, et ces sortes de disputes aboutissent souvent à convaincre un auteur d'ignorance et de mauvaise foi. On prévient cela en procédant rondement. Quand on fait parler ses adversaires, il faut leur donner tout l'esprit qu'on peut avoir, se mettre à leur place, se revêtir de leur opinion, se saisir soi-même au corps et ne se point marchander : dussent les solutions être de moindre valeur que les difficultés, cela feroit encore un meilleur effet que les ruses d'un écrivain peu sincère qui donne le change et cherche à en imposer. Il faut savoir ce qu'on fait quand on cite des exemples ; citer pour citer est le métier d'un pédant : je ris quand je vois dans tant de livres et dans presque toutes les conversations, alléguer quelques faits particuliers en preuve de propositions générales.

C'est un sophisme d'écolier, dans lequel il n'est pas permis à un écrivain judicieux de tomber. Quoi !

parce que deux ou trois fous se tuent tous les jours
à Londres, les Anglois ne craignent pas la mort? Il
faudroit donc admettre tous les jours sur les mêmes
sujets je ne sais combien de propositions contradic-
toires.

Quand on cite, il faut compter ; autrement c'est
de l'érudition perdue. Supposons que je voulusse
prouver qu'en général les femmes ont autant ou plus
de mérite que les hommes, si je citois Sémiramis on
me citeroit Alexandre, à Judith on m'opposeroit
Scévola, à Lucrèce Caton d'Utique, Anacréon à Sapho, et ainsi, d'exemple en exemple, la liste des
grands hommes auroit bientôt épuisé celle des
femmes. Mais si l'on établissoit une proportion entre
le nombre des personnes qui de part et d'autre ont
gouverné des États, commandé des armées et cultivé les lettres, et le nombre de celles qui ont brillé
dans ces différents genres, alors il est évident que le
côté où la quantité relative l'emporteroit mériteroit
réellement l'avantage.

Quand j'ai dit qu'on pouvoit rejeter dans la dernière partie les objections et les exemples, je n'ai
pas prétendu faire de cette pratique une règle universelle. Au contraire, c'est ce que je ne voudrois
pratiquer que dans ces sortes de matières dont on
ne peut interrompre le fil sans dérouter le lecteur et

l'éloigner de l'objet principal. Si votre sujet comporte cette variété vous ferez bien de fondre tout cela dans le corps même de l'ouvrage et d'épuiser sur chaque chef les matières qui y ont rapport et ce que vous avez besoin d'employer.

Mais il est dangereux de rendre un livre froid et long par cette méthode. Un écrivain prudent combine tout et ne se détermine sur la forme de son ouvrage qu'après avoir pesé de part et d'autre les avantages et les inconvénients. La dernière partie d'un ouvrage peut aussi être employée à comparer : surtout s'il est question d'hypothèses ou de systèmes à substituer à d'autres, et il ne faut pas demander si les auteurs ont soin de montrer l'ancien par une face désavantageuse pour faire briller le leur.

Je ne m'arrête point là-dessus, je ne dirois que des choses connues de tout le monde.

Il faut surtout savoir finir. C'est la mode aujourd'hui de trouver tous les livres trop longs ; j'en trouve plusieurs trop courts, mais c'est la fin qui m'en paroît toujours allongée.

Les anciens dramatiques énervent souvent leurs dénouements pour s'asservir à je ne sais quelles mauvaises règles qu'ils s'étoient imposées.

Otez les deux ou trois dernières scènes de la plupart des pièces de Térence, la catastrophe en sera beaucoup plus vive et la fin plus agréable. C'est la même chose dans plusieurs livres modernes.

La péroraison est une pratique de rhéteur; si vous avez dit ce qu'il fallait et comme il le falloit, dans le corps de l'ouvrage, le lecteur saura bien tirer la conclusion.

MONTESQUIEU

NOTICE SUR MONTESQUIEU

Charles de Secondat, baron de la Brède et de Montesquieu, naquit au château de la Brède, près de Bordeaux, le 18 janvier 1680. Destiné à la magistrature, dès sa jeunesse il se livra avec succès à l'étude aride des lois de la France, puis à celle des classiques anciens. Il occupa successivement les emplois de conseiller au parlement de Bordeaux et de président à mortier; mais, afin de se livrer tout entier à sa passion dominante, celle des belles-lettres, il vendit sa charge en 1726, et vint à Paris, où il se mit en relation avec les gens de lettres et les philosophes, et fréquenta beaucoup les salons des femmes à la mode, entre autres de madame Dupin, dont il appréciait les charmes et goûtait fort l'esprit.

Il avait publié, en l'année 1721, les *Lettres persanes*, qui lui ouvrirent les portes de l'Académie française, en 1727. A son retour de nombreux voyages, entrepris pour étudier les lois de l'Europe, il se retira dans son château de la Brède et y écrivit plusieurs ouvrages plus ou moins importants; puis enfin il fit paraître, en 1748, un travail qu'il mûrissait depuis vingt ans et qui mit le sceau à sa réputation d'écrivain, le livre fameux de l'*Esprit des Lois*, qui fut jugé, et qui l'est encore aujourd'hui, comme un ouvrage plein de pensées neuves et profondes. Madame du Deffand a dit de l'*Esprit des Lois :* « C'est de l'esprit sur les lois. » M. Dupin, habile financier et ami de Montesquieu, ayant trouvé dans son livre des idées et des jugements erronés, en écrivit la critique sous le voile transparent de l'anonyme ; mais l'auteur s'alarma du travail de M. Dupin, et il mit en jeu tous ses efforts pour le faire supprimer.

On doit également à Montesquieu des *Considérations sur les causes de la grandeur et de la décadence des Romains*, ouvrage qui parut en 1734, avant par conséquent l'*Esprit des Lois,* et qui témoigne d'une grande force d'esprit et d'un profond savoir. Montesquieu ne fut pas seulement un grand écrivain, c'était un homme généreux et bon, et il se plaisait à faire le bien. C'était un vrai sage, dépourvu d'orgueil et plein de foi, bien que l'on trouve, dans ses *Lettres persanes*, quelques attaques contre la religion. Ami des philosophes, il admirait Voltaire, mais il avait de l'éloignement pour lui.

Il mourut à Paris, le 10 février 1755.

Les trois lettres de Montesquieu que nous publions ont été écrites avant l'apparition de son livre sur l'*Esprit des Lois;* elles sont d'autant plus précieuses que l'on n'en possède qu'un très petit nombre de cet écrivain.

LETTRES DE MONTESQUIEU A MADAME DUPIN

A MADAME DUPIN

rue Plâtrière, à Paris.

A Bordeaux, ce 4 janvier 1744.

Je suis fâché, Madame, de ne devoir qu'à mon vin la jolie lettre, et de ne devoir vous répondre autre chose si ce n'est que vos ordres seront exécutés. J'ai un grand désir de vous revoir ; je suis dégoûté de tout ce qui n'est point rendu agréable par votre présence, et cependant je vieillis et vous embellissez. J'ai l'honneur de vous prédire une année charmante et d'être, avec toute sorte de respect, Madame, votre très humble et très obéissant serviteur.

MONTESQUIEU.

Ayez la bonté de parler de moi à M. Dupin : vous savez combien j'aime à l'entendre. Le pauvre commandeur est derrière les Alpes, qui vous regarde et vous lorgne ; je serai fâché de ne le plus trouver à Paris.

Avez-vous vu monseigneur Cerati[1]? j'ai peur qu'il ne soit malade.

A MADAME DUPIN

rue Plâtrière, près Saint-Eustache, à Paris.

A Bordeaux, ce 25 février 1744.

J'ai reçu une lettre aussi jolie que vous, Madame ; c'est celle que vous avez eu la bonté de m'écrire. Je ferai avec une exactitude surprenante votre commission sur le vin, et je vous prie d'agréer que je remercie M. Dupin de la préférence qu'il donne au mien ; il aura à soutenir bien des thèses sur cela, mais il saura bien défendre son goût. J'ai une envie démesurée de vous voir et de venir vous demander à souper, d'entendre votre concert et vous. Je suis en commerce de lettres avec le commandeur, depuis quelque temps je lui trouve une gaieté qui me fait croire qu'il a réparé ce qu'il a perdu à Paris.

Je suis bien aise que vous goûtiez monseigneur Cerati : c'est un excellent homme, on peut être son ami vingt ans sans que son amitié vous pèse un quart d'heure.

1. Gaspard Cerati (1690-1769), littérateur agréable et habile théologien italien, était né à Parme. Entré dans la congré-

Quand aurai-je le plaisir de vous revoir? c'est une de ces délices que je mets à la tête des charmes de la ville de Paris.

J'ai l'honneur, Madame, de vous présenter des sentiments d'admiration et de respect.

Montesquieu

A MADAME DUPIN

Chez M. Dupin, fermier général, à Paris.

(La lettre n'est pas datée.)

Elle doit être de 1744.

Je vous supplie de croire que ce n'est que parce que vous êtes une très jolie femme et très aimable, que je vous écris; car d'ailleurs je n'ai aucune affaire à vous, la perte de ce vin ne vous concernant point, n'ayant jamais mis dans mon arrangement qu'il pût être au risque de M. Dupin. Je vous supplie, n'en parlons plus; s'il y en a de bon cette année, je lui en écrirai, et je m'arrangerai avec lui ou avec vous, pour vous en envoyer, Madame. Je suis bien fâché que mon voyage de Chenonceaux se retarde tous les jours. Ce serait un grand plaisir pour moi de vous y rendre

gation de l'Oratoire, il parvint très vite aux dignités ecclésiastiques. Nommé prieur de l'ordre de Saint-Étienne et proviseur général de l'université de Pise, il y fit preuve d'un grand savoir. Il voyagea longtemps en Europe et vint souvent habiter la France, qu'il aimait beaucoup.

une longue visite, et de vous suivre dans vos tour-
nées, comme faisait le pauvre abbé de Saint-Pierre,
qui n'a jamais eu dans sa vie des regrets que de vous
quitter, c'est à dire de mourir. Nous apprenons toujours ici de belles nouvelles des victoires du Roi, et
cependant nous ne voyons rien de M. de Voltaire.
On nous a dit qu'il était historiographe de France ;
cela est-il vrai? l'histoire ne seroit plate, ni de la
part du Héros, ni de la part de l'écrivain. J'ai reçu
une lettre de Montperluis datée de Rouen. C'est
un adieu qu'il me donne. Il me mande qu'il s'em-
barquera dans le plus petit vaisseau du monde pour
Hambourg ; il vaudroit autant être noyé, un homme
qui s'ennuie à Paris doit s'ennuyer ailleurs. Je vous
prie, quand vous verrez mesdames les duchesses de
Boufflers et de Luxembourg, de leur dire mille choses
de ma part ; si vous les dites, elles seront charmantes. J'ai l'honneur d'être avec tout le respect
possible, Madame, votre très humble et très obéissant serviteur.

MONTESQUIEU.

MABLY

NOTICE SUR MABLY

Mably (Gabriel Bournot de) naquit à Grenoble
le 14 mars 1709. Le cardinal de Tencin le fit entrer
au séminaire Saint-Sulpice, à Paris. Mais, se sentant peu de goût pour l'état ecclésiastique, aussitôt
qu'il eut été reçu sous-diacre, il abandonna la
théologie et se livra à l'étude des anciens et des
grands hommes. Son intelligence et quelques écrits
sur les affaires politiques du moment le mirent
promptement en vue. Madame de Tencin, sœur du
cardinal, l'admit à ses soupers et à ses dîners.
En 1740, il publia le *Parallèle des Romains et des
Français* par rapport au gouvernement, avec un
grand succès. Alors, le cardinal de Tencin le prit

pour rédiger des rapports diplomatiques, en 1743 ;
mais à la suite de plusieurs discussions sur les affaires politiques, Mably se brouilla définitivement
avec son protecteur en 1746. Son caractère devint
alors chagrin et légèrement acerbe. Il publia une
quantité d'ouvrages sur les traités, sur les droits publics de l'Europe, sur la morale; puis tournant ses
yeux sur la Grèce ancienne, il voua une grande admiration à Phocion, auquel il sacrifie Démosthène,
et fit paraître les *Entretiens de Phocion*, son véritable ami. En 1763, une polémique s'engagea entre
lui et Mercier de la Rivière au sujet du despotisme
légal. Sur ces entrefaites, les Polonais, qui ne s'en-
tendaient pas pour se donner une Constitution, appe-
lèrent l'abbé de Mably et J.-J. Rousseau à leur secours pour leur en faire une nouvelle, et qui fût
de leur goût. En 1768, Mably se rendit donc en
Pologne, et y séjourna une année entière. De retour
à Paris, il rédigea ses projets et les adressa, en
1772, au comte Vielkowski, ministre plénipotentiaire de la confédération de Bar. Pendant ce
travail, la Russie, l'Autriche et la Prusse se parta-
geaient moralement la pauvre Pologne, en attendant qu'elles le fissent en réalité, une dizaine d'années après.

Le grand principe de Mably était que le fondement de la prospérité des États repose sur l'égalité
dans la fortune et dans la condition des citoyens;
aussi discuta-t-il à perte de vue sur les moyens à
employer pour parvenir à cet état de choses.

Un homme d'État de la Restauration a entassé moins d'utopies et moins d'erreurs pour arriver à ce but ; en douze mots, il en a indiqué le moyen, lorsqu'il a dit : « Faites-moi de bonne politique, et je vous ferai de bonnes finances. » Voilà le vrai fondement de la prospérité pour un État.

Mably ne voulut pas être de l'Académie française. Il mourut le 23 avril 1785.

LETTRES DE MABLY A MADAME DUPIN

A MADAME DUPIN

Rue Plâtrière, à Paris.

Marly, le 30 janvier 1749.

Madame, j'ai remis à madame de Vassé[1] la lettre que vous m'avez fait l'honneur de m'adresser pour elle; il m'est bien doux de servir en quelque sorte de lien entre deux personnes très dignes de se connoître et de s'aimer. J'ai trouvé ici plusieurs personnes de votre connoissance, et Marly m'en a paru plus agréable. C'est le parlement qui devait être enrhumé, et non pas le bureau du commerce; nous

1. Cornélie-Pétronille-Bénédicte Vouters, née à Bruxelles; elle épousa M. de Vassé, baron allemand. Les deux époux voyagèrent beaucoup en Europe, et, dans ces voyages, madame de Vassé, qui était très intelligente, se forma agréablement l'esprit et le cœur. Après la mort prématurée de son mari, elle se retira en France avec sa sœur, et s'y trouva réduite à une grande détresse, par suite de la guerre qui

aurions un jugement tel que vous l'attendez, et n'aurions pas un arrêt qui semble rendre sérieuse l'affaire des livres dénoncés. J'aurai l'honneur, Madame, de vous faire ma cour dimanche, et j'espère qu'en arrivant à Paris, j'apprendrai que vos juges, bien médicamentés, auront rendu à M. Dupin la justice qui lui est due. Permettez-moi de le saluer ici et de présenter mon hommage à madame votre sœur. Rien n'égale le respect ni l'attachement avec lesquels je suis, Madame,

Votre très humble et très obéissant serviteur.

MABLY.

A MADAME DUPIN

Rue Plâtrière, à Paris.

Marly, le 21 juin 1762.

Je sens, Madame, tout le prix du billet dont vous avez bien voulu m'honorer; j'étois instruit des nouvelles de votre santé, mes amis qui savent tout l'in-

---

lui enlevait les moyens de toucher les revenus de sa fortune, placée en Allemagne et en Angleterre. Elle travailla pour vivre, et écrivit quelques ouvrages qui obtinrent une certaine vogue, entre autres : *Les aveux d'une femme galante; L'art de corriger et de rendre les hommes constants; L'art de rendre les femmes fidèles*, etc. Elle mourut, paraît-il, de joie, à la nouvelle de la paix, le 3 avril 1802.

térêt que j'y prends ne me les ont point laissé ignorer, mais je désirois d'en avoir par vous-même, et
je craignois de me rendre importun. Je vois avec
bien de la douleur que le temps n'a point adouci
vos inquiétudes. Je voudrois savoir quelque chose
qui fût propre à diminuer votre sensibilité, mais
que pourrois-je vous dire que vous ne vous soyiez
pas dit à vous-même, et bien mieux qu'on ne pourroit vous le répéter?

Toutes les personnes qui ont l'avantage de vous
connoître partagent votre chagrin, et c'est pour
une âme telle que la vôtre, Madame, la plus douce
consolation.

J'en suis témoin, madame de Vassé et madame
de Jaucourt s'occupent de ce qui vous touche; l'une
et l'autre me chargent d'avoir l'honneur de vous
parler des sentiments que vous leur avez inspirés, et
la première voudroit pouvoir se flatter de vous voir
dans son ermitage. Votre santé et celle de M. Dupin
demandent un voyage à Clichy. Permettez-moi
de me renouveler dans l'honneur de son souvenir.

Je suis avec un respect égal à mon attachement,
Madame,

Votre très humble et très obéissant serviteur.

MABLY.

Il est question dans cette lettre de la douleur
causée à madame Dupin par la mort de son fils,
M. de Chenonceaux.

A MADAME DUPIN

Rue Plâtrière, à Paris.

Marly, le 21 février 1763

Je serois bien content de moi, Madame, si je pouvois mériter les éloges que vous avez la bonté de
me donner. La doctrine de Phocion, qui est la vôtre,
a dû vous prévenir en faveur de l'auteur qui a eu
la témérité de faire parler ce grand homme, et vous
n'avez pas voulu voir tous ses défauts; à présent, les
bontés dont vous m'honorez vont entretenir l'illusion. Je vais vous répondre, Madame, que madame
de Vassé prend l'intérêt le plus vif à ce qui vous
regarde. Je l'ai entretenue à plusieurs reprises des
objets tristes qui vous ont occupée pendant tout cet
hiver, et vos amis ne se contentent point de vous
plaindre, ils partagent vos peines. J'espère que la
santé de M. Dupin se rétablit, et celle de madame
de Chenonceaux alloit mieux quand je suis parti.
Tout ce qui vous touche est infiniment précieux pour
moi. Je vous prie d'agréer les assurances de l'atta-

chement inviolable et du respect infini avec lesquels
je suis, Madame,

Votre très humble et très obéissant serviteur,

MABLY.

A MADAME DUPIN

A son château de Chenonceaux, par Amboise.

Paris, le 21 septembre 1764.

Des éloges de votre part, Madame, sont la
récompense la plus flatteuse que je puisse recevoir
de mon travail. Vous me gâteriez, vous me don-
neriez trop d'amour-propre, si je n'avois soin de
me rappeler combien une doctrine honnête a d'empire sur vous, et qu'en faveur de la morale vous
me faites grâce sur tout ce qui me manque. Il
faut que vous ayez communiqué votre indulgence
à M. Dupin ; je serai très content de moi, s'il juge,
comme vous, que mon droit public puisse être
utile : mais que peut la raison contre les passions ;
j'ai bien peur qu'elles ne gouvernent éternellement
le monde. Cette crainte seroit bien moindre si
j'étois assez heureux pour être à Chenonceaux, et je
ne puis trop vous remercier, Madame, de vouloir bien
m'y désirer. J'y voyage souvent en esprit, puisque
des chaînes me lient malgré moi à Paris. Je me

mêle à votre conversation, je vous entends, j'entends madame la comtesse de Fortcalquier, je répète cela quelquefois à Chaillot, où madame la comtesse se doute bien que Chenonceaux n'est pas oublié. Quelques affaires m'ont obligé de quitter Marly avant le départ de madame de Vassé, et quand j'en serai quitte, je commencerai à me mettre entre les mains des imprimeurs pour certaine besogne que vous avez entendue avec indulgence à Clichy : il s'agit d'histoire de France. Puisque qu'on peut parler aujourd'hui avec quelque liberté, il faut en profiter. J'ai retravaillé cet ouvrage, et, sans trahir la vérité, j'ai substitué des expressions polies à des expressions dures que m'inspiroit l'humeur, en étudiant l'histoire d'un pays où l'on n'a presque jamais rien fait de ce qu'on auroit dû faire. Madame de Vassé est partie depuis deux jours pour son Anjou, où je crois qu'elle n'arrivera que vers la fin du mois prochain, tant elle fait de stations en chemin. J'ai été témoin de ses regrets de ne pouvoir vous aller faire une visite à Chenonceaux, et je lui suis trop attaché pour lui laisser ignorer ce que vous me faites l'honneur de me marquer à son sujet. Mais tandis que vous êtes tranquille à Chenonceaux, songez-vous, Madame, avec quelle impatience les gens

qui vous sont attachés attendent la Toussaint ?
Nous craignons même que ce ne soit pas là
l'époque de votre retour ; si cette crainte est
fondée, attendez-vous à bien des plaintes et bien
des reproches.

Je vous prie d'agréer les assurances de mon
respect et de mon attachement.

Je suis, Madame, votre très humble et très obéissant serviteur.

MABLY.

A MADAME DUPIN
A sa maison de Clichy.

Paris, 3 mai 1765.

Je suis au désespoir, Madame, qu'une foule
d'affaires, de devoirs et de tracasseries m'aient empêché d'avoir l'honneur de vous aller faire ma cour
avant que de partir pour Marly, où un compagnon
de voyage me conduit aujourd'hui. J'ai éprouvé
combien les lieux que vous habitez sont agréables
à la raison, et j'espère que je serai assez heureux
pour y passer quelques jours avant votre grand
voyage de Touraine. Madame de Vassé a partagé
la juste douleur que vous ont causée les pertes
que vous avez faites : elle vouloit avoir l'honneur
de vous le dire elle-même, mais la crainte d'aigrir
une plaie récente l'a retenue. J'exécute ses ordres

en remplissant pour elle ce triste devoir. Vous avez
besoin de toute votre philosophie, et de quel
secours ne vous sera-t-elle pas!

. Permettez-moi de me rappeler dans le souvenir
de M. Dupin, et de dire que je mérite, Madame,
les bontés dont vous m'honorez, par le respect
et l'attachement que je vous ai voués depuis longtemps, et avec lesquels je suis, Madame, votre très
humble et obéissant serviteur.

MABLY.

A MADAME DUPIN

Lundi, 20 septembre.

Un voyage de trois jours dans la vallée de Montmorency m'a empêché, Madame, de recevoir aussi
tôt que je l'aurois dû, le charmant billet dont vous
m'avez honoré, et pour lequel madame de Vassé
n'a pas moins de reconnoissance que moi. Si
j'avois l'honneur de vous marquer tout ce que je
suis chargé de vous dire, je ferois la plus belle
lettre du monde. En passant par le chemin de la
Révolte, nous avons salué deux fois votre maison,
et regretté que vous en soyez absentée. Dans un
temps plus heureux, madame de Vassé se dédom-
magera de ce qu'elle perd. Je joins à ce billet votre
fichu oublié.

Permettez-moi, Madame, de présenter mon très respectueux hommage à madame votre sœur et de vous souhaiter à l'une et à l'autre un bon voyage et un prompt retour. M. l'abbé en fait de même.

C'est toujours avec un plaisir nouveau que je vous renouvelle les assurances du respect et de l'attachement avec lesquels je suis, Madame,

Votre très humble et très obéissant serviteur.

MABLY.

A MADAME DUPIN

A son hôtel, rue Plâtrière, à Paris.

Marly, ce 5 novembre 1766.

Ce seroit, Madame, ne pas reconnoître comme je le dois les bontés dont vous m'honorez, que de vous laisser ignorer qu'on vient de me donner une pension de quatre mille livres sur l'évêché de Cahors. Je ne songeois point à demander cette grâce, et ce qui me la rend bien précieuse, c'est que je la dois à l'amitié. Madame de Vassé me charge d'avoir l'honneur de vous dire mille choses de sa part; pour moi, Madame, j'attends avec bien de l'impatience le moment ou je vous ferai ma cour, et dans mes courses je me suis plaint plus d'une fois d'être privé de votre entretien. J'espère retrouver M. Dupin en parfaite santé, et le prie de me permettre de me renouveler dans l'honneur de son souvenir. C'est toujours avec un plaisir nouveau que je vous renouvelle les assurances du respect et de l'attachement avec lesquels, je suis, Madame, votre très humble et très obéissant serviteur.

MABLY.

A MADAME DUPIN.

A son hôtel, rue Plâtrière, Paris (France).

Horocow, ce 3 février 1777.

Je ne saurois vous dire, Madame, avec quelle joie j'ai reçu la lettre dont vous avez bien voulu m'honorer. Je savois indirectement de vos nouvelles et c'est beaucoup; mais ce plaisir est cependant bien peu de chose quand on le compare à celui d'en recevoir directement de vous-même. Je serois très faché que[1] voyage en Touraine ne fût que renvoyé jusqu'au printemps prochain; certainement j'arriverois à Paris avec moins d'empressement, si je ne pouvois pas me flatter de vous y trouver et de vous faire ma cour. Tout le monde m'assure que le dégel arrivera à la fin de mars et que les chemins seront praticables pour le premier de mai, ainsi c'est ce jour que j'ai fixé pour mon départ, et je me tiendrai parole, à moins qu'il ne survienne quelque

1. Le mot ici oublié est, sans aucun doute, le, ou votre.

dérangement dans les saisons. En attendant nous avons un hiver qui fait fort bien son devoir : depuis le 20 novembre jusqu'au 17 du mois dernier nous avons eu une douzaine de gelées et de dégels. Enfin l'hiver a bien établi son empire ; avant-hier nous étions au 17° degré au-dessous de la glace, et cela ne m'empêche pas de faire une promenade en traîneau : on est emballé dans tant de fourrures, qu'à l'exception du nez on ne se doute pas du froid. Hier nous étions à 20 degrés et nous sommes aujourd'hui au 21°. Imaginez le ciel le plus pur, le plus net, le plus brillant ; cela vaut infiniment mieux que les brouillards et l'humidité de Paris, aussi n'ai-je point encore été enrhumé ; de retour en France, je regretterai ce beau temps.

Vous croirez peut-être, Madame, que les Polonais ont pris de grandes précautions dans leurs maisons contre le froid ; point du tout, leurs portes et leurs fenêtres ne ferment point, l'air entre de tout côté, il se renouvelle incessamment, et, grâce aux fourneaux dans lesquels on brûle tous les jours des forêts entières, on jouit de la température d'un printemps agréable. Vous me faites l'honneur de me dire que vous m'avez lu deux fois, et la seconde avec plus d'intérêt que la première. Si ce n'étoit là qu'un compliment, ce que je ne crois pas, c'est le compliment le plus ingénieux ; si c'est une vérité, c'est l'éloge le plus flatteur que je puisse recevoir. Mes idées sont bien éloignées de la politique courante, aussi mon intention n'a-t-elle pas été de louer ce que nous faisons mais de faire connoître ce que la nature veut que nous fassions. On me dit que beaucoup de gens se plaignent de moi : je m'y attendois ; dire la vérité c'est faire des choses de ce bas monde une satire terrible. Au reste, on devrait être moins fâché, car il est bien certain que mon ouvrage ne changera rien dans notre législation. Permettez-moi, Madame, de me rappeler dans le souvenir de M. et de madame de Villeneuve. J'espère qu'ils voudront bien agréer mon hommage.

J'espère aussi que vous me conserverez les sentiments dont vous m'honorez et que je mérite par le respect et l'attachement que je vous ai voués.

J'ai l'honneur d'être, Madame, avec ces sentiments, votre très humble et très obéissant serviteur.

MABLY.

Cette lettre est écrite d'un endroit que nous avons cherché en vain. Horocow est évidemment le nom d'une ville de Pologne, mais il doit être mal orthographié.

29

MAIRAN

NOTICE SUR MAIRAN

Dortous de Mairan (Jean-Jacques) naquit à Béziers, en 1678. Ce fut un littérateur distingué, un savant, habile en chimie et en physique, et un grand mathématicien. En 1715, il remporta le prix à l'Académie de Bordeaux par un mémoire sur les variations du baromètre, et deux dissertations sur la glace et les phosphores. En 1718, il arriva à Paris et fut reçu de l'Académie des sciences. De concert avec Varignon, un autre savant ami de l'abbé de Saint-Pierre, il fut chargé de donner une nouvelle méthode pour le jaugeage des navires. Il était bon musicien et jouait avec succès de plusieurs instruments. En 1740, il fut nommé secrétaire de l'Aca-

démie à la place de Fontenelle. Il composa de
nombreux ouvrages sur l'étude de l'histoire naturelle dans l'antiquité, sur l'astronomie et la chronologie. En 1743, il fut reçu membre de l'Académie
française en remplacement du marquis de Sainte-
Aulaire. Homme de lettres et homme du monde,
brillant causeur, il était très recherché et attiré dans
tous les salons fréquentés par les gens d'esprit. Le
jour de Noël de l'année 1770, en sortant d'un dîner
chez le prince de Conti, il prit un rhume qui dégé-
néra en fluxion de poitrine et l'emporta le 20 février
1771, à l'âge de soixante-trois ans. Grandjean de
Fouchy, son élève et son ami, prononça son oraison
funèbre à l'Académie des sciences, et l'abbé Arnaud
le remplaça à l'Académie française. Madame Dupin
lui portait une très grande amitié, elle prenait un
vif plaisir à sa conversation toujours pleine de
saillies, de verve et d'intérêt.

LETTRES DE MAIRAN A MADAME DUPIN

De Marly-la-Ville, ce 27 octobre 1762.

M. de Mairan a reçu avec sentiment, respect et reconnoissance, l'avis que madame Dupin a bien voulu lui donner. Il auroit désiré d'en profiter plus tôt, mais il ne peut être à Paris que samedi pro- chain, dernier du mois. Il est obligé d'y rester le dimanche, et il espère le lundi suivant avoir l'hon- neur d'aller dîner avec elle et M. Dupin. On ne peut avoir plus d'impatience qu'il en a de lui rendre ses devoirs.

A Paris, ce 30 septembre 1766.

On ne peut, Madame, être plus sensible que je le suis aux marques de souvenir dont vous avez bien voulu m'honorer dans le moment de votre départ. Quelque fâcheux que soient les chagrins domestiques dont je suis assailli, ils sont du nombre de ceux qui ne passent pas la tête, tandis que l'intérêt que vous y prenez va au cœur, et que la tête même en est soulagée par l'influence qu'il a sur elle et qui est très grande. Mon état actuel, pour vous en rendre compte, car cela soulage encore, c'est de faire nouvelle maison, de réparer le désordre où les choses ont été et les voleries qu'on m'a faites. Le gros de l'aventure est terminé, surtout par rapport aux trois orphelines dont j'étois chargé, et que j'ai fait mettre en bon lieu ; mais ce que je découvre chaque jour sur tous ces articles ne se comprend pas, et me replonge dans de nouveaux embarras. Encore si, après avoir vaqué à ces ennuyeux détails, je pouvois les aller oublier dans la rue Plâtrière ! mais combien de temps sera-t-elle déserte pour moi ? On y apprend cependant, Madame, mais seulement de ce matin, que vous êtes arrivée en parfaite santé à Chenonceaux. C'est ce que j'avois grande impatience d'apprendre, et qui m'a fait retarder de jour en jour le départ de cette lettre. On m'en dit autant de la santé de M. Dupin, à qui je me flatte que vous voudrez bien permettre que je fasse mes très humbles compliments et que je le félicite aussi de ce qu'il mange présentement de bonnes perdrix, du poisson frais, des fruits à leur point et des légumes qui ne sont pas cordés.

Vous connoissez, Madame, le respect et l'attachement inviolables avec lesquels je vous suis éternellement dévoué.

DORTOUS DEMAIRAN.

A MADAME DUPIN

En son château de Chenonceaux par Amboise.

Jeudi, 21 juin 1764.

On ne peut, Madame, être plus sensible que je le suis à l'honneur que vous-m'avez fait de m'instruire par vous-même de votre heureuse arrivée à Chenonceaux, ainsi que du plaisir que vous avez eu d'y trouver M. Dupin en parfaite santé. M. Fonvan[1] me manquera encore quelque temps, mais le bon Avrillon y supplée pour le courant, et je ne manque pas de lui faire ma cour. Un homme qui sait presque tous les jours de vos nouvelles m'est plus précieux en votre absence, que les plus savants de nos académiciens, que je ne puis consulter que sur des matières qui m'intéressent beaucoup moins.

---

1. C'est de ce même M. Fonvan que parle J.-J. Rousseau dans une de ses lettres à madame Dupin.

Je me porte à peu près comme à mon ordinaire, mais errant çà et là, de maison en maison, dont chacune me fait souvenir différemment de la vôtre, et tant pis pour celle où je n'en puis pas parler. Celle des filles Saint-Thomas n'a pas ce défaut, et ç'a été aussi pour moi une bonne raison d'y transporter votre vendredi. C'est encore toujours par cet asile que je finis ma journée : j'y trouve quelquefois des nouvelles que je voudrais vous envoyer sur-le-champ; mais je dis, un moment après : Manque-t-il quelque chose à ce Chenonceaux et n'y est-on pas instruit de tout ? à ce Chenonceaux sur lequel vous avez la cruauté d'insister dans votre lettre, et d'augmenter d'autant mes regrets. Cependant y sait-on la mort du P. Griffet[1] par deux indigestions, après avoir été guéri de la taille du frère Cosme[2] ? Pour la libre exportation des grains hors du royaume, vous ne l'ignorez pas sans doute, mais j'ignore les raisonnements

1. Henri Griffet, jésuite, né à Moulins en 1771, professeur au collège Louis-le-Grand, puis prédicateur de la cour.

2. Jean Baseilhac, dit frère Cosme, né en 1703, près de Tarbes, mort en 1781, fut un habile chirurgien : sa spécialité était de soigner la maladie de la pierre : il pratiqua avec succès la taille latérale, inventa la sonde à dard, le lithotome caché, et plusieurs autres instruments. En 1729, ayant pris l'habit chez les Feuillants, il fut surnommé le frère Jean de Saint-Cosme. Il fonda à Paris où il jouissait d'une grande réputation, un hospice dans lequel il soignait lui-même les pauvres.

de M. Dupin là-dessus, que je voudrois bien savoir. En attendant, permettez, s'il vous plaît, Madame, que je lui fasse ici mes très humbles compliments, et que je le remercie de l'honneur de son souvenir. Et l'arrêté du Parlement de Bordeaux en faveur des jésuites, qu'en dites-vous ? Ample matière aux raisonnements et aux pronostics. Mais à propos de pronostics, imagineriez-vous que, depuis trois semaines, je ne fais autre chose moi-même que raisonner astrologie judiciaire ? et Dieu sait comment on raisonne dans cette science admirable ! On m'a demandé l'explication d'une cornaline antique où il en est question : j'ai eu la sottise d'accepter le défi et je n'ai fait que cela depuis votre départ. J'ai pour excuse que, quand on est hors de l'empire amoureux et de tous les autres empires de ce monde, on n'a rien de mieux à faire que de se remplir la tête de quelqu'autre folie, sans quoi l'on périroit d'ennui dans ses matinées. J'espère que votre bon esprit me la rétablira, cette pauvre tête, mais qu'il y a loin d'ici à votre retour !

Je suis avec le respect et l'attachement les plus inviolables, Madame,

Votre très humble et très obéissant serviteur.

DORTOUS DEMAIRAN.

LE
MARQUIS DE SAINTE-AULAIRE

NOTICE
SUR
LE MARQUIS DE SAINT-AULAIRE

François-Joseph de Beaupoil, marquis de Sainte-Aulaire, et chef de cette noble maison, naquit dans le Limousin en 1643, et y passa sa première jeunesse. La lecture des poètes anciens développa son goût pour la poésie; il fit des vers et les cacha long-temps. Sa naissance l'appelait au métier des armes. Valeureux, il fit un avancement rapide et fut nommé lieutenant général pour le Limousin.

Dans une lettre de l'abbé de Saint-Pierre à madame Dupin, nous avons lu cette phrase : « M. de Sainte-Aulaire est attaché à l'équipage de son cousin, M. de Lanmarie. » Voici ce que j'ai appris sur ce personnage, grâce à l'obligeance du marquis de

Sainte-Aulaire actuel. Marc-Antoine Frout de Beaupoil de Sainte-Aulaire, marquis de Lanmarie,
naquit le 25 octobre 1643. Il fut grand échanson
de France, lieutenant général des armées du roi,
chevalier de l'ordre du Saint-Esprit, ambassadeur
en Suède depuis 1741, et mourut à Stockholm en
1742; il avait épousé, en 1711, mademoiselle Élisabeth de Ravoye. La sœur du marquis de Lanmarie,
Sabine de Beaupoil, s'était mariée à messire Armand
du Lau, seigneur d'Allemans. A la paix, il vint à
Paris et vécut avec toutes les célébrités mondaines
et littéraires d'alors. Vers l'âge de soixante ans, il
consentit à publier quelques vers qui lui firent une
réputation de poète. En 1706, il fut admis à l'Académie française, malgré l'opposition de Boileau.

Il était très fidèle chez la marquise de Lambert[1],
et il fut un habitué du salon de la duchesse du
Maine, à Sceaux.

C'est pour elle qu'il fit ce quatrain célèbre :

> La divinité qui s'amuse
> A me demander mon secret,

1. Anne-Thérèse de Marguenat de Courcelles, marquise
de Lambert (1647-1733), perdit son père à l'âge de trois ans ;
sa mère épousa en secondes noces le poète Bachaumont.
M. de Lambert, son mari, était gouverneur du Luxembourg, il
mourut au bout de vingt ans de ménage. Elle refit habilement
sa fortune que son mari avait fort entamée, vint s'établir à
Paris et y tint un salon que fréquentèrent les plus célèbres
esprits de l'époque ; on peut citer parmi les assidus : Fénelon, l'abbé de Saint-Pierre, Sacy, Lamotte, Sainte-Aulaire et
surtout Fontenelle, qui a écrit la vie de madame de Lambert.

Si j'étais Apollon, ne serait point ma muse,
Elle serait Thétis, et le jour finirait!

Il mourut le 17 décembre 1742 à cent ans moins deux mois.

Ses poésies n'ont jamais été recueillies ni publiées.

En l'année 1747, Voltaire ayant occupé à Sceaux, chez la duchesse du Maine, la chambre du marquis de Sainte-Aulaire que la duchesse appelait son berger, écrivit ces vers :

J'ai la chambre de Sainte-Aulaire
Sans en avoir les agréments;
Peut-être à quatre-vingt-dix ans [1]
J'aurai le cœur de la bergère :
Il faut tout attendre du temps,
Et surtout du désir de plaire.

1. C'est à cet âge que Sainte-Aulaire était devenu le berger de la duchesse.

DEUX PIÈCES DE VERS

DU

MARQUIS DE SAINTE-AULAIRE

M. LE MARQUIS DE SAINTE-AULAIRE
A L'ABBÉ DE SAINT-PIERRE

pour remercier madame Dupin de ses compliments.

Mars 1741.

J'ai fait effort pour vous obéir, mon cher abbé, sans succès, non sans quelque plaisir ; je ne pense plus, mais je sens encore un peu.

Énigme.

Au milieu d'un jardin agréable et fertile
Mon séjour est fixé sur l'humide élément :
    Deux bras m'entourent constamment,
    Mais leur effort est inutile
    Et ne m'alarme nullement.

        Si les mystères de ma verve,
        Lecteur, ne te sont pas connus,
Je vais les mettre au jour sans aucune réserve :
        Pour qui me voit je suis Vénus
        Pour qui m'entend je suis Minerve.

Cet entête est écrit sur la lettre de Sainte-Aulaire, par l'abbé lui-même.

« Le marquis de Sainte-Aulaire avait quatre-vingt-dix-huit ans quand il fit ces vers. »

A MADAME DUPIN

    Par le marquis de Sainte-Aulaire.

        Les bergers, ennuyés de Sceaux,
        Sont dans les prés de Chenonceaux
        Amants de la simple nature :
        Toujours éclairés par vos yeux,
        Chez eux elle est encor plus pure
        Qu'en sortant de la main des dieux.

LE COMTE DE TRESSAN

NOTICE SUR LE COMTE DE TRESSAN

Louis-Élisabeth de la Vergne, comte de Tressan, naquit le 5 octobre 1705 au Mans, dans le palais de l'évêque, son grand-oncle. Il fut élevé à la Flèche et à Louis-le-Grand. — A treize ans, on le nomma menin de Louis XV. Il était doué d'un grand charme physique, de beaucoup d'imagination et d'esprit. Ses aptitudes pour les sciences et le travail se développèrent avec l'âge, et, très jeune, il fut admis dans la société de Voltaire, Montesquieu, Massillon, Moncrif et Gentil-Bernard. Obligé de suivre la carrière des armes, et, en 1723, admis dans le régiment du roi, il passa ensuite dans celui du régent avec le brevet de mestre de camp. Très

30

ardent pour le plaisir, il devint l'âme de toutes les
fêtes de la cour. L'archevêque de Rouen, son oncle,
pour l'arracher à cette vie dissipée, le fit partir
pour l'Italie avec M. de Bissy, ambassadeur à
Parme. A Rome, il fréquenta la bibliothèque du
Vatican et dévora tous les romans de chevalerie.
Il fut rappelé à Paris par la mort de sa mère et
celle de son oncle. Il prit part à la guerre de 1733
sous les ordres du duc de Noailles, et il s'y con-
duisit brillamment; puis à celle de 1741, dans les
Flandres. En 1744, il fut nommé maréchal de camp.
Il était aide de camp du roi à Fontenoy, et, en 1750,
on le créa gouverneur du Toulois et de la Lorraine.
Il se rendit à la cour de Lunéville près le roi Stanislas, avec le titre de grand maréchal, et fonda
une académie à Nancy. Il écrivit beaucoup de lettres,
de vers, de romans, ainsi que des satires sur les
dames de la cour, qui lui valurent la disgrâce de
Louis XV. Le roi de Prusse lui offrit l'hospitalité à
Berlin avec son grade : Tressan refusa. La luxueuse
tenue de sa maison l'ayant très appauvri, il revint
près de Stanislas, à Lunéville, et quand le roi mourut il alla habiter à Nogent-l'Artant, en Champagne,
puis revint à Paris et se retira à Franconville dans
la vallée de Montmorency, où il travailla à des
romans de chevalerie. En 1781, il fut nommé de
l'Académie, à la place de l'abbé de Condillac. Ravi
de cet honneur, il se fixa définitivement à Paris. Un
soir, comme il revenait de Saint-Leu, où il avait été
dire des vers à la duchesse d'Orléans pour sa fête,

son carrosse versa, et la commotion fut telle qu'il en mourut le 31 octobre 1783. Bailly lui succéda à l'Académie.

Il avait l'esprit très caustique. Rousseau a dit de lui : « C'est une guêpe qui se noie dans du miel. »

BILLET DE MADAME DUPIN
AU COMTE DE TRESSAN

Madame Dupin n'a reçu qu'hier au soir le billet qui indique le changement de jour du dîner de l'ermitage.

Il lui semble que si l'ermite changeait sa demeure de montagne en montagne, on n'en iroit pas moins le visiter : un changement de jour ne doit rien changer aux engagements qu'on prend si volontiers avec lui.

(Sans date.)

LETTRES DU COMTE DE TRESSAN

A MADAME DUPIN

A Parme, le 17.

Peut-on être si loin de la rue d'Anjou sans se désespérer? Voilà, Madame, les réflexions qui m'occupent à présent. Elles seroient suivies de trop de propos agréables si je vous rendois compte de tout ce qu'elles m'inspirent. Je sais que mes lettres ne doivent être qu'une gazette; mais du moins croyez-la bien vraie dans tous les articles : voilà déjà celui qui me touchoit le plus.

J'ai bien maudit les Alpes et le mont Cenis : toujours entre quatre montagnes, d'ùo une souris croiroit ne pouvoir jamais sortir, enfin tout ce que les romans peignent d'horrible, c'est ce que nous avons vu. Tout ce qu'ils peignent de plus agréable ne ressemble qu'à cette rue d'Anjou, et point du tout aux dames de Turin, de Milan, de Plaisance et de

Parme. Je passe ma vie à voir les plus beaux tableaux de l'Italie que le feu duc de Parme a rassemblés; j'y vois des figures charmantes, mais ces figures ne disent mot, et leur beauté ne donne que des regrets de ce que les habitants du pays leur ressemblent si peu. Parmi les plus beaux tableaux, une Vierge du Layetan[1] de la Bibliothèque Ambroisine, à Milan, est celle qui m'a le plus arrêté; je voudrois qu'un autre pût vous dire qu'elle est charmante et qu'elle vous ressemble : elle a dans les yeux ce feu si doux et si beau, elle a un air de modestie et une grâce trop séduisante pour une Vierge. M. de Bissy, M. de la Porte et M. des Vieux ont trouvé comme moi que la ressemblance étoit frappante. Cette cour-ci est très bien composée en hommes, le prince est très poli et très aimable, mais il n'y a pas une femme, et elles sont nécessaires dans la société. Si elles n'y mettent pas autant d'esprit et de grâces que vous, du moins inspirent-elles un air de politesse et de galanterie que j'y trouve absolument nécessaire.

Me voilà attaché ici pour quelque temps, et je compte aller à Modène, à Gênes, à Mantoue, et re-

---

1. Ce peintre a été pour nous introuvable, il s'est dérobé à toutes nos recherches : peut-être son nom est-il mal écrit.

venir toujours ici jusqu'à mon voyage de Rome ; si vous me faites l'honneur de m'écrire, je vous prie de m'adresser vos lettres chez M. le marquis de Bissy, ministre plénipotentiaire de Sa Majesté Très Chrétienne à la cour de l'infant, duc de Parme, à Parme : vous aurez la bonté de faire payer le port jusqu'à la sortie du royaume, selon l'ordre accoutumé. Je ne saurois prendre trop de précautions pour que des lettres qui me font tant de plaisir me soient rendues exactement. La poste part d'ici tous les huit jours. Faites-moi l'honneur de me mander seulement que je ne vous ennuie point, et je tâcherai dans la suite de rendre mes lettres plus intéressantes ; je serois trop heureux si elles l'étoient d'elles-mêmes.

Adieu, Madame ; je me souviens que c'est le premier jour de l'an : je n'ai rien à vous souhaiter étant séparé de vous par des montagnes. Je commence à parler italien, et je compte me servir de cette langue pour vous dire ce que je pense avec la vivacité françoise. Soyez persuadée de mon attachement et de mon respect.   T.

Permettez-moi de faire mille compliments à M. Dupin.

Cette lettre est de 1730, car c'est cette année-là que le comte de Tressan fit le voyage d'Italie.

A MADAME DUPIN

A Vervins, ce 14.

Les gens de Vervins aux seigneurs habitants de Châlons, *Salut*.

Voilà un début de lettre qui ne promet rien de raisonnable : eh bien, Madame, il ne vous trompera pas ; nous ne connoissons la raison que lorsque vous nous la prêchez, vous vous êtes montée sur ce ton-là. Vos yeux cependant ne sont pas trop d'accord avec votre bouche, et l'on est moins attentif à ce que vous dites, par le plaisir que l'on a de vous voir. Si vous saviez, quand je suis auprès de vous, combien je suis près de ce que l'on appelle extravagance, vous me sauriez gré du respect que j'ai pour vous. Franchement Dom Lorgnon[1] est un peu fade, mais je le serai toujours pour vous.

Je suis ici général comme un perdu ; mes troupes sont toujours victorieuses, je commande à tout à Vervins, hors à l'ennemi ; je ne le connois plus cependant, au moment que j'ai l'honneur de vous écrire. Voilà ce que l'on m'a dit ici.

1. C'est ainsi qu'elle l'avait surnommé par plaisanterie.

Il y a quatorze lieues d'ici à Reims.

Eh bien, j'ai de bons chevaux.

Il y a dix lieues de Reims à Châlons.

Mes chevaux se reposeront, j'y séjournerai assurément ; cela n'est pas mal raisonner : permettez-moi d'exécuter tous ces projets qui font à présent mon amusement, vous me l'avez promis à Paris. Dites-moi votre façon de penser de Châlons ; la mienne est toujours la même, c'est de chercher à vous plaire. Êtes-vous janséniste, philosophe, physicienne ? je serai tout ce que vous voudrez ; êtes-vous madame Dupin ? je vous adorerai, et toutes ces demoiselles qui étoient à carrioles et couroient la forêt ne vous valoient pas. N'allez pas monter ce grand cheval : vous auriez peur, et j'en pleurerois comme la nourrice, s'il ne tient qu'à vous aimer pour l'être, je le suis autant qu'elle. Vous dites souvent que vous n'aimez pas les gens qui ont de la mémoire [1] : la mienne est pour moi tout seul, elle m'amuse fort lorsqu'elle me rappelle tous les moments que j'ai passés avec vous. Je dois être informé ces jours-ci du temps de votre revenue, et cela déterminera celui de mon voyage.

---

1. Combien madame Dupin a raison ! Autant il est agréable de garder pour soi la mémoire de certains souvenirs, autant il est quelquefois fatigant de les voir gardés par les autres, surtout par les indifférents.

Vous me verrez encore comme des poulets, mais ce
seront des poulets qui mangeront dans votre main
et qui la baiseront; mes poulets ne sont pas dindons,
j'ai pensé dire chapons, mais c'est un vilain mot. Les
petits abbés qui vous écrivoient de si belles lettres
vous disent-ils de bien jolies choses? je radote un peu
dans les miennes, mais si j'étois avec vous, j'aurois
bien plus d'esprit, je vous dirois bien des amours
et ces amours seroient couleur de rose, et blancs
comme vous : c'est un langage auquel vous êtes
trop accoutumée; si votre cœur vous le dictoit vous
seriez rêveuse. Bonsoir, Madame, si vous saviez
combien vous m'êtes présente, vous ririez, ou vous
plaindriez quelqu'un qui va se coucher. Là-dessus,
soyez persuadée de mon respect. Cela est bien vrai;
je voudrois bien oser vous dire quelqu'autre chose,
qui le seroit tout autant.

Dom Lorgnon.

M. DE TRESSAN A MADAME DUPIN

Aux ravages cruels du temps
Rien n'échappe dans la nature
Toutefois ses traits dévorants
Ne vous font aucune blessure.
Pour vous, déposant sa rigueur,
Orgueilleux de vous rendre hommage
Il vous a laissé la fraîcheur
Qu'on admire dans le jeune âge.

Quand vous parlez, c'est la raison
De mille grâces embellie.
Toujours quelqu'heureuse saillie,
Fruit de l'imagination,
Vient, sans nulle prétention,
Charmer notre oreille ravie.
Habile en l'art de tout saisir,
Vous savez faire tout comprendre,
Et dès qu'on a pu vous entendre,
On ne sent qu'un seul déplaisir,
C'est de vous voir trop tôt finir.
Avouons même une foiblesse :
Tant d'agréments brillent en vous,
Que la plus aimable jeunesse
Vous regarde d'un œil jaloux.
Esprit, enjoûment, badinage,
Vous possédez tout ce qui plaît,
Et serez le dernier ouvrage
Que les dieux feront si parfait.

MADAME DE TENCIN

NOTICE SUR MADAME DE TENCIN

Claudine-Alexandrine Guérin de Tencin naquit à
Grenoble, en 1681. Son frère, Pierre de Tencin, fut
évêque de Grenoble, puis archevêque d'Embrun, puis
cardinal, en 1739. Il mourut archevêque de Lyon, en
1752. Elle l'aimait beaucoup et travailla avec succès
à son avancement. On la mit jeune au couvent, à
Grenoble, pour être religieuse; elle fit ses vœux,
mais au bout de cinq ans elle protesta, passa chanoi-
nesse au chapitre de Neuville, près de Lyon, et vint
à Paris, où sa figure et son esprit lui créèrent de puissants protecteurs. Fontenelle obtint du pape de la
relever de ses vœux, mais le saint Père n'y consentit qu'avec mauvaise grâce.

Elle était ardente, ambitieuse, capable de toutes les audaces, sans préjugés ; le monde brillant l'attirait, elle eut sa cour à Paris. Elle plut, dit-on, au régent et au cardinal Dubois, soutint la bulle *Unigenitus*, se lança dans le tourbillon financier de Law, et s'y enrichit. En 1717, elle eut un fils du chevalier Destouches-Canon. Étant accouchée clandestinement, et fort embarrassée de cet enfant, elle le fit déposer sur les marches de l'église Saint-Jean-le-Rond. Une pauvre vieille femme, vitrière de son état, le ramassa, l'emporta chez elle, prit soin de son enfance, et dirigea son éducation avec un amour tout maternel.

Ce malheureux petit être abandonné devint un de nos plus brillants philosophes, d'Alembert, et les mémoires du temps rapportent que, quand il fut devenu homme célèbre, madame de Tencin voulut le reconnaître, mais d'Alembert s'y refusa, disant qu'il ne se connaissait pas d'autre mère que la brave femme qui l'avait élevé.

Un autre amant de madame de Tencin, M. de la Fresnaye, se tua chez elle d'un coup de pistolet après une scène de jalousie. Accusée d'assassinat, elle fut enfermée à la Bastille en 1786, puis, reconnue innocente, elle fut mise en liberté. A partir de ce temps, elle se calma et ne s'occupa plus que de belles-lettres. Elle écrivit le *Siège de Calais*, et le roman : *le Comte de Comminges*. Elle tint à Paris un salon et offrit une large hospitalité aux savants et aux philosophes ; les coryphées de sa société étaient Fontenelle, Montesquieu, Laharpe. Tous les ans, aux

étrennes, elle donnait à ses amis deux aunes de
velours pour se faire une culotte. Pont-de-Veyle et
d'Argental étaient ses neveux. Elle mourut à Paris
le 4 décembre 1749.

LETTRE DE MADAME DE TENCIN
A MADAME DUPIN

A Chenonceaux, par Amboise.

A Paris, ce 30 juin 1733.

Vous êtes une friponne, ma belle petite dame,
quand vous me dites : mon abbé ; vous savez bien,
en votre conscience, que cet abbé ne sera ni à moi
ni à personne, qu'autant que vous le voudrez. Le
voilà attaché à votre char ; il est vrai que les chaînes
sont de roses, ce sont cependant des chaînes, et je
ne sais ce que dit la philosophie, de voir un de ses
plus chers nourrissons garrotté de cette sorte. La
description que vous me faites de vos promenades
nous a beaucoup divertis ; je dis nous, car je n'ai pas
l'injustice de garder pour moi seule d'aussi jolies
lettres que les vôtres. En vérité, je vous loue et je
vous admire de vous admirer comme vous faites à
votre campagne ; je vois que vous avez autant de
raison, que d'agrément. Je ne doute pas que ce ne
soit là ce que votre abbé dit à la philosophie pour
s'excuser. Quand nous le renverrez-vous ? je vous

conseille cependant de le garder le plus que vous
pourrez. Je n'ai pas besoin cependant de vous vanter
les douceurs de son commerce ; vous les connoissez
encore mieux que moi : il vous apprendra à maintenir vôtre âme en paix ; voilà une grande marque
de sa bienfaisance, c'est, à la lettre rendre, le bien
pour le mal, puisque vous avez sûrement un peu
troublé la tranquillité dont il avoit toujours joui.

Nous avons dîné chez M. de Fontenelle et chez
le commandeur. La compagnie n'étoit composée que
de vos amis. Madame et mademoiselle du Bouchet[1]
sont parties pour leur campagne, le lendemain du
jour que nous avons dîné chez le commandeur.
Nous avons fait ce que nous avons pu pour obtenir
de madame du Bouchet de rester encore quelques
jours ; mais il n'y a pas eu moyen, elle s'est piquée
de suivre sa première résolution. Son opiniâtreté
lui a paru fermeté, et elle s'en est remerciée. Rien
ne prouve plus le mérite de la fille que la sottise de
la mère ; il faut que l'une soit bien aimable pour
faire supporter l'ennui que l'autre donne. Je vous

1. Mademoiselle du Bouchet épousa en 1737 le comte
d'Argental, frère aîné de Pont-de-Veyle, et neveu de madame
de Tencin. Le comte d'Argental, comme on sait, était l'ami
de Voltaire. Madame du Bouchet avait épousé, en premières
noces, Armand de Caumont, marquis de Montpouillan. Elle
était née, dit le père Anselme, Grâce-Angélique-Thérèse-Ara-
zola d'Ognate.

avoue que, pour moi, elle me met dans des impatiences que j'ai beaucoup de peine à dissimuler. Nous avons résolu de les aller voir à la campagne ; je m'y suis déterminée parce que l'on m'a assurée qu'on la voyait moins là qu'ailleurs. N'êtes-vous pas bien aise que le commandeur nous reste? pour moi, je meurs de peur que quelqu'un ne l'enlève à notre société. Il trouvera quelque joli minois qui lui plaira, et nous ne le verrons plus. J'en serois tout à fait affligée : il gagne beaucoup à être connu, j'ai des preuves, en mon particulier, de sa droiture et de la bonté de son cœur. Je vous dirai cela, quand nous aurons quelqu'une de ces conversations où vous avez la complaisance de paroître oublier l'heure.

Adieu, ma belle petite dame : il faut, s'il vous plait, que cette lettre vaille quelque chose à l'abbé; si vous m'aimez, vous l'embrasserez pour moi des deux côtés. M. de Fontenelle dit qu'il a toujours aimé ce qui n'était que simplement joli, que vous jugiez par là de ce qu'il sent pour vous! J'ai eu bien de la peine, à vous dire quelque chose d'aussi galant de sa part, mais il m'a menacée, à mon refus, de vous l'écrire lui-même. Je vous embrasse, ma chère friponne, d'aussi bon cœur que je vous demande d'embrasser l'abbé, qui est vôtre, et qui n'est plus que vôtre.

L'ABBÉ DE BARADAT [1]

LETTRE DE L'ABBÉ DE BARADAT
A MADAME DUPIN

A Reims, le 26 juin 1731.

Madame,

On ne peut être plus agréablement surpris que je l'ai été en recevant la lettre que vous m'avez fait l'honneur de m'écrire. Elle paroît être une réponse à un rondeau que je soupçonne vous avoir été envoyé par un quelqu'un qui en a tiré une copie. Je n'aurois osé, Madame, prendre la liberté de vous l'envoyer moi-même.

Quand, à mon âge, on n'a pas la force de raisonner

1. Chanoine de Reims, homme distingué par son savoir et par son esprit. Il était très âgé, lorsqu'il écrivit ces lettres.

en philosophe, on doit avoir la prudence de se taire. Mais enfin, Madame, puisque vous savez mes sentiments, il ne convient plus de les dissimuler ; j'aime mieux parler moi-même que de laisser parler un autre pour moi. Ce que j'ai à vous dire ne peut vous déplaire, ni blesser la bienséance qu'exige mon état. Oui, Madame, je confesse vous avoir trouvée tout aimable, et j'ai répété plusieurs fois, depuis votre départ de Reims, que je n'avois jamais vu que vous, joindre si parfaitement la solidité de l'esprit le plus mûr avec les agréments de la jeunesse la plus brillante. Je remercie sans cesse M. notre archevêque de m'avoir procuré la connoissance de monsieur et de madame Dupin ; charmé du vrai mérite de tous deux, je ne souhaite rien avec plus de passion que d'être du nombre des amis de M. Dupin ; et que vous, Madame, soyez bien persuadée que j'ai l'honneur d'être, avec un attachement aussi sincère que respectueux, votre très obéissant serviteur.

BARADAT.

RONDEAU DE L'ABBÉ DE BARADAT A MADAME DUPIN

En philosophe, en mon taudis reclus,
J'ai des plaisirs au vulgaire inconnus :
Sur les humains je médite sans cesse,
Et, désireux d'acquérir la sagesse,
Je réfléchis sur quantité d'abus ;

Je ris de tel qui, pour toutes vertus,
N'ayant que l'art d'endormir les Argus,
Dans le public s'érige avec adresse
    En philosophe.

J'aurois beaucoup à dire là-dessus,
Mais, sans m'étendre en discours superflus,
On le sait bien, chacun a sa faiblesse,
Moi-même, hélas! Dupin, je le confesse,
Quand je vous vois je ne raisonne plus
    En philosophe.

                L'ABBÉ DE BARADAT
                  votre échec et mat.

LETTRE DE L'ABBÉ DE BARADAT
A MADAME DUPIN

                         Reims, le 31 mai 1731.

Madame,

Dans la lettre que j'ai eu l'honneur de vous écrire, je n'ai point désavoué d'être l'auteur du rondeau que l'on vous a envoyé. Je l'ai composé il y a près de deux ans : M. l'abbé de Saint-Point, l'ayant trouvé passable, l'a copié, il a substitué votre nom à celui de Philis, et vous l'a adressé comme de moi. Puisque ces petits vers ne vous ont pas déplu, je lui suis obligé de sa petite supercherie.

Cependant, Madame, je ne pense point sur votre sujet comme dans ce petit ouvrage. Je suis bien éloigné de vous dire :

        Chacun a sa faiblesse!
      Moi-même, hélas, je le confesse,

> Quand je vous vois, je ne raisonne plus
> En philosophe.

Depuis que j'ai eu l'honneur de vous voir, je suis dans un sentiment tout opposé. Je soutiens que

> Si la philosophie a pour but la sagesse,
> Je puis aujourd'hui, sans faiblesse,
> Céder aux traits vainqueurs qui partent de vos yeux.
> Ce serait un trait de folie,
> Contraire à la philosophie,
> De vouloir me défendre où succombent les dieux !

Oui, Madame, tout vrai philosophe peut, sans déroger à sa qualité, se déclarer votre serviteur. Il trouvera, chez vous, une sagesse réelle quoique jeune, aimable, enjouée, brillante, accompagnée de toutes les grâces, telle enfin qu'ailleurs il en feroit la recherche inutilement. Sagesse, qui me fait présumer que votre cher mari voudra toujours bien mettre au rang de ses amis ceux qui auront le bonheur d'être des vôtres.

Le pauvre ecclésiastique dont vous me demandez des nouvelles, et que je ne protégeois pas, afin que vous le protégeassiez vous-même, Madame, voudroit bien être dans le cas de la reconnoissance ; mais il n'y est pas encore, quoiqu'il ait satisfait à tout ce qu'on nous avait promis d'exiger de lui, sans l'inquiéter au surplus : M. l'Anglois, grand-vicaire, issu sans doute des Anglois qui ont occupé la Normandie (car il est Normand) et qui ont jadis désolé la France, le désole aujourd'hui. Si le bon génie qui vous inspira de parler en sa faveur, quand vous connûtes l'équité de sa cause, ne vous inspire d'écrire pour lui à notre prélat, son procès est perdu.

J'ai l'honneur d'être, avec autant de zèle que de respect, Madame,

Votre très humble et très obéissant serviteur.

BARADAT.

L'ABBÉ D'OLIVET

NOTICE SUR L'ABBÉ D'OLIVET

Joseph-Thoulier d'Olivet naquit en 1682, à Salins, d'une famille de robe : ce fut un grammairien distingué. Du collège de Reims, où il fit ses premières études, en 1700, il passa au séminaire à Paris ; il y étudia la théologie et reçut les ordres. Ses maîtres furent dom Mabillon, bénédictin, célèbre pour son savoir sur l'histoire universelle, et Maucroix, littérateur distingué, avocat et homme du monde d'abord, puis prêtre et chanoine de Reims, qui fut l'ami intime de la Fontaine.

Les leçons de ces professeurs illustres lui firent faire de rapides progrès dans tous les genres, littéraires, scientifiques et historiques ; et, semblable à la semence évangélique, leur parole tomba dans un bon terrain et non dans un buisson d'épines. Il vint ensuite à Dijon et il y rencontra le P. François Oudin, savant jésuite, dont la mémoire prodigieuse égalait la science, car il possédait à fond six langues, tant anciennes que modernes. De retour à Paris il y fit la connaissance de Boileau, qui lui communiqua le goût du beau et du vrai. Il se lia aussi avec Huet, Boivin et J.-B. Rousseau. Envoyé à Rome en 1713, et fort bien accueilli par le P. Jouvency, il se livra avec passion dans la Ville éternelle à l'étude des anciens auteurs. En 1723, il fut reçu de l'Académie française, et fit l'éloge de l'abbé Cotin, ce poète et prédicateur que les railleries de Boileau et de Molière ont fait passer à la postérité.

Il continua dès lors l'histoire de l'Académie commencée par Pélisson, publia les œuvres de Cicéron et beaucoup d'autres ouvrages; dans un âge très avancé il fit des études sur la Bible. D'un caractère affable, il faisait aimer sa présence dans les quelques salons qu'il trouvait le temps de fréquenter, et surtout dans celui de madame Dupin. C'est lui qui reçut Voltaire à l'Académie. Il mourut d'une attaque d'apoplexie, à Paris, le 8 octobre 1768.

LETTRE DE L'ABBÉ D'OLIVET

A MADAME DUPIN

Paris, 17 octobre 1742.

J'ai délibéré, Madame, si je vous avouerois que
M. Dupin a trahi avec moi un de vos secrets. Mais
enfin je ne puis résister à l'envie de vous dire quelle
impression cette agréable nouvelle fait sur mon
esprit. Vous savez donc, au milieu de vos amusements, ou plutôt de vos distractions, ménager des
moments pour écrire vos pensées sur l'objet le plus
digne d'exercer l'esprit humain, et vous allez rendre
l'homme vraiment heureux, en le rappelant à la
pratique de ses devoirs. Que je suis enchanté, Madame, de la manière dont la morale se montre à
vous! Permettez-moi de vous dire que nous sommes
parvenus, vous et moi, au même but, quoique, peut-
être, par des routes différentes. Vous ne devez qu'à
votre propre cœur ce que je dois en partie à mes
livres, qui m'apprennent que nous sommes tous

heureux, autant que nous pensons et que nous vivons conformément à la droite raison, malheureux, autant que nous nous en écartons [1]. Voilà ce que nous prêchent les anciens philosophes, dont le but étoit de nous faire trouver la vertu aimable et facile; au lieu qu'il semble que la plupart de ceux qui sont venus depuis n'aient cherché qu'à la rendre sauvage, inaccessible, haïssable. Vous savez le mot de Platon: Que si la sagesse venoit à se montrer sous une forme visible, nous la trouverions d'une si merveilleuse beauté qu'elle allumeroit dans l'âme les plus vives ardeurs et l'amour le plus violent. Pouvoit-elle choisir un interprète plus propre que vous, Madame, à faire valoir ses charmes, et à rétablir ce bel empire, où la raison seule commande, ayant pour esclaves les passions, dont elle tire de grandes utilités, pouvu qu'elle les fasse toujours obéir. Au reste, ne craignez pas que le secret qui m'a été confié par M. Dupin passe par moi en d'autres mains. Quoiqu'il ne pût que vous faire infiniment d'honneur, je sais que ce n'est point à moi de le révéler. Je suis avec beaucoup de respect, Madame, votre très humble et très obéissant serviteur.

L'ABBÉ D'OLIVET.

---

1. L'abbé d'Olivet parle d'un des opuscules de madame Dupin, peut-être de ses *Idées sur le bonheur*.

LE CAT

NOTICE SUR LE CAT

Claude-Nicolas Le Cat naquit à Blérancourt, en Picardie, le 6 septembre 1700.

Ce fut un chirurgien habile et célèbre. Il correspondait de Paris avec toutes les académies de l'Europe, sur des sujets scientifiques.

En 1736, il obtint l'autorisation d'établir un amphithéâtre de dissection et des cours d'anatomie qui eurent un grand succès. Il pratiquait l'opération de la taille, suivant la méthode de Cheselden, qui différait de celle du Frère Cosme, alors très en vogue. Il vint la soutenir et la pratiquer à Paris, et entraîna le suffrage de l'Académie royale de chirurgie.

En 1764, il reçut des lettres de noblesse ; mais il n'en jouit pas longtemps ; car, après avoir subi un terrible incendie qui dévora sa maison, sa bibliothèque avec tous ses ouvrages, et surtout son *Mémorial,* auquel il travaillait depuis vingt-cinq ans, il mourut de chagrin, le 20 août 1768.

Il avait publié à Rouen, en 1749, un *Éloge de Fontenelle,* et madame Dupin le tenait en grande estime : tout ce qui touchait à Fontenelle touchait au cœur de madame Dupin.

LETTRE DE LE CAT A MADAME DUPIN

A Rouen, ce 22 juin 1749.

Madame,

Je me tenois déjà bien recompensé, et de la peur
que m'avoit faite l'entreprise hasardeuse de l'éloge
du grand Fontenelle, et de la peine que j'avois eue à
l'exécuter, par l'accueil gracieux que vous lui aviez
fait, au rapport de M. de Cideville; mais la lettre
dont vous m'honorez, Madame, ne peut se payer
que par une suite nombreuse d'hommages pareils à
celui-ci. Je vous avoue, Madame, que l'encourage-
ment que me donne cette belle lettre est bien capable de produire cet effet: en me faisant croire que
je suis peintre, je sens que je pourrai le devenir.
Vos applaudissements rallument en moi ce feu créa-
teur que l'âge affoiblit, mais qu'il me semble qu'il
n'a point encore éteint tout à fait.

J'accepte avec grand plaisir, Madame, les souhaits que vous avez la bonté de me faire d'une vie aussi longue et aussi heureuse que celle de mon héros ; je me tiendrois bien content de lui ressembler un peu seulement, au moins à cet égard, et de pouvoir vous envoyer, avant de mourir, une douzaine de volumes que je vous dois et au public.

Ma bonne femme est fort sensible, Madame, à l'honneur de votre souvenir. Il y a longtemps que M. de Cideville a dû vous exprimer combien elle est enchantée de l'accueil que vous lui avez fait, combien elle célèbre en toutes occasions cet air charmant, plein de douceur et de noblesse, d'affabilité et de dignité, qui vous gagne tous les cœurs et qui vous a attaché les nôtres, tant qu'ils jouiront de la vie.

C'est avec ces sentiments bien sincères et très affectueux, que j'ai l'honneur d'être,

    Madame,

        Votre très humble et très obéissant

        serviteur.

                Le Cat.

MADAME DE MIREPOIX

NOTICE SUR MADAME DE MIREPOIX

Anne de Beauvau-Craon était la seconde femme de Charles-Pierre-Gaston-François de Lévis, marquis de Mirepoix, qui naquit en 1699 et mourut à Montpellier, gouverneur du Languedoc, en 1758, en remplacement du maréchal de Richelieu, après avoir passé successivement par tous les grades de l'armée, jusqu'à la dignité de maréchal de France, où il fut élevé en 1757 et après avoir été créé duc, en 1751, par le roi Louis XV. Il fut ambassadeur à Vienne et à Londres, et comme il n'eut pas d'enfants, son titre ducal s'éteignit avec lui. La duchesse de Mirepoix fut dame du palais de la reine Marie-Leczinska ; je crois qu'elle mourut en l'année 1791. C'était une femme très aimable et très spirituelle.

LETTRE DE MADAME DE MIREPOIX

A MADAME DUPIN.

J'ai été très touchée, Madame, d'apprendre par vous-même le mariage de M. votre fils ; je vous rends mille grâces de cette attention charmante. Il y a longtemps que vous auriez reçu mes compliments si j'avois été en état d'écrire, mais le charbon de Londres me donne des maux de tête qui me rendent incapable de tout, hors de vous aimer toute ma vie. Je vous supplie, Madame, de n'en douter jamais, et de me croire très parfaitement votre très humble et très obéissante servante.

BEAUVAU MIREPOIX.

Voulez-vous bien, Madame, vous charger de mes compliments pour M. Dupin et M. de Chenonceaux et recevoir ceux de M. de Mirepoix.

M. de Chenonceaux s'est marié en 1751. Cette lettre est par conséquent de cette année-là. Elle doit être datée de Londres, où le maréchal de Mirepoix était ambassadeur.

M. DE CIDEVILLE

NOTICE SUR M. DE CIDEVILLE

M. de Cideville, neveu de Fontenelle, était conseiller au parlement de Rouen.

Il avait été au collège avec Voltaire et était resté son ami.

En 1730, Voltaire lui donna un exemplaire de la *Henriade*, avec ces vers :

> Mon cher confrère en Apollon,
> Censeur exact, ami facile,
> Solide et tendre Cideville,
> Accepte ce frivole don :
> Je ne serai pas ton Virgile,
> Mais tu seras mon Pollion.

LETTRE DE M. DE CIDEVILLE

A MADAME DUPIN,

A Chenonceaux.

A Paris, ce vendredi 10 novembre 1769.

Votre simple intention que je fusse guéri, divinité aimable, m'a porté bonheur; ce miracle me confirme de plus en plus dans la foi que j'ai toujours eue aux sorcières de votre espèce : je n'ai presque plus de fluxion, et un peu de rhume, qui ne m'empêche guère de dormir. A propos d'enchantements, je fus avant-hier chez une fée de vos amies, chez madame la comtesse de Forcalquier ; nous aurions beaucoup parlé de vous : je ne taris guère sur un s beau sujet ; et, sans rien dire d'inutile, comme c'est assez sa manière, elle se seroit étendue sur vos louanges ; nous aurions joué à un certain petit jeu

qui n'a point d'autre nom, j'aime ma maîtresse
par A, parce qu'elle est aimable, etc... on parcourt
ainsi toutes les lettres de l'alphabet; nous y serions
peut-être encore, si j'avois trouvé cette autre sor-
cière.

Votre lettre, à mon gré trop courte, m'enchante
et m'afflige. Comment, reine adorable, vous ne savez
point encore à quand votre retour? J'ai cependant
compté que vous ne tarderiez pas à revenir. J'ai
quitté une cousine qui m'est très chère, pour venir
m'informer à votre porte de l'état de votre santé;
vous faites mal et très mal de risquer de vous
mettre en route dans le froid de l'hiver. Nos arbres
ont quitté leurs feuilles, nos fleurs sont fanées, et je
crains fort que celles de votre teint délicat ne souffrent des rigueurs de la saison : revenez, et, malgré
la neige et la pluie qui nous menacent, vous nous
donnerez de beaux jours.

Puisque vous daignez vous y intéresser, je vous
assure qu'après avoir gagné mon procès tout d'une
voix et avec dépens, ainsi que je vous l'ai mandé
sur-le-champ, le lendemain même de cet heureux
événement j'avois encore à craindre un pourvoi
au conseil, dont on me menaçoit; mais les six mois
sont passés de plus de deux; c'est-à-dire que le
temps de ce pourvoi en cassation est plus qu'écoulé :

ainsi votre serviteur est seigneur incontestable de la terre de Saint-Maclou, etc... Je reviens à vous, reine charmante de la société, et je vous puis assurer que votre suisse Avrillon n'a jamais subi un interrogatoire aussi pressant que je l'ai questionné sur votre compte ; je lui demandois : « Mais a-t-elle beaucoup souffert de la piqûre de ces vilains cousins ? mais en est-elle marquée ? » Ce brave et honnête portier me répondoit avec plaisir et les larmes aux yeux. J'avois la curiosité, que vous me passerez peut-être, de savoir comment il auroit pu se faire que vos jolis traits eussent été gâtés par cette affreuse maladie, dont vous aviez horreur avant qu'elle vous eût attaquée, et que vous n'en aimiez pas plus, en connoissance de cause. A chaque bonne réponse qu'Avrillon me donnoit, j'ai pensé une fois lui sauter au cou et l'embrasser. Je disois : « Quand même cette ennemie du genre humain auroit fait de ses ravages ordinaires, il lui restera son esprit, sa raison, son parler doux, si propre à rendre les choses charmantes qu'elle dit en si bons termes, et elle sera encore à juste titre une des femmes les plus aimables, etc... etc... »

Mille tendres respects à celles et à ceux qui ont le bonheur d'être auprès de vous, sans oublier le guérisseur Garnier, qui assurément a rendu un grand service au public et à la société par cette cure admirable. Vous me croyez complimenteur ; je ne suis que véridique sur vos louanges et sur mes sentiments, je n'en puis rien rabattre.

Je vous suis dévoué pour ma vie.

C.

LE MARÉCHAL DE RICHELIEU

NOTICE SUR LE MARÉCHAL DE RICHELIEU

Louis-François-Armand Duplessis, duc de Richelieu, né en 1696, était petit-neveu du célèbre cardinal. Dans sa jeunesse, il portait le nom de Fronsac. A peine âgé de dix-sept ans, à la suite de quelque grave méfait, Louis XIV le fit mettre à la Bastille, et on le força à épouser, malgré sa volonté, mademoiselle de Noailles, dont il eut une fille, qui fut la comtesse d'Egmont. Après sa sortie de la Bastille, en 1712, il partit pour la campagne commandée par le maréchal de Villars, où il fit bravement son devoir de militaire. Un duel éclatant le fit derechef enfermer à la Bastille, en 1716. Relâché, il ne profita de sa liberté

que pour prendre part à la conspiration de Cella-
mare. Le régent lui rouvrit pour la troisième fois
les portes de la Bastille. Richelieu remplissait déjà
le monde du bruit de ses aventures : indiscipliné,
heureux en amour, brave, persécuté par la police,
il commençait brillamment son rôle de héros
légendaire. A l'âge de vingt-quatre ans, le 12 décembre 1720, ce grand seigneur, qui n'était pas né
pour l'étude et qui n'a jamais su l'orthographe, fut
élu membre de l'Académie française. En 1722, il fut
nommé gouverneur de Cognac, mais le régent, dont
il avait mal parlé, le disgrâcia peu après. La mort de
ce dernier le remit en faveur, car le jeune roi
Louis XV l'aimait ; il fut chargé de différentes ambas-
sades, et se montra, dans toutes, magnifique ambassadeur. Rentré dans l'armée, il fit preuve de beaucoup de bravoure au siège de Philipsbourg, en 1738,
ce qui lui valut le grade de maréchal de camp. —
Dix ans après, en 1748, le roi le nomma maréchal
de France. Il commandait à Mahon, où il battit les
Anglais. Il fut ensuite gouverneur de la Guyenne.
Jusque dans l'âge le plus avancé, Richelieu conserva
sa suprême élégance. Il mourut en 1788, à quatre-
vingt-douze ans.

Pour terminer de le peindre, je me servirai d'une
vieille image : « Il fut l'enfant chéri de Mars et de
Vénus. »

Voici deux billets du maréchal duc de Richelieu
adressés à madame la comtesse de Horn, fille du
maréchal de Saxe et de mademoiselle Verrière, de

l'Opéra. Elle avait épousé, en secondes noces, M. Dupin de Francueil, beau-fils de madame Dupin.

Ces billets se trouvent dans le portefeuille de madame Dupin. Nous les publions en raison de la notoriété du personnage qui les a écrits : les lettres du duc de Richelieu sont excessivement rares; son orthographe est inouïe! nous avouons l'avoir sensiblement rectifiée.

A MADAME LA COMTESSE DE HORN

Chez madame de Furcignes, l'ancien hôtel de St-Florentin, rue Ville-l'Evêque à Paris.

A Paris, ce vendredi.

Dumonceau sort de chez moi, Madame, et m'a dit qu'il avoit fait les paroles d'un petit opéra que madame votre mère daigne accueillir et qui soit joué chez elle, et par elle et des amis; il désireroit que je pusse en juger, et croit que cela ne déplairoit ni à madame votre mère ni à vous; mais je n'oserois rien hasarder sans vos ordres, que je vous prie de vouloir bien me donner et être bien persuadée que je les exécuterai en toutes occasions, avec zèle et empressement. Ne doutez jamais, je vous supplie, de tout le respect avec lequel j'ai l'honneur d'être, Madame, votre très humble et très obéissant serviteur.

LE Mal DUC DE RICHELIEU.

Le petit de Gasy, qui m'a dit avoir l'honneur d'être connu de vous et qui étoit présent à la visite de Dumonceaux, désireroit fort aussi que vous lui donnassiez la même permission.

A MADAME LA COMTESSE DE HORN

A Paris.

C'est moi, Madame, qui ai été malheureux, et je voudrois qui vous eussiez autant d'envie que vous avez de facilité à réparer ce qui me l'a rendu ; mais je ne le serai plus si je puis vous être utile, et assurément j'y ferai bien tous mes efforts et pour convaincre de tous mes sentiments d'attachement et de respect avec lesquels j'ai l'honneur d'être, Madame, votre très humble et très obéissant serviteur.

LE M^{al} DUC DE RICHELIEU

Malheureusement ces deux billets ne portent aucune date.

RULHIÈRE

NOTICE SUR RULHIÈRE

Nous faisons suivre les deux billets du duc de Richelieu d'une lettre de M. de Rulhière à madame Dupin : elle sera ici bien à sa place, car Rulhière a écrit une histoire anecdotique de la vie du maréchal, auquel il était attaché comme aide de camp dans son gouvernement de la Guyenne, à Bordeaux, et il a toujours entretenu des relations amicales avec le duc de Richelieu et sa fille, la comtesse d'Egmont.

M. de Rulhière était né à Bondy, près de Paris, en 1735. Après de très bonnes études militaires qui ne l'empêchèrent pas de faire preuve d'aptitudes littéraires, il fut tour à tour attaché à la personne du maréchal de Richelieu, sécretaire du baron de Breteuil à Saint-Pétersbourg, chargé d'écrire des histoires de Russie et de Pologne pour l'instruction du dauphin (depuis Louis XVI) et secrétaire de M. le comte de Provence (depuis Louis XVIII). Historien, poète, membre de l'Académie française, ami des philosophes et des grands seigneurs, très homme du monde et recherché dans les salons à la mode, il était, comme on voit, un gentilhomme accompli. Tous ses goûts le retenaient à Paris, et il y suivait, avec intérêt et anxiété, les événements qui annonçaient l'éclosion des nouvelles idées; mais à la vue des scènes de pillage et des massacres révolutionnaires, et de l'écroulement si soudain de la monarchie, de la société, de tout ce qu'il admirait et aimait, il fut saisi d'un tel chagrin, qu'il mourut subitement, le 3 janvier 1791, âgé de cinquante-six ans.

Le maréchal de Richelieu s'empara de Port-Mahon et triompha des Anglais en 1756. Ce fut l'occasion d'une grande explosion de joie, et tous les poètes, Voltaire en tête, fêtèrent à qui mieux mieux la gloire, la vaillance, la fortune du vainqueur. Rulhière ne pouvait pas rester indifférent à ce triomphe, et il s'empressa d'envoyer à madame Dupin, dont il était l'ami et qu'il savait très versée dans la langue et dans la littérature italiennes, un sonnet fait en Italie en l'honneur du maréchal, pour lequel, d'ailleurs, madame Dupin avait beaucoup d'amitié.

Voici le sonnet, suivi de la lettre d'envoi:

LETTRE DE RULHIÈRE

A MADAME DUPIN.

Per la Presa di Maone.

Sonetto.

Signor de mari e de nochier spavento,
La tua gloria dov é, Britanno altero?
Ecco Maon gia cade, ecco il momento
Che nove palme aggionge il Franco impero.

Il grand Luigi a vendicarsi intento,
Questo ti vibra al sen colpo premiero,
E mentre spargi il folle ardire al vento,
Opre eccelse matura il suo pensiero.

Vedi alfin, vedi come il ferro e il foco
Ogni li paro tuo strugge ed atterà,
E come angusto a tante straggi, e il loco.

Guerra bramasti audace, aurai la guerra:
Ma il Gallico valor douvrai fra poco,
Vinto, inchinar, sul onde e sulla terra.

Le 19 septembre 1756.

Ce sonnet m'a été donné par un Italien qui m'a dit l'avoir reçu de Rome. Vous pouvez, je crois, Madame, juger ce qui s'écrit dans la plus grande partie de l'Europe. Je pense, en vous l'envoyant, faire quelque chose qui vous sera agréable. Je voudrois être dans le cas que ce fût l'intention de toutes mes actions.

Je suis avec respect, Madame, votre très humble et très obéissant serviteur.

RULHIÈRE.

Voici la traduction du sonnet :

Roi des mers et effroi du nautonnier,
Où est ta gloire, fier Anglais?
Voilà que Mahon tombe déjà, voilà l'instant
Qui ajoute de nouvelles palmes à la gloire de la monar-
[chie française.
Le grand Louis ayant voulu se venger,
Ce premier coup t'a atteint en pleine poitrine.
Et, pendant que tu disperses ta folle ardeur au vent,
Sa pensée mûrit de grands projets.
Vois enfin comme le fer et le feu
Détruisent et terrassent tout ce que tu lui avais opposé,
Et quel carnage dans un lieu si resserré!
Tu as voulu une guerre audacieuse, tu auras la guerre;
Mais tu devras, vaincu, t'incliner avant peu
Devant la valeur française, sur terre et sur mer!

C'est un poète italien qui parle ainsi de la France à la puissante Angleterre. Il est vrai qu'il y a cent vingt-sept ans de cela, que Louis XV régnait, et qu'il avait déjà battu les Anglais à Fontenoy. Je doute qu'aujourd'hui il circule dans Rome de semblables compliments à notre égard. Il est vrai, aussi, que nous avons la République; elle a remporté, sans doute, une victoire au siège du couvent de Frigolet, mais ce n'est pas suffisant pour mériter l'admiration de l'Europe.

UN AMI ANONYME

Voici cinq lettres et une pièce de vers adressées à madame Dupin par un écrivain de ses amis qui n'a point signé et dont il nous a été impossible de découvrir le nom. Nous les publions néanmoins, parce qu'elles sont remplies de détails sur le monde de madame Dupin et qu'elles trouvent leur place ici tout naturellement.

C'était une fâcheuse habitude que l'on avait alors, de ne pas signer ni dater ses lettres ; cela tenait beaucoup à la terreur qu'inspirait la police, qui ne respectait pas le secret des correspondances.

A MADAME DUPIN

En son château de Chenonceaux, à Amboise (Touraine).

A Paris, le 18 octobre au soir, 1738.

J'ai fait ce que j'ai pu, Madame, pour ramasser hier et aujourd'hui quelques nouvelles à vous mander ; ma récolte n'a pas été heureuse. Vous saurez peut-être d'ailleurs ce qu'on m'a dit, que M. Bernard [1] avoit la fièvre, les jambes enflées, et qu'on ne croyoit pas qu'il s'en tirât pour cette fois-ci. On dit toujours à sa porte que cela va bien.

J'ai été voir ce matin M. de Fontenelle que j'aime d'une amitié, que sa sagesse, son humeur gaie et aimable m'inspirent, encore plus que ses grands talents. Son teint étoit aussi frais que son humeur étoit douce et riante. Ce n'est pas une chimère que la philosophie, puisqu'elle rend le teint frais; c'est elle qui répand sur celui de M. l'abbé de Saint-Pierre ces roses que vos regards font éclore.

Cette après-dinée j'ai été chez madame de Tencin, où j'ai trouvé Pont-de-Veyle [2], d'Argental, l'abbé Danfreville,... etc... On m'a beaucoup demandé de vos nouvelles : mes réponses se sont réduites à dire que j'avois trouvé une très aimable maîtresse d'une très aimable maison; on m'a questionné sur le temps

1. Samuel Bernard, le grand financier, naquit en 1651 et mourut à Paris le 18 janvier 1739, dans sa quatre-vingt-huitième année.

2. Antoine de Ferriol, comte de Pont-de-Veyle, né le 1er octobre 1697, mort le 3 septembre 1774. Il était frère aîné du comte d'Argental, l'ami de Voltaire. Il fut d'abord lecteur du roi, puis intendant général des classes de la marine. Sa longue et intime liaison avec madame du Deffand est connue. Il aida sa tante, madame de Tencin, dans ses travaux littéraires, et composa lui-même quelques comédies.

de votre retour, j'ai dit que vous n'en parliez pas positivement; Pont-de-Veyle a décidé sur cela que vous passeriez l'hiver à Chenonceaux. Je souhaite que vous appelliez de sa décision. Je ne vous ai pas assez remerciée, Madame, de votre lettre du 15, dont les propos sont aussi doux et aimables que votre société et votre conversation. Je crois en vérité que, si vous vouliez, votre moindre mérite seroit celui d'être jolie, peut-être que j'en dis trop, car vous êtes bien jolie.

Quelque grand que soit pour moi le prix que vous donnez aux choses obligeantes que vous me dites, la part qu'y veut bien prendre M. l'abbé de Saint-Pierre y ajoute encore; rien n'est plus flatteur que de voir approuver par la plus saine raison des expressions d'amitié sorties de la bouche la plus aimable. Puissent les grâces et la philosophie de Chenonceaux me regarder toujours d'un œil favorable, et recevoir avec bonté le culte que je leur rendrai toute ma vie.

Je pars demain matin pour aller chez mademoiselle Logivière[1].

Adieu, Madame,

Fin de la lettre, sans signature.

[1] Nièce de l'abbé de Saint-Pierre.

A MADAME DUPIN

A Nogent.

Ce jeudi matin, à Paris, 1738.

J'ai trouvé, Madame, en arrivant ici, des gens avec qui je vis beaucoup dans l'inquiétude au sujet de madame de Rochefort[1], et comme je l'aime fort je l'ai partagée avec eux. Hier au soir elle étoit sans fièvre, et ainsi il n'est plus question que de convalescence. Je veux lui donner quelques marques de l'amitié que j'ai effectivement pour elle pendant cette convalescence, et pour cela passer quelques jours à Paris.

Madame du Chtâelet, qui ne néglige apparemment rien puisqu'elle s'occupe de moi, me retient aussi; elle veut que nous soupions encore ensemble avant son départ, et ce sera ces jours-ci.

1. Madeleine de Montmorency-Laval Bois-Dauphin fut dame du palais de la reine de France, femme de Louis XIV. Elle épousa Henri-Louis d'Aloignis, marquis de Rochefort, maréchal de France. Après la mort de son mari et de la reine, elle fut en grande faveur près de madame de Maintenon. Elle devint première dame d'atours de la dauphine, et plus tard première dame d'honneur de la duchesse d'Orléans, femme du régent. Voici ce qu'en dit Saint-Simon avec sa bienveillance habituelle :

« Elle était belle, encore plus piquante, toute faite pour la cour, pour les galanteries, pour les intrigues. M. de Louvois la trouva fort à son gré, et de figurer pour cette intimité. Lorsque le Roi eut et changea de maîtresses, elle fut toujours leur meilleure amie. »

Madame de Richelieu va avec elle à Ciry. Leur départ est remis à la fin de la semaine prochaine. J'allai hier chez madame votre mère[1], Winslou[2] y étoit, je ne vis que madame d'Arty[3].

Il n'y avoit rien de nouveau sur l'état de la malade, la situation étoit assez douce dans ce moment. Il n'y a aucune nouvelle qui mérite de vous être mandée.

Adieu, Madame, jouissez de la douce paix de la campagne et d'un esprit philosophe, qui sait se suffire à lui-même, jouir de tout et s'en passer. Vous donnez un bel exemple de cette sublime morale, mais vous en inspirez une contraire.

Je salue très humblement toute votre compagnie

A MADAME DUPIN

En son château de Chenonceaux, à Amboise (Touraine).

A Paris, le 26 octobre 1739.

Je veux vous remercier, Madame, avant de partir pour aller passer la semaine prochaine à la campagne, comme je ferai demain matin, du petit mot que vous avez eu la bonté de m'écrire, que j'ai reçu aujourd'hui. J'avois appris de vos nouvelles par

1. Madame de Fontaine, qui est morte en 1740.
2. Winslou, naturaliste et médecin célèbre de l'époque.
3. Madame d'Arty était la sœur de madame Dupin.

M. l'abbé de Saint-Pierre, mademoiselle Dubouchet [1]
et madame de Tencin, qui m'ont dit avoir reçu de vos
lettres; l'abbé se porte mieux et dit qu'il reprend
ses forces.

Dieu veuille que vous partiez avec madame de
Chabanais : cette espérance me fait grand plaisir;
souvenez-vous de la promesse que vous me faites
de me mander le temps de votre arrivée.

Je souhaite que le lait continue à vous faire du
bien et vous en fasse assez pour que vous n'en
ayez plus besoin. M. Hatinho, premier ministre
d'Espagne, est mort.

M. de Barali, frère de madame de Vernouillet, a
épousé mademoiselle de la Pomeraie.

Le duc de Richelieu [2] s'est pris de goût pour
l'abbé de la Teignant [3]; il a engagé la duchesse à

1. Mademoiselle du Bouchet épousa M. D'Argental, neveu
de madame de Tencin.

2. Le duc de Richelieu s'était marié trois fois. En 1711, il
avait épousé Anne-Catherine de Noailles; en 1734, Élisabeth-
Sophie de Lorraine, fille du prince de Guise, et, en troisième
lieu, Jeanne-Catherine-Joséphine de Lavaux. La duchesse de
Richelieu, dont il est question ici, était la seconde, Élisabeth-
Sophie de Lorraine, princesse de Guise.

3. Charles-Gabriel de L'Attaignant (diversement écrit Lattai-
gnant ou la Teignant) abbé, né en 1667, chanoine de Reims,
passa sa vie à Paris, fréquentant alternativement la bonne et la
mauvaise compagnie. « J'allume mon génie au soleil, disait-il,
et je l'éteins dans la boue. » Poète léger et facile, écrivain
satirique, il s'attira des coups de bâton, entre autres du comte

l'admettre dans sa société et à le retenir à souper.

Il s'est, les premières fois, comporté avec retenue, mais ensuite, il a dit tant d'ordures que la duchesse a été obligée de lui faire fermer sa porte.

Adieu, Madame.

Voici une lettre dont le commencement est déchiré : elle est de la même écriture ; elle n'est pas signée, et elle n'est pas non plus datée ; mais elle est positivement de l'année 1739.

« ..... Je conçois l'intérêt que vous prenez pour Montaigne : il pense bien et profondément, ses expressions sont vives, animées et originales ; plus on a d'esprit, plus on pense avec cet auteur, et plus on est sensible aux agréments de son style.

Il est juste, puisque vous êtes à présent notre paroissienne, de vous informer des nouvelles de la paroisse : tout y est en combustion, au sujet du renvoi de deux vicaires, MM. Contrastin et d'Héricourt ; on avoit déjà expulsé quelques prêtres suspects de mauvaise doctrine. Toutes nos saintes

de Clermont. Un de ses confrères, chanoine à Reims, qui avait la mauvaise chance de lui ressembler, reçut un jour une verte correction en son lieu et place. Depuis ce temps, L'Attaignant ne le nomma plus que « mon receveur ». Repentant de sa vie dissipée, il mourut chez les Frères de la doctrine chrétienne, le 10 janvier 1779.

dames se récrient sur ces vexations : « On nous ôte, disent-elles, les prêtres de savoir et de probité, et on les remplace par des malotrus. »

Un de ces intrus a dit dans un sermon que les femmes étoient comme des juments.

Madame la princesse d'Auvergne est morte : les molinistes répandoient dans le monde qu'elle étoit morte dans leurs sentiments, mais les jansénistes, madame de la Trimoïlle à la tête, la revendiquent et prouvent qu'elle n'a point varié.

Le roi a fait à Versailles, avec les dames, deux courses de traîneau qui ont été fort galantes. Le Cardinal lui a envoyé pour étrennes une lanterne sourde avec des vers.

J'ai vu ce matin madame votre sœur et M. votre frère à la messe ; je vais leur rendre cette après-dînée ma visite de quartier que je n'ai pas encore rendue. Adieu, Madame, tâchez de nous revenir en bonne santé, et plus belle, si cela se peut, que je vous ai laissée.

M. Algarotti[1] est depuis environ un mois à Paris ; il a soupé depuis ce temps deux fois chez moi, je l'ai trouvé plus gras et plus sérieux.

Adieu, Madame.

1. François Algarotti naquit à Venise en 1712 et fit ses études à Bologne, sous les célèbres professeurs Manfredi et Zanotti.

Cette lettre nous oblige à entrer dans quelques explications sur la grande querelle qui jeta le trouble pendant près d'un siècle dans l'Église de France : celle des jansénistes et des molinistes.

Le jansénisme était une doctrine religieuse relative à la grâce et à la prédestination, émise dans un livre sur saint Augustin par Cornélius Jansenius, évêque d'Ypres, d'où vint le nom de jansénisme. Né à Acquois, en Hollande, près de Seerdam, en l'année 1585, Jansenius est mort de la peste à Ypres, en 1638.

Le molinisme était une doctrine opposée, relative à la grâce, et professée par le P. Molina, jésuite, qui lui donna aussi son nom. Molina était né à Cuença, en Espagne, en 1535 ; il mourut à Madrid, en 1601.

Les jésuites attaquèrent violemment le jansénisme ; les papes le condamnèrent, Port-Royal le défendit, ainsi qu'un grand nombre de docteurs de Sorbonne. L'Église et la société, partagées en deux partis, se firent une guerre acharnée. Louis XIV

Ses progrès furent très rapides : en mathématiques, en géométrie, en astronomie, en physique, en anatomie et en philosophie, c'était un homme universel. Il vint à Paris, s'installa dans une habitation au mont Valérien, où il écrivit un ouvrage intitulé *Newtonianisme pour les dames*. Son imagination était féconde, son esprit vif, sa conversation brillante. Il se moquait volontiers des pédants, mais il avait beaucoup d'amis parmi les gens de lettres et les gens du monde. Voltaire l'aimait et l'appelait Caro Cigno di Padova. Il mourut à Pise, en 1764, âgé de cinquante-deux ans.

et Louis XV persécutèrent les jansénistes, mais le Parlement, qui se composait en majorité de partisans de cette doctrine, finit par triompher en expulsant les jésuites du royaume.

Nous voyons dans la lettre précédente un reflet de cette lutte. Mais notre embarras était grand, car, dans cette lettre, les détails manquent de précision, et ce n'a pas été sans peine que nous avons fini par découvrir le nom de cette paroisse où tout était en combustion [1].

Voici le fruit de nos recherches :

D'abord, ce n'est pas d'Héricourt, mais Séricourt, que s'appelait le vicaire expulsé en compagnie de son confrère Contrastin, dont le nom est exactement écrit.

Les *Nouvelles ecclésiastiques*, journal janséniste, nous ont appris que Contrastin, vicaire de Saint-Roch à Paris [2], où il travaillait avec édification,

1. Madame Dupin n'habitait pas encore la rue de Plâtrière qui est de la paroisse de Saint-Eustache; elle demeurait à l'hôtel Lambert qui, étant situé dans l'île Saint-Louis, était de Notre-Dame. Il faut croire que madame Dupin demeura, cette année 1739, dans la paroissse de Saint-Roch, puisque c'est d'elle dont il est ici question.

2. Jusqu'en 1633, l'église Saint-Roch resta dans la dépendance de Saint-Germain-l'Auxerrois, et c'était le curé de cette dernière paroisse qui en nommait le desservant. Dans cette année, elle fut érigée en paroisse par monseigneur François de Gondi, premier archevêque de Paris. Mais, comme la population s'accroissait chaque jour, la nouvelle église devint encore insuffisante, et on demanda à Lemercier, architecte du roi, les plans du monument que l'on voit aujourd'hui. On en jeta les fondements en 1653. Ce fut le roi Louis XIV, alors âgé de dix-huit ans, qui en posa la première pierre. Mais les

depuis vingt-quatre ans, a été dépossédé du vicariat et interdit par le sieur Brillon, curé, en 1738, Beaumont du Repaire étant archevêque de Paris.

Et voici le complément de nos découvertes :

Le sieur Brillon de Jouy, curé de Sainte-Opportune,

travaux marchèrent lentement, et la façade principale ne fut commencée qu'en 1736, sous la direction de Jules-Robert Cotte, d'après les dessins de Robert Cotte, son père. On fit plusieurs adjonctions au plan primitif : on bâtit au chevet plusieurs vastes chapelles, l'une d'elles fut dédiée à la Vierge ; elle a été construite en 1709 avec le produit d'une loterie autorisée par le roi. Celles de l'adoration et du calvaire ont été édifiées sur le terrain qui servait auparavant de cimetière à la chapelle Sainte-Suzanne. En 1720, le fameux banquier Law, qui venait de se convertir au catholicisme et d'être nommé marguillier d'honneur de saint-Roch, en remplacement du duc de Noailles, donna cent mille écus pour achever la construction de l'église. La dédicace eut lieu le 10 juillet 1740. Il existe à la sacristie de Saint-Roch un parchemin portant les indications suivantes :

« Le dimanche 10 juillet 1740, Mgr Jean-Joseph Gauget, archevêque de Sens, avec permission de Mgr Charles-Gaspard de Vintimille du Luc, archevêque de Paris, a consacré cette église en l'honneur des cinq plaies de Notre-Seigneur et sous l'invocation de saint Roch.

       » J.-Joseph. Arch. de Sens. »
   (*Une visite à l'église Saint-Roch*, par l'abbé Vidieu,
       vicaire de Saint-Roch).

Gaspard de Vintimille du Luc fut nommé archevêque de Paris en 1729 : il réprima les jansénistes et ferma le cimetière Saint-Médard où les convulsionnaires opéraient leurs prétendus miracles; il mourut en 1746. Son successeur fut Christophe de Beaumont du Repaire, qui occupa le siège archiépiscopal jusqu'en 1781.

Voici les noms des curés de la paroisse de Saint-Roch, depuis 1725 jusqu'à nos jours.

est pourvu de la cure de Saint-Roch par ordre du cardinal-ministre, à cause de son zèle ardent pour la bulle qu'il détestait auparavant. Le 3 novembre 1729 il empêche le P. Jard d'y prêcher l'Avent; il se déchaîne dans ses prônes et conversations contre les miracles de M. de Pâris et les convulsions (ce Pâris était un zélé illuminé) ; il se refuse de vérifier deux miracles opérés dans sa paroisse ; en 1732, ses paroissiens lui déclarent qu'ils sont obligés de ne plus l'entendre prôner ; en 1733, il fait interdire le sieur Saintard, ancien vicaire; il veut mettre tous les opposants à la bulle dans un cul de basse-fosse; il se déclare, en 1737, contre les libertés de l'Église gallicane. En 1738, il est appelé à la cure de Saint-Roch, et il s'y laisse transférer docilement. Il ravage tout dans cette vigne du Seigneur.

Il destitue les catéchistes, fait interdire les confesseurs sages et éclairés, et il se donne des coopérateurs de son espèce. Enfin, en 1739, il porte le dernier coup à cette paroisse, en destituant les sieurs

Jacques Bence, de 1726 à 1738.
Aubin Brillon de Jouy, de mars 1738 en avril 1739.
Nicolas-Louis Chéret, d'avril 1739 en juin 1743.
Pierre Badoire, de juillet 1743 en mai 1749.
Jean-Baptiste Marduel, de 1749 à 1789, démissionnaire.
Claude-Marie Marduel, de 1789 en janvier 1833.
Nicolas-Théodore Olivier, de 1833 à 1841, évêque d'Évreux.
Jean-Jacques Fayet, de 1841 à 1843, évêque d'Orléans.
Charles Morel, de 1843 à 1848, démissionnaire.
Pierre-Louis Pététot, de 1848 à 1852, démissionnaire.
Pierre-Augustin Faudet, de 1852 à 1870, démissionnaire.
M. Millault, installé en 1870, curé actuel.

Séricourt et Contrastin vicaires et en faisant interdire
le reste des bons prêtres, savoir : les sieurs Ballin,
Gromaire, Trudon, Lecourt, Tétart, Guézard, Gour-
dan, Lefèbre et Bouillemant. Il s'est servi, pour colo-
rer cette exécution, d'un discours prononcé par le
sieur Ballin et dans lequel celui-ci avait établi un
parallèle entre l'ancien et le nouveau clergé.

La mort de Brillon, précipitée et imprévue, arriva
en 1739 : la même année le sieur Regnault, archi-
diacre, prononce son éloge hyperbolique.

Le successeur de Brillon à la cure de Saint-Roch
est le sieur Jean-Baptiste Marduel.

En 1749 il a des difficultés dans sa paroisse au
sujet du sieur René, ecclésiastique estimé (attaché
aux écoles, fonction fatigante), qu'il ne veut pas
administrer, quoique en danger de mort, sans billet
de confession. Contrastin, le vicaire expulsé dix ans
plus tôt, ayant aidé à administrer le malade, le curé
exile ce pauvre René, moribond, et Contrastin aussi,
criminel de ce chef.

C'est l'organe des jansénistes qui s'exprime de la
sorte.

Cette petite excursion sur un terrain brûlant nous
a paru motivée par la description sommaire que
notre écrivain anonyme donne de l'état de la paroisse de Saint-Roch à madame Dupin, et nous
sommes heureux d'avoir pu fournir à nos lecteurs
des détails intéressants et complets sur cette expulsion cléricale, en 1739.

A MADAME DUPIN

En son château de Chenonceaux.

A Paris, le 18 septembre 1741.

Quoique je ne sache, Madame, si mes lettres vous sont agréables ou non, n'en ayant reçu jusqu'à présent aucun témoignage, je vais cependant joindre celle-ci aux quatre que j'ai déjà eu l'honneur de vous écrire, trois de Chiverny et une de Paris.

Je vais dans peu, pour une huitaine de jours, à la campagne, et je ne puis me résoudre à quitter un lieu d'où je puis plus facilement entretenir commerce avec vous et lui trouver de l'aliment, sans jouir encore de l'avantage de ma situation. Je n'aime point tout ce qui m'éloigne de vous; cette circonstance me déplaît dans le voyage que je vais faire : les lieux où je vous ai vue, où je pourrois entendre parler de vous, où je pourrois vous être bon à quelque chose, ne peuvent me paroître que regrettables.

J'ai vu aujourd'hui M. l'abbé de Saint-Pierre chez M. Trudaine[1]; il vous a fait honneur, il

---

1. Daniel-Charles de Trudaine, né en 1703, à Paris, y mourut le 19 janvier 1769.

Magistrat, conseiller au Parlement de Paris, puis intendant d'Auvergne, il fut nommé conseiller d'État en 1734 et, en 1744, intendant des finances et directeur des ponts et chaussées. En cette qualité, il fit exécuter, d'après ses plans, de grandes et avoit le meilleur visage du monde; M. Trudaine m'a dit qu'il vous avoit accordé ce que vous lui demandiez.

Je reçois dans ce moment une lettre du camp d'Oétingen[1], d'Allemagne, du 11ᵉ de ce mois, par laquelle on me marque que l'on croyoit s'arrêter à Donnavert, mais que l'on fait passer outre et faire des marches forcées pour arriver au plus tôt au rendez-vous général, à Passau.

    Adieu, Madame.

PIÈCE DE VERS A MADAME DUPIN

    Les vers suivants, adressés à madame Dupin, sont de la même écriture, par conséquent de la même personne. Nous ne les donnons pas comme un chef-d'œuvre, mais comme preuve de l'amitié et de l'admiration de notre anonyme, qui ne craint pas le style ampoulé dans sa poésie :

Quoi! je n'entendrai plus cette charmante voix,
Qui souvent m'enchanta dans ces paisibles bois ?

belles routes, dont la France était très dépourvue, ainsi que des travaux d'art sur la Loire, entre autres les beaux ponts d'Orléans, de Tours, de Saumur, etc., etc. Il était membre de l'Académie des sciences, et faisait partie du Conseil du commerce avec M. Dupin. Madame de Trudaine, femme d'esprit, avait un salon à Paris. Elle demeurait rue des Vieilles-Haudriettes.

1. Oétingen est en Bavière. En 1743, les Français y battirent les Anglais.

Tu me livres, Destin, à la noire tristesse.
Tu m'offrirois en vain d'une grande princesse
Les appas, les faveurs, sous un ombrage frais :
    De Dupin le souvenir aimable
Me rendroit insensible à ses brillants attraits.
Paris sera pour moi un désert effroyable
Éloigné des lieux qu'éclairent ses appas.
Heureux qui n'a jamais d'autre soin dans la tête
Que vivre sous ses lois, suivre partout ses pas ;
Il se voit au-dessus du sort, de la tempête !

(Sans date.)

UN AUTRE AMI ANONYME

La lettre ci-jointe est d'un autre anonyme; après elle, nous en aurons fini avec ces aimables gens.

Voici l'adresse :

A MADAME DUPIN

A son château de Chenonceaux, par Amboise, à Chenonceaux.

A Paris, le 22 septembre (pas d'année).

Je vous rends mille grâces, Madame, de vos belles prunes : elles sont excellentes, nous en mangeons avec un grand plaisir, quoique j'aie une attaque de mon mal. Depuis quinze jours, je souffre beaucoup ; si j'avois le sort de M. l'abbé de Saint-Pierre, cela adoucirait mes douleurs. Ne nous venez point dire que vous êtes seule, cela s'appelle être en bonne compagnie. Mais on dira : c'est un philosophe! La philosophie est pleine de charmes, quand elle est accompagnée de douceur et de bonté. Vous êtes faite pour en profiter; gardez-le tant que vous pourrez; c'est mon avis, et que vous m'aimiez comme vous me le dites; vous y êtes obligée, Madame, par les sentiments que j'ai pour vous.

M. de Feuquière[1] a reçu vos embrassements, avec des yeux bien pétillants.

Je vous prie de me mander quand vous reviendrez.

(Cette lettre est bien certainement de l'année 1740 ou 41, car l'abbé de Saint-Pierre est mort en 1742.)

---

1. Ce M. de Feuquière dont il est ici question, et sur le compte duquel nous ne savons que l'impression causée par les doux témoignages d'amitié de madame Dupin, était le fils du sieur de Pas, marquis de Feuquière, qui servit très brillamment dans les armées du roi Louis XIV, mais dont le caractère un peu frondeur avait décidé le roi à ne pas lui donner un commandement en 1701, lors de la reprise des hostilités. Le marquis avait été fort sensible à cette disgrâce. En 1707, douze heures avant de mourir, il écrivit une lettre très touchante au roi pour lui recommander son fils, et il lui demanda pardon de ses torts en ces termes : « Je sais que j'ai déplu à Votre Majesté et quoique je ne sache pas trop en quoi, je ne m'en crois pas moins coupable. » Le roi fut magnanime et accorda au fils toutes les pensions dont le père avait joui.

DARGET

NOTICE SUR DARGET

Darget est un personnage peu connu, mais il n'en appartient pas moins à l'histoire dans une certaine mesure. Il était le secrétaire du grand Frédéric et il avait pour mission de tenir le roi de Prusse au courant des nouvelles de Paris, de la chronique des salons, des faits et gestes de la société parisienne ; il lui servait d'intermédiaire auprès des artistes pour l'achat de tableaux et objets d'art, et le roi, qui n'aimait pas à payer très cher ses acquisitions, refusait souvent de ratifier les marchés de Darget. En outre, il recrutait des acteurs et s'occupait des engagements avec les comédiens pour le théâtre du roi, à Berlin. Il était un peu la doublure du marquis d'Argens, qui travaillait aussi à Paris pour le roi de Prusse. Voltaire l'ayant présenté à madame Dupin, Darget fréquentait son salon ; et, sans doute, il ne s'y passait ou ne s'y disait rien d'intéressant, sans que son maître n'en fût aussitôt instruit. Combien grand était le prestige de ce roi philosophe, ennemi de la France, et cependant passionné pour elle, avide de ses louanges, curieux de ses produits et tellement jaloux de ses gloires et de ses illustrations qu'il eût voulu les attirer toutes à sa cour, pour que les gens officiellement et ostensiblement revêtus de fonctions, presque inavouables aujourd'hui, en reçussent au contraire une considération qui les honorait alors au point de leur ouvrir les portes de tous les salons de Paris et de leur y assurer bon accueil et bon visage !

Nous avons trouvé dans les poésies de Voltaire ces vers qu'il adressa, en 1751, à M. Darget :

> Bonsoir, monsieur le secrétaire,
> De la part d'un vieux solitaire
> Qui de penser fait son emploi,
> Et pourtant n'y profite guère.
> O Désert, puissiez-vous me plaire,
> Et puissé-je y vivre avec moi !
> Sans-souci, beaux lieux qu'on renomme,
> Je suis encor trop près d'un roi,
> Mais trop éloigné d'un grand homme.

LETTRE DE DARGET A MADAME DUPIN

Ce lundi matin. (Elle n'est pas datée.)

Si j'avois pu sortir, Madame, depuis vendredi, j'aurois été vous montrer à vous-même combien je suis inquiet et affligé de l'accident dont je fus la cause malheureuse ce jour-là ; je souhaite, Madame, plus que je ne puis vous le dire, que vous ne vous en soyez pas repentie ; il seroit cruel que la belle couverture du meilleur cœur du monde fût affectée, et je ne me consolerois jamais d'avoir occasionné des douleurs à quelque chose qui, au physique et au moral, mérite véritablement d'être adoré et conservé. J'irai, Madame, finir ou augmenter mes inquiétudes, dès que mes affaires me permettront de sortir. Je vous prie d'être persuadée que je réponds aux sentiments dont vous m'honorez par l'attachement le plus sincère et le plus respectueux.

DARGET.

Pour bien comprendre cette lettre, il faudrait savoir quelle a été la nature de l'accident dont M. Darget fut la cause malheureuse. Le compliment, assez mal tourné d'ailleurs, est en outre d'un goût douteux, et j'hésite à croire que madame Dupin ait été bien sensible à cet acte d'adoration.

LE COMTE D'ARGENSON

NOTICE SUR LE COMTE D'ARGENSON

Marc-Pierre, comte d'Argenson, était le frère cadet du marquis René-Louis d'Argenson, l'ami de Voltaire, qui fut ministre des affaires étrangères sous le roi Louis XV, depuis 1744 jusqu'en 1747, et qui mourut en 1757.

Le comte d'Argenson naquit en 1696 et mourut en 1764. A l'âge de vingt-quatre ans, il remplaça son père comme lieutenant général de police : son opposition au système de Law lui fit perdre cette place, mais le régent, qui l'aimait beaucoup, lui donna un poste élevé dans sa maison. En 1737, il fut nommé directeur de la librairie, puis, en 1743, ministre de la guerre, et les succès remportés alors par nos armées furent en partie son ouvrage. Ce fut lui qui créa l'école militaire, placée plus tard à Saint-Cyr. En 1757, la marquise de Pompadour le fit disgracier, et il se retira dans sa terre des Ormes, en Poitou, où il tint grand état.

Il était membre de l'Académie française, ami des philosophes, écrivain et protecteur des gens de lettres. C'était un homme d'esprit.

LETTRES DE M. D'ARGENSON

A MADAME DUPIN

A Paris, le 5 août 1730.

Quelle obligation, Madame, n'ai-je point à l'envie que vous avez d'aller à Carlestrou (pour Carlsruhe)! Je lui dois une marque de l'honneur de votre souvenir, et j'y trouve une occasion de marquer au margrave de Dourlac, dont j'ai reçu mille témoignages de bonté et d'amitié, la sorte de reconnoissance qui pouvoit le flatter davantage, en lui annonçant qu'il vous verra dans ses petits États. Carlestrou est effectivement très digne de vous attirer par l'esprit et la politesse du maître ; rendez seulement bien des grâces à sa haute probité, si vous voyez sans péril cette tour célèbre destinée à conserver tout ce qui lui paroît aimable. Mais avec quelque plaisir que je puisse apprendre tous vos succès, je désirerois encore davantage votre retour ici, personne au monde n'étant avec des sentiments plus inviolables et plus respectueux, Madame, votre très humble et très obéissant serviteur.

Agréez que M. Dupin reçoive ici mes remerciements très humbles de l'honneur de son souvenir; qu'il se méfie surtout de toutes les amitiés que lui fera notre margrave; et au pis aller, je ne vois qu'un expédient, c'est que mademoiselle Grou se sacrifie dans cette occasion à la reconnoissance qu'elle doit à l'un et à l'autre. Je fus témoin, mercredi dernier, que le petit bonhomme qui fut le sujet d'un des grands griefs que j'ai contre elle dansa comme un ange à la tragédie des jésuites; je ne me tiens pas encore quitte, avec elle, de la noirceur qu'elle m'a faite à son occasion, et je souhaite fort que vous la rameniez avec vous, pour mettre la dernière main à ma vengeance.

E. D'ARGENSON.

M. d'Argenson fait accompagner cette lettre de la suivante, qui doit servir de lettre d'introduction à madame Dupin auprès du margrave de Dourlach, auquel elle est adressée.

A SON ALTESSE SÉRÉNISSIME LE MARGRAVE
DE DOURLAC

A Paris, le 5 août 1730.

Monseigneur,

Je profite avec bien de l'empressement d'une occasion de me rappeler dans le souvenir de Votre Altesse Sérénissime, en vous annonçant le projet qu'une
des plus aimables dames de ce pays-ci a de vous faire
sa cour; elle passe une partie de l'année en Alsace,
où M. Dupin, son mari, a une charge qui l'attire;
elle ne peut ignorer combien Carlestrou, c'est-à-dire
un lieu que vous habitez, est digne de curiosité.

Je serai très aise, pour l'honneur de notre nation,
que madame Dupin ait paru à votre cour, Monseigneur; il me semble que rien ne peut mieux vous
déterminer à faire en France un voyage que Votre
Altesse Sérénissime médite et diffère depuis plusieurs années.

Je vous supplie d'être persuadé que je n'aurois
point de plus grande satisfaction que de pouvoir
vous renouveler moi-même les assurances de l'attachement et du profond respect, avec lequel j'ai
l'honneur d'être, Monseigneur, de Votre Altesse
Sérénissime,

Le très humble et très obéissant serviteur,

E. D'ARGENSON.

Ce prince était Charles-Guillaume, margrave de Bade-Dourlach, né en 1679, mort en 1746. Il avait servi sous Louis-Guillaume, prince de Bade, général de l'Empire, son parent, lequel, après avoir été battu par le maréchal de Villars à Friedlingen et à Hockstaedt (1703), mourut en 1707. Charles-Guillaume, après le traité de Rastadt de 1714, qui assura la possession de l'Alsace à la France, se retira dans ses petits États, et jeta, dès l'année suivante, les fondements de la ville de Carlsruhe, sa capitale. Il mourut en 1746, laissant sa succession aux mains de son petit-fils Charles-Frédéric, margrave et grand duc de Baden-Baden, dont nous allons voir la correspondance avec madame Dupin, jointe à celle de sa mère, la margrave de Bade, et de son fils, le prince Frédéric : correspondance qui commence, d'après les documents, c'est-à-dire les lettres manuscrites que nous avons entre les mains, le 21 octobre 1771.

LETTRES DU BARON DE PALM[1] A MADAME DUPIN

Vis-à-vis la poste aux lettres, à Paris,

Ce 1ᵉʳ octobre 1771.

Madame Dupin est suppliée, de la part du baron de Palm, d'adresser la réponse en question à M. Malrond, rue Saint-Honoré, la troisième porte cochère en deçà des Feuillants, qui la lui fera parve-

---

1. Le baron de Palm était chambellan de son Altesse Sérénissime le margrave de Bade.

nir par le premier courrier. Comme le baron de Palm ne pourra partir que demain, vers cinq heures du soir, il espère d'être à même de recevoir les éclaircissements demandés, encore avant que de quitter Paris. Et supplie très humblement madame Dupin de l'honorer toujours de sa bienveillance, et d'être persuadée qu'il conservera, le reste de ses jours, le souvenir des bontés dont elle l'a comblé.

LE BARON DE PALM A MADAME DUPIN

Ce 2 octobre.

Monsieur le baron de Palm a l'honneur de remercier très humblement madame Dupin de la peine qu'elle a daigné se donner, pour lui procurer les lumières nécessaires sur un objet qui importe infiniment à Leurs Altesses. Il la supplie de vouloir bien lui renvoyer le papier qu'il a eu l'honneur de lui présenter, étant obligé de le faire parvenir entre les mains du Prince.

Il supplie madame Dupin d'agréer ses respects et les assurances de sa vive reconnoissance.

CORRESPONDANCE

ENTRE LA FAMILLE RÉGNANTE DE BADE ET MADAME DUPIN

SON ALTESSE SÉRÉNISSIME LA MARGRAVE DE BADE A MADAME DUPIN

à Paris.

A Carlsruhe, le 21 d'octobre 1771.

Madame,

Il ne suffit pas, Madame, que M. de Palm vous ait témoigné de ma part combien je suis partie pénétrée de toute la reconnoissance que je vous dois. Permettez que je vous le répète encore ici moi-même. Vous nous avez comblés, Madame, de tant d'amitiés et attentions obligeantes, qu'il m'est impossible de vous marquer toutes les sensations que vous avez faites sur mon cœur.

Conservez-moi, Madame, votre amitié, je vous

en conjure; j'y suis l'on ne peut pas plus sensible, et soyez à jamais bien persuadée que rien n'est au-dessus des sentiments d'estime, avec lesquels j'ai l'honneur d'être, Madame,

Votre très affectionnée servante.

LA MARGRAVE DE BADE.

Recevez mille assurances d'amitié, Madame, du margrave et de nos fils.

Voici le brouillon d'une lettre de madame Dupin à la margrave de Bade, pour lui souhaiter la bonne année de 1772.

MADAME DUPIN A SON ALTESSE SÉRÉNISSIME
LA MARGRAVE DE BADE

Paris, 1er janvier 1772.

Madame,

Votre Altesse Sérénissime m'a permis de lui pré-senter quelquefois mes respects; le renouvellement de l'année en est une occasion.

Mon cœur et toutes mes pensées ne l'attendent pas pour souhaiter à Votre Altesse toutes les pros-pérités et le bonheur qu'elle mérite si bien, pour elle-même et pour celui qu'elle procure à tout ce qui lui tient.

Je bénis cent fois le jour où j'ai eu l'honneur de

25

me présenter à Votre Altesse, et je profite de celui-
ci pour lui répéter l'hommage de mon véritable
attachement et de mon profond respect.

Je suis,

L. DE FONTAINE DUPIN.

M. le margrave et les princes recevront avec
bonté mes hommages très humbles, si Votre Altesse
veut bien les faire souvenir de moi.

LA MARGRAVE DE BADE
A MADAME DE FONTAINE DUPIN

Vis-à-vis la poste aux lettres, rue Plâtrière, à Paris.

A Carlsruhe, le 25 janvier 1772.

Madame,

Je suis on ne peut pas plus flattée, Madame, des
marques obligeantes que vous voulez bien me donner, à l'occasion de ce changement d'année, et de
votre souvenir, et de votre chère amitié.

Je les reçois avec la plus vive reconnoissance, et
vous demande bien instamment, Madame, la continuation de ces sentiments, dont je reconnois tout le
prix.

Recevez, s'il vous plaît, mes vœux à cette même
occasion, et soyez très persuadée, Madame, qu'ils
n'ont que votre satisfaction et votre bonheur pour
objet ; car rien de si vrai que les sentiments de la

plus parfaite estime, avec lesquels j'ai l'honneur
d'être, Madame,

Votre très affectionnée servante.

LA MARGRAVE DE BADE.

Le margrave et toute ma petite famille, Madame,
sont pénétrés de votre souvenir et vous présentent
mille obéissances ; Louis surtout n'oubliera jamais
l'aimable madame Dupin, tout comme le fera sa
mère.

Du 25 janvier 1772, nous passons au 10 mars 1774.
Cette interruption de deux années ne nous est pas
expliquée, et nous ne ferons aucune recherche pour
la combler ni en savoir le motif. Nous allons
donner, suivant leurs dates, toutes les lettres de la
margrave et celles de madame Dupin qui, grâce
à son esprit pratique, a eu le soin de conserver les
brouillons des lettres qu'elle écrivait à Son Altesse ;
et ce qui nous prouve qu'elles arrivaient telles quelles
à destination, c'est que les réponses concordent
très bien. Dans cette correspondance, qui est un
échange de protestations d'amitié et de témoignages
d'estime et d'affection, on verra que, le 1er janvier
de chaque année, madame Dupin envoyait à la
margrave ses amicales et respectueuses salutations,
et réciproquement.

LA MARGRAVE DE BADE A MADAME DUPIN

Vis-à-vis la poste aux lettres, rue Plâtrière, à Paris.

A Rastadt, le 10 mars 1774.

Madame,

Je suis bien touchée, Madame, des choses obligeantes que vous avez bien voulu me dire à ce changement d'année. Vous avez captivé mon amitié : aussi je suis on ne peut pas plus sensible au retour que vous me témoignez. Recevez également mes vœux, Madame, et soyez très persuadée que leur accomplissement vous rendra parfaitement heureuse. Conservez-moi vos sentiments obligeants, continuez-moi, Madame, à me donner des marques de votre souvenir, et à demeurer assurée de toute l'estime et considération, avec laquelle j'ai l'honneur d'être, Madame,

Votre très affectionnée servante.

LA MARGRAVE DE BADE.

Le margrave et nos fils vous présentent, Madame, mille compliments et mille reconnoissances de votre souvenir. Louis seroit bien fâché de grandir, si ce seroit aux dépens de vos bontés. Permettez, Madame, qu'il en reste toujours digne à vos yeux, et recevez ses tendres hommages.

Vos vers sur la fontaine de Vaucluse sont délicieux; il y a une peinture naïve que j'ai lue avec le plus grand plaisir. Je vous en suis bien obligée. Je vous le repète, Madame, ne nous oubliez pas; vous ne le serez certainement jamais de nous. Pardonnez le retard de ma réponse, Madame, mais mon fils aîné vient d'être fiancé à ma nièce Amélie, troisième fille du landgrave de Darmstadt, et cela m'a beaucoup occupée.

Voici le brouillon, ou plutôt le canevas de la lettre de madame Dupin, à laquelle la margrave a répondu comme on vient de le voir.

MADAME DUPIN A S. A. S.

1er janvier 1774.

Madame,

Le commencement de l'année sert de prétexte au renouvellement des vœux que je fais souvent pour tout ce que vous désirez, et pour tout ce qui peut vous plaire...

C'est un grand plaisir que de se souvenir de vos bontés, c'est un devoir bien agréable de vous assurer de sa reconnoissance.....

Je suis avec un très profond respect, Madame, de Votre Altesse Sérénissime,

La très humble . . . .

L. DE FONTAINE DUPIN.

Permettez-moi, Madame, de présenter mes hommages à M. le margrave et aux princes; je ne crois pas encore le prince Louis assez grand, mais trop raisonnable, pour parler de lui séparément.

LA MARGRAVE DE BADE A MADAME DUPIN

Vis-à-vis la poste aux lettres, rue Plâtrière, à Paris.

A Calsruhe, le 24 mai 1774.

Madame,

M. le baron de Palm viendra tout exprès, de ma part, vous présenter, Madame, les assurances de ma parfaite estime. Mais cela ne me suffit point; je ne saurois me refuser la satisfaction de vous renouveler ces sentiments moi-même. Recevez-les, Madame, croyez rien de plus vrai, conservez-moi votre amitié. Je l'estime comme je le dois, et les preuves que vous m'avez bien voulu en donner ne s'effaceront jamais de mon cœur, ma reconnoissance ne connaîtra jamais aussi peu de bornes que la tendre

considération avec laquelle j'ai l'honneur d'être,
Madame,

Votre affectionnée servante.

LA MARGRAVE DE BADE.

Il n'y a qu'un cri pour vous faire mille compliments, Madame. Recevez-les ainsi du margrave et
de nos trois fils; Louis veut un mot à part de lui.

A MADAME DE FONTAINE DUPIN

Vis-à-vis de la grande poste, à Paris.

A Carlsruhe, le 8 janvier 1775.

Madame,

C'est pour m'assurer de votre souvenir, Madame,
qui m'est si précieux, que je saisis moi-même ce
présent changement d'année pour m'y rappeler.
J'ose vous renouveler mes vœux et ma bien tendre
amitié. La lettre que M. de Palm me remit à son
retour, de votre part, me permit, Madame, de
compter sur la continuation de votre amitié : j'y
suis très sensible ; je n'oublierai jamais, Madame, et
votre mérite, et les honnêtetés dont vous nous avez
comblés. Ils sont toujours bien présents à ma mémoire, et vous nous rendriez bien heureux, Madame,
en prenant le courage de venir chez nous. Vous y trou-

verez, Madame, toute ma famille empressée à vous prouver les mêmes sentiments de considération, avec lesquels je suis, Madame,

Votre affectionnée servante.

LA MARGRAVE DE BADE.

Recevez également, Madame, les vœux du margrave et de nos fils, ainsi que les assurances de leur parfaite considération. Louis vous baise les mains de prendre part à l'augmentation de nos bals. Il ne manque pas d'y être le premier et le dernier sur la place.

A MADAME DUPIN

Vis-à-vis de la grande poste, à Paris.

A Carlsruhe, le 19 janvier 1776.

Madame,

Vos mérites, et les amitiés dont vous m'avez comblée, ne s'effaceront jamais de mon cœur. J'aime à vous renouveler ces sentiments d'estime et de reconnoissance. Permettez ainsi, Madame, que je le fasse par ces lignes, et que je vous demande la continuation de votre chère amitié. M. de Palm, qui part demain avec le margrave pour Paris, m'a promis de vous les remettre sur-le-champ, et le margrave de vous assurer avec le même empressement, Ma-

dame, que rien n'est si vrai que le sont les sentiments de cette tendre considération, avec laquelle
je suis, Madame,

> Votre très affectionnée servante.

LA MARGRAVE DE BADE.

A SON ALTESSE SÉRÉNISSIME MADAME LA MARGRAVE
RÉGNANTE DE BADE,
NÉE PRINCESSE DE HESSE-DARMSTADT

A Carlsruhe (Allemagne).

Paris, février 1776.

Madame,

Comment rendre grâces, à Votre Altesse Sérénissime, d'un souvenir qu'elle accompagne de tant
de faveurs à la fois. Je vois, dans la lettre dont elle
m'honore, qu'elle a daigné remarquer un foible
hommage, si aisé à confondre avec tous ceux qui
lui sont dus; j'y trouve l'assurance de la bienveillance de Votre Altesse, et la permission de lui témoigner quelquefois les sentiments qu'elle m'a
laissés : j'en commencerai l'usage par lui renouveler les vœux de mon attachement.

Puissent, Madame, toutes vos destinées être
aussi heureuses que grandes, que les princes,
époux et enfants, qui tiennent tant de place dans
votre âme, et auxquels vous êtes si chère, jouissent

du même bonheur; la *Félicité* doit tenir sa *cour* dans la *vôtre*.

Je suis avec le plus profond respect, Madame, de Votre Altesse Sérénissime,

La très humble et obéissante servante.

L. DE FONTAINE DUPIN.

A MADAME DUPIN

Vis-à-vis la poste aux lettres, à Paris.

A Carlsruhe, le 20 novembre 1776.

Madame,

Ma mère m'ordonne de vous présenter ses hommages et de vous dire, Madame, que depuis le commencement de ce mois elle se trouve au lit d'une violente fièvre de fluxion; elle croit de son devoir de Vous en prévenir, Madame, afin que vous sachiez la raison de son silence; elle désire être bientôt en état de vous en assurer elle-même et des sentiments d'estime que vous lui connoissez pour vous.

Je me trouve très heureux de pouvoir me rappeler, Madame, à votre souvenir, et de vous renouveler les sentiments de la haute considération avec laquelle je suis, Madame,

Votre très humble et très obéissant serviteur.

FRÉDÉRIC, PRINCE DE BADE.

A MADAME DUPIN

Vis à-vis la poste aux lettres, à Paris.

A Carlsruhe, le 5 décembre 1776.

Madame,

La continuation de votre précieuse amitié, Madame, tient si fort à cœur à ma mère que, vous ayant prévenue de sa maladie, elle croit de son devoir de vous instruire que, dès le retour du baron d'Edeltsheim, le margrave l'avoit chargé de répondre au baron de Boden; ma mère espère ainsi que cela se sera fait le 3 ou le 4 du mois de novembre, jour où elle étoit déjà au lit. Elle vous fait aussi mille remerciements des petits fromages, qui, il est vrai, n'étoient pas aussi mûrs que les premiers; elle en recevra toujours avec reconnoissance, quand ils seront à leur vraie maturité, car vraisemblablement elle ne pourra guère quitter le lit qu'après le nouvel an.

Je vous renouvelle, Madame, les sentiments de la haute considération avec lesquels je suis,

Madame,

Vôtre très humble et très obéissant serviteur.

FRÉDÉRIC, PRINCE DE BADE.

A MADAME DUPIN

Vis-à-vis la poste aux lettres, à Paris.

A Rastadt, le 25 février 1777.

Madame,

Je suis bien malheureuse, Madame, de n'être point encore en état de vous remercier en main propre de votre lettre obligeante : l'on me fait prendre une cure pour me rétablir entièrement, et toute écriture m'est encore interdite. Je suis on ne peut plus touchée de votre attention, Madame, de m'écrire vous-même aussitôt que votre santé vous l'a voulu permettre. Vous n'aimez certainement pas une ingrate, Madame, il est impossible de vous être plus attachée que je vous la suis ; conservez-moi votre chère amitié, je vous en conjure, Madame, et croyez que rien n'égale les vœux que je fais pour votre prospérité, ni les sentiments de la considération distinguée avec laquelle je suis, Madame,

Votre très affectionnée servante.

« La margrave de Bade.

« Je vous rends mille grâces, Madame, des excellents
» fruits secs que vous venez de m'envoyer. Ils sont
» délicieux. Je ne sais, Madame, si on vous a accusé,
» pendant ma maladie, l'arrivée des fromages. »

Le postcriptum et la signature, tout ce qui est guillemeté, est de la main de la margrave, tout le reste de la lettre est de la main de son fils le prince Frédéric de Bade.

A MADAME DUPIN

Vis-à-vis la poste aux lettres, à Paris.

A Carlsruhe, le 3 février 1778.

Madame,

Je suis on ne peut plus touchée, Madame, de la continuation de votre souvenir. Vous m'êtes chère, et vous me le serez toujours. Permettez que je vous témoigne ma vive reconnoissance de votre lettre obligeante et des fromages qui sont délicieux ; je regrette beaucoup, Madame, de vous savoir incommodée aux yeux, et fais des vœux pour votre rétablissement.

Ma santé est aussi depuis tout cet hiver fort mauvaise. Conservez-moi votre amitié, Madame, et me croyez avec une estime bien vraie,

  Madame,

   Votre très affectionnée servante.

LA MARGRAVE DE BADE.

Le margrave et mes trois fils vous présentent mille compliments ; ils trouvent, tous, les fromages excellents, et Louis est bien glorieux de ce que vous l'avez voulu nommer dans votre lettre.

(Tout entière écrite par le prince de Bade.)

Voici, sous forme de brouillon, le passage d'une lettre de madame Dupin, de l'année 1780, à la margrave, d'après lequel elle prie Son Altesse de vouloir bien s'intéresser à un sieur Briffault; l'on verra, par la suite, que la recommandation de madame Dupin ne fut pas inutile.

MADAME DUPIN A SON ALTESSE SÉRÉNISSIME LA MARGRAVE DE BADE

. . . . Il est si naturel de sentir le bonheur d'être attaché à Votre Altesse, M. Maëlrondt et sa famille le sentent si bien, qu'ils sont persuadés que cette considération a pu entrer pour beaucoup dans l'empressement du sieur Briffault, pour devenir leur gendre.

Ils auront sans doute eux-mêmes présenté leurs vœux à Votre Altesse Sérénissime ; je n'ai pu voir que leur extrême envie d'y réussir, dans la prière qu'ils m'ont faite de vous présenter aussi ces mêmes vœux, ni m'y refuser, ayant la persuasion que Votre Altesse en sera satisfaite elle-même. . . . .

L. DE FONTAINE DUPIN.

LA MARGRAVE A MADAME DE FONTAINE DUPIN

Vis-à-vis la poste aux lettres, rue Plâtrière, à Paris.

A Carlsruhe, le 8 juillet 1780.

Madame,

Comment pouvez-vous penser, Madame, qu'après avoir eu l'agrément de faire votre connoissance, l'on puisse jamais vous oublier, surtout nous, que vous avez encore comblés de tant d'amitiés. Non, Madame, votre mérite seul nous avoit fait les plus vives impressions, et l'amitié que vous nous avez témoignée y a ajouté les sentiments de la plus sincère reconnoissance qui ne s'effaceront jamais. Jugez donc, Madame, avec quelle joie je viens de recevoir les marques de votre souvenir qui m'est si cher, et la nouvelle que vous jouissez maintenant d'une bonne santé après quelques maladies que je suis bien aise d'avoir ignorées, car vous m'intéressez trop, Madame, pour n'en avoir point été alarmée.

Le gendre du sieur Maëhrondt peut compter qu'il succédera à son beau-père en qualité de mon commissionnaire, puisque cela vous fait plaisir, Madame: il ne pouvoit me faire sa demande sous de plus sûrs auspices de réussir. Que je serois heureuse si jamais j'aurois le plaisir de vous revoir, Madame, de vous renouveler les sentiments de mon estime, et de vous répéter ceux de la parfaite considération avec laquelle je suis,

Madame,

Votre très affectionnée servante.

LA MARGRAVE DE BADE.

Le margrave et mes trois fils, très flattés de votre souvenir, Madame, vous présentent les hommages de leur reconnoissance et de leur considération. Louis a beaucoup grandi, mais il a beaucoup à lutter contre l'embonpoint dont son bon appétit le menace. Il vous demande, Madame, toujours une petite préférence dans votre souvenir. Vous lui avez marqué tant d'amitié, que vous lui y avez donné quelque droit.

Je vous fais bien mon compliment, Madame, sur le bon mariage de M. votre petit-fils.

(Cette lettre est entièrement de l'écriture de la margrave.

Le petit-fils de madame Dupin, dont parle la margrave, est Armand de Villeneuve, qui épousa cette année-là, 1780, sa cousine Suzanne Dupin de Francueil.

A MADAME DE FONTAINE DUPIN

Vis-à-vis la poste aux lettres, rue Plâtrière, à Paris.

A Carlsruhe, décembre 1780.

Madame,

Je suis bien touchée, Madame, de votre souvenir, et pénétrée de reconnoissance de l'envoi des excellents fruits confits, par lequel vous me le prouvez si obligeamment. Soyez bien persuadée, Madame, que je connois trop tout ce que vous valez, pour jamais vous oublier, et pour négliger aucune occasion à mériter la continuation de votre amitié. Ç'auroit été un grand agrément pour moi, Madame, d'être accompagnée de vous ce printemps dans le petit tour que je fis en Italie; votre requête auroit été reçue à bras ouverts, Madame, et j'en aurois recueilli bien du fruit. Il n'y a eu que mon second fils de ce voyage, et qui en fut aussi content que moi. Il me semble que vous connoissez ce pays, Madame, pour y avoir fait un voyage; vous connoîtrez donc tout le plaisir que j'ai eu, et les beaux tableaux que j'y ai vus; mais, à propos de voyage, que serois-je heureuse, si l'envie vous prenoit de voir cette Allemagne et ce Carlsruhe où vous avez des amis, qui vous aiment et considèrent si sincèrement.

Combien ne vous répéterois-je pas, Madame, ces

36

sentiments d'estime et de considération que vous
m'avez si vivement inspirés, et avec lesquels je
suis, Madame,

Votre très affectionnée servante.

La margrave de Bade.

Recevez, Madame, les compliments du margrave
et de nos trois fils.

(Cette lettre est tout entière de la main de la margrave.)

LA MARGRAVE A MADAME DE FONTAINE DUPIN

Vis-à-vis la poste aux lettres, rue Plâtrière, à Paris.

A Rastadt, le 16 mars 1782.

Madame,

Votre mérite, Madame, et toutes les honnêtetés
dont vous nous avez comblés, nous ont fait de si
vives impressions, que c'est nous rendre vraiment
heureux, que l'assurance que vous me donnez par
votre lettre obligeante, Madame, de n'être point
oubliés de vous. Ce souvenir est bien réciproque ;
nous parlons bien souvent de vous, et toujours
avec beaucoup de regrets d'être si éloignés de vous.
Je dis nous, car le margrave et nos trois fils me
crient tour à tour de vous dire aussi, Madame, combien ils vous sont attachés.

Ils mêlent également leur reconnoissance à la mienne, des bons fromages dont vous voulez bien nous faire part : dès qu'ils seront arrivés, vous permettrez, Madame, que je vous la renouvelle encore, car j'aime à multiplier les occasions qui peuvent me rappeler à votre souvenir.

Nous avons eu le même froid violent chez nous, mais très heureusement pour nos glacières, que l'on n'avoit pu remplir jusqu'à ce moment. Du depuis, nous avons toujours eu de la pluie, et je crains que ce temps continuera pendant tout notre séjour ici, à Rastadt, où nous arrivâmes le 5 de ce mois pour y rester jusqu'à la mi-avril. Nous sommes accoutumés de venir nous établir ici, déjà au mois de janvier jusqu'après Pâques ; mais mes deux petites filles cadettes furent inoculées précisément au mois de janvier, ce qui nous engagea à rester plus longtemps à Carlsruhe. Elles s'en sont parfaitement tirées. Louis est tout glorieux, Madame, que vous vouliez encore vous souvenir de lui ; il vous en présente la plus vive reconnoissance, et attend avec beaucoup d'empressement les fromages qui entrent bien dans son régime d'aujourd'hui : il n'y entre que trop de bonnes choses aux dépens de sa taille, car il est si gros que je lui en fais toujours la guerre.

Honorez-nous toujours de votre souvenir, Madame,

et ne croyez .rien à l'égal de la considération très distinguée avec laquelle je suis,

Madame,

Votre très affectionnée servante

LA MARGRAVE DE BADE.

(Cette lettre est tout entière écrite de la main de la margrave.)

LA MARGRAVE A MADAME DE FONTAINE DUPIN
Vis-à-vis la poste aux lettres, rue Plâtrière, à Paris.

A Rastadt, le 13 avril 1782.

Madame,

Vos excellents fromages des Flandres viennent d'arriver. Ils sont délicieux; ainsi vous permettez, Madame, que nous en répétions, tous, nos plus vifs remerciements. Je ne saurois assez vous exprimer, Madame, combien nous sommes touchés de cette marque de votre souvenir; nous vous conjurons de nous le conserver, et d'être persuadée qu'il est impossible de vous être plus attachés que nous vous le sommes, ni être avec une considération plus distinguée que je suis,

Madame,

Votre très affectionnée servante.

LA MARGRAVE DE BADE.

Nous venons de passer six semaines à Rastadt, d'où nous retournons mardi matin à Carlsruhe, y profiter du printemps qui y est plus beau que nulle part, par les bois et jardins qui entourent notre demeure. Ah! si je pouvois vous y recevoir, Madame, Carlsruhe me deviendroit bien plus intéressant, et j'ose me flatter que vous vous y plairiez, Madame, par la singularité de ce lieu.

(Cette lettre, qui est la dernière que cette aimable et bonne margrave ait écrite à madame Dupin, est tout entière de sa main.)

MADAME DUPIN A SON ALTESSE SÉRÉNISSIME MADAME LA MARGRAVE RÉGNANTE DE BADE, NÉE PRINCESSE DE HESSE-DARMSTADT.

A Carlsruhe, Allemagne.

Avril 1782, à Paris.

Madame,

Votre Altesse Sérénissime sait joindre tant de bonne grâce aux faveurs qu'elle accorde, que, s'il étoit possible, le prix en seroit augmenté. Vous m'ouvrez, Madame, le chemin de Carlsruhe; quel bonheur seroit-ce pour moi, de me trouver auprès de Votre Altesse Sérénissime! Si, autrefois, la simple curiosité, sur les plans de ce bel et singulier endroit, m'avoit donné le désir de le voir, et fait prendre des lettres de recommandation de vos ministres pour y aborder, que seroit-ce, Madame, que d'y arriver aujourd'hui, avec le cortège de tous les sentiments qui conduisent naturellement à vous? Ce lieu, sur les plans, paroissoit si complètement agréable, que je doute que Votre Altesse Sérénissime et M. le margrave aient pu y ajouter quelque chose, mais votre présence, votre charmante cour, y ont certainement apporté un changement qui rend aujourd'hui ce lieu un but désirable à tous les égards possibles. Je me permettrai donc, Madame, de faire au moins des projets sur cet heureux voyage. Puissé-je les réaliser! L'assurance que me donne Votre Altesse Sérénissime, de n'être point oubliée du margrave et des princes, est bien touchante pour moi; les années qui se sont écoulées depuis que j'ai eu l'honneur de les voir, se seront à peine marquées sur la jeunesse des princes, qui doit encore durer longtemps, mais je m'attends bien que ces années doivent paroître beaucoup sur l'enfance du prince Louis, qu'elles auront rapproché de MM. ses frères, et d'un régime de liberté qu'il étoit loin d'avoir encore quand il étoit en France. L'inoculation des petites princesses doit les préserver d'une maladie toujours redoutable; elle a ici attaqué, depuis quelque temps, des personnes de tout âge. Depuis un mois le comte du Rouve en est mort; il s'étoit montré à l'âge de

vingt et un ans avec beaucoup de mérite et d'agrément; marié depuis environ deux ans à une fille
de M. le maréchal de Noailles, il ne laisse point d'enfants, et il laisse la famille de madame sa femme et la
sienne dans une grande douleur; le comte de Baglion
son grand-père, qui est de mes amis depuis longtemps, en est inconsolable; ni lui ni M. du Rouve
le père, n'avoient pas voulu souffrir que madame
sa mère, fort délicate et n'ayant point eu cette
maladie, gardât son fil ; il n'avoit point d'autre
frère; c'est un vrai deuil dans toute la famille et
chez leurs amis. L'inoculation étant un préservatif
de ce mal, on doit s'applaudir du courage de s'en
servir.

Nous n'avons que des livres nouveaux d'une
tournure extraordinaire. On m'a dit hier qu'on venoit
de défendre trois de ces productions licencieuses
et hasardées, l'une sous le titre de *Liaisons dangereuses*, l'autre sous celui de *Confessions et
promenades de Rousseau*, un autre sous celui
d'*Essais sur Claude et Néron;* je n'ai que par-
couru les deux derniers. Le premier des deux
(Rousseau) montre toujours le grand talent d'écrire
de l'auteur, mais il donne, ce me semble, de la
pitié sur l'état où il faut être pour écrire de telles
choses.

L'hiver a été si doux qu'on a craint ici, comme dans vos États, de ne point remplir les glacières ; ce froid, quoique tardif, a été suffisant pour donner de la glace à tous ceux qui en auront profité promptement ; la pluie a de même succédé ici à ce froid, et quoique fort adouci, il nous dure encore ici avec la pluie, assez pour gâter le printemps ; on se ressent de ce froid à la ville ; nos petites campagnes sont encore gelées, les feuilles se montrent, mais ne se déploient pas.

Nous avons à la ville deux salles nouvelles de spectacle : l'une provisoire pour l'opéra, l'autre pour être durable pour la comédie françoise. Je n'ai vu encore ni l'une ni l'autre : les spectacles me touchent peu, trouvant que la lecture des bonnes pièces y supplée, et que celles qui ne le sont point ne méritent pas qu'on quitte sa chambre ou celles de ses amis, pour aller les entendre.

On assure que depuis vingt-quatre heures il est arrivé ici d'Angleterre des personnages importants, on en tire des conjectures pacifiques. Plaise au ciel qu'elles soient justes, et que les guerres de l'Europe civilisée s'apaisent toutes, et s'éloignent assez pour donner le temps de sentir tout le bonheur de la paix, de manière que tous les souverains veuillent ensemble faire jouir de ce bonheur les nations !

Cette lettre me paroît bien longue ; je dois
craindre que Votre Altesse Sérénissime la trouve
de même, et je me hâte de la remercier encore et de
l'assurer du plus véritable attachement et du plus
profond respect, avec lesquels je suis, de Votre Altesse
Sérénissime, Madame,

  La très humble et très obéissante servante.

L. DE FONTAINE DUPIN.

LE PRINCE FRÉDÉRIC DE BADE A MADAME DUPIN

à Paris.

A Paris, le 13 avril 1783.

Madame,

Avant de partir de Paris, je ne puis me refuser,
Madame, de vous marquer ma sensible reconnoissance. Sans la douleur extrême qui m'accable, je
n'aurois pas manqué de venir vous rendre moi-même
la clef que je tiens de vos bontés. Permettez que je
vous en demande la continuation et que je parte
assuré que vous êtes persuadée de mon désir à
vous prouver tous les sentiments que vous m'avez
inspirés, et avec lesquels j'ai l'honneur d'être, Madame,

  Votre très humble et très obéissant serviteur.

LE PRINCE FRÉDÉRIC DE BADE.

LE PRINCE CHARLES-FRÉDÉRIC, MARGRAVE RÉGNANT DE BADE, A MADAME DUPIN

Vis-à-vis la poste aux lettres, à Paris.

A Carlsruhe, ce 28 avril 1783.

Madame,

Votre lettre du 8 de ce mois me donne une nouvelle preuve d'une amitié qui m'est précieuse et que je désire bien de conserver.

Ma douleur est aussi juste que profonde ; elle ne s'effacera jamais. Vous avez marqué à cette occasion, Madame, des attentions bien obligeantes à mon fils le prince Frédéric. Permettez-moi, Madame, de vous offrir à ce sujet mes sincères remerciements, et de vous faire agréer les assurances de la considération distinguée avec laquelle je suis, Madame,

Votre très humble et très obéissant serviteur.

CHARLES-FRÉDÉRIC, MARGRAVE DE BADEN.

LE PRINCE HÉRÉDITAIRE DE BADE, FILS DU MARGRAVE, A MADAME DUPIN

Vis-à-vis la poste aux lettres, à Paris.

Carlsruhe, ce 30 avril 1783.

Madame,

Les nouvelles marques de bonté et d'amitié que vous venez de me donner, Madame, dans votre dernière lettre, m'engagent de plus en plus à rechercher les occasions qui pourroient me mettre à même de vous prouver, Madame, tout l'attachement que je vous ai voué depuis longtemps. Soyez persuadée que ce sentiment est bien sincère et invariable ; tout comme la parfaite considération avec laquelle j'ai l'honneur d'être, Madame,

Votre très humble et très obéissant serviteur.

LE PRINCE HÉRÉDITAIRE DE BADE.

(Cette lettre, ainsi que la précédente, celle du prince Charles-Frédéric, margrave de Baden, père de celui-ci, sont toutes deux encadrées de noir, en signe de deuil.)

Ici se termine la correspondance ; et nous nous sentons dans l'obligation de fournir à nos lecteurs quelques renseignements complémentaires sur les différents personnages principaux qui y tiennent une si grande place.

La margrave de Bade était une princesse de Hesse-Darmstadt ; elle mourut, comme on vient de le voir, au commencement de l'année 1783.

Son mari, le prince Charles-Frédéric, margrave de Baden, qui n'a écrit qu'une seule fois à madame Dupin, le 28 avril 1783, avait hérité en 1746 des États de son grand-père, Charles-Guillaume, margrave de Dourlach, auquel M. d'Argenson avait recommandé madame Dupin, le 5 août 1730, lors de son séjour en Alsace. Charles-Frédéric devait régner longtemps; en 1771, il ajouta à ses États les domaines de Baden-Baden qui lui échurent par une succession. Mêlé aux événements de la Révolution française, il perdit toutes ses possessions sur la rive gauche du Rhin ; mais l'empereur Napoléon, qui lui portait intérêt, le dédommagea amplement : il lui reconstitua sa souveraineté, agrandit ses États et lui donna, en 1806, le titre de Grand-Duc avec le rang d'Électeur de l'Empire ; de plus, Napoléon accorda à son petit-fils, Charles-Louis-Frédéric, la main de sa fille adoptive Stéphanie, fille du comte Claude de Beauharnais, cousine d'Eugène de Beauharnais, vice-roi d'Italie. Charles-Frédéric mourut en 1811, et il eut pour successeur ce même prince Charles-Louis-Frédéric, son petit-fils, c'est-à-dire le fils du prince Frédéric de Bade, l'ami de madame Dupin, dont nous venons de lire les lettres, lequel avait épousé, en 1774, sa cousine la princesse Amélie, troisième fille du landgrave de Darmstadt, qui mourut à la fin du siècle.

Ce grand-duc, Charles-Louis-Frédéric, ne régna pas longtemps : il mourut en 1818, sans laisser d'enfant mâle, et le gouvernement du Grand-Duché de Bade passa alors aux mains de son oncle, le prince Louis, ce même Louis qui, tout enfant, se sentait si glorieux des caresses et de l'amitié de madame Dupin, et qui dévorait avec tant d'appétit ces excellents fromages de Flandre.

Ce prince devenu ainsi, sur le tard, grand-duc de Bade, mourut en 1830, sans enfants, et ce fut son frère utérin, Léopold de Hochberg, qui lui succéda.

Il est aussi question, dans une lettre du prince Frédéric de Bade à madame Dupin, datée du 5 décembre 1776, d'un certain baron de Boden. Or voici ce que nous savons concernant ce baron : c'était un ancien diplomate, homme de bon monde et d'esprit, d'origine hollandaise ou danoise, nous ne pouvons spécifier. Il allait souvent chez madame Dupin qui, lui trouvant beaucoup de qualités aimables, répondit avec sa grâce et sa bonté ordinaires à toutes ses marques d'amitié et de dévouement.

Nous en trouvons la preuve dans un charmant billet qu'une femme d'esprit de l'époque, madame du Boccage, écrivait à madame Dupin. Voici ce billet dont nous possédons l'original.

A MADAME DUPIN

De la part de madame *du Boccage*.

Vous me témoignez toujours les mêmes bontés, Madame ; je vous dois donc toujours les mêmes remerciements. Mais j'ai encore une grâce à vous demander : c'est de me fournir les moyens de vous marquer ma vive reconnoissance ; je prierai M. le baron de Boden de m'aider à les trouver et de vous parler quelquefois des tendres sentiments que votre bienveillance et votre mérite ont gravés dans mon cœur.

Cette petite lettre n'est pas datée. On sait que madame du Boccage, prônée avec enthousiasme par Voltaire et Fontenelle, tenait salon de gens d'esprit, et qu'elle a écrit beaucoup de jolies lettres, des romans, des tragédies et des poèmes: le baron était un de ses habitués. Madame Dupin, voyant le baron de Boden toujours aimable, mais triste de vieillir dans la solitude, lui offrit le séjour de Chenonceaux et son hospitalité : le baron accourut avec empressement ; il s'y installa et y mourut dans les premières années de la Révolution. Comme il était protestant, il fut enseveli dans un champ proche les murs du cimetière de Chenonceaux. Ses cendres y reposaient encore en 1864.

Une petite anecdote gauloise se joint à l'histoire de cet excellent baron. Madame Dupin avait pour lectrice une jeune femme spirituelle et piquante, qui s'appelait mademoiselle Adam : s'étant aperçue qu'un marivaudage s'était établi entre mademoiselle Adam et le baron de Boden, elle s'en divertit, et elle ne chercha nullement à contrarier les galanteries de ce Céladon fort aimable, mais fort ridé, avec sa gentille et vive lectrice. Mademoiselle Adam n'était pas une femme vulgaire, tant s'en faut : madame Dupin l'avait formée aux grandes manières, et elle la fiança, dans les derniers temps de sa vie, à un tout jeune étudiant en médecine, dont elle avait surveillé l'éducation, en même temps qu'elle subvenait à tous les frais de ses études, et qui devint une des gloires de la médecine française et une illustration de la Touraine, son pays, le docteur Pierre Bretonneau.

BITAUBÉ

NOTICE SUR BITAUBÉ

Bitaubé (Paul-Jérémie) naquit à Kœnigsberg, en Prusse, le 24 novembre 1732, d'une famille de réfugiés français. Les réfugiés ne jouissant pas des droits civiques, il ne pouvait embrasser d'autre carrière que celle du commerce. Son père, qui était médecin, désirait le pousser dans cette voie, ou bien de le voir exercer le ministère évangélique. Très studieux dès son enfance, il prit un grand goût pour la langue latine et surtout pour la langue grecque. Il fit tout jeune, avec succès, des conférences sur Homère. Prussien de naissance, mais Français de cœur, il vint à Paris où il fit une bonne traduction de l'*Iliade*, qu'il revint publier, en 1762, à Berlin, et qui lui servit de titre pour être admis, grâce à la

protection de d'Alembert auprès du grand Frédéric,
à l'Académie de Berlin. Ayant obtenu l'autorisation
de retourner en France, il passa plusieurs années
à Paris : il y composa, en 1767, le poème de *Joseph*,
qu'il augmenta et réimprima en 1785 ; il y compléta
également la traduction d'Homère, dont la publication intégrale, en 1785, le rendit très célèbre. Le
grand attachement qu'il avait pour le roi de Prusse
ne l'empêcha pas d'adopter définitivement la France,
où, grâce à ses qualités et à son caractère franc et
sérieux, il se fit des relations et des amis véritables
dans le monde littéraire et devint un habitué des
salons parisiens. Il se maria suivant son cœur, que
l'étude du grec n'avait pas complètement absorbé,
avec une femme de son âge, qui le rendit parfaitement heureux. La Révolution vint l'arracher à ses
travaux ; elle lui supprima sa pension de professeur
d'histoire, et le jeta en prison avec sa respectable
épouse. Le 9 thermidor l'en fait sortir ; il publie
Guillaume de Nassau, on lui rend sa pension, on lui
donne un logement dans les appartements du Louvre, une chaire à l'Institut, et l'empereur Napoléon,
achevant l'édifice de sa fortune, le décore de l'ordre de la Légion d'honneur, nouvellement créé :
le bonheur de Bitaubé est complet. Hélas ! sa femme,
la compagne fidèle de cinquante années de sa vie,
meurt presque subitement. Ce coup est terrible pour
le pauvre savant, et, très peu de temps après, le
22 novembre 1808, il meurt lui-même, emporté par
le chagrin.

Sans prendre place au premier rang, Bitaubé sera toujours classé parmi les écrivains consciencieux et honorables qui ont consacré leur vie à l'étude des lettres et à la pratique de la vertu.

LETTRES DE BITAUBÉ

A MADAME DUPIN

Bitaubé communique à la citoyenne Dupin, à laquelle il présente son respect ainsi qu'à la citoyenne Villeneuve, que la nation bonne, pour le dédommager du mauvais logement que la partie méchante sans doute de la nation lui avait donné au Luxembourg, lui en donne un fort joli au Louvre. Il lui communique aussi que, par le canal du Comité de salut public, il a très facilement recouvré une de ses pensions de Prusse, et qu'il n'est pas sans espérance de recouvrer l'autre. La citoyenne Bitaubé, qui a été fort malade cet hiver, va mieux. Ils sont charmés d'apprendre qu'on se porte bien à Chenonceaux.

A LA CITOYENNE DUPIN

A Chenonceaux.

Paris. ce 6 prairial, l'an 3 de la R.

Quand le citoyen Bitaubé a notifié à la citoyenne Dupin ce qui lui arrivoit d'avantageux, il étoit bien sûr de l'intérêt qu'elle auroit la bonté d'y prendre. Le peu de lignes qu'il reçut hier de Chenonceaux ont fait un événement heureux dans le bon ménage ; le porteur de ces lignes a été interrogé, et elles ont reçu un supplément agréable par les nouvelles satisfaisantes qu'il a données de la santé et du genre de vie des habitants de Chenonceaux.

La description de l'appartement que va occuper le citoyen Bitaubé sera plus courte et bien moins riante que ne le seroit celle de Chenonceaux ; il donne sur le quai et sur le jardin de l'infante ; il consiste en quatre pièces ; un entresol, de manière qu'on sera loin des lucarnes et plus près de la cave, et qu'on ne s'apercevra pas tous les jours qu'on a de la peine à monter des escaliers. J'ai obéi à l'obligeant désir de la citoyenne Dupin, qui veut savoir où prendre celle qu'elle avoit honorée du beau nom de Pénélope et son mari, quand elle voudra bien s'occuper d'eux un moment. Quant à Chenonceaux, on désireroit beaucoup en avoir une petite description, quoiqu'on sache où le prendre, et que les pensées du petit ménage soient accoutumées à s'y transporter. Il désire plus encore revoir ici ses habitants, lorsque cela se pourra, et il leur fait ses compliments et ses hommages.

LISTE

DES

VISITÉS DE MADAME DUPIN

Nous voici arrivés à la dernière page du porte-feuille de madame Dupin. Elle n'en est pas la moins curieuse.

C'est un petit livret fort usé — preuve de son fréquent usage — manuscrit, et peut-être de la main de Jean-Jacques, car c'est tout à fait son écriture. sans date, malheureusement, intitulé « Liste des visités de Madame », et contenant les noms des personnes avec lesquelles madame Dupin était en relation, ainsi que leurs adresses. Il y a deux cent vingt-trois noms, et la liste ne doit pas être tout à fait complète, car nous n'y avons pas trouvé les noms des littérateurs, ni des d'Avaray, des Richelieu, des Tencin, etc., et d'autres amis intimes.

Nous avons copié très exactement le nom des personnes et des rues avec toutes leurs irrégularités et leurs fautes d'orthographe, laissant au lecteur la peine de les rectifier lui-même s'il lui en prend la fantaisie.

LISTE DES VISITÉS DE MADAME DUPIN

Rue Plâtrière

Madame Maillet ; madame Du Doyer ; madame Rousel ; madame Saint-Gille ; madame Destouche.

Rue des Grands-Augustins

Hôtel de Toulouse ; messieurs de Lencosme et de Bois say.

Rue Coquillière.

La marquise de la Marck.

Rue des Deux-Portes.

Comtesse de Balby ; madame de Tracy ; madame de Versière.

Rue Saint-Sauveur.

La marquise de L'Aigle.

Rue de Cléry.

Madame de Froicy ; madame de la Porte.

Rue Neuve-Saint-Eustache.

Madame Guimont.

Rue Beauregard.

La marquise de Béringhem.

Rue du Gros-Chenet.

Madame Sonnin ; madame de Chatelus ; madame Fontaine.

Rue Montmartre.

Madame Gaulard ; madame Préodot ; madame de la Borde.

Rue des Jeûneurs.

Madame Harands.

Rue Feydeau.

La marquise de Saint-Sulpice.

Rue Saint-Marc.

Madame Dotter ; la duchesse de Boufflers ; la duchesse de Luxembourg ; la duchesse de Montmorency ; madame Perceval ; madame de Pléneuf ; madame Puissant.

Rue Neuve-Grange-Batelière.

✤ Madame de Gournay ; madame la présidente de Portail ; madame Dogny.

Rue Grange-Batelière.

Madame la présidente de Niguet ; madame de Bail.

Rue Richelieu.

Madame du Châtel ; madame la comtesse d'Estrées ; madame de Sénozant ; madame la présidente de Sénozant ; madame la duchesse d'Antin.

Rue des Filles-Saint-Thomas.

Mesdames de Verneuil.

Place des Victoires.

La comtesse Davergne ; madame de Boulogne ; madame Gaultier.

Rue Notre-Dame-des-Victoires.

Madame de Boulainvilliers.

Rue Vivienne.

Madame la comtesse de Jaucourt; madame la présidente de Nassigny; madame de Beaumont; madame la marquise de Chabannois.

Rue Coquéron.

Madame la duchesse de Coigny.

Rue Neuve-Saint-Augustin.

Madame de Guideville; madame de Betz; madame de Pont, madame de Choiseul; madame de Brou; madame de Nantouillet.

Rue Sainte-Anne.

Madame de Selle; madame Hélvétius.

Rue d'Antin.

Madame Landry.

Rue Louis-le-Grand.

Madame la comtesse d'Egmont; madame de Salneuve.

Rue Neuve-des-Petits-Champs.

La marquise de la Ferrière; madame de Malherbes; madame Le Monnier; la marquise de Renel; madame de Saint-Jullien; madame de Chéchelles; madame Moras; madame Héreault.

Rue Traversière.

Madame Denis.

Rue Royale, butte Saint-Roch.

Madame l'intendant de Paris.

Rue de la Sourdière.

Madame Guichard; madame du Boccage; madame d'Argental; mesdemoiselles de Marcilly.

Place Vendôme.

Madame de Beaumont; madame de Ségur; madame Caze; madame Dangé.

Palais-Royal.

La duchesse de Lorge; la comtesse de Montauban; la marquise de Pont; madame de Clermont; madame de Brancas.

Rue Saint-Nicaise.

Madame de Querjean; madame la marquise de Béringhem.

Cour des Princes.

Madame la marquise de Livry.

Place du Carousel.

Madame la duchesse de la Vallière.

Rue Saint-Honoré.

Madame Clémont; madame de la Valette; madame Réveille; madame Campbon; madame de L'Épinay; madame Brissard; madame la marquise de Clermont-d'Amboise; la marquise de Crèvecœur.

Rue Neuve-de-Luxembourg.

Madame de Lonnac; madame de Launay; madame de Forceville.

Rue du Rempart.

Madame D'Arty (sœur de madame Dupin).

Faubourg Saint-Honoré, rue du Faubourg.

Madame Périnet ; madame du Pezeau ; la marquise de Langeron ; madame de Bacquencourt ; madame Dufort.

Rue de la Madeleine.

Madame la princesse de Beauvau.

Rue de la Ville-l'Évêque.

Madame de la Garde.

FAUBOURG SAINT-GERMAIN

Rue de Bonne.

Madame de Berville ; M. le duc D'Aumont.

Rue de Bourbon.

Madame la baronne de Montmorency ; madame la comtesse de Rochechouart ; la marquise de Flavacourt ; la marquise de Croicy ; la comtesse de Bintem ; madame la comtesse de Forcalquier.

Rue de l'Université.

Madame la comtesse de Morville ; la marquise de Surgères ; la marquise de Crussol ; madame de Courteil ; la duchesse d'Aiguillon ; la princesse d'Issenghien ; la comtesse de Midelbourg ; la marquise de Piray ; M. l'archevêque de Reims.

Rue Saint-Dominique.

Madame la marquise de Ménard ; madame de Lastic ; la marquise du Deffand ; le duc de Brancas ; la comtesse de Rochefort.

Rue des Rossiers.

Madame la baronne de Besenval ; la marquise de Broglie.

Rue des Saints-Pères.

La marquise de Rochechouart; madame de Trémargat; la comtesse de Senneterre.

Grande rue Taranne.

La marquise de Saint-Sulpice; M. le baron de Chef.

Rue des petits Augustins.

Madame la comtesse de Chouche.

Rue de Grenelle.

Messieurs Morand; madame de Bouville; madame de Castellane; madame et mademoiselle de Jaucourt; madame l'abbesse de Pantemont; madame la maréchale de Villars; la vicomtesse de Rochechouart; madame Estafort; madame de Plenac; madame de Prulay; M. de Lamoignon.

Rue de Varenne.

Madame la princesse de Montauban.

Rue de la Planche.

Madame de la Suze.

Rue du Bac.

Madame la présidente le Vayer; la marquise de Villeroy; madame la princesse de Chalais; la marquise de Sassenage; la marquise de Mongiron; la marquise de Valbelle; madame la duchesse de Saint-Pierre; mademoiselle Bagaroty.

Rue de Sèvres.

Madame de Choiseel-Champagne.

Rue du Cherche-midi.

La marquise de Brancas; madame de Lucé; madame la marquise de Rothelin.

Rue du Regard.

Madame la duchesse de Mirepoix; madame de la Guiche.

Rue Cassette.

Madame la comtesse d'Albert; M. l'évêque de Bayeux.

Rue de Vaugirard.

Madame la comtesse de Sandwich; madame de Coëtlogon; la princesse de Carignan; la comtesse de la Salle: madame de Gramont.

Rue d'Enfer.

La duchesse de Chaulnes; madame la présidente de Rosambeau.

Quai des Théatins.

Madame la princesse de Turenne; mesdames de Ségur; M. l'évêque de Strasbourg.

Place du Collège des Quatre Nations.

Madame Doisy.

Cul-de-sac Conti.

Madame la marquise de Puysieux.

AU MARAIS

Rue Michel-le-Comte

Madame Dupré de Saint-Maur; madame Thiroux.

Rue Saint-Avoye.

Madame Bronot; mesdames les duchesses de la Trémouille.

Rue Courtauvilain.

Madame Véron; madame de Lailly.

Rue Pastourel.

Madame Hébert.

Rue du Grand-Chantier.

Madame de Vanolles; madame de Sève; la comtesse de Chatelus (douairière).

Hôtel Soubise.

Madame la princesse de Soubise.

Rue des Vieilles-Haudriettes.

Monsieur de Trudaine.

Rue des Blancs-Manteaux.

Madame Pelletier de Beaupré.

Cul-de-sac Pequet.

Madame d'Arconville.

Vieille rue du Temple.

Madame la présidente Pelletier : madame de Montmelian ; la marquise de Fénélon (la mère); la marquise de la Tour du Pin.

Rue des Rosiers.

La comtesse de Chatelus.

Rue des Francs-Bourgeois.

Madame la vicomtesse de la Tour du Pin.

Rue de la Perle.

Madame la comtesse de l'Hopital.

Rue Pavée.

Madame la marquise de Frémur.

Rue du Parc-Royal.

Madame de Bercy ; madame la présidente de Novion ; madame la marquise de Pérusse.

Rue Culture-Sainte-Catherine.

Madame la marquise d'Avaucourt ; madame Fontaine.

Rue de l'Égout.

Madame de Baudry.

Rue Saint-Louis.

Monsieur de Lamblin ; la marquise d'Ecvilly ; la comtesse de Voisenon ; la marquise de Nadaillac.

Rue Boucherat.

Madame la marquise de la Chère.

Rue Saint-Claude.

Madame du Vausel.

Rue du Foin.

Madame de Plencevelte.

Place Royale.

Madame la comtesse de Chabot ; madame de Sémonville ; madame la princesse de Rohan ; madame la princesse de Guéménée.

Isle Saint-Louis.

Madame la marquise de Fénélon ; madame de la Haye.

A l'hôtel Bretonvilliers.

Madame Genly.

Quai d'Anjou.

Madame Levignen.

Nous avouerons, que la lecture de ce livret, jauni par le temps, et que nous regrettons de ne pouvoir faire passer devant les yeux de tous nos lecteurs, nous a causé une étrange et vive impression. Tous ces personnages, dont un grand nombre jouent un rôle dans les lettres que l'on trouve dans ce volume, palpitent et respirent ici. Le passé se dresse, le monde parisien est debout. Voici l'heure des visites, les carrosses roulent dans ces rues, les suisses galonnés sont à leur poste, les salons se remplissent, les soupers s'apprêtent, et l'on entend le bourdonnement et les éclats de toutes ces voix humaines, qui se croisent, se mêlent, se communiquent les mille nouvelles du jour. On assiste à ces réunions, simples ou brillantes, où l'on cause, où l'on discute, où l'on rit, où la galanterie trouve son compte aussi bien que la littérature, les sciences et la politique ; nous sentons revivre ces gens poudrés, parfumés, charmants, qui faisaient de Paris la capitale et l'envie du monde pour l'esprit, l'élégance et le goût.

Mais, hélas ! que reste-t-il de tous ces noms contenus dans ce livret ? Beaucoup ont disparu pour toujours ; la main qui les a écrits est glacée, ce livret n'est qu'un registre mortuaire ; le silence succède au bruit de la vie, et l'œil se promène dans ces vieilles rues de Paris, comme le voyageur dans les rues solitaires de Pompéi.

Heureusement, cette société du XVIIIe siècle, raffinée, expansive et éminemment sociable, était possédée de deux passions, celle de causer et celle d'écrire ; à peine se quittait-on, que l'on continuait par lettres la conversation interrompue. Puis on écrivait ses mémoires, ses pensées, sa chronique ou celle des autres ; l'esprit, comme un fleuve, coulait à pleins bords, tout le monde en avait ou avait l'air d'en avoir ; les hommes étaient empressés et respectueusement galants, les femmes, rieuses, séduisantes, précieuses peut-être; mais si tous exprimaient leurs sentiments avec une certaine pointe d'affectation, c'était toujours aussi avec une réelle finesse et une naturelle élégance : la vulgarité et le réalisme étaient inconnus.

C'est ce qui la fait tant rechercher et étudier aujourd'hui, cette société, et l'innombrable quantité de documents qu'elle a semés derrière elle permet de la reconstituer en entier : travail plein d'attrait et d'intérêt.

Il semble, pourrait-on dire, que la dernière marquise, personnifiant cet aimable siècle, ait laissé tomber en s'égrenant les perles de son collier, et que tous ses amoureux les lui rapportent aujourd'hui une à une.

FIN

TABLE

TABLE 595

FIN

PARIS. — IMP. DE LA SOC. ANON. DE PUBL. PÉRIOD. — P. MOUILLOT. — 39492.